JN300571

市場社会論の
ケンブリッジ的展開

共有性と多様性

平井俊顕

【編著】

日本経済評論社

目　　次

序 ·· 平井　俊顕　i

  1.　市場社会とは何か　1
    1.1　市場社会論　1
    1.2　「ネオ・リベラリズム」（「市場原理主義」）の流行　3
    1.3　批判的論及　4
    1.4　現在の世界経済危機　7
  2.　本書の意図・概要・特徴　8
    2.1　意図　8
    2.2　概要　9
    2.3　特徴　14

第Ⅰ部　体系的構想と学的闘い

第1章　シジウィック──実践哲学としての倫理学・経済学・政治学 ·················· 中井　大介　21

  1.　はじめに──シジウィックの時代　21
  2.　シジウィックの倫理学──実践理性の二元性をめぐって　23
  3.　シジウィックの経済学──サイエンスとアート　27
  4.　シジウィックの政治学　32
    4.1　政府介入論　33
    4.2　政治体制論　36
  5.　モラル・サイエンス・トライポスをめぐって　40

第2章　マーシャル──「人間の成長」と経済発展 ········ 西岡　幹雄　47

  1.　はじめに　47

2. 道徳科学から経済学へ　48
　2.1　マーシャルの「精神上の危機」と道徳科学の脱形而上学化　48
　2.2　人間の能力・活動と精神メカニズム——"Ye Machine"（「機械論」）の課題　48
3. 経済社会思想の形成
　　　——初期「経済学講義」と「労働諸階級の将来」　50
　3.1　初期「経済学講義」段階での課題　50
　3.2　初期「経済学講義」から「労働諸階級の将来」へ　51
4. 「アメリカ産業の諸特徴」とデモクラシー　52
　4.1　マーシャルのアメリカ観察　52
　4.2　「トクヴィルの基準」　53
　4.3　「アメリカ産業の諸特徴」における「一般原則」と「移動性」　56
　4.4　「共同の利益」の場としての経済組織——労働組合　57
5. 「有機的成長」論と『産業経済学』・『経済学原理』，そしてその後　59
　5.1　「生物学的アナロジー」による「有機的成長」　59
　5.2　『産業経済学』の人的資本論の限界とヴィジョン　60
　5.3　「人間の成長」と「経済進歩の可能性」における「生活基準」　61
　5.4　『経済学原理』以降の「経済進歩の方法と将来の可能性」　64
6. むすび　65

第3章　フォクスウェルとカニンガム
　　　——「歴史主義」による内部的抵抗……………門脇　覚　71

1. はじめに　71
2. フォクスウェル　72
3. カニンガム　78
4. むすび　83

第Ⅱ部　資本主義と国際システム

第4章　ピグー──資本主義と民主主義……………………本郷　亮 91

1. はじめに　91
2. 社会主義と資本主義　92
3. 民主主義　99
   - 3.1　政治世界の有効需要論　101
   - 3.2　指導者と大衆の相互関係　101
   - 3.3　自由主義の限界　103
4. 大衆社会における経済学　104
   - 4.1　経済学の政治化　104
   - 4.2　政治不信に基づく経済政策論　106
5. むすび　108

第5章　ホートリー──未刊の著『正しい政策』考……平井俊顕 113

1. はじめに　113
2. 主題　114
3. アスペクトの理論　116
4. ムーア主義倫理学　117
5. 社会認識　118
   - 5.1　指導者（支配者）　118
   - 5.2　進化論　120
6. 経済認識　121
   - 6.1　経済的目的　121
   - 6.2　経済的正義　124
   - 6.3　資本主義と集産主義　125
7. 世界平和観　126
8. ケンブリッジの哲学的展開　127

9. むすび 130

第6章　ケインズ
──帝国の防衛と国際システムの設計 ………… 平井 俊顕　137

1. はじめに 137
2. 国際政治をめぐるスタンス 138
   2.1　ヨーロッパの再編構想 138
   2.2　『貨幣改革論』（Keynes［1923］） 139
   2.3　借款交渉 139
   2.4　『貨幣論』（Keynes［1930］） 140
3. 政策アドバイザー──1940年代 140
   3.1　一次産品問題 141
   3.2　国際通貨体制 142
4. 救済問題 143
   4.1　当初の展開 143
   4.2　「中央救済・復興基金」構想 144
   4.3　方針の変更 146
   4.4　「連合理事会」構想 148
5. 「国連救済復興機関」にたいする対応 149
6. ナショナリズムの発露 150
7. むすび 151

第Ⅲ部　産業と2大階級

第7章　マグレガーとロバートソン
──産業統治論 ……………………………………… 下平 裕之　159

1. はじめに 159
2. 近代産業組織の諸問題 160
   2.1　マグレガーの問題意識 160

2.2　ロバートソンの問題意識　161
　3. マグレガーの産業統治論　163
　　3.1　雇用条件の改革　163
　　3.2　競争と連帯　164
　　3.3　連帯と新しい産業統治　165
　　3.4　社会民主主義　168
　4. ロバートソンの産業統治論　169
　　4.1　消費者協同組合　169
　　4.2　集産主義　170
　　4.3　労働者による管理──生産協同組合とギルド社会主義　171
　　4.4　産業の共同統治　171
　　4.5　混合経済体制　173
　5. 2人の産業統治論の評価　175
　6. むすび　176

第8章　レイトン──労働者論　………………………………近藤　真司　181

　1. はじめに　181
　2. ケンブリッジ学派におけるマーシャルとレイトン　182
　　2.1　レイトンの略伝　182
　　2.2　マーシャルの方法論と教育　183
　　2.3　マーシャルの残された研究課題　185
　3. レイトンの『物価研究入門』における労働者論　186
　　3.1　マーシャルの物価変動論　186
　　3.2　レイトンの物価変動論　187
　　3.3　レイトンの物価指数と表計本位制　189
　4. レイトンの『資本と労働の諸関係』における
　　労働問題　190
　　4.1　マーシャルの『産業経済学』と『産業経済学要論』　190
　　4.2　『資本と労働の諸関係』の評価　191

4.3　賃金問題　192
　　4.4　労働組合とストライキ　193
　　4.5　産業紛争における政府の干渉　194
　5.　むすび　196

第9章　ラヴィントン——企業家の規範 …………… 小峯　敦　203

　1.　はじめに——分裂した資本主義像？　203
　2.　略　伝　204
　3.　資本主義の特質と理論的貢献　205
　　3.1　現代経済システムの根本的な陥穽　205
　　3.2　3つの経済単位　207
　　3.3　リスク・需要予測から景気循環へ　208
　4.　産業組織・産業構造　209
　　4.1　銀行業界　209
　　4.2　株式市場における投機家　210
　　4.3　独占　211
　　4.4　垂直的統合　212
　5.　3者の比較　213
　6.　むすび——理想の企業家　215

第Ⅳ部　影響と対抗

第10章　ムーアとその周辺——哲学的影響 …………… 桑原光一郎　223

　1.　はじめに　223
　2.　新しいイギリス風哲学としてのムーアの哲学的方法　224
　3.　ムーア『倫理学原理』の企図　225
　4.　『倫理学原理』の最後の章　230
　5.　レナード・ウルフ　233
　6.　リットン・ストレイチー　236

7．クライブ・ベル　237
　　8．むすび　240

第11章　ドッブとスラッファ
　　──マルクス・古典派体系の再燃……………塚本　恭章　247

1. はじめに　247
2. 初期ドッブの政治経済学──資本主義経済の階級性と剰余　249
　　2.1　近代経済学批判の含意　249
　　2.2　ドッブにおける労働価値説の意義　251
3. スラッファ以後のドッブ──経済システムの完結性と市場　254
　　3.1　客観的価値論の特質　254
　　3.2　外生的分配論の射程　259
4. むすび　261

第12章　ロビンズ・サークル
　　──自由主義陣営からの反撃………………木村　雄一　267

1. はじめに──「ロビンズ・サークル」とは何か？　267
2. 経済理論──ミクロとマクロ　270
　　2.1　ミクロ経済学　270
　　2.2　マクロ経済学　272
3. 政策勧告──レッセ-フェール　274
4. 理論と政策の一貫性──経済学の「中立性」　276
5. むすび──若干のケンブリッジとの関係も含めて　281

第13章　制度派とケンブリッジの経済学者
　　──2つの「学派」を結ぶもの………………佐藤　方宣　291

1. はじめに──2つの「学派」をめぐる困難　291
2. 「新古典派 vs. 制度派」を超えて　292
　　2.1　アンチ新古典派としての制度派？　292

2.2　近年の制度派像の転換　293
　　2.3　ニュー・リベラリズムとしての制度派　294
3. マーシャル，ピグーと制度派を結ぶもの　296
　　3.1　マーシャルと制度派をめぐって　296
　　3.2　ピグーとJ. M. クラーク　297
4. ケインズと制度派を結ぶもの　299
　　4.1　ケインズとアメリカ　299
　　4.2　タグウェルとケインズ——自由放任の終焉と計画経済　300
　　4.3　コモンズとケインズ——経済発展段階をめぐって　301
5. むすび　302

終　章　ケンブリッジの市場社会論
　　　　　——展望的描写……………………………平井　俊顕　309

1. はじめに　309
2. マーシャルの時代　309
　　2.1　経済学　310
　　2.2　市場社会論　312
3. ケインズの時代　314
　　3.1　経済理論　315
　　3.2　市場社会論　318
4. いくつかの論点　320
　　4.1　功利主義と効用理論　320
　　4.2　哲学的土壌　321
　　4.3　ソサエティとブルームズベリー・グループ　322
　　4.4　異質な要素　323
　　4.5　外部世界　324
　　4.6　方法論的論点　326
5. むすび　327

索　引　335

序

平井 俊顕

　いまのわれわれに，安政・文久時代の幕府や京都の政治家，学者らが踏んだかの損失の多かった道を，重ねて踏まぬ用意をしようと提議するのはやはり不合理のことだろうか．もしもそれが不合理であるならば，人間は歴史を学ぶ要もなければ，科学を研究する価値もない．…わずかに数千万円の会社を起こす場合にでも，人はあらゆる材料を研究し，過去の同種の事業の踏んだ過失を繰り返すまいと努力するではないか．何がゆえに大なる社会の経営についてはこの用意を怠るか．人為をつくしてなおいかんともなしがたかった場合はやむを得ぬ．われらはまずむだなまでも，その人為のかぎりをつくしてみようではないか（石橋［1984］，p. 158．1928年4月）．

1. 市場社会とは何か

1.1　市場社会論

　本書は，19世紀後半から20世紀前半にかけてケンブリッジで展開された「市場社会論」の総合的検討を通じて，その連続性（受容）・その断絶性（対立）——つまりはその多様性——を読者諸賢に提示することを主要な目的としている．そのことを通じ，巷間のみならず経済学界に普及している「経済思想」にまつわる偏見と誤謬を是正すること，および市場社会の今日的状況を捉えるうえでの確たる知的ベースを提供すること，これがわれわれの願いである．ケインズの言葉を借りれば，「人間精神の解放にとって必須の準備作業」を試みようというのである．

最初に，本書で市場社会という概念がいかなる意味で用いられているのかを説明することにしよう．

　市場社会とは，あらゆるモノが商品として市場で取引されるようになっている社会のことである．何よりもそれは，労働（および土地）までもが商品化された社会——労働市場（および不動産市場）を有する社会——として特徴づけられる．人間社会のこのような市場化は，長い年月をかけて進展してきた．この現象は，分業の進展と，それによって必然的になってきた貨幣を媒介とする取引の浸透を機軸に，次第に人間社会の周縁部から中枢部へと浸透していった．

　今日の先進諸国は市場社会の現時点での完成形態である．それは概略，次のようになっている．わたし達は企業に職を得，そこで働くことで給料を得る．企業は，わたし達の労働サービス，それに種々の設備を活用して，商品を生産する．そしてわたし達は得た給料でそれらを購入する．こうしたことが，無数の人々，無数の企業によって日々行われている．無数の商品・サービスの取引が，互いに何の面識もないのに円滑に行われているのは，「市場」が存在するからである．売り手，買い手のあいだに面識がなくても，この市場という機構——慣れすぎていて，だれもその魔力性に気づいていない不思議な存在——を通じて，売買が円滑に進行していく．個人的紐帯は解体され，諸個人が自立した存在になった社会，そして「市場」を通じて結成されたネットワーク社会．これが本書でいう市場社会である．

　以上に述べた市場社会という概念は，これまで慣習的に用いられてきた「資本主義」社会という概念と同じ対象を扱っているといってよい．「資本主義」社会という概念には，経済社会を動かす主役を「資本」に措定し，それが自己増殖運動を引き起こすという視点が色濃く現出している．これにたいして，市場社会という概念には，同じ社会を対象としながらも，「市場」，「市場化」に大きな関心が寄せられている．したがって，視点に差異はみられるが，同じ社会を対象にしている点では変わりはない．マルクス風にいえば「下部構造」により「上部構造」が支配されている社会であり，ポラニー風にいえば，「経済」が社会を規定している社会である．

　本書でいう市場社会論は，上記の意味での市場社会について基本的な考察を行

う分野である．すなわち，市場社会はどのように評価されるのか，そしてそのことはどのような理論・根拠に基づいてなされるのか，またその評価に基づいて市場社会はどのように変革していく必要があるのか等々について考究する領域である．市場社会の本性を問い，それに価値判断をくだし，そしてどう行動すべきかを問うのである．

市場社会論は社会哲学の一分野といえる．社会哲学は市場社会を扱うとはかぎらない．人間の社会は多様だからである．だが本書で検討を加える主要な舞台は，経済活動が市場取引を機軸に展開されている近代社会である．そしてこの舞台こそが，経済学がその生誕以来，圧倒的な関心を払ってきたものである．本書で扱う「社会哲学」のイメージは，ケインズ『一般理論』の最終章「一般理論の導く社会哲学に関する結論的覚書」に近い．哲学的考察に走るのではなく，むしろ経済学者が経済理論を展開する前提として有するシュムペーター的意味における「ヴィジョン」に近接している．

1.2 「ネオ・リベラリズム」（「市場原理主義」）の流行

戦後の西側世界を長きにわたって支配してきた社会哲学は，「ケインズ=ベヴァリッジ体制」と称される．それは，完全雇用を維持するように政策を遂行すること，および市民が安心した生活を営めるような社会保障制度を確立させていくこと，が政府の果たすべき重要な役割である旨を表明するものであった．

しかし1970年代になると，この社会哲学にたいしさまざまな方面から批判の声があがるようになった．その魁となったのはフリードマンを領袖とするマネタリストの活動であろう．それはケインズ経済学ならびにケインズ=ベヴァリッジ体制に対する経済理論上ならびに社会哲学上の反革命ともいうべきものであった．マネタリズムは，一方で貨幣数量説のニュー・ヴァージョンと自然失業率仮説，他方で『選択の自由』に示されたような「ネオ・リベラリズム」[1]を唱道することにより，ケインズ経済学ならびにケインズ=ベヴァリッジ体制に大きな打撃を与え，経済学や社会哲学における新しい道を敷設することに成功した．

そしてこの動きは，1979年にイギリスでサッチャー内閣，1980年にアメリカでレーガン政府が出現することで，政治的な力を得て勢いを増すことになった（い

わゆる「サッチャリズム」,「レーガノミクス」).「ケインズ革命」の嵐のなかで埋没していたミーゼスやハイエクもこの流れのなかで復権を遂げるに至った.

マネタリズムの流れのなかから,ネオ・リベラリズムという点,および政策的スタンスという点,では類似した傾向をもつ,だが経済理論的には性質を異にする一群の経済学が登場した.ルーカス,キドランド=プレスコットに代表されるいわゆる「新しい古典派」である.彼らは,市場での価格均衡メカニズム,パレート最適,経済主体に(超)合理性を想定した(合理的期待形成仮説)うえで理論・実証分析を行うグループであり,自らの理論的優越性を唱えて,マネタリズムより明瞭に「反ケインズ」的主張を展開し,もって多くの若い経済学者を魅了した.そして市場システムへの信頼を謳うことで,ネオ・リベラリズムの動きに知的権威づけを付与することに貢献した.これらに歩調を合わせるように,ブキャナンに代表される公共選択学派などの出現もあり,ネオ・リベラリズムの陣営は多彩さを増していったのである.

1990年代になると,市場原理主義的運動を推奨してきたアメリカ,イギリスでは,それまでとは打って変わって経済パフォーマンスの改善がみられた.そしてそのことは1980年代に進められた構造改革,規制緩和のおかげであるということが声高に唱えられることになり,ネオ・リベラリズム的見解の妥当性を証明したものと受け止められるようになっていった.

それに,同時期,冷戦構造に終止符が打たれた.旧東側では社会主義体制の崩壊に伴い市場原理を大胆に導入し,社会の市場化が急速に進められた.アジアに目を転じると,中国の,市場原理の部分的導入を契機とした高度の経済発展が世界の耳目を引き付けてきた.これらもまた,社会主義にたいする資本主義システムの勝利と受け止められたのである.かくしてこの数十年のあいだ,市場原理に無類の信頼をおくネオ・リベラリズムは,時代の寵児たる勢いをみせてきたのである.

1.3 批判的論及

以上にみた近年の現象は,意識的・無意識的に「市場原理主義」イデオロギーを支援・強化してきたことは否定できない.そしてこの現象を皮相に捉えるなら

ば,「市場原理主義」の一方的な勝利とみることになるであろう.

　だがイデオロギー的強化の側面からではなく,経済理論的視点,社会哲学的視点等からみると,それらは補完し合っているわけではない.それぞれの主張の依拠する根拠が異なっているからである.それゆえ,「市場原理主義」の勝利という表現はあまりにも多くの問題を捨象した見解であるといわざるを得ない.

　第1に,「新しい古典派」は自らの理論がミクロの経済主体に依拠した厳密な数理的モデルであると主張している.しかし,「代表的家計」というマクロ的主体に基づき,しかも期待効用の最大化を合理的期待形成のもとで行うという点から構築された経済モデルに基づき,それを「カリブレーション」という手法で現実の経済とのフィットネスを測定するというやり方は,将来が不確実な状態のもとで行動せざるをえない現実経済の描写とはあまりにもかけ離れたものである.そしてこの点でケインズがかつて「似而非数理経済学」と揶揄し,ミーゼスが「ヒューマン・アクション」を無視した「数理経済学者」と批判した言葉は,「新しい古典派」にも妥当する.

　第2に,「ネオ・リベラリズム」はその内部にあって理論的立場は多様である.早い話が,市井の人はハイエクもミーゼスもロビンズもナイトも皆そこに属する重要な経済学者だと思っているかもしれない.しかし,これほど誤った考えはない.例えば,オーストリア学派の代表的論客ハイエクとミーゼスの自由主義思想は大いに性格を異にしている.前者は「自生的秩序論」であり,後者は「プラクシオロジー」であるからである.またロビンズやナイトの抱く「自由」概念はハイエクのそれと対立的なものである.

　第3に,われわれがこれまで歩んできた資本主義の道程を考えることが肝要である.18世紀から今日に至る世界は,イギリスが産業革命によって達成した市場社会システムを追跡してきた過程であるといえる.産業化,市場化を推進することで,生産力の飛躍的な増大とそれを受容する市場を創出していくこと,そしてそのことにより経済力を入手し,それを一方では軍事力として活用することに,また他方では人々の生活環境を改善することに,官僚も市民も努力を続ける国が輩出してきた.このことに成功した国が,世界のいわば「勝ち組」として,現在,存在しているわけである.

市場化は「悪魔の挽き臼」的エネルギーを解き放つものである．しかし，人々がそのなすがままに身を委ねた，というのは誇張された表現である．実際，イギリスにあっても当初の自然発生的な産業革命のもたらす社会的悪影響は，徐々にではあるが，さまざまのセーフティ・ネットの案出により，それを除去することで，いわばマイルドな市場社会（資本主義社会）の実現がはかられることになった．思想的にも手放しの自由放任が歓迎されたのは，19世紀の第3四半期のみであり，以降は集産主義，福祉国家的思想が優位を占めたのである．

　このことは，市場化を成功裏に行うには，そして社会的不安を軽減するには，その爆発的エネルギーをある程度緩和し，コントロールすることが必須である，ということを含意する．興味深いのは，成功した市場経済は，「市場原理主義」に従うことによって生まれてきてはいない，という事実である．イギリスやアメリカをのぞけば，賢明な官僚と優れた企業者が共同歩調をとることで社会の産業化・市場化を成功させてきているのである．逆に，そうした要素を欠く社会（例えば崩壊後のロシア）は，「市場原理主義」という外部からのイデオロギーを受け入れることで，いたずらに社会的・経済的な混乱・低迷を招いたのである．

　第4に，市場社会の本性をめぐる理解という問題がある．市場社会を特徴づけるのは，何よりもその動態性（ダイナミズム）にある．市場社会は成長を本質とするダイナミックな社会システムである．それは二重の意味で動態的である．一方で，市場社会は，分業の進展と競争を通じて，そしてそれらが誘発する技術革新を通じて，生産の増大・成長をもたらす．他方で，社会の市場化は，既存の社会システム・制度（それは伝統社会であったり，既存の産業であったりする）を浸食・破壊していく．市場化の論理は凄まじい力で自己を貫徹させようとする特性（「解き放たれたプロメテウス」）を有している．市場社会は成長衝動を内包するシステムであり，その爆発力が既存システムを破壊するために不安定性を内在しているのである．このプロメテウスをいかに制御できるかは，各国がその市場社会化に成功するうえでの，じつは依然として重要な今日的課題である（「市場原理主義」にはこうした視点が欠落している）．

　市場社会は，完全な自由放任と完全な社会主義を両端にもつスペクトラムの中間にしか位置しえない．難しさは，中間のいずこが最適であるかの見極めにある．

この問題はややもすれば忘れられがちであるが，看過できない重要な今日的課題である．

1.4 現在の世界経済危機[2]

 だが，近年，世界経済をいくども襲ってきた金融危機，そして今回のサブプライム・ローン危機に端を発した世界経済危機は，こうしたネオ・リベラリズム（市場原理主義）的運動のもつ危うさと問題性を強烈に露呈させるものとなっている．資本の短期移動が極端に自由化され，そして「証券の商品化」が多層的に「金融工学」の勝利として進展するなか，この先頭を走っていた世界的大銀行が多数破綻してしまっている．各国政府は金融システムの重要性をかんがみ，それに未曾有の資本援助を行ってきている．

 これらは，「市場原理主義」のもつ問題点を大きくクローズアップさせている．市場に任せればいい，そして企業は自己責任によって運営される，といった原理が大きく現実によって破壊されているのである．証券の商品化をもとにした投機的行為の蔓延から生じたバブルの崩壊により，世界的な証券会社，銀行が破産の危機に陥り，その尻拭いを政府に泣きつく，そして政府は市場経済システムの危機を乗り越えるために巨額の資本注入を行う，という構図がわたし達の眼前に現出している．他方，サブプライム・ローンを組んで破産した大衆は家屋を取り上げられ，ローンの支払いは残されたまま，「自己責任」の原理を押しつけられている．こうして貧富の格差という，これまでしばしば語られてきた市場原理主義の「帰結」が，政府による金融資本への援助というかたちで一層拡大しているのである．

 立ちどまって考えてみると，市場社会とは一体何なのであろうか．市場社会はいかなる理由で評価されるべきものなのであろうか．あるいは，いかなる点で問題があると考えられるのであろうか．また現在の先進国経済は，どのような特徴をもった市場社会なのであろうか．そしてそれは歴史的にいかなる変貌を遂げてきたものであり，またその変貌はいかに評価されるべきものなのであろうか．こうした根底的論点を探究してみることは，現在世界にみられる「市場社会化現

象」とその危うさを客観的に評価するうえで欠かすことのできない研究課題である．

2．本書の意図・概要・特徴

2.1 意図

　このような基本認識に基づいて，本書では，19世紀後半から20世紀前半にケンブリッジで展開された市場社会論を掘り下げていくことにする．ケンブリッジの思想家は次の問題をどのように考えていたのか．「市場社会とは何なのか」——これが本書を通じて，わたし達が追究しようとするテーマである．この追究をするなかで，「ケンブリッジの市場社会論（社会哲学）とは一体何なのか．中核になる概念は何なのか．そしてどの程度の統一性があるのか（ないのか）」をメンバー相互間の検討を通じ抽出していくこと，そしてそれは現在の市場社会論にとっていかなる意義を有するものなのか，これらを明らかにすることが本書の究極的な目的である．

　そのさい，わたし達は次の諸点にとくに注意を払うことにした．

1. 彼らは市場社会をどのように評価しているのか（肯定的になのか，批判的になのか，あるいはその中間なのか），そしてそれをどのような理論・根拠に基づいて展開しているのか，またそれをどのように改善していくべきだと考えていたのか．
2. 市場，企業，経済主体，政府等について，どのような考えを提示しているのか．彼らの市場社会論は現在の社会を考察するうえで，いかなる意義・含意を有しているのか．
3. 彼らの市場社会論をめぐる近年の研究動向はどのような状況にあるのか．

　本書は，以上のような問題意識のもとで2005年4月に立ち上げられたプロジェクトの研究成果である（これは，編者が主宰してきている「市場社会をめ

ぐる研究会」[SMK. 2001年3月発足] の第2回作品でもある)[3]. この間, 数度にわたり研究会を開き, 各自の報告をめぐり活発な討議を重ねてきた. とはいえ, わたし達はけっして意見・見解の無理な収斂を目指しているわけではない. また各章は, 相互にコメントを行うことで大いなる改善・改良をみているが, その成果についての判断は読者諸賢にゆだねられる. さらに, 全体としての統一性については編者の, また各章の内容については執筆者の, 責に帰することは論をまたない.

2.2 概要

ケンブリッジに拠点をおいた経済学者は, どのような市場社会論を提唱・展開したのであろうか.

ここでは「ケンブリッジ学派」ではなく,「ケンブリッジ」というタイトルが意識的に採択されている.「ケンブリッジ学派」は, マーシャルにはじまる経済学の流れを指す用語として伝統的に用いられてきた. だがここでは「ケンブリッジ」に根拠地をおいた (もしくはそこで教育を受けた) 経済思想家を検討の対象としており, それよりもはるかに広い概念である. しかも経済理論ではなく市場社会論 (社会哲学) を対象にするものである.

以下, 各章の概要を紹介していくことにしよう.

第Ⅰ部「体系的構想と学的闘い」では, 最初に, 19世紀末から20世紀初頭のケンブリッジを代表する2人の経済学者——シジウィックとマーシャル——が検討される. 続いて, マーシャルと, 社会哲学的にも, 経済理論的にも対峙する立場をとった人物として2人の経済学者——フォクスウェルとカニンガム——が取り上げられる.

第1章「シジウィック——実践哲学としての倫理学・経済学・政治学」では, 倫理学・経済学・政治学を軸にした体系を構築しようとしたシジウィックに焦点が当てられる (シジウィックは倫理学者としてよく知られているが, 彼の経済学

や政治学は今日忘れられている).シジウィックは個人の倫理に関して,利他的な人間性の発展を重視する J. S. ミルを退けるかたちで,利己心と利他心の統合は不可能であると結論づけた.そうした利己心と利他心のあいだで葛藤を抱える現実的な人間像をベースにしながら,シジウィックは「最大多数の最大幸福」を実現する実践的な政府の役割を,経済学と政治学において追究している.

　第2章「マーシャル──「人間の成長」と経済発展」では,市場社会の光は人間の成長と経済の発展であり,陰は工業化に伴う貧困と文化的危機であると捉えるマーシャルが対象とされる.このような「人間の成長」と「貧困問題」を,どのような科学や体系によって解明すればよいのだろうか.その帰結としてマーシャルが経済学にたどり着くための遍歴は複線的であった.マーシャルは,自らが生を通じ,どのような経済社会思想を抱くことになったのであろうか.本章ではこうした点が追究される.

　第3章「フォクスウェルとカニンガム──「歴史主義」による内部的抵抗」では,マーシャルの初期の学生であった2人の経済学者の社会哲学を明らかにするとともに,彼らの存在がケンブリッジの経済学的環境に与えた影響について論じる.マーシャルとは異なり,彼らは演繹的経済学と自由主義に対し批判的であり,とくに当時隆盛をみていた歴史派経済学をケンブリッジにあって強力に推進した.その背景には,彼らが有していた帝国に対する認識が大いに関係している.

　第II部「資本主義と国際システム」では,戦間期のケンブリッジを代表する3名の経済学者,ピグー,ホートリー,ケインズが取り上げられる(本来であれば,ロバートソンはここに入れるべきであるが,執筆構成の関係上,第III部に回すことにする).

　第4章「ピグー──資本主義と民主主義」では,ピグーが論じられる.近年の経済政策をめぐる議論では,政策を立案・運営する「政治」世界に対する配慮が欠かせないが,ピグーは早い時期から当時のイギリスでの民主主義の発展に注目しており,その認識は彼が実際に唱えた諸政策をしばしば決定的に左右することになった.というのも,政治はますます大衆に迎合せざるをえず,理性的な政策

立案・運営はますます困難になっていったからである．彼が，いわゆる裁量的政策（中央集権的計画経済，管理通貨制度など）に対して，理論上はその有効性を認めながらも，実践上はしばしば深い懐疑を示した最大の理由はこの点にある．

　第5章「ホートリー——未刊の著『正しい政策』考」では，ホートリーの未刊の著である『正しい政策』に基づき彼の社会哲学が検討される．そこでは，根底をなす考えとして，ムーアの「善」がおかれる．「善」に基づく「正しい政策」の遂行にとって重要なのは，「正しさ」を直感できる人間の力である．そして「真の目的」の実現に努める指導者と「中間的な目的」に沿って活動する公衆を措定するとともに，「中間的な目的」が行き過ぎて「偽りの目的」に陥らないように指導者が絶えず配慮する．こうした視点から，ホートリーはさまざまの社会・経済現象を批判的に分析したのである．

　第6章「ケインズ——帝国の防衛と国際システムの設計」では，ケインズの多方面に及ぶ活動のうち，国際政治（とりわけ，1940年代の「救済問題」）における彼のスタンスに焦点を合わせ，彼がどの程度，ナショナリスト，国際主義者，そして帝国主義者であったのかが検討される．ケインズは，可能ならば，国際主義の精神で国際的な計画を構想することに努めた．だがそれが不可能な場合，卓越した手法を用いて，アメリカの強大な力から大英帝国を防衛することに尽力した．つまり，彼は国際システムのデザイナーであると同時に，大英帝国の防衛者であった．

　第Ⅲ部「産業と2大階級」では，ロバートソン，ならびに今日ではほとんど知られてはいないものの，当時のケンブリッジの社会哲学を捉えるうえで欠かすことのできない経済学者3名——マグレガー，レイトン，ラヴィントン——が検討の対象にされている．

　第7章「マグレガーとロバートソン——産業統治論」では，20世紀の大企業による大規模生産体制という新しい産業構造に対し，マーシャルから継承した産業統治に関する学説をどのように適応すべきかに努めたマグレガーとロバートソンが扱われる．ともに彼らは，大規模生産体制がもたらす経済的損失——労働者の

経営からの排除や周期的過剰生産——を重視し，混合経済体制を通じた民主的統治による競争の制御に肯定的な見解を示した．彼らの分析は労使の協調や企業間の連合が経済的合理性をもつことを明らかにしたが，これは上記の産業構造の変化に対し理論を適応させるための努力であった．

第8章「レイトン——労働者論」ではレイトンが検討される．マーシャルは，ケンブリッジ学派の創始者として経済理論の基礎を築いた人物であるが，彼のもとで教育を受けた人達は，マーシャル理論の再構築や発展にではなく，その未完部分や当時の時代的課題を解き明かすことに精力を注いだ．レイトンは，マーシャルが創設した経済学トライポスから生まれた経済学者であり，マーシャル的伝統と事実の蒐集・整理・分析・解釈という帰納的な研究法をマーシャルから学び取り，統計学を用いて「応用経済学」の分野に業績を残した人物であったことが明らかにされる．

第9章「ラヴィントン——企業家の規範」ではラヴィントンが論じられる．ラヴィントンの資本主義観は，マーシャルの時代認識（19世紀末）とケインズの時代認識（第一次世界大戦後）をつなぐ結節点・変節点として重要な位置を占める．本章では，1910-20年代にミクロ経済学（資産選択）とマクロ経済学（景気循環）の構築に貢献したラヴィントンが試みた中間層（メゾ・レベル）をめぐる規範的認識に光を当てる．この検討を通じ，その理論的貢献が結束性の高いかたちで提示されるとともに，ケンブリッジ学派の連続性と断絶性がラヴィントンという迂回路を用いて把捉される．

第IV部「影響と対抗」では，ケインズ達の世代に多大なる影響を及ぼした倫理学者ムーア，およびケンブリッジに属するも，マーシャル=ケインズの枢軸に批判的立場をとった2人の経済学者，ドッブとスラッファが「内」として取り上げられる．またケンブリッジ全体を，同時代に「外」の経済学者はいかにみていたのかが，ロビンズをリーダーとするLSE（ロンドン大学）のグループ，ならびにアメリカの制度派を取り上げて検討されている．

第10章「ムーアとその周辺——哲学的影響」では，ムーアの倫理学ならびにそ

の影響を受けたケインズ達の世代が扱われる．ムーアの『倫理学原理』はケンブリッジの若者達を魅了した．それは，同書が伝統的哲学を超克したと思われたからである．ムーアは，それまでの倫理学はさまざまな混乱を抱えていることを批判的に論じるなかから，倫理学を日常生活における真理性を問うものとして提示した．そしてその回答として「善の定義不可能性」というテーゼを提出するとともに，個人は善の内容を「人間的情愛と美的享受」として直観できると主張した．このムーアの「理想」が，社会を考察するうえで，後に「ブルームズベリー・グループ」を形成することになるケンブリッジの若者達——例えばリットン・ストレイチーやクライブ・ベル——の１つの立場になっていくのである．

　第11章「ドッブとスラッファ——マルクス・古典派体系の再燃」では，ドッブを中心に，そしてドッブに影響を与えたスラッファを副次的にして論じられる．ケンブリッジのマルクス経済学者ドッブは，近代経済学正統派（新古典派）に対する批判的考察，ならびに盟友スラッファの影響を通じて自らの学説を深化させた．ドッブの経済思想は，資本主義の本質と作動様式を，客観的価値論（剰余価値論）としての労働価値説とスラッファ体系に象徴される外生的分配論として把え，新古典派が描く自己完結的な市場経済像に代って，生産の社会的・階級的諸関係を基盤とした資本主義社会像を強調するものであった．

　第12章「ロビンズ・サークル——自由主義陣営からの反撃」では，ケンブリッジの社会哲学とLSEのそれを比較考量する意義に着眼して，1930年代のLSEにおける「ロビンズ・サークル」の理論・政策を明確にすることが目指されている．「ロビンズ・サークル」の経済学は，一見するとロビンズが論じたように価値判断から中立的な経済科学である．しかしロビンズの理論を仔細に検討すれば，それは選択の自由を擁護した経済学であり，ロビンズの経済理論と経済政策はともにレッセ・フェールと表裏一体である．LSEとケンブリッジは両者の知的交流を通じて緊密であったが，両者の学問的溝は広かったのである．

　第13章「制度派とケンブリッジの経済学者——２つの「学派」を結ぶもの」では，マーシャル，ピグー，ケインズらとアメリカ制度派の経済学者達との関係をめぐる近年の議論が展望される．新古典派の代名詞ともいえるケンブリッジ学派は制度派とは一般に無関係ないし相反する立場とみなされがちであるが，近年，

双方の主要人物間の関係や共通性を指摘する声が挙がっている．そうした作業を通覧するなかでみえてくるのは，20世紀初頭の経済社会の変容を前にした「自由とコントロール」の再調整という問題関心の共有である．このことは大西洋をはさんで展開された自由主義の変容をめぐる社会哲学的文脈をあらためて考え直す必要性のあることを示唆するものといえよう．

　終章「ケンブリッジの市場社会論——展望的描写」では，上記に展開された多様なケンブリッジの市場社会論を一望のもとにおくことで，読者の便に資することを目的としている．したがって広い視座から述べるとともに，論述上，またテーマの選択上，触れたくとも触れることのできなかった側面，人物などに言及することで，必要な穴埋めが行われる．なお，このさい，市場社会論を経済学との関係に配慮を払いながら述べることで，この目的は達成されやすくなると思われる（当初，執筆者間でシンポジウムのようなものを行い，その成果を掲載することも考えたが，読者にとってかえって分かりづらいものになるおそれもあるため，編者1人の責で担当することになった．シンポジウムはむしろ刊行後，公開の場で行うようにしていきたい）．

2.3　特徴

　ケンブリッジの社会哲学を研究することの今日的意義はどの辺にあるのであろうか．これを述べて，序を終えることにしよう．

　第1に，世界の経済学の一大中心であったケンブリッジの社会哲学が，これまでまともに研究されたことがない，という事実がある．それを，一次資料も踏まえながら，総合的に明らかにするということを本書では試みた．このことは，経済学史的に，また思想史的に価値のあることだと思われる[4]．

　第2に，ケンブリッジの社会哲学は，それが学際的に遂行されたがゆえに，学際的な研究を本性的に必要としている．しかるに，今日，ブルームズベリー・グループの研究は英文学者に，また哲学の研究は哲学者に任され，そしてケンブリッジの社会哲学の研究は経済思想家に任される，という次第で，妙な棲み分けができてしまっている．この垣根を払うことが必要である（そのためには学際的な

シンポジウムのようなものが不可欠であろう）．本書はその1つのきっかけになるものといえる．

　第3に，当時のケンブリッジでは経済学，哲学，倫理学，美術評論，そしてブルームズベリー・グループでは文学，絵画論などをめぐって，非常にハイレベルの交流が広範にみられた．こうした知性の広がりと共有は，今日ではあまりにも専門化が進行することによって喪失してしまっており，専門家は蛸壺的にそれぞれの狭い領域での棲息に甘んじている．「深みを有する教養主義」が，今日見直されるべきではなかろうか．

　経済思想史には，対象をその時代的コンテクストに即して分析するという課題と，現在の経済学の状況を多様な歴史的・空間的視座から分析・批判するという課題がある．本書では前者に重点がおかれているが，これは後者の課題にとっての「必須の準備作業」である．

　細分化・技術化の傾向を強める今日の経済学には重大な欠陥が存在する．医学の発達が優れた専門家を育てる反面，基本的な診断ができない医者を輩出するのと似通った事態が経済学にもみられる．1つのパラダイムに属して経済をみるという現在の傾向は，その内部での議論を深化・進化させる半面，そのパラダイムを意識的・無意識的に絶対視することから生じる狭隘性に研究者を追いやる．多様なパラダイムを学ぶことでみえてくる経済学の世界を提示することの重要性は，知識の分業化が進む今日であればこそ，一層大きいのではなかろうか．

　わたし達は本書を，経済学史もしくは経済思想史の重要性を経済理論家ならびに一般の人々に示すものになることを願っている．経済学史家は経済理論家にたいして，あまりにもパッシブに対応するようになってしまっている．経済学史家はその本来もつ特性たる「飛翔する鷲」としての羽翼を回復すべきなのである．

凡例：本書の表記法について，ここで記しておくことにする．

(1) 文献表記で，例えば Keynes, J. M.［1972/1931］とある場合，前者は執筆者が使用している版の刊行年，後者は初版の刊行年を指している．

(2) 文献の表記を簡略化するため，略記号がしばしば用いられている．この場合，分かりやすい箇所でその内容が説明されている．また「参考文献」にも当該文献の末尾に，例えば「(*EL* と略記)」などと記されている．
(3) 引用文は訳書がある場合，それを用いるようにしているが，自ら訳出しているケースや，部分的に本文の論調，語調に合わせて変更を加えているケースがある．訳書がない場合は執筆者の手になる訳出である．また引用文中で引用者が補った言葉は [ ] で，原著者による挿入は ( ) で表記する．
(4) 欧米人の表記はカタカナを用いるが，文献を示す場合（例えば Keynes [1936]）は別である（なお「人名索引」では原綴を併記する）．

謝辞

本書の刊行は多くの方々の協力と理解のうえに成り立っている．とりわけ，わたし達の出版企画をご快諾いただいた日本経済評論社，ならびに多数の執筆者の手になる本書の編集・校正作業を円滑に進めていただいた同社の谷口京延氏に謝意を表したい．

注

1) 「ネオ・リベラリズム」と「ニュー・リベラリズム」は対立する社会哲学である（後者はホブソンやケインズによって唱道されたものである）．紛らわしいので注意が肝要である．
2) この点についての私の見解は平井 [2009] を参照．
3) 平井 [2007] が第 1 回作品である．SMK 第 3 回作品では「資本主義はいずこへ向かう」を扱うべく現在企画中である．
4) ケンブリッジの経済学者のあいだの膨大な書簡をもとに執筆された Marcuzzo and Rosselli eds. [2005] は重要な貢献である．

参考文献

Keynes, J. M. [1972/1931], *Essays in Persuasion*, Macmillan（宮崎義一訳 [1981], 『説得論集』東洋経済新報社）．
Marcuzzo, M. C. and Rosselli, A. eds. [2005], *Economists in Cambridge*, Routledge.
石橋湛山 [1984], 『石橋湛山評論集』岩波書店．

平井俊顕編［2007］,『市場社会とは何か——ヴィジョンとデザイン』SUP 上智大学出版.
平井俊顕［2009］,「資本主義（市場社会）はいずこへ——転機のマニフェスト」『現代思想』5月.

第Ⅰ部　体系的構想と学的闘い

第1章　シジウィック――実践哲学としての
倫理学・経済学・政治学*

中井　大介

1. はじめに――シジウィックの時代

　ヘンリー・シジウィックは19世紀後半のイギリスを代表する哲学者である．1855年に17歳でトリニティー・カレッジに入学してから，ナイトブリッジ哲学教授として1900年に62歳でこの世を去るまで，シジウィックはケンブリッジを舞台に活躍した．彼はモラル・サイエンス・トライポス改正や，ケンブリッジ初の女性学寮であるニューナム・カレッジ創設など，ケンブリッジの改革に貢献したことでも高く評価されている．その一方，マーシャルがモラル・サイエンス・トライポスから経済学のトライポスを独立させようとしたことに断固として反対したことでも知られている．

　シジウィックの業績として最も評価されているのは，1874年初版の『倫理学の諸方法』である．同著は，徳や義務などの倫理学の基本概念を明確に定義しながら，究極的な道徳原理は何かという問題を体系的に分析した倫理学書であり，洗練された功利主義論は高く評価されている．例えば功利主義に対抗するかたちで自らの正義論を展開したロールズは，「"古典的功利主義論"のなかで最も明晰で最も見通しの良い系統的論述である」としている．しかし，道徳原理として功利主義だけでなく利己主義をもシジウィックが認めたことは，物議を醸し出すことになり，道徳原理を一元化し損ねた優柔な結論とみなされることもある．

　このようにシジウィックが自ら「失敗」とも呼ぶような結論に達した理由を知るためには，19世紀後半の時代背景，特に脱宗教という知的状況を押さえておく

必要がある．人々の価値規範としての宗教の喪失が社会的調和を瓦解させるのではないか，というのが当時の知識人によって少なからず抱かれていた懸念であった．例えば人々は宗教的ドグマを価値規範の礎石にすえるなら，私的利益と社会的義務が食い違うとしてもそれをたんなる逸脱とみなすことで，倫理的問題に蓋をすることができる．けれども「使徒会」を通じて批判精神に基づく真理追究を自ら信条とし，さらにミルに感化されて社会改良を志すようになったシジウィックのなかで，宗教に対する信頼は揺らぎはじめ，真理追求の場たる大学でドグマティックな宗教的慣行が強要されている現状への疑問が沸き起こるようになる．そこで彼は聖書の歴史的記述の信憑性を考証してみるものの，科学的根拠には基づかないという確信に達し，自らの信念を貫くため，1869年にケンブリッジで教職の継続に不可欠であった宗教的宣誓を拒否するというセンセーショナルな行為に踏み切るのである——大学側もシジウィックを手放さず，新たに道徳哲学講師のポストが用意され，結局1871年に宣誓は廃止されることとなる．しかしその一方，シジウィックにとって，人々の博愛的感情を鼓舞するかぎりで，宗教に一定の社会的意義があることも認められた．さらに，神の啓示なしに社会的調和はいかに実現するのかという問題は彼を悩ませ，各個人の内面における私的利益と社会的義務の調和を説くミルの学説に対してもシジウィックは疑問を抱くようになる．そこで彼は倫理学の歴史を洗い直すことで，アリストテレス，カント，バトラーなどの利己主義や直覚主義の重要性を再認識し，自らの倫理に関するコンテンポラリーな問題意識を『倫理学の諸方法』のなかにまとめあげるのである．

　知的状況から宗教が退行するのと並んで，19世紀後半にはコントの実証主義やスペンサーの社会進化論に代表される科学主義が隆盛を極めつつあった．特に社会ダーウィニズムは一世を風靡しており，実証科学としての総合社会学を展開するスペンサーの企てが，伝統的なモラル・サイエンスに取って代わろうとしていた．経済学の領域でも，1870年代に限界革命が生起するなど，純粋科学化を推進する動きが活発化していた．シジウィック自身確かに「不確定で論争状態にあるモラル・サイエンス」に依拠して，当面の社会問題を解決することはできないと感じていた．しかし，たんに科学主義を貫徹させることも，解決策にはならないと彼は考えたのである．

当時の社会問題の1つの端緒はイギリスの景気後退にあった．70年代以降「大不況」に突入して行くなかで，個人主義・自由主義に対抗するかたちで社会主義論争が巻き起こり，ストライキにまで発展する労働組合運動や階級対立の激化といったさまざまな問題が噴出するようになっていった．政治情勢も激しく変動しており，1867年の第2次選挙法改正，1884年の第3次選挙法改正などを通じて民主主義気運が高まっていった．しかし，シジウィックは社会主義や民主主義に一定の理解を示しながらも，むしろそれらへの過度の偏向から生じる混乱を避けるために，個人主義や貴族制の擁護を1883年の『経済学原理』および1891年の『政治学要論』で展開するのである．すなわち，社会的混乱を解消する実践的指針を導き出すために，シジウィックは経済学・政治学研究へ突き進んだと考えられる．

　以上のようなエピソードからは，シジウィックの慎重で中庸的な特徴がうかがわれる．こうした特徴は，シジウィックは保守的で消極的な学術的貢献しか果たさなかったとみなされる一因にもなっている．『倫理学の諸方法』はともかく，「『経済学原理』において事実上シジウィックは主にミルの注釈者であった」とされたり，『経済学原理』や『政治学要論』をまったく無視して，シジウィックはエリート主義的な「植民地総督府の功利主義」であるとか「体系を構築する能力をもたなかった」とする評価が広まっているのが現状である[1]．しかしこうした評価は，シジウィック固有の問題関心を見落としてしまっている．すなわち彼は，現実の倫理的・社会的困難に対処する実践的指針を導き出すために，科学主義の時代に即した方法で伝統的なモラル・サイエンスを再建することで，倫理学・経済学・政治学を軸にした実践哲学体系を構築しようと試みたのである．そうしたシジウィックの試みを見定めるためには，まず彼が『倫理学の諸方法』でミルを強く非難するかたちで，倫理学に関する独自の見解を打ち出したことに注目しなければならない．

2. シジウィックの倫理学——実践理性の二元性をめぐって

　『倫理学の諸方法』の課題は，個人のなすべき行為に関する究極的な道徳原理を明らかにすることであり，ミル『功利主義論』（Mill [1861]）の課題を継承し

ている.両者に共通するのは,世間的慣習,宗教的戒律,あるいは特定の徳目などに無条件に従う行為(ドグマティックな直覚主義)を批判し,より多くの幸福や快楽を得られる行為こそが本当に望ましい行為であると訴える点である.例えば正義や仁愛など同時に複数の徳目を考慮しなければならない場合や,長期的帰結や他者への影響を無視して慣習や戒律にしばられる場合,ドグマティックな直覚主義はなすべき行為の合理的指針たり得ない.本当に合理的な行為とは,幸福や快楽を最大化する行為にほかならないという見解であり,快楽に基づく帰結主義と呼ばれている.

しかし,個人の幸福や快楽はいかにして最大化されるのかについて,両者のあいだで根本的対立が生じる.ミルの基本的立場は,かの有名な言葉にあるように,快楽の質的差異を重視するというものである.

> 満足した豚であるよりも不満足な人間であるほうが良く,満足した愚か者であるよりも不満足なソクラテスであるほうが良い(Mill [1861], p. 212).

満足こそしているが質の劣る快楽しか享受できない愚か者よりも,不満足ではあるが質の優れた快楽を享受し得るソクラテスのほうがじつは幸福な状態にある,というのである.ミルがベンサムの功利主義を修正したとされるのはここである.しかしシジウィックは,こうしたミルの見解には論理的矛盾があると指摘する.

> 2つの快楽から1つを選ぶ場合,質的優位を選好理由として,少ない快楽を選んだほうが「最大」幸福を得られる,というのは理解し難いことである(Sidgwick [1902/1886], p. 247).

シジウィックは「禁欲的要素と快楽主義的要素の奇妙な混合」であると断じて,ミルを真っ向から否定し,自らは快楽の質的差異は結局のところ快楽の量に還元され得るという立場を貫くのである.

快楽の質的差異を認めるか否かという問題は,究極的な道徳原理に関して両者を相異なる結論に導く.質的差異を重視するミルからすれば,個人の幸福を最大

化するためには，より優れた質の快楽を享受し得る各個人の道徳的資質の洗練が肝要となる．それは彼が次のような人間性の発展を予期していたからである．

> 社会的結束の強化と社会の健全な成長を通じて，各個人は他者の福利をいっそう考慮するようになるだけではない．同時に，自らの諸感覚を他者の善といっそう合致させようと，あるいは少なくとも他者の善を一層考慮しようとするようになる（Mill [1861], p. 231）．

他者への危害を顧みない私的利益の追求が行われている事実をミルは認める．しかし，社会的発展に伴う個人の道徳的資質の洗練によって，そうした有害な行為への衝動は取り除かれ，私的幸福と一般的幸福は合致するようになるとミルは信じていたのである．ゆえにミルにとって究極的な個人のなすべき行為とは，社会全体の幸福を最大化する行為にほかならないのである．

裏を返せば，各個人の道徳的資質の洗練こそが社会的調和を実現する鍵となる．それは『自由論』や『代議制統治論』でも一貫したミルの信条である．したがって，ミルの重視する政府の本質的役割は次のようになる．

> 第1に，法と社会の取り決めは，全体の利益とできるだけ一致するように全個人の幸福や利益を配置すべきである．第2に，人格に広大な影響を及ぼす教育と世評は，自らの幸福と全体の善のあいだには不可分の関連性があるということを全個人の精神に定着させるようにその力を行使すべきである（Mill [1861], p. 218）．

政府による法と教育の適切な遂行によって，各個人の内面における「諸利益の普遍的調和」——換言すれば，利己心と利他心の統合——が実現されるのである．

それでは快楽の量を重視するシジウィックの立場はどうなるのか．結論からいえば，究極的な個人のなすべき行為には，自分自身の幸福の最大化（利己主義の方法）と社会全体の幸福の最大化（功利主義の方法）という異なる2通りの方法がある，というものである．シジウィックはミルを強く牽制するかたちで，個人

の内面における利己心と利他心の統合は不可能であると結論づける．

　ある個人と他者とのあいだの区別は真実であり不可欠である，それゆえ「わたし」は他の諸個人の存在という特質に関心がないという特別な意味において一個人としてのわたし自身の存在という特質に関心がある，ということを否定するのは常識に反するであろう．そうだとすれば，個人の合理的行為の究極目的を決定するうえでこうした区別がけっして本質的ではない，ということは立証され得ないとわたしは感じる（Sidgwick [1907/1874], pp. 497-498）．

　こうした結論は，個人の究極的な道徳原理を求めながらその統合に失敗したシジウィックの消極的主張とみなされることが多い．なぜなら利己主義の方法と功利主義の方法の指し示す行為が衝突して，なすべき行為を決断できない「実践理性の二元性」が生じる可能性を彼は認めざるを得なかったからである．確かにわれわれには他人を慮る気持ちがある．しかし，他人や社会全体の幸福のために自らの幸福を犠牲にする行為までもが，われわれ自身にとっての本当の幸福を導くといい切れるのか．こうした葛藤は避けられないとシジウィックは考えたのである．いずれにせよ，実践理性の二元性はシジウィックとミルのあいだの決定的相違である．例えばシジウィックは，

　さまざまな性格をもつ人々が，つねに一般的幸福を目的にすえて行為する生活においてこそ，私的幸福の最善の機会を手にするであろう，ということをミルの功利主義が十分証明しているとはいいがたい（Sidgwick [1902/1886], p. 274）

として，直接ミルに疑問を投げかける．

　それゆえシジウィックは政府の本質的役割として，個人の道徳的資質を洗練させることよりも，各個人の内面において解決不可能な諸利益の乖離が引き起こす現実的困難に，全体の幸福の観点から直接対処することに重きをおくのである．

こうした立場は，彼がエリート主義的な「植民地総督府の功利主義」と呼ばれる理由にもなっている．そのさい，とりわけ次の言説が取沙汰されている．

> 功利主義の結論は次のようになる．すなわち，秘密をばらしてしまうと正しくなくなってしまう行為があるという意見自体は，秘密のままにしておくべきである．同様に秘教的道徳が好都合であるという学説自体は，秘教のままにしておくのが好都合であろう．あるいはもしこうした隠匿を保持することが困難であるのなら，賢明な少数の人だけに限定しておくのが便宜であるという学説は，常識によって否認されるべきである．こうして功利主義者は，彼の諸結論の一部が人類一般によって拒否されるべきこと，あるいは大衆が自ら複雑で不確実な功利主義計算を行えば悪い帰結が導かれるかぎりで，大衆が総じて自分の制度に関与すべきでないことさえ，功利主義原理に基づいて合理的に望むかもしれない（Sidgwick［1907/1874］, p. 490）．

エリート主義的・秘密主義的立場は，ある一面で大衆支配的な政府介入の扉を開き，政治体制としての貴族制擁護に行き着くとも理解し得る．しかし，秘教的道徳の保持が困難であるなら，それを少数のエリートに制限しようとする体制はナンセンスであるという強い留保条件が設けられていることを看過してはならない．さらにシジウィックは『経済学原理』や『政治学要論』を通じて，拡張的な政府介入に対して強い警告を発するのである．

いずれにせよ，シジウィックは個人の内面における利己心と利他心の統合は不可能であると見切ったのである．しかし，彼はこの問題を投げ出してしまったのではない．むしろその解決を，社会全体の幸福を直接鑑みて調停する政府の実践的役割として捉え，経済学・政治学研究に突き進んだと考えられるのである．

3．シジウィックの経済学——サイエンスとアート

『倫理学の諸方法』に続いてシジウィックが本格的に取り組んだのは，1883年初版の『経済学原理』である．同著への後ろ向きの評価は先に触れたが，他方で

市場の失敗の包括的分析は厚生経済学の発展に貢献したといわれている[2]．ここでは，経済に関するシジウィックの本質的な問題意識は何か，そして倫理の問題とどのように関連しているのかについて明らかにしたい．従来こうした問題はほとんど考慮されていないが，シジウィックの社会哲学を理解するために不可欠である．そして鍵となるのは，サイエンスとアートに区別される『経済学原理』の独特な構成である．なぜならそうした構成は，それぞれの想定する人間像の区別（経済人と普通の人間）を通じて，彼の倫理学に関する結論と言える実践理性の二元性と直接結びついていると考えられるからである．

ではそうした区別が必要なのはなぜか．それは，シジウィックが当時の経済学の混乱状態を危惧し，その根本的原因を，サイエンス（何が存在するのか）とアート（何がなされるべきか）の領域が混同されるようになった経済学の歴史的展開に見出したからである．古代ギリシア以来，経済学は国富増進に関する為政者のなすべき役割を示すアートとして発展してきた．その後18世紀にスミスは，経済社会の仕組みを客観的に解明するサイエンスの観点を積極的に取り入れることで，経済学を大いに発展させることになる．ところがスミス以降の経済学者達は，スミスがサイエンスにおける一仮定として用いたにすぎない自由競争を，アートを支配する普遍的仮定であると誤解し，けっしてスミス自身意図しなかった自由放任を経済学の唯一のテーゼとみなすようになってしまう．

その結果19世紀後半の景気後退によって，自由放任を謳う経済学が結局のところ現実的困難を解決できないことが顕わとなる．そうしたなかで，さらなる自由放任の徹底を掲げ経済学の純粋科学化を急ぐ演繹派と保護貿易を掲げ帰納的方法を鼓吹する歴史学派とが激しく対立する混乱状態に陥ってしまった．シジウィックはこうした現状認識に立って，経済学の混乱を解消するためには，サイエンスとアートの領域を明確に区別することで正統派経済学を再建させねばならないと考えたのである．

そもそもサイエンス・アートの区別という概念自体は新奇なものではなく，アリストテレスにその端緒を認められるし，19世紀のベンサムやミルも意識していた問題である．ベンサムは，スミスの経済学は主に経済社会の仕組みを解明するサイエンスであると捉えつつ，自らは経済学のアートを政府の介入すべきこと・

介入すべきでないことに区別して論じた．ミルの場合，サイエンス・アートの区別はむしろ認識論の問題であり，彼の『経済学原理』で明示的区別はなされていない．シジウィックはおそらくベンサムから示唆を得たと考えられるが，いずれにせよ経済学がサイエンス・アートの区別に基づいて体系的に論じられることはなかったのである．そこでシジウィックは，サイエンス・アートの区別を貫徹させるために，それぞれに異なる人間像を想定する，という独自の方針を打ち出すのである[3]．

　サイエンスの人間像である経済人とは，利己心に従い自分の利益を追求するという人間像の仮定であるのに対して，アートの人間像である普通の人間とは，慣習から影響を受け，利己心だけでなく正義や博愛といった共通の道徳感情を併せ持つ存在として定義される[4]．シジウィックは経済人という従来経済学が仮定してきた制限的な人間像（いわゆる合理的経済人）と，ありのままの普通の人間を区別したうえで，アートとしてべきという規範的問題を扱う場合には，経済人ではなく普通の人間を想定しなければならないと考えたのである．

　こうした人間像の区別は，彼の倫理学の結論である実践理性の二元性によって整合的に説明することができる．まず経済人とは，自分自身の幸福を最大化する利己主義の方法に従って経済的営為を行う個々の経済主体といえる．なぜなら，経済人のベースにある利己心とは，シジウィックにとってダイレクトに利己主義の方法の正統性を裏打ちする個人のなすべき行為における動機だからである．しかしそれは非現実的な人間像ではなく，経済的営為における各個人の本質的な動機である利己心に注目することで，現実の経済社会のメカニズムを体系的に解明するための仮定であることに注意を要する．

　他方で，普通の人間については『倫理学の諸方法』でも次のように明確に述べられている．

　　最終章に達そうとする本著の大部分で，普通の人間の実践的推論において幾分漠然と結合され，けれども可能な限り別個に展開することがわたしの目的である，正しい行為を決定する3つの方法を検討してきた（Sidgwick [1907/1874], p. 496）.

『倫理学の諸方法』でシジウィックは，普通の人間によって求められる究極的な道徳原理を追求し，直覚主義の方法を退けるのであるが，普通の人間は利己主義の方法と功利主義の方法という対立し得る2つの道徳原理を合わせもつと結論づけたのであった．

　それではこうした人間像に注目しながら，『経済学原理』の具体的議論をみることにしよう．経済学のサイエンスの課題は，べきという価値判断を排して，経済人の利己的な経済的営為からなる経済社会を客観的に分析することである．そこでシジウィックは，サイエンスにおける生産論として，経済人の利己的な生産によって最大限の社会的生産が実現される傾向があること，分配・交換論として，自由競争下の分配・交換において経済人の利己的な生産が促進される傾向があることを示すのである．同時に自由競争という抽象的世界だけでなく，独占・結託に至る事例などについても具体的に展開する．そして，こうしたサイエンスの考察は，アートでいかに政府が対応すべきかを検討するさいの基本的視座を提供することになるのである．

　経済学のアートの課題は，普通の人間からなる社会全体にとって望ましい結果となるよう，富の生産・分配・交換から得られる社会的効用を最大化するためには，政府によって何がなされるべきかを示すことである．注意を要するのは，経済学のサイエンスが各個人の経済的営為に焦点を絞った客観的分析であるのに対して，経済学のアートが政府のなすべき役割として提示されることである．その理由は次のように考えられる．各個人が自分自身のために行う経済的営為の帰結を社会全体でみるならば，それは本当に彼らが社会全体に対して望んでいた帰結とはかぎらない．また，普通の人間は利己主義の方法と功利主義の方法を併せもつが，それらに厳密にしたがって行動しているとはかぎらないし，したがっているにしてもそれらが対立する場合がある．そこで，究極的な道徳原理として2つの方法を併せもつ普通の人間にとって本当に望ましい社会全体としての帰結を政府が直接鑑みたうえで，アートを遂行すべきである，ということであろう．

　そこで生産に関しては，政府は極力介入すべきでないというアートが基本方針となる．サイエンスで考察した経済人の利己的な生産は，最大限の社会的生産を

実現する傾向があることから，利己主義と功利主義の両方をもつ普通の人間にとっても望ましい生産である，というのがシジウィックの含意であろう．しかし経済人による生産では独占に陥る場合や市場に提供されない有用な財がある場合には，政府による独占禁止や公共財の提供によって，社会的生産を増大させ得る余地があるとシジウィックは主張する[5]．

　分配・交換に関しては，公正な分配と経済的分配に区別してシジウィックはアートを展開する．公正な分配とは，サイエンスで仮定された自由競争下での分配であり，公正な報酬・所有権の確保や市場競争の設定などを，政府がアートとして遂行することが，各個人の利己的な経済活動の促進に，ひいては社会的生産の促進に欠かせないとシジウィックは考える．他方経済的分配とは，既存の生産物から引き出される社会的効用を直接高める分配，すなわち限界効用逓減を根拠とした再分配政策であるが，同時に資本蓄積を阻害するなど負の側面が伴うことも看過されてはならないとされる．すなわち，公正な分配によって競争市場での経済人の利己的な経済活動を促すことで社会的生産の増大を実現しつつ，そうした公正な分配による成果を維持しながら，最大限の社会的効用を引き出す再分配政策によって経済的分配を実現すること，これがシジウィックの示した分配に関する政府のアートといえる．

　しかし，以上のような政府のアートは本当に不可欠であるといい切れるのか．そもそも普通の人間が利己主義の方法と功利主義の方法を併せもつのであれば，功利主義の方法に則った各個人の慈善活動などが自発的に行われることで，政府介入がなくとも，望ましい経済社会が実現するのではないのか．この疑問にシジウィックは次のように答える．

　　あらゆる慈善ないし個人や公共目的への寄付の類は，本来の競争的分配の欠
　　陥を補い，その困難を緩和するものとして役立つ富の2次的分配を構成する
　　とみなされる．そして一定の事例において道徳感情と理想目的がこの種の影
　　響力を実際発揮することは確実である．…しかし，経済力の作用を修正する
　　上でこれらの高尚な諸感情の影響は，実際の近代社会で根本的に重要だとわ
　　たしは思わない．そして将来的により重要となるそれらの可能性を体系的に

調査することは，本著の領域を超えて社会の一般史へとわれわれを誘うであろう．それゆえ道徳と経済学の実際の諸関係についてわたしが示すべきことは…政府の経済的介入を支配すべき諸原理に関する議論との関連で最も適切に論じられよう（Sidgwick [1901/1883], p. 392）．

シジウィックは，個人の道徳感情が将来高尚になる可能性を完全に否定してはいない．おそらくそのときには，政府介入がなくとも望ましい経済社会が成立するのであろう．しかし，そのような可能性が現実的であるか否かを検討するのは——実践的な個人の倫理の問題として利己心と利他心の統合が否定されたように——彼の実践的な経済学の考察範囲を超える問題であると考えている．『経済学原理』が対象とするのは「実際の近代社会」であり，そこでは，私的な経済活動に対しては，利己心が中心的役割を果たす一方で，その他の各個人の道徳的動機は瑣末な影響しかもたないか，あるいは混乱して用いられることで却って社会的幸福を阻害する要因とさえなる．したがって近代社会においては，社会的理想の実現は，個人の道徳に依拠するのではなく，普通の人間が本来的にもつ利己主義の方法と功利主義の方法に則った政府のなすべきアートが求められるのである．現実には混乱することもあるが，究極的規範原理としては利己主義の方法と功利主義の方法を併せもっているということ，シジウィックはこの事実を基礎として政府のアートを議論しているといえる．そして経済問題に絞った経済学のアートだけでなく，より一般的な政府のアートをシジウィックは『政治学要論』で展開することになる．

4．シジウィックの政治学

シジウィックの3つの主著のなかで，政治学の包括的議論を試みた1891年初版の『政治学要論』は最も注目されていない著作といえる．例えば政治学史でしばしば顔をのぞかせるのは同著ではなく，むしろ『倫理学の諸方法』のほうである．出版当初にはエッジワースによる好意的な書評などもあったが，大著で多岐にわたる議論から要所を押さえることが困難なため，内在的読解に踏み込んだ研究は

少なく,「委員会報告書」と揶揄されたりしている[6]．しかしここでは，シジウィックの政治に関する本質的な問題意識は何か，そして経済や倫理とどのように関係しているのかという，これまでにおき去りにされてしまっている問題に焦点を当てることにする．そこで，経済学ではサイエンス・アートの区別が鍵であったように，政治学では，政府介入論（政府のなすべき役割）と政治体制論（政府のあるべき構造）の区別という独特な構成，さらにはそれぞれにすえられる個人主義・社会主義および民主制・貴族制という両軸が鍵となる．

4.1 政府介入論

まずシジウィックは，社会的幸福の最大化という功利主義の理想の実現こそが，政府のなすべき役割の究極目的であると明言する．

> 統治される共同体の幸福は立法の究極目的と想定される．…なぜなら政治的な目的や性向が異なる人々によってそれが等しく認められるからである(Sidgwick [1908/1891], pp. 39-40)．

われわれが広く同意しているという事実こそ功利主義の根拠である，とシジウィックは考える．そして彼は功利主義に基づく政府のなすべき役割を，個人主義，干渉主義，社会主義という3つの「副次的原理」に分類して論じる．

第1にシジウィックは個人主義的介入について論じるが，それは近代社会において各個人の私的幸福の追求こそが社会的幸福の原動力にほかならないからである．そこでの政府のなすべき役割とは，各個人の私的幸福の追求を後援する政府介入の「個人主義的最小限」であり，(1)私的幸福の追求に適した物的・人的環境の整備，(2)個人の生命や財産の保護，(3)親に対する幼児の保護・滋養・教育の賦課などであるとされる[7]．

しかし個人の行為には，結局のところその当人にさえ望ましくない自滅的行為も存在し，実際問題として個人主義の欠陥が認められるため，社会的幸福を増進させる余地が残されている．そこで第2に政府の干渉的介入についてシジウィックは論じる．

> 「各人は自身の福利の最善の守護者である」という原理への固執は，その原理が依存する証拠によって合理的に正当化されない．／ゆえに強固な経験的根拠がこの原理に対する特定の実践的例外を認めさせるなら——例えば人々が賭博やアヘンで自滅したり，産業的過程で容易に避けられる危険を知っていながら招くような傾向が大いにあることが証明されるなら——たんに自由放任に肩入れする従来の一般的仮定を理由に，これらの実践を介入せず放置することは不合理であろう（Sidgwick［1908/1891］, pp. 136-137）．

しかし干渉的介入は，個人の自助を阻害したり政府の影響力を強化したりして個人の自由な活動の妨げにもなるので，可能なかぎり間接個人主義的介入などへの代替が望ましいとシジウィックは考える．例えばアルコール依存症の場合，消費者自身ではなく製造業者や販売店を規制する介入を彼は優先する．

さらに干渉的介入によって個人主義の欠陥を補ってもなお，最大限の社会的幸福という功利主義の理想は実現されておらず，ときには個人主義に反する直接的政府介入さえ必要であるとして，最後にシジウィックは社会主義的介入について論じる．まずシジウィックは個人主義と社会主義の関係について次のように述べる．

> アダム・スミスとその後継者に導かれて社会生活の経済面を真剣に熟考する人で…だれしも利己心という動機が強力かつ間断なく作用することを疑い得ない．ゆえにそれに代るような推進力や統制力をもつものを見出す困難は，現在の個人主義的基盤以外の何らかのうえに社会秩序を再構成せんとするあらゆる巨大スキームを拒否する最も重要な根拠となる（Sidgwick［1908/1891］, p. 146）．

すなわち，社会主義スキームを牽制しつつ，個人主義的基盤における「副次的要素」として社会主義的介入を取り入れるというのがシジウィックの立場である．そこで，自然的自由の体系では立ち行かない「例外」への対処として，天然資源

保護，科学調査，架橋建設，独占禁止，債権者保護，郵便・電信・水道・電灯などの運営に関しては，確かに個人や民間企業の活動領域を狭めることになるのであるが，広義の社会主義的介入が望ましいとされる．

他方，財産の共同所有と産業の政府運営によって，産業平和が実現し，人々のあいだに公共精神が育まれると主張する集産主義者が当時脚光を浴びていた．しかし創意工夫に富んだ民間経営に政府運営は太刀打ちできないことから，

> 現在ないし近い将来における集産主義者の理念の実現は，産業発展を阻止することになろう．ゆえにその結果実現する所得の相対的平等は，貧困の平等となるであろう（Sidgwick [1908/1891], p. 159）.

と主張し，集産主義ないし狭義の社会主義をシジウィックは強く牽制する．再分配政策に関しては，「もし自由という長所を実質的に犠牲にしないかぎりで達成され得るならば，享楽の手段と機会に関する分配のより大きな平等の実現はそれ自体望ましい」と認めつつも，過度の平等分配が産業発展に欠かせない大規模な資本蓄積を阻害する悪影響を強く懸念する．結局のところシジウィックは，不運に基づく極端な貧困の救済や，労働による富の獲得の機会を平等化する公共教育に限定して，狭義の社会主義的介入ないし再分配政策の必要性を認める．さらに明らかに自由放任が立ち行かない場合でも，(1)政府機構の過剰負担，(2)圧政的な権力の拡大，(3)特定の階級への利益誘導などの危険を伴うため，社会主義的介入の便宜を容易には正当化できないと結論づけられる．

以上のようなシジウィックの政府介入論の背景には，個人主義と社会主義の対立という19世紀末当時の社会問題があったことも，想起されるべきである．例えば彼は次のように述べている．

> ここ30年で激しさを増している個人主義と社会主義の論争において，不当な貧困を可能なかぎり阻止するという義務が自然に顕著になっている（Sidgwick [1899]）.

そこでシジウィックは，社会的幸福の最大化を社会的理想として掲げ，それに貢献する政府介入の副次的原理として，個人主義，干渉主義，社会主義を統合させようと試みたのである．すなわち，功利主義のもとで個人主義と社会主義の対立を調和させ，それらを補完的に活用することで，現実の貧困問題などへの適切な対応が可能となることを示そうとしたといえる．

それではこうした問題は前節でみた経済学の問題とはいったいどのような関係にあるのだろうか．端的にいえば，経済学は政治学という包括的な学問領域における1部門に位置づけられる．

> 富の社会的生産や分配を改善させるべく考案される，政府介入の重要部門を扱う経済学のアートは，立法ないし政府の一般的アートから部分的にのみ分離され得る（Sidgwick [1901/1883], p. 33）．

しかし，経済学のアートはその対象を富から得られる効用に限定し，スミスを端緒に洗練されてきた富の生産・分配・交換に関する経済学のサイエンスの理論的知識を直接活用できるため，政府の一般的アートにおける唯一信頼に足る学問領域として体系立てて展開可能であり，そうすることに大きな利点があるとシジウィックは考える．さらに，個人主義を前提とした経済政策の考察が重要な位置を占める政府の一般的アートにおいても，利己心に基づく各個人の経済的営為の客観的分析である経済学のサイエンスが，その基本方針を方向づけているといえる．同時に，経済学は政府の一般的アートの1部門であるため，例えば独占禁止の場合，どのように社会的富が増減するのかだけでなく，それによって損なわれる政治的自由なども勘案のうえで，社会的幸福という功利主義の基準に照らして最終的な政府の実践的指針が求められねばならないのである．

4.2 政治体制論

『政治学要論』第2部は，第1部で論じられた功利主義政策の効率的遂行，および政府によって被治者に行使される権力の抑制という観点から，望ましい政治体制について論じられる．そこで，民主制を牽制しながら貴族制が擁護されてい

ることから，シジウィックは保守的でエリート主義的な政治思想のもち主とみなされる傾向がある．しかし，シジウィックの真意を図るためには，原始・古代から近代にわたる政治構造の形成・変化を検討した『欧州政体発展史』と併せて理解することが重要である．同著において『政治学要論』との関連で注目されるのは，(1)アリストテレスが重視した民主制と貴族制の調和こそが，安定的で効率的な政治構造に不可欠であるとシジウィックは考えていること，(2)歴史研究に基づく現状認識を踏まえて，安定的継続的な政体の発展を促す漸進的な実践的提案を導きだすという政治理念の方法の重要性をシジウィックはモンテスキューに見出したこと，(3)歴史研究において政治構造の形成・変化の要因としてシジウィックの見出した，防衛，経済的要因，秩序維持，共通善，安定性，効率性，財政的必要などは，いずれも社会的幸福の最大化に寄与するという点で，彼の功利主義の枠内で政体の形成・変化を正当化し得る要因であること，などである[8]．

　まずシジウィックは『政治学要論』第2部の前半で三権分立論を展開し，現代イギリス政治体制を，三権分立によって，専門化された各政府機能の効率的遂行と政治権力の相互抑制による市民権の確保を同時に実現している望ましい政治構造とみなしながら，その仕組みを詳細に論じる．そこで彼の実践的な政治体制論としての課題は，実際に代議制を成立せしめる選挙制度に関してであり，まず政治構造の安定性に寄与するという民主制の根拠に照らして，シジウィックはおおむね普通選挙制を容認する．しかしながら，

> 広範な選挙権拡大は別種の危険を招くことになる．有権者の多数派による無知や身勝手を通じて，彼らの見かけの階級利益のために，社会の究極利益が犠牲にされる恐れがある（Sidgwick［1908/1891］, p. 389）

として，優れた政治的叡智をもたらすという貴族制の根拠から，ミルと同じように少数派の富裕層には相対的に大きな政治権力を分配する必要がある，と結論づける．

　続いて『政治学要論』第2部の後半では，(1)人々は政府にどのような影響を及ぼすべきか，そして(2)民主制は政治構造として正当化され得るのかという問題に

関して，一層実践的な提案として貴族制と民主制の調和の観点から望ましい政治体制をシジウィックは検討する．まず人民による政府の支配に関して，貴族制と民主制を両軸とする代議制は望ましい立法府の構造であると考えつつも，立法者の政治的意見と一般民衆の願望が衝突することでその有効性が喪失される危険性をシジウィックは憂慮する．

> 立法者の定期的選挙は可能なかぎり優れた政治的能力をもつとみられる人々を選出することを目的とすべきである．／それゆえわたしが思うに，彼らの判断をいつでも比較的無知で未熟な大衆の意見によって却下させることで善い政府は導かれ得ない．それどころか政府機能の行使で自らの最善の判断に従わない代議士は——それが有権者の多数派の一時的意見・感情との衝突をもたらす場合でさえ——義務のあからさまな不履行という罪を負わされるべきである（Sidgwick [1908/1891], p. 556）．

そこでシジウィックは，大衆の偏見によって立法者の意見が圧倒される危険性に対処するため，二院制の設置や代議士が有権者から直接公約を要求されないことなどの正当性を自らの実践的提案として訴えるのである．

さらにシジウィックは，民主制はそれ自体として望ましい政治構造とみなされるのかという問題の検討に進む．まず彼は，民衆による判断というものが，公共善を阻害してでも自らの利権を拡大させようとする誘因からある程度免れているという道徳的資格を根拠として，民主制の正当性を容認する．しかし，同時に優れた専門家の判断という知的資格を根拠として，貴族制の正当性も認められるに違いないと主張する．

> 特定の個人や選出された議会にゆだねられる政府職務の一部が，特別資格ある人々に委ねられるべきことは，近代における民主制の理論的唱道者によって一般に認められている．そしてこのことが認められるかぎりで，貴族制の原理——政府の仕事は必要な技能をもつ人々の手におかれるべき技能労働の形態をとる——は絶対に受け入れられる．それゆえに——その選挙権が普遍的

であっても——代議政府は民主制を系統立てるたんなる一形態ではなく，むしろ民主制と貴族制の結合ないし融合であるとわたしは考える（Sidgwick [1908/1891], pp. 616-617).

シジウィックは，直接民主制を強く牽制するかたちで，民主制と貴族制が融合された立法府の形態として代議制を正当化するのである．そして代議制は，国民投票，発議権，任期の短縮，公約の設定など，立法への民衆の介入を増大させることで民主制的となり，反対に任期の長期化や公約の廃止などによって貴族制的になるとされる．それではどのような調和が望ましいのか．シジウィックは代議制において，少数富者の利益が多数貧者の利益のために犠牲にされ，結果として社会全体の利益が損なわれる危険性を現代イギリス政治体制における最大の懸案とみなし，例えば貴族院（上院）において立法者を無給にすることでその地位をより独立したものとし，富と余暇のある少数派の人々から立法者を引き寄せるべきであるという，貴族制擁護を自らの実践的提案として強く打ち出すのである．そして実際彼が民主制と貴族制の望ましい調和を裁定するのに用いる究極的な規準は，その政治構造が実現する「社会全体の究極利益」というまさしく功利主義にあったといえる．

以上のようなシジウィックの考察の背後には，民主制へ傾きつつある現状への危惧があったのは明らかである．民主制の進展には「共同体全体にとって不利な方法で，富裕な少数派の利害が貧しい多数派の利害のために犠牲にされる」危険があり，立法府における「政府職務の効率的遂行のための特別の資格の必要や行政の一貫性の諸有利が減じたり評価されなくなると考える理由は見出されない」と彼は論じる[9]．例えば1880年代後半の労働組合運動の激化や前述のような選挙権拡大をシジウィックは経験している．こうした動向に関して『政治学要論』や『欧州政体発展史』で彼は直接言及してはいない．しかし，『欧州政体発展史』で19世紀後半の選挙権の拡大はイギリスが大陸諸国をリードするのではなくイギリスが大陸諸国に牽引されていると語られていることや，不平等選挙の必要性を提示することで代議制における貴族制の必要性を一貫して訴える『政治学要論』の議論からは，19世紀後半の選挙制度改革などを通じて過度に民主制に傾きつつあ

る現状を睨んで,シジウィックは貴族制擁護を展開したことがうかがわれる.さらにシジウィックが政治学を包括的に扱うと同時に,政府介入論と政治体制論を区別したことも注目される.当時激しく論争されていた社会主義という政府介入に関する問題と,民主主義という政治体制に関する問題の混同から生じる不要な混乱を避けようとしたとも考えられるのである.

また,シジウィックは望ましい政治構造を論じるさい,確かに「体制的自由」や「教育効果」などにも注目するのであるが,それはむしろ代議制から派生的に得られる利点として捉えられており,例えば彼が自由自体を追求しているとはいいがたい.こうした彼の方針は『自由論』や『代議制統治論』で,民主制を牽制しながら貴族制を擁護しつつも,代議制における一般民衆への教育効果を重視し,究極的には個人の自由の発現を求めるミルの姿勢とは異なるものである.そして両者の見解の相違には,時代的状況の変化だけでなく,シジウィックが柔軟性をもたせた功利主義で一貫性をもたせようとしていたことがあるといえる.すなわち,歴史状況に応じて変化し得るものとして望ましい政体をみていたシジウィックの根本原理は功利主義にあったといえるのである.

5. モラル・サイエンス・トライポスをめぐって

シジウィックは倫理学・経済学・政治学をそれぞれ独立した著作および学問領域として展開したのであるが,そこには功利主義をベースにした共通の問題意識が据えられていた.シジウィックは『哲学の領域と諸関係』のなかで包括的な実践哲学体系について次のように論じる.

> われわれが人間生活を全体として眺め,ある1つのアートがそこにすえられるべき場所を考察するなら,いくつかのアートは他の高次の包括的アートに従属することは明らかである./そうした——経済学者がいうような——物質的対象に限定された効用,ないしは運搬・通信・戦勝などにおける非物質的な効用の産出を目指す諸アートの副次的地位は通常明白である.そうしたアートは明らかに更なる目的のための手段としてのみ望ましい帰結を意図する

のであり，それ自体としての望ましさはこのアートには属さない．司令官の役割は主として敵を打ち負かすことであり，戦争が開始されるべきか否かを決定するのは彼でなく，明らかに政治家の役割である．しかし，いかなる諸原理に基づいて政治家はそれを決定すべきかを尋ねる場合に——例えば彼は，彼自身の国家の保全や福利を究極目的とすべきなのか，それとも人類一般の福利や幸福を究極目的とすべきなのかを尋ねる場合に——政治家の実践的諸公準が普通の道徳の支持と衝突しがちであるという問題にわれわれは直面する．だからこそわれわれは，その衝突を解決する実践哲学を求めるのであろう（Sidgwick［1902］, pp. 28-29）．

あらゆる目的の頂点にすえられる究極目的こそ，社会全体の幸福の最大化という功利主義である．そして，功利主義の理想を実現するあらゆる副次的アートを統括するのが，それぞれ個人と社会ないし政府に関する究極問題を直接扱う倫理学と政治学であり，両者を軸にすえた実践哲学体系をシジウィックは構築しようとしたのである．したがって経済学も，功利主義の理想を実現する一手段にすえられる．『政治学要論』とは対照的に『経済学原理』では功利主義という言葉を彼が直接的にはほとんど用いなかった理由はここにある．

また哲学的課題に挑む場合，現実の人間・現実の社会に基づいて実践的指針を示さなければならないと彼は考えた．ミルが他人や社会のために自己犠牲を厭わない道徳的英雄を人類の将来像として描いたのに対して，シジウィックは現実の人間の内面において利己心と利他心の統合が究極的にも不可能であることを見切った．そして統合の不可能性から生じる問題を抱えざるを得ない現実の社会を認識したうえで，直接功利主義の観点からその問題の解決を図る政府の実践的役割を経済学と政治学で論じることによって，実践的な哲学体系を打ち立てようとしたといえる．人間性の発展を信じるミルが将来の社会像として社会主義に接近していったのとは対照的に，あくまでシジウィックは個人主義を基盤にすえながら望ましい政府の役割と構造を展開したのであった．このようにシジウィックの社会哲学を全体として理解するなら，『倫理学の諸方法』の結論である実践理性の二元性は後ろ向きの結論ではなく，彼独自の実践哲学を構築するための出発点に

ほかならない.

　以上をまとめれば，非常に弾力的に解釈され得る功利主義を究極目的として，あらゆる実践研究を統制する実践哲学体系を構築する必要があるというシジウィックの根本的な問題意識のもとに，『倫理学の諸方法』，『経済学原理』，『政治学要論』はその最重要の学問領域としてそれぞれ論じられることで，3つの著作のあいだには相互に直接的関係が織り込まれていたのである.

　ではなぜシジウィックはそうした哲学体系を構築する必要に駆られたのか．ここで19世紀後半という時代背景に立ち戻らなければならない．実証主義や進化論に代表される科学主義を強く牽制しながら，スミスやミルと基本的には同じ方針に立って，現実の社会の人間の思考や行動から経験的に引き出される倫理学や道徳をベースにした実践哲学体系をシジウィックは提唱した．つまり進化論や心理学をベースに実証的な社会学体系を論じるスペンサー流の社会科学や，数学的理論に依拠するかたわら合理的経済人を社会の人間像としてすえる経済理論によって，経験的考察に基づく倫理学や道徳に依拠する伝統的な学問体系がおき換えられてしまうことをシジウィックは危惧していたのである．当時の学問的にも社会的にも混乱した時代の要請は昔ながらのモラル・サイエンスに満足するものではなかったし，シジウィック自身もそのように強く感じていた．けれども，彼がスペンサーやコント流の社会科学の体系とは明らかに異なるかたちで，実践哲学と称する自らの体系を構築しようとしたのは，経験的に導かれる人間の道徳観・倫理観を切り離して社会的問題を扱うべきではないという譲ることのできない確信があったからにほかならない．個人主義と社会主義の対立や民主主義の台頭といった政治的・経済的に非常に激しい論争が巻き起こっていた19世紀後半という困難な時代にあって，実証主義や進化論に依拠してそうした困難を乗り切ることは不可能であり，伝統的なモラル・サイエンスを実践哲学として再建することでそうした困難に対処できる実践的指針を導き出すことが可能になると考えたのであろう．

　マーシャルがモラル・サイエンス・トライポス（トライポスとはケンブリッジにおける卒業試験を指す）から経済学を独立させようとしたことにシジウィックが頑なに反対した理由も，ここにあったといえる．すでに1870年代には限界革命

が生起しており，現代的なミクロ経済学の基礎が固められつつあった．シジウィックの経済学も，ピグーの厚生経済学の形成に寄与した点が評価されている．最大多数の最大幸福という功利主義を規準にすえることで，古典的な自由放任から脱却し，市場の失敗に対する政府介入の必要を包括的に分析したからである．しかし，例えばジェボンズがミルの経済学を攻撃したのとは対照的に，シジウィックは数式等を一切用いず，相変わらず旧いミルの経済学を焼き直したとみなされることがある．

シジウィックとマーシャルの対立を決定的にしたのは，1885年のマーシャルの教授就任演説であった．そこでマーシャルは，経済学がモラル・サイエンス・トライポスの一科目に据えられていることを厳しく批判したが，それは同トライポスの改革を進めてきたシジウィックに対する宣戦布告でもあった．従来経済学は，倫理や政治の問題と直接関連する哲学的問題の一つとして扱われてきたといえる．ケンブリッジで，モラル・サイエンスにおける一科目にすえられていたのもそのためである．実際同トライポスでは，「論理学および方法論」，「経済学」，「心理学」，「形而上学」，「道徳哲学および政治哲学」の5科目すべてが必修であった．しかし限界革命などを経て理論化・数学化が進められるなかで，もはやモラル・サイエンス・トライポスから経済学を独立させるべきだとマーシャルは訴えたのである．

他方で，シジウィック自身の見解は次のようなものであった．

> 各科目を他の科目から明確に分離することはできない．それどころか，5科目のなかで，他の科目と深く関わり合うことのない科目は一つも存在しない．…各科目の最善の定義とは何か，そしてそれらの相互関係に関する正しい見解とは何か．これらは学生が常に関心を払うべき重要な問題である（シジウィック編［1881］，『モラル・サイエンス・トライポス学生便覧』）[10]．

倫理学・経済学・政治学を柱とした実践哲学を構築しようとしたシジウィックからすれば，経済学はモラル・サイエンスの1部門にすえられるべき学問分野であった．マーシャルの経済学が，人間の成長を重視するなど，たんに理論的視野

に限られないことも重要である．とはいえ，経済学を独立させて専門の経済学者を教育する必要性を唱える旗手がマーシャルであったのに対して，哲学的問題から切り離された専門分野として教えられることに警鐘を鳴らしたのがシジウィックであった．

いずれにせよシジウィック亡き後，マーシャルは経済学を独立した学科に据えることに成功する．そして経済学は，理論化・数学化を加速させ，独立した科学としての道を歩むことになる．しかし他方で，経済学はモラル・サイエンスの1つであると再びケインズが唱えたことも，こうした問題と無関係ではないように思われる．

注

*) 本章は科学研究費補助金（平成19-20年度若手研究）による成果の一部である．

1) 例えば，Stigler [1990]，Williams [1982]，Skidelsky [1983] を参照．
2) 例えば，O'Donnell [1979]，Backhouse [2006] を参照．
3) シジウィック以後では，J. N. ケインズの『経済学の領域と方法』（Keynes, J. N. [1891]）にもサイエンス・アートの区別がみられる．
4) サイエンスの議論を締めくくる第2編第12章「慣習」で人間像の区別について論じられている．
5) 道路，鉄道，輸送，郵便，水道，銀行などの幅広い間接的効用をもたらす「移転」に関する機能は，大規模組織の必要や利益回収の困難から，政府運営や公共料金の設定が望ましいとされる．
6) Collini [1983] を参照．シジウィック自身の「著作に結実させることに価値があるのか否か疑わしい」という言葉から後ろ向きの著作と捉える向きがあるが（Moggridge [1992]），これは同著が完成する3年半前の苦闘の最中での心境であり，完成後も同様の心境だったのかは疑問である．
7) 事前に犯罪や危害を予防する間接個人主義的な政府介入（自衛の容認，容疑者の勾留，政府による事前警告や監視）は，個人主義的最小限には抵触するものの，功利主義から正当化されるという．
8) 『欧州政体発展史』は彼の死後，夫人の手によって出版された．夫人によると，シジウィックは政治学を完全なものとするために，(1)『政治学要論』での分析的演繹的研究，(2)『欧州政体発展史』での政治的進歩に関する研究，(3)欧州の諸政体の比

較研究という三重の扱いが望ましいと考えていた．そして(3)は将来的課題と考えられており，その内容は『欧州政体発展史』と重複していることから，シジウィックの政治学構想を理解するためには，『政治学要論』と『欧州政体発展史』を合わせて通読することが重要であるとされる．

9) Sidgwick [1908/1891], pp. 393, 622を参照.
10) *The Student's Guide, Part VIII. Moral Sciences Tripos,* 4th ed.［大英図書館所蔵］.

参考文献

Backhouse, R. E. [2006], "Sidgwick, Marshall, and the Cambridge School of Economics", *History of Political Economy*, 38-1.

Collini, S., Winch, D. and Burrow, J. [1983], *That Noble Science of Politics*, Cambridge University Press.

Keynes, J. N. [1891], *The Scope and Method of Political Economy*, Macmillan.

Mill, J. S. [1861], *Utilitarianism*, Longmans (『効利主義論』).

Moggridge, D. E. [1992], *Maynard Keynes: An Economist's Biography*, Routledge.

O'Donnell, M. G. [1979], "Pigou: An Extension of Sidgwickian Thought", *History of Political Economy*, 11-4.

Sidgwick, H. [1899], "Political Economy and Ethics", in Palgrave, R. ed., *Dictionary of Political Economy*, III, Macmillan.

Sidgwick, H. [1901/1883], *The Principles of Political Economy*, 3rd ed., Macmillan (『経済学原理』).

Sidgwick, H. [1902/1886], *Outlines of the History of Ethics*, 5th ed., Macmillan.

Sidgwick, H. [1902], *Philosophy: Its Scope and Relations*, Macmillan (『哲学の領域と諸関係』).

Sidgwick, H. [1903], *The Development of European Polity*, Macmillan (『欧州政体発展史』).

Sidgwick, H. [1907/1874], *The Methods of Ethics*, 7th ed., Macmillan (『倫理学の諸方法』).

Sidgwick, H. [1908/1891], *The Elements of Politics*, 3rd ed., Macmillan (『政治学要論』).

Skidelsky, R. [1983/1874], *John Maynard Keynes: Hopes Betrayed 1883-1920*, Macmillan.

Stigler, G. J. [1990], "The Place of Marshall's *Principles* in the Development of Economics", in Whitaker, J. K. ed., *Centenary Essays on Alfred Marshall*, Cambridge University Press.

Williams, B. [1982], "The Point of View of Universe", in Williams [1995], *Making Sense of*

Humanity, and Other Philosophical Papers, 1982-1993, Cambridge University Press.
中井大介［2006a］,「シジウィック『経済学原理』におけるサイエンスとアート――利己主義と功利主義の関係から」『経済学史研究』第48巻第1号.
中井大介［2006b］,「政府の規範原理としての功利主義――『政治学要論』におけるシジウィックの経済政策思想」『大阪大学経済学』第56巻第1号.
中井大介［2006c］,「シジウィックの政治哲学論」『大阪大学経済学』第56巻第3号.
中井大介［2008］,「シジウィックの社会哲学」『生駒論叢』（近畿大学）第5巻第3号.
中井大介［2009］,『功利主義と経済学――シジウィックの実践哲学の射程』晃洋書房.

第2章 マーシャル──「人間の成長」と経済発展*

西 岡 幹 雄

1. はじめに

　19世紀中葉から20世紀初頭にかけての「栄光のヴィクトリア」時代を生きたアルフレッド・マーシャルとって，市場社会の光と陰は，人間の発展と文明の進化，さらには文化における危機と「社会問題」（*Social Problems*）として，深刻に受け止めざるをえなかった．このような「人間の発展」と「貧困の解消」を，どのような体系で解明すべきか，あるいはこの隘路を切り開くためには，いかなる科学がもっともこれに資するのか．

　今日，ケンブリッジ学派の祖として仰がれるマーシャルを知っているわたしたちにとって，これらの難問を解くための経済学との結びつきは，一見，自然なことにみえるかもしれない．しかしこのエコノミストが経済学に行き着くための遍歴は，じつは自明とはいい難かった．このことは，書きとどめたマーシャル自身の発言からも，容易に確かめられる[1]．

　では，彼が直面した市場社会の難問はどのような社会科学のなかで解明できるというのか．あるいはそれを支える経済社会思想やモラル・コードは，今日の精緻な経済学のなかでその可能性を模索できないのだろうか[2]．

2. 道徳科学から経済学へ

2.1 マーシャルの「精神上の危機」と道徳科学の脱形而上学化

マーシャルが経済学を生涯の研究の対象にしようと最終的に決意したのは，1871-72年頃であると推定されている[3]．彼が経済学専攻以前の数学，分子・量子物理学，そして道徳科学について知的変遷を重ねた結果であった．とくに経済学を選ぶにあたって二者択一の対象になった心理学の存在は重要である[4]．神の先験性に確信をもてなくなったマーシャルは，応用自然科学から，当時のモラル・サイエンスの領域である認知科学上の問題[5]へ関心を移していく．

2.2 人間の能力・活動と精神メカニズム——"Ye Machine"（「機械論」）の課題

マーシャルの「精神上の危機」の途上で表された心理学論文"Ye Machine"[1868]は，彼の経済社会思想の形成を考える上で注目に値する．この論考では，人間の心である「機械」(machine)は，（大脳と小脳）と身体とから構成される．小脳が身体を，大脳が小脳を（あたかも「本能」(instinct)のように）コントロールする．小脳では「近接性と類似性の原理」によって自動的に「感覚と活動の観念」を身体にフィードバックし，安定した心理システムが築かれる．

しかし，このシステムは，従来のパターンで適切な反応ができない場合，大脳が小脳を主導し，裁量的に「感覚と行動」を判断する．このプロセスで高次な思考が「配慮と意志」にもとづいて模索（「推論」）されるため，前の小脳-身体間の組織化に比べて，心理コストは大きくなる．脳の階層関係は，ニューロン・シナプス間のように，「車輪」と「ベルト」とのあいだで繋がり，この結合磁力に何らかの効率的な結びつきをもとうとする[6]．大脳-小脳・身体間で学習アルゴリズムが繰り返されると，知識構造は，当初，短期的で裁量的な判断にすぎなかったのに，そこに情報を長期的かつ計画的に統御する自動的な記憶が形成され，脳と人間活動の系列的な学習に基づいた思考蓄積の成長がみられる[7]．

推論，予測，学習といった人間-機械システムの緊密化という彼の問題意識に

影響力を与えたのは，バベッジの「人間作業科学」思想（最適動作と時間の徹底的追求と，その標準化が行われれば労使は最大利益を享受できるという視点）である．人間も自律化できれば，バベッジの自動機械のごとく，観念の結合によって時間の無駄が省かれ，合理的な意志決定を形成できる一種の「経済人」のように所与の目的が遂行できる[8]．

しかし現実の人間が情報や環境の変化に応じて可塑的・即時的に，知識を生産・蓄積し，そしてこれを正常にフィードバックさせるには，マーシャル自身が認めているように，相当な学習時間とコストを要する．Machine における自動化された知識ストックの増大は，逆に脳の多元的進化に秘められた意識活動を不要にするおそれがある．急激な環境の変化によって不確実性がリスク・シグナルに変換されない場合，また知識ストックが依存効果によって転換を妨げる場合，自動化された知識は急速に意味を失う．マーシャルの多元的脳組織観は，スミスとは違ったかたちで，多数意志決定と分業コストについて，認知から脳の階層レベル処理を通じて，社会への波及口を見出そうとしていたのである．

しかし，"Ye Machine" では知識の集散とラーニングによる認知が，「より高次な段階への進歩」へ結びつけるための枠組や社会的ネットワークにとって，これらの領域とイデアを架橋するフィードバックが構築されていないところに大きな課題を抱えていた．ましてや認知からのプロセスが，「進歩」(progress) といえるほどの継起的に特定された段階へ行き着くかどうか，架橋にさいしての基準が不明であろう．

人間の精神科学に進化のアナロジーをそのまま採用することが，対象に対してその関心部分の変化だけに意識を優先させ，それ以外の部分は排除する危険性（「節倹律」）[9]を避けて，"Ye Machine" では初期条件を「外部世界からの刺激」としている．つまり初期値が環境条件の質量との関係で何ら問題とされておらず，また恒常的予想形成も内生的変化に伴って次にどのように変化し，それが Machine (Mind) と外部環境との関わりで何ら影響を及ぼさない記述になっている．もし初期条件において外部環境が人間の成長の潜在性を発掘できないほど劣悪なものであれば，人間の心理的・生理的・物理的特性を統合できるとするエルゴノミックス的なシステムの構想などは，むしろ非現実的である．

マーシャル自身，こうした人間—機械システムによる「機械の仕組」から，人間の知的・精神的改善とその潜在能力の開発までをも考察の対象にしようと思索を深めれば深めるほど，"Ye Machine"の認知的な心理学からこれらを明確にできる自信はもてなかったのではなかろうか．人間の性格とその成長の可能性などの問題は，人間が属している心理的・生物学的環境のみならず，その基礎である物的基盤，あるいはその上部に築かれる社会的・歴史的・文化的環境との相互関係がどれだけ積極的に作用しているかをも考慮にいれるべきであろう．もしマーシャルが，人間活動と物質的社会的環境との連関を機械的・受動的なものとして捉えたならば，現実の世界での人間の能力や創造的行動の可能性を跡づけていくことは困難になるであろう．マーシャルによる人間科学の研究は，心理学的テーマではすでに限界に突き当たっていたというべきである．

外部環境という初期値とその不可逆性や経路の如何によって人間の意識過程と決定は大きな影響を受けるし，その方向と活動のあり方が，今度は，外部環境の質量に対して恒常的な影響を及ぼす．認知論的な「自律的人間」観や組織間の適応・設計をマーシャルが理解しようと努めても，それらの「自立性」が外部環境によって左右されるとしたならば，初期値を所与にする「神の意志」のままではあり得ない．自立的な人間の成長のためには「新たな科学」の再設定が必要となったのである．

3．経済社会思想の形成——初期「経済学講義」と「労働諸階級の将来」

3.1 初期「経済学講義」段階での課題

マーシャルの初期「経済学講義——労働者の厚生と直接結びついた若干の経済学上の諸問題」(1873年4-5月．以下では「講義」と略記[10])は，心理学では限界であった個別主体と組織とにおける高度化に必要な条件（自発性と適応性，あるいは外生化と内生化）を，経済学の視点から着目した論考である．もし共有のルールや考え方に従うフレームワーク問題を，共同体や地域のクラスターに変換できれば，領域内の環境が一定となり，自己調整しても膨大なコストを避けるこ

とができる．しかも限定的視野を克服できない個別主体には，協働メンバーの参加と分業がメリットとなる．小脳，大脳，身体関係の統一的な組み合わせが空間的に個体間で結びつけば，協働化のメリットとリスクの分散は可能になる．

むろん企業や個人が産業の関係資本の枠組に固執すればするほど多少の収益増加に対して，関係性の維持コストのほうが上回り，逆に不良ストック化してしまう可能性がある．この段階に至ると，産業の関係資本間での共有化メリットが小さいから，新たな時代環境と断続的で不安定な入力情報とは，技術革新と柔軟な分業によって，新しい資産として処理できる枠組となる．

このように「講義」では，環境（市場）に対して個別主体と組織を高度に分化させる協働化の集約と分散が，産業や組織の重層的な関係から，継起的に「人間と社会の発展」の枠組として設定することができた．

3.2 初期「経済学講義」から「労働諸階級の将来」へ

マーシャルにとって，労働問題にしても，厚生と国際競争力との両立にしても，人間性格と自立に基づく「人間の発展」問題を科学の基礎に組み込んだものでなければ，経済学として無意味であるということである．生産の組織化が進み，工業の発達は著しい．しかし，物質的生産力の発展に資源を多大に投下してきたために，生産と利潤の追求が，そこで働く人々の家庭，厚生や教育水準に劣悪と悪弊をもたらしてきた．結果として事態は，国富の増大にとって看過しがたい状況になりつつある[11]．労働時間の短縮，使用者による利己的な悪弊の予防，労働条件の改善，労働者家庭，とりわけ青少年労働の保護や教育投資への強調などを通じて，「世界で最も価値ある生産機関は，蒸気機関ではなく，それを生み出した人間とその思考である．これらを養うのが人間への資本投下，「人的資本」（Personal Capital）である」（Marshall [1873a], pp. 17-24）と彼は位置づける．つまり基本的な労働の基準は，投資可能な物的領域にとっても，基礎的な人的資本を高め，性格向上のインセンティブを通じて，一定の質的な保証と社会的な認知を労働者に自覚させることができるからである．

そのことは，外部環境との相互依存による効率性の向上を通じて，経済成長が促され，生産性向上と高所得，効率的資源配分，価格と国際競争における低下

の阻止といった，人的資本を起点にした経済思想の構想を可能にする．人的資本とその育成基盤が「われわれの仲間である人間の精神を救い」，国民効果と国際競争力を高めるという「講義」の思想は，制度の設計や良い労働のための社会倫理の選択を通じて，高度な社会的インフラの観点からも，物的資本と人的資本との連関を深め，イギリスの経済力と人々の厚生を支えるであろう．

「人的資本」の効果に対する言及は，「労働諸階級の将来」の段階で主張されている．教養と洗練された精神をもつ自立的な人間への投資と教育拡大が，経済発展と生活意識の改善とを結びつける永続的基礎であるという思想へと展開する．知的能力の生産性を有形資本の生産性に比べて著しく上昇させる持続的な発展を通じて，「イギリスおよび全世界の産業発展の歴史」は「新社会の進歩」パターンになるのだという視点は，「豊かさ」を物的生産力の貨幣的尺度だけで指標化し，「真のライフスタイル」の水準に裏づけられた人間活動の潜在性やそのための測定基準がなおざりにされていることへの危惧である．つまり，経済と人間の真の関係が見逃されてしてしまうことにつながる[12]．

マーシャル「初期価値論草稿」において，心理過程で強調された時間要素が，外部世界とそこから得られる試行錯誤のフィードバック（競争）とのなかで役割を得るにしても，クールノーの数理的功績，あるいはジェヴォンズやワルラスによる数理化と限界効用論を批判するにしても，（安定的発展のための）環境と「自尊心を備えた自立的な人間成長」との関係を通じてであるということが，1870年代前半期のマーシャルにおいて明確になったといえるだろう[13]．

4．「アメリカ産業の諸特徴」とデモクラシー

4.1 マーシャルのアメリカ観察

心理学における認知的な「自律的な人間」観から，人的資本蓄積をコアにして「自立的な人間の成長」を促す「新社会への進歩」ための経済思想へ転換しようとしたマーシャルにとって，経済学の習作モデルとなったクールノー的な分析（Marshall [1874]）のようなものから，しだいに英米や欧州での実際の調査と観

察に基づく姿勢へ傾くことは自然であろう．「1867年から1875年までの経済学研究の徒弟時代」を通じて，彼は，内外の都市を訪ね，産業技術だけではなく，経営組織内部・外部，労使問題，そこで生活する婦女子の劣悪状態，企業と産業に対する金融・資本調達や行政の役割などへの観察と質問を重ねた[14]．世界の主導権をめぐってイギリスが争うであろう「将来の大国アメリカ」の優越性の根拠に関して，製品の標準化と大量生産方式の採用による収穫逓増的な生産力とその産業分野，また当時のアメリカの代表的経済学者たちとの討論，さらに人的資本蓄積を伴う「注目すべき新しい経済組織」である協同組合や労働組合と競争との関連などに対して，1875年夏の北米旅行の意義は画期的であった．

アメリカ旅行を通じて彼が得た経験は，「自立的な人間の成長」と経済状態との関係が，いかに社会環境，法，あるいはモラルといった社会倫理的条件を左右するかについて確信できた点であろう．その意味で，トクヴィルの『アメリカの民主政治』[1840][15]に対する「アメリカ産業の諸特徴」という報告（1875年11月17日．Marshall [1925], p. 14）は，マーシャルの思想を彫琢する重要な内容を含んでいる．

4.2 「トクヴィルの基準」

「アメリカ産業の諸特徴」では「外国人自身による印象としてトクヴィルによるアメリカ評価がずば抜けた洞察力をもっている」ことに触れ，「トクヴィルの帰結がもつ基準」（the standard of de Tocqueville's conclusion. 以下「トクヴィルの基準」と略記）というものについて強調されている[16]．「トクヴィルの基準」とは，「アメリカでは市民社会の活力が大きな牽引力となって，民主主義の諸制度を安定させ経済を活性化させる」方向，つまり個人主義とタウンシップに基づく市民の直接的政治参加力がアメリカの民主主義制度の安定を促し，経済の活性化を導く規準となっていることを指す．もし社会意識と政治制度が基準となって，経済的パフォーマンスを実現できるというのであれば，その基準は定常的・静態的な性格であるということになる．

しかし，「多くのことは時がたつにつれて変化してしまったこと」，すなわち人口の西遷，習慣と感情においてピューリタン的な伝統が今日のアメリカ生活にお

いてごくわずかな領域しか占めなくなったこと，また鉄道をはじめ交通手段の開発による生活と慣習の変化などによって，「トクヴィルの基準」は，動態的な人口や経済社会構造の変化に対応したものではなく，したがって「自立的な人間の成長」による「新社会への進歩」を表現できるものではない，マーシャルはいう．民主政治の前提となる人間と経済進歩の枠組を設定するさいに，トクヴィルは「アメリカ人生活のこれら状態と発展にほとんど関心を払っていない」とし，それらが「原因にしろ，結果にしろ，直接的に政治諸制度と結びついていない」ので，「わたしが時間の大半を費やしたところで，[観察や分析の]時間のほとんどを使わなかった」([　]は引用者．以下，同様)．たしかにフランス革命の「過剰な中心主義」，「諸条件の平等化」，「水平化現象」による「多数者専制」が引き起こした「民主的理念と感情」の懸念から，彼にとって市民の直接的参加に根づく「心の習慣」(the habit of mind)や信頼・規範の関係を，健全なデモクラシーに対する「トクヴィルの基準」としたことは理解できる[17]．

　しかしながら，「トクヴィルの基準」では，人々の「心のもち方」と「諸産業の将来の望ましい状態」とを結びつけるための根拠も，生みだされている仕組についても明らかにされていないのである．トクヴィルが，この基準を「人間の日々の仕事が彼らの性格に及ぼす影響を詳細に検討するための領域としてみなさなかった結果」である．彼は明らかに「この影響を全般的に過小評価しているとわたし[マーシャル]は思う」．経済社会構造に影響を与え，「心の習慣」を支えているのは，政治的枠組よりも，「人間の日々の仕事がその性格に及ぼす」態様である．「心の習慣」の成否は，「人間の日々の職業」と人々が生みだした富のあり方に依存するのである[18]．

　この事実こそ「トクヴィルの基準」に優先するものであり，「宗教的理想，道徳的理想，芸術的理想，活動の理想，力の理想，愛の理想」の重要性も認めるけれども，そのためには「人間の日々の仕事がその性格に及ぼす影響」，それによる「自立的な人間の成長」，あるいは富の増進と「諸産業の将来の望ましい状態」との動態過程こそが，経済的な世界と倫理的な世界との結びつきを高めていく「新社会への進歩」の源泉でなければならない．

　その意味で，人的資本と物的資本への投資は相互補完的であるとはいえ，人的

資本環境の不完全性を考えれば，人的資本蓄積自体にユニークさがあるとともに，人的資本には歴史的経路依存性が働いているとマーシャルが判断していたことにほかならない．それゆえ，長期的に，アメリカ以上にイギリスにとっては，国民経済的にも人間的にも反復性が効く人的投資の量と質の向上が，物的投資以上に重要であり，その結果として社会的生産水準とそれに伴う高度な消費水準の向上とをもたらすのだと想定されていた．

したがって，マーシャルにとって，トクヴィルの価値基準が，無条件に受け入れることができないだけではない．経済人と通常の人間とを対比できるような経済学と実践倫理学とに分流できるような，たとえばシジウィック的な方向に対しても，内心同意しがたかったであろう．なぜならシジウィックのように，個人のなす行為が自身の幸福の最大化をめざす「経済人」的方向，そしてまた社会全体の幸福の極大を考えるならば「普通の人間」が行う功利主義的方向というならば，結局，経済学とは，「アート」という形で限定された公共政策もしくは行政学的分野の一環として処理されかねず，そうであるならば経済は人間成長とは直接的に関わりをもたない科学ということになりかねないからである．しかしそれではなぜイギリス社会が貧困を抱えながらも経済発展につなげていくかというその基本的なところで，シジウィックの理解はダイナミックに，人的投資とイノベーションとによる経済内部からの成長プロセスを掌握できず，経済学は，政治権力と市民権との相互抑制を制度環境的に保持したり，そのガバナンスの尺度に役立つといった程度の，トクヴィル的主題以上の実体を備えるものではないから，「人間の成長」と経済発展にとっての実践的な社会科学とはなりえないことになってしまう．

それはまた当初，模倣しようとしていた J. S. ミルの社会哲学の根底にあるミドル・クラスの「商業精神」が，もっぱら民主制度とそれに基づく経済社会の進歩を形づくるという論調にも，動態的な仕組みが経済学の中で，内在的に人間成長と経済発展を組み込まれていないと見なして，彼はミルに違和感を覚えていたのではなかろうか．

トクヴィルのようなアメリカを制度と国家の役割から規定しようとする立場は静態的であり，一定の評価はあり得ても，経済社会の創造性と成長性を考えるう

えでは「過大視はできない」ということであろう．

4.3 「アメリカ産業の諸特徴」における「一般原則」と「移動性」

「アメリカの優越性」の根拠を19世紀後半における「一般原則」（the general rule）として「トクヴィルの基準」に求めることに限界があるとすれば，何がこの根拠となるのであろうか．「忍耐力のある大きな野心の割合」，職業間の移動，地域間の移動であれ，それらに伴う彼らの知識であれ，それらは絶えず変動を余儀なくされているのであるから，人的資本・労働とこれらを取りまく産業に関わる「移動性」（mobility）こそが，外的な環境に応じて，人々の活動や進路を左右するのである．けっして「落ち着いた習慣」自体が活動の出発点になることはない[19]．

「移動性」による成長への基調は，「トクヴィルの基準」が設定した，周囲の状況に適応順応する静態的な生活スタイルというよりは，「困難を克服することを確固なものにする意志の教育」を重視する生活スタイルであり，（後年の経済騎士道を思わせるように「富を自分自身のために望んでいる」にしても），それは「主な動因が，アメリカのような既存の独占も世襲もそれほどではない状況下で，他の人々に力の優秀さを自ら証明しようとする野心にある．これを最も容易に遂行できるのは，富のための競争により，これらを打破することによってである．結果として彼は高い危険のために役割を果たしていることになる」[20]．「トクヴィルの基準」のみを配慮することは，人々が「行動形態を根本的に変えないでおこうかどうかということを熟慮」すること，つまり成長の可能性に関して，「定常的な社会での人間生活を隣人社会や工人社会と結びつけて奪っている」事実を「看過している」のである[21]．

道徳的性格が産業社会に及ぼす正の逓増性としてマーシャルを解釈するならば，アメリカにおける集団的行動の容易性が，集団規模とそのなかでの費用・便益比の小ささに由来し，社会秩序となるべき慣習を小さくできるということである．その結果として，「移動性」と「分析判断力の慎重な発揮によって善悪問題を決定しない」姿勢によって，トクヴィルが軽視した「産業利益と物質的複利に関する問題を処理できる心の習慣」が形成され，それが社会基盤となって波及的に

正の逓増性の優位をアメリカにもたらしているのである.

4.4 「共同の利益」の場としての経済組織——労働組合

「人間の日々の仕事がその性格に及ぼす関係」を重視するということは,逆にいえば,「近視眼的な人間への誘因」にさらされて,「定常的な人々の結びつきに安住」すれば,トクヴィルやミルのいう民主主義の諸制度が安定的に発展するのではなく,むしろ反対に,不安定性を増して「不利に働く」こともあるだろう[22].つまり,民主制を「共同の利益」へ順応するための訓練を受ける場としてトクヴィルが強調しても,マーシャルにとって分業に対する共通認識と共通アイデアの共有が,知識の限定合理性や時間の不整合性などにみられるような「大衆の近視眼的行動」により,長期に合理的判断と行動性をくだせないような産業の状況では彼らは社会の不利益を倍加させることになる.

マーシャルはイギリスの労働組合と協同組合を,その例としてあげている.例えば労働組合の場合,「同胞による同一判断という視野,資源,そして知識」が「同胞と特定の評価と信用」を与えるが,それらの安定性への代償として,「人為的に極端な変動を減らす目的」で,移動性を「制限してしまう働きになってしまう」.組合活動を通じて,産業と経済生活を規制して,本来得られる最大効果のもとでの「人間の性格向上」が形成できない危険性がある[23].公共的なことがらへの関心が失われ,「その日々の仕事が各人と特定のグループとのあいだで織り込まれている紐帯」に閉じこめられるような外部との調整や影響を遮断できる「雰囲気」であれば,そのもとでの行動規範から経路依存的に労働組合の性格が決められ,それが市民精神とタウンシップによる枠組という名目にせよ,人間性の成長に基づく経済進歩に制約を加え,逆進的な負の波及効果を及ぼすであろう.どのような制度や倫理性に基づく結果であれ,それが「弾力的な原理となって道徳性の厳格なルールの代替物として信用して分析」できなければ,人間と経済社会を相互増進させることはできない.

マーシャルによれば,社会と倫理,人間と経済との関係は,「相互の独立性として通常考えられているよりもはるかに密接不可分」であり,このことは,シジウィックやミルが「より十分な説明を為す以前に,倫理科学がより適切な基礎の

うえにあると理解していない」ことを暗黙に示唆しているように思われる.「いかなる社会の倫理的な状況でも,それによる特定のルールが,これから進む原理に対して,重要性で下位におかれる程度に左右されるかぎり,少数の哲学的洞察力によるのではなく,…大衆の理解の範囲によって,つまり実際の問題の分析力によってコントロールされる」というマーシャルの指摘も,「弾力的な原理となって道徳性の厳格なルールの代替物として信用して分析」できなければならないという論点と軌を一にしている[24].

「道徳的性格を形成している影響力が,順次,社会の倫理学説と倫理的基調に及ぼして」,労働組合・協同組合であろうと,「タウンシップと地方政府とが結びつき,市民に直接的な責任を課している」ケースであろうと,それらの存在が不可逆的に及ぼして,産業利益と福利に累積的な差となってあらわれるようにみえるのである.貨幣の存在もまた,人的投資による成長や「高度な道徳的な名声や評判」とは直結しないようにみえるために,産業利益と福利に累積的な差だけを明確にできる指標となってしまう[25].

しかし「日々の生活の事業と仕事のなかで引き起こされる習慣」や「その国の産業の性格や状態」のなかで見出される「活動性と自尊心」が重要であって,そのなかから「利己的な享楽」を見過ごす姿勢や「道徳的習慣が多大な前進を妨げている」要因こそ排除しなければならない[26].「アメリカ産業の諸特徴」にあらわれた「倫理的な状態はその国の産業状態に反応しているにすぎないのだ」というトクヴィルへの批判は,他方では,J. S. ミルの中産階級の政治的影響力の行使による富の増大を考えようとする傾向に対して,人間の発展は,何よりもまず,産業精神や社会への野心,あるいは自尊心に依存するのだという視点から同じような批判を内在させていたと思われる.というのは,「アメリカ産業の諸特徴」のマーシャルからすれば,(ミルがいうような)前もって社会の発展を織り込んだうえで,それに伴う個人の道徳的資質の洗練により,この関係こそが有害な行為への衝動は取り除かれ,私的幸福と一般的幸福は合致する社会的調和が実現するという言い方は順序が逆になっているからである.

これと同じような視点は,道徳学上の先輩であるシジウィックの社会科学観に対しても,それが個人の内面と社会の展開との統合に苦心するのは,人間がソー

シャル・キャピタル的なものを共有する感覚が，その「場と時」においてはフィードバックし，動態的に累積するという視点に加わっていないからである．その意味で，政治制度環境と倫理的反応が直接対岐するトクヴィルの「民主政治」の静態的なテーマが，モラル・サイエンス的人間とアートな経済学への要請というシジウィック的な混在を導き出し，結局，倫理学が経済学の上に立つ総合科学であるという真意をシジウィックが隠しているのではないか，という批判にもやがてつながっていくように思われる．

5.「有機的成長」論と『産業経済学』・『経済学原理』，そしてその後

5.1 「生物学的アナロジー」による「有機的成長」

「社会の倫理学説と基調」によって経済成果が生じるのであるという経済学の相対化に反発したマーシャルからすれば，正常価値-需給均衡論の有用性がむろん否定されたわけではない．しかし価格＝生産要素価格合計＝分配所得は，人間以外の要因に適用できる（「物理学アナロジー」）のであって，人間にはそれら要素に還元できる以上のものが生みだされ，これを配分できるゆえに人間性と経済の発展は一体となって増進できる．マーシャルはこのような「生物学的アナロジー」に従う立場を「有機的成長」(organic growth) と呼んでいる[28]．

ケンブリッジ大学経済学教授就任の講演である「経済学の現状」は，（オックスブリッジの改革者を自任してきたジョウェット，スチュアートやパーシヴァルが経済学に託した使命である）「人間をいわば不変量とみなし，…実際よりもはるかに多くの機械的・規則的作用を需要と供給の力」(Marshall [1885], pp. 154-155) としたそれまでの「正統的な経済学」（「リカードウ学派」）を否定し，またモラル・サイエンスの認知科学性も脱しようとする宣言でもあった．富と人間性の関係で経済学の再構成したいマーシャルにとって，「人間自身が大部分，環境の産物であり，環境とともに変化する」成長論 (Marshall [1885], p. 153) の方向性も定まったといえよう．

5.2 『産業経済学』の人的資本論の限界とヴィジョン

『産業経済学』段階でも,確かに人的資本の特殊性やそれによる労働者資質の向上,労働者の仕事と性格との相互依存関係,所得の支出形態,あるいはその結果である「稼得・利子基金」の増加(「一国純年所得から地代と租税とを控除した後の基金」,今日の国民所得の原型)などが強調されていた[28]。しかし,そこでは貧困が自己累積的に労働者の人間性を劣悪化させること,逆に人間投資が労働者全般の有機的成長のプロセスを具体的に表現する「生活基準」(standard of life)を基礎づけるまでには至っていない。

これに対して『経済学原理』(以下では『原理』と略記)では,「人的資本」の定義自体,

(1) 通常の資本の需給適応に比べて,人的資本は長期性,現実の環境の変化や資金回収・収益予測に不確実さがある[29]。
(2) 人的投資は「自由資本」ないし「浮動資本」との投資と異なって,「代替の原理」が効かないので,物的生産のような利子率極大化均等も望めない。
(3) 投資の不確実性を回避するために,両親は子供達の用役需要を予想し,能力開発を促すよりも,従来から需要されてきた労働能力を前提に教育・訓練を計画するため世代間労働需要にギャップが生じる[30]。
(4) 「家族への将来の資を確保する」には,人的投資にとって両親の資力や将来への展望力および「子供達への自己犠牲しようとする意志」(「利他的動機」)が重要である[31]。
(5) 不確実な外部環境に対して,貧しい両親は限られた情報と知識から子供たちの将来を考えるので,支配的な生活慣行・思考に彼らが頼る危険性。「賃金論草稿」(1872年)以来懸念されてきた,両親における情報と知識の不完全性と同一階層の世代数との累積が大きければ大きいほど,人的投資の意思決定は物的投資決定よりもはるかに受動的だから,子供達の両親と同じライフサイクルやネットワークからの脱出が難しい[32]。

したがって，マーシャルの人的資本論が「非現実的な概念」として「誤解されやすい」ので，ブランディやカイカーのように破棄されてしまったとみなすことは妥当ではない．むしろ彼の人的投資論のヴィジョンのなかに，社会思想と経済理論の結節点を見出すことができる．そしてこの解明が，イギリスの「有機的」な将来の成長と構造，そして政策方向にとって，解決しておかなければならない大きな意義をもつはずである．

　人間と富の問題が，これまで同様の自由放任主義的のたんなる物的な経済成長論のなかで，経済学のテーマとして喚起されないままに終われば，低所得と人間性格の弱体化，それを取りまく制度的悪環境も加えて，悪連鎖の連動が生じる．人々の賃金が抑圧されると，間接的結果として性格の弱化が表れ，さらに性格の低下が低賃金を招くという悪循環なのである．「経済学の現状」にしたがえば，人間の資性がその環境に依存するのだから，高い稼得と強靭な性格とは一層の性格の強化と高い稼得をもたらす．それがさらにそれ以上の性格の強化と高稼得を喚起する．しかし低位の労働者は，労働者の移動と労働移動との一致，労働の非保存的性質および貯蓄の欠如などの制約を伴って，累積効果とはちょうど反対に，労働者の取引上のいっそうの不利益が，逆累積過程を生みだす[33]．

5.3 「人間の成長」と「経済進歩の可能性」における「生活基準」

　こうした貧困の悪循環を断ち切り，ある世代の労働者によりよい稼得と，彼らの最良の素質を開発する機会とをもたらす「生活基準」，ないし「活動の基準」(standard of activities) の内容（Marshall [1890], I, p. 689）は，この基準の上昇がたんに人間の経済的成長を表すだけではなく，人間の非経済的状態の改善，すなわち人間の知的・倫理的成長も含むものである[34]．そして労働者がこの基準を上昇させるように努めれば，やがて「国民分配分も大幅に増大し，各階層各業種の分け前も増大するであろう．どれか1つの業種ないし階層の生活基準が向上すれば，その実質賃金も増加する．さらに国民分配分もいささか増大させ，他の業種ないし階層のものが彼らの用役を能率と比較して，多少とも安い費用で確保できるようになるであろう」(Marshall [1890], I, p. 689)．

　したがって，労働者全般の生活基準の向上こそが，労働者の能率を全般的に引

き上げ，その結果，国民分配分の増大，1人当たりの稼得所得の増大，そして人間投資による生活の質的向上と性格・意識の改善，換言すれば「生活基準」の上昇という経路を経て，経済はたえず累積的に成長することになる[35]．生活基準の向上とは，産業活動の日々創意を通じて，経済発展や政治制度の革新を日常生活の基盤から促す価値観であり，これが人々に認知されることである．そしてそれが社会の生産性の増加を通じて，経済社会の長期的な経路に結びつき，貧困を人間の活動努力のなかから排除できる新たな行動規範となる．生活基準が価値観として，日常の産業活動と人間投資から形成されなければ，人々の行動パターンも，思想や制度の変化も，社会の潜在力を十分に開花させることはできない[36]．

　もちろんマーシャルは，能率の向上には直接結びつかず，むしろ低級で物質的な欲望に機械的につなげてしまう生活態度を，『原理』第2版以降では「安楽基準」あるいは「欲望の基準」と定義している．これはアメリカを代表する社会学者であるパーソンズが注目するように，マーシャルが「生活基準」とは対極的に位置づけられた価値観であった[37]．例えば，「安楽基準」に基づく生活スタイルは，たとえ賃金が上がっても自己の欲求だけを満たし，自然的な必要というよりは慣行的な欲望，換言すれば，人為的な欲望上昇を追求する姿勢であって，マーシャルが当初から望ましいとした一種の「優越性の欲求」（「労働諸能力の健全で活発な動きは生活の目的であり，生活そのものである」）という生活様式とは正反対である[38]．

　ただし，「安楽基準」といえども，その上昇がいくらかの「生活基準」の向上を伴うことは認められている[39]．しかし欲望の増加を伴う賃金引き上げは，労働組合による労働供給制限行動にたやすく結びつく．その結果「安楽基準」を高めるための労働供給の制限は，短期的に賃金を急上昇させるだけでなく，費用条件による構造悪化を生活様式のなかに組み込む．それによって，究極的に全般的な雇用需要の減少と資本の海外流出が引き起こされ，国民所得だけでなく，経済システムの潜在的成長力も累積的に低下させていく．そうなれば人的資本蓄積も悪影響を受けて，経済発展の停滞とともに阻害されるだろう[40]．

　『原理』において人間の活動と経済進歩との累積的向上を，「優越性への欲求」あるいは「生活基準」として捉えられるようになったとき，これとは対立する人

為的欲望だけを追求し，次代の潜在的成長性にあまり寄与しないネガティブなコンセプトとして，「安楽基準」は『産業経済学』のそれとは異なった役割になったと考えられる．同時に「生活基準」は，人間への投資が『産業経済学』のように正常価値法則の一環として位置づけられるのではなく，不断に成長する国民所得とを媒介する地位を得たことを意味する．この点で，マーシャルは，労働の「純価値」ないしは人的資本価値の分析をほとんど進展させることができなかったというカイカーやウォーカーの評価 (Kiker [1968], pp. 442-443; Walker [1975], p. 432) には疑義があり，マーシャルにとって，動態的（「有機的成長」的）な発想のもとで国民所得論のなかに人的資本蓄積を「商品の生産費的な方式」とは違ったかたちで，組み込むことに意義があったと考えられる．

かくして正常期間を超えて経済が次代の「進歩段階」に速やかに移行するためには，その発展の源泉として，「生活基準」に裏づけられた人的資源の開発努力と，これに対応する革新的な企業家の「経済騎士道」への意欲との結合が重要である．この両者の協同によって各々の経済主体の質的・精神的向上を基礎にした新たな経済社会システムにおける生産性の上昇と活性化が，構造的に次の段階の経済発展を促すであろう．

このようにみていけば，マーシャルの日常活動による所得増加と人的投資のヴィジョンは，個々の生産性の累積性や社会的生産性の議論を通じて，内生的成長構想の萌芽や，スピルオーバー効果をもち，共有された社会ネットワーク的に社会規範を伴うソーシャル・キャピタル的性格をも見出すことができる．これらのことを通じて政治・経済・社会の制度水準の高次化も視野に収めることもできよう．それゆえ個人と家庭とは区別された，モラル形成や将来生活への展望，「工場法」と労働時間短縮，公的な初等教育などに対して社会的な外部効果を促すため，マーシャルは，国家が一定の役割を果たすことに，「労働者諸階級の将来」から晩年の「経済騎士道」にいたるまで，けっして消極的ではなかった．それは古典派経済学が資本ストックの増大に経済発展の起動力をおいた考え方とは対照的である．

国連開発計画（UNDP）による『人間開発報告』（1990年）によれば，教育による人間開発が幅広い産業に関する知識を提供して経済発展を促進するとともに，

教育投資による（健康・衛生学習も含めて）人間生活の質が向上することこそ，人間発展の指標であり真の国富である，と宣言されている．そうした理念を裏づける経済社会思想こそ，『人間開発報告』の冒頭に掲げられているマーシャルの『原理』における人間投資観にほかならなかった．

その意味で，マーシャル経済学の始点が需給均衡論におかれるにしても，その究極的主眼は時間の経過に伴う有機体としての企業や産業などの組織，およびそれらの構造的・質的向上を含む国民・世界経済の発展過程におかれていた．

マーシャルが明らかにした，経済現象の正常作用とそれまでの短期的作用とを「連続的な階差」による時間要素として統一的に理解すること，「他の事情が同じであれば」という条件下でのミクロ的な均衡分析（「静学的仮説」と名づけた「部分分析」），限界効用論の需要価格への取り込み，需要の価格弾力性や独占，商品・サービスの代替性，消費者余剰，収穫法則と規模の経済，産業組織，内部・外部経済，代替の原理，そして主要費用と補足費用との区別など，経済学説上，ケンブリッジ学派の祖として称揚すべき点は多岐にわたる．しかしこれら分析用具は，古典派経済学以来の自由競争が厚生を満たすうえで重要であるという資本主義経済と市場メカニズムの枠組を超えて，人間の質的成長と各種の経済組織の発展とを，社会の進歩に結びつける「人的投資」と大きな関わりがあるといえる．

5.4 『経済学原理』以降の「経済進歩の方法と将来の可能性」

正常期間を超えた国民所得と分配の問題を詳細に扱おうとしたとき，さらには生活基準と経済騎士道を「人間の進歩」の経済学として広く人々に訴えかけたとき，マーシャルの思想は，次の段階として，人間品位・高尚な生活と教養のための富の追求，高次な公共活動，文化芸術と教育のための需要・消費へという「文化生活大国」へのヴィジョンを重視せざるを得ないであろう[41]．

しかし「理想的経済体制」への彼岸にもかかわらず，マーシャルは『原理』改訂やその縮刷版である『経済学要綱』に追われ，また『原理』の続巻として用意されていた，貨幣・銀行論，景気変動論，租税論，社会主義論，あるいは反自由貿易政策に対抗するための『国際貿易と財政政策に関する覚書』（1903年），労働

委員会，インド通貨委員会や地方税委員会に精力を費やせざるを得なかった．最晩年に，彼は，英米仏独の産業技術や階級利害の視点を加えた『産業と商業』(1919年) や，貨幣市場および国際貿易の学説を扱った『貨幣 信用 貿易』(1923年) を刊行している．ただ『産業と商業』は膨大な歴史的・制度的知識の集積であるが，『原理』との一貫性では不満足な内容であった．また『貨幣 信用 貿易』は貨幣論などをのぞけば老齢のせいで散漫な著作に終わった．また次世代の経済社会の枠組として，書こうとした『経済進歩，その方法と将来の可能性』は魅力的な目次にとどまり，メモ以上のものではなかった．

　マーシャルの経済学は，心理学を断念した時点から，ミルの経済学を検討することからはじまり，その最終成果は，人間社会の発展への「大事業の計画と熱意」を内包しつつ，完成には至らなかった．社会哲学が人間の社会行動についての諸問題を扱う哲学的研究であるとするならば，これを社会主義的なのか，ネオリベラリズムに向かうのか[42]ということよりも，マーシャルの当初からの社会哲学的関心からいえば，行為と自由意志，あるいは人間性の可能性にあったから，経済騎士道と生活基準が社会システムを包括するモラル・エコノミック・エシックス的なものに焦点があったというべきであろう．初期の経済学の構想，『原理』，晩年の著作などを総合したとき，ヴィクトリア朝特有の人間科学と経済学のヴィジョンを通じて，マーシャルの人間社会発展にかけた「大望」と，今日の経済学像とに対して再構築が迫られていることに気づくであろう．

6．むすび

　マーシャルによってはじめられたケンブリッジ経済学の伝統は，国民所得を枠組とするケインズ的な立場に留まらず，余剰分析に基づくピグーの厚生経済学，人間成長と経済発展が生活基準と有機的成長というかたちをとったマーシャルの経済学について，物価指数，実質賃金の購買力や貨幣価値の議論からアプローチしようとしたレイトン，産業組織と有機的進化を結びつけたマクレガー，独占と競争からの経済学の再定義，信用論や景気論に及ぼした影響をはじめ，その是非にかかわらず，マーシャルのツールを発展させた例を容易にあげることができよ

う.

　しかし,「富の研究」であるとともに,「人間の研究」であるというマーシャルの経済社会思想は,市場と文明の進歩に伴う「人間の発展」と「貧困の解消」をめざす科学体系を,経済主体の協同による質的・精神的向上に基づく経済社会システムや活性化の契機のなかに見出そうとしている.その意味で,彼の思想は,典型的に協力性向の長期繰り返しゲーム的性格を備え,経済主体間が互いに資産基盤を提供しつつ,社会的合意による道徳事実と社会の波及成長との可能性を段階的に認めているように思われる.

　経済政策と厚生とをめぐっての政府の役割については,功利主義的観点から,シジウィックからピグー『富と厚生』・『厚生経済学』への系譜を辿ることができるが,マーシャルにとってこの視点は,「静学的」なものであって,人間の成長(「可変性」)に基づく「真の経済発展」と「時間の不可逆変化」を取り扱えないという意味で不満であった[43].またケンブリッジにおける,私的利益と公的利益の調停者としての政府論や,制度主義アプローチ的な「非価格調整メカニズム」として強調する方向[44]は,彼のこれまでの思想遍歴やアメリカでの体験から考えて,彼の経済学を支えた社会基盤思想から追究しても,問題が多いであろう.

　「社会問題」に対する政府の立場は,彼以降の近代経済学がいうような市場や個人に対して独自の第3の主体ではなく,国なり地域なりのレベル設定のなかで,イノベーションや全体組織の拡大のための生産性実現を促進するための社会インフラ作用の1つとして意識されることになる.そのことは,政府がセーフティネットとして市場経済のなかで相互に解明されるというよりは,多様な経済主体間の濃密な「相互学習」により,それらが活性化する「場所や配置」ための成長を促す作用とこれを支える制度フレームの役割,人間の成長と経済進歩との連関を補強する立場からの政府機能につながろう.それはマーシャルがH.ジョージの主張を「弾力性のないバイオレントな変革計画」(Marshall [1883], p.200)とみなし,経済に対する国家介入を進歩と文明への反対者と位置づけたことからもいえよう.

注

*) 本章の執筆に当たっては，科学研究費補助金ならびに私立大学等経常費補助金の助成を受けた．

1) Marshall [1925], pp. 418-419を参照．
2) マーシャルについては，1970年代までは，ミクロ・マクロ経済学における "tools progress history" として解釈されていたが，1980年代以降彼の生涯や著作自体の再評価，1990年代以降では，彼の経済学に至るまでの遍歴からの再考が活発になる．それとともに，現代経済学の新たな出発点となる動向（「神経経済学」，「認知経済学」，「制度経済学」，「進化経済学」，「ソーシャル・キャピタルの経済学」，あるいは「経済地理学」の再構成など）は，マーシャルにその源流を求めている．Raffaelli, Becattini, and Dardi eds. [2006]，Nishioka and Kondo [2007] を参照．
3) Marshall [1925], p. 419; Whitaker [1975], I, p. 8 を参照．
4) Marshall [1925], pp. 418-419 を参照．
5) 認知とは，自身の内外から生じるさまざまな刺激やサインをもとに，情報の収集や処理・保持，体系化・再生と思考プロセスの総称である．実際の人間の頭のメカニズムについて直接，仮定を立てて，その妥当性を探ろうとする科学方法を指す．人間の知的な働きの仕組を研究し，心の情報処理システムを取り扱う．若き日のマーシャルは応用自然科学から，自意識，貧困や労働問題といった社会の本質に関心を移すさいに，当時の道徳科学の先端であった，認知科学の領域を検討していた．彼の経済学以前については西岡 [1993；1997] を参照．
6) Marshall [1868], pp. 1-2；Raffaelli [1994], p. 116を参照．
7) Marshall [1868], pp. 3-6；西岡 [1993]；Raffaelli [1994], pp. 117-118を参照．
8) 西岡 [1993]；Raffaelli [1994], pp. 122-128を参照．
9) Marshall [1867], pp. 5-6, 8；Raffaelli [1994], pp. 96, 98-99を参照．
10) 西岡 [1992] を参照．
11) Marshall [1873a], pp. 15-16を参照．
12) Marshall [1873a], pp. 34-39；[1873b], p. 102を参照．
13) 西岡 [1997] 第3章第1-3節を参照．
14) Marshall [1925], p. 358；Whitaker [1975], I, pp. 52-53を参照．
15) 19世紀初頭において政治・経済制度，あるいは慣習がいかなる影響を人間の生活状態に与えるのかに解答を与えようとしたアレクシス・ド・トクヴィルは，独立後まもないアメリカ行刑制度視察を名目に，アメリカでの見聞をもとに整理・分析を行った．ジャクソン政権下での自由・平等を追求する新たな価値観のもとで生きる人々を克明に描いた『アメリカの民主政治』は，近代デモクラシーの本質と限界を

鮮明にした古典として名高い．

16）Marshall [1875], p. 357を参照．
17）Marshall [1875], p. 357を参照．
18）Marshall [1875], p. 357を参照．
19）Marshall [1875], pp. 359-360を参照．
20）Marshall [1875], p. 360を参照．
21）Marshall [1875], pp. 362-363を参照．
22）Marshall [1875], p. 364を参照．
23）Marshall [1875], p. 365を参照．
24）Marshall [1875], pp. 357, 365-366, 374を参照．
25）Marshall [1875], pp. 363-364, 374を参照．
26）Marshall [1875], pp. 367-369, 376を参照．
27）Marshall [1890], I, p. xiv ; II, pp. 44, 47-48を参照．
28）Marshall [1881], pp. vi, 96 ; 訳，pp. xiii, 120を参照．
29）Marshall [1890], I, pp. 570-571, 574を参照．
30）Marshall [1890], I, pp. 571-572を参照．
31）Marshall [1890], I, pp. 216-217, 560-561, 619 ; II, p. 688〈1st ed.〉を参照．
32）Marshall [1890], I, pp. 571-572を参照．
33）Marshall [1890], I, pp. 566-569を参照．
34）Walker [1982], pp. 528-531を参照．
35）Marshall [1890], II, p. 40〈2nd ed.〉を参照．
36）Marshall [1890], I, pp. 85, 89を参照．
37）Marshall [1890], I, p. 690 ; II, p. 40を参照．
38）Pigou [1925], p. 115を参照．
39）Marshall [1890], I, Bk. 6, Ch. 13, §1 を参照．
40）Marshall [1890], I, Bk. 6, Ch. 13, §4-5 を参照．
41）西岡 [2003], pp. 89-94を参照．
42）Groenewegen [1995], Ch. 16 を参照．
43）Bharadwaj [1972] を参照．
44）Reisman [2003], p. 53を参照．

参考文献

Bharadwaj, K. [1972], "Marshall on Pigou's *Wealth and Welfare*", *Economica*, 39, pp. 32-46.

Groenewegen, P. D. [1995], A *Soaring Eagle: Alfred Marshall 1842-1924*, Edward Elgar.

Kiker, B. F. [1968], "Marshall on Human Capital", *Journal of Political Economy*, Sep. -Oct.

Marshall, A. [1868], "Ye Machine", in *Marshall Papers*, II (8). (Marshall Library of Economics, University of Cambridge).

Marshall, A. [1873a], "Political Economy: Lectures to Women", in *Marshall Papers*, 10 (1).

Marshall, A. [1873b], *The Future of Working Classes*, 25th November, in Pigou ed. [1925].

Marshall, A. [1874], "Notes and News", *The Academy*, Vol. 6, Nov.

Marshall, A. [1875], "Some Features of American Industry", *The Cambridge Moral Science Club Report*, in Whitaker ed. [1975], Vol. II.

Marshall, A. [1883], "Three Lectures on Progress and Poverty", in *Journal of Law and Economics*, 12-1 [1969].

Marshall, A. [1890], *The Principles of Economics*, (9th ed.), Macmillan(馬場啓之助訳 [1965-1967]『経済学原理』東洋経済新報社；永澤越郎訳 [1985]『経済学原理』岩波ブックセンター信山社).

Marshall, A. & P. [1881], *The Economics of Industry*, Macmillan(橋本昭一訳 [1985]『産業経済学』関西大学出版部).

Nishioka, M. and Kondo, M. [2007], "Evolution and Progress on Alfred Marshall", *International Workshop: Marshall, Schumpeter, and Social Science*.

Pigou, A. C. ed. [1925], *Memorials of Alfred Marshall*, Macmillan (A. M. Kelley, reprint, 1966).

Raffaelli, T. [1994], "The Early Philosophical Writings of Alfred Marshall", *Research in the History of Economic Thought and Methodology*, JAI Press.

Raffaelli, T., Becattini, G. and Dardi, M. eds. [2006], *The Elgar Companion to Alfred Marshall*, Edward Elgar.

Reisman, D. [2003], "Alfred Marshall on Social Capital", in Arena, R. and Quéré, M. eds., *The Economics of Alfred Marshall: Revisiting Marshall's Legacy*, Palgrave Macmillan.

Tocqueville, A. de [1951/1840], *De la démocratie en Amérique*, Librairie de Medicis(井伊玄太郎訳 [1987],『アメリカの民主政治』全3冊, 講談社).

Walker, D. A. [1982], "Marshall on the Long-Run Supply of Labour", in Wood, J. C. ed., *Alfred Marshall: Critical Assessments*, Vol. III, Croom Helm.

Whitaker, J. K. [1975], *The Early Economic Writings of Alfred Marshall 1867-1890*, Macmillan, Vols. I-II.

西岡幹雄 [1992],「マーシャルの初期経済学講義とその草稿について」『経済学論叢』

（同志社大学）第43巻第4号.
西岡幹雄［1993］,「心理学から経済学へ」『経済学論叢』（同志社大学）第44巻第4号.
西岡幹雄［1996］,「マーシャル経済学の形成」『経済研究』（岩波書店）第47巻第3号.
西岡幹雄［1997］,『マーシャル研究』晃洋書房.
西岡幹雄［2003］,「産業の特定地域への集中と経済集積」『経済学論叢』（同志社大学）第54巻第4号.

第3章　フォクスウェルとカニンガム
——「歴史主義」による内部的抵抗

門　脇　　覚

1. はじめに

　本章では，マーシャルの最初期の教え子であるハーバート・フォクスウェル，ウィリアム・カニンガム，ネヴィル・ケインズの3者のうち，特に帰納的経済学あるいは歴史派経済学に関心をもったフォクスウェルとカニンガムを中心にみていく[1]．

　彼らは師マーシャルとは異なり，演繹的経済学に対し批判的であり，特に当時隆盛しつつあった帰納的経済学を，つまり歴史派経済学をケンブリッジにおいて強力に推進した．師マーシャルは，経済学の科学としての地位の向上に努める一方，彼の教え子であるフォクスウェルとカニンガムは経済学における帰納的方法，特に歴史の重要性を積極的に唱えた．両者のあいだに生じた経済学の方法をめぐる緊張関係，または時に激しい衝突は，経済学研究を開始した当初から長きにわたって歴史に関心をもち続けたマーシャルに苦悩をもたらした．結局，彼を悩ませ続けたこの問題は，最後の彼の後任人事の問題にまで尾を引き，ピグーの選任によって1つの区切りがつけられたのである[2]．

　1870年代初頭，経済学は不信に陥っていた．実際にイギリス経済も他の新興国との苛烈な競争に巻き込まれ，不況に直面していた．とりわけ新興国ドイツの統一とそのめざましい経済的進歩は，イギリスにとって見過ごすわけにはいかない状況にあった．こうした状況のもと，かつての繁栄と成功に下支えされてきた自由主義という，だれもが疑いもせずに信じてきたその信条に揺らぎが生じはじめ，

またそれと密接に結びついていた古典派経済学に対して徐々に疑いの目が向けられはじめていたのである．

1870年代から1890年代にかけて歴史派経済学者が隆盛をきわめたのも，このような当時のイギリスの状況があったからにほかならない．イギリスの将来の進路を政治経済学的に考えるさいに経済学者達は，このとき2つの道のうちのどちらか一方の道を選択しなければならなかった．それは，リカードウ=ミルの流れを汲む「正統」を選択するのか，それともその連続性を断ち切り新たな経済学を創造する「異端」かということである．マーシャルが前者を自認したのに対し，彼の教え子のフォクスウェルとカニンガムはともに後者を選択し，「新たな経済学」の方向性を模索したのである．

フォクスウェルとカニンガムの思想を掘り下げて検討することは，同時にマーシャルの経済思想や経済学の方法の解明につながるものと思われる．本章では，特にフォクスウェルとカニンガムの経済思想や経済学の方法に焦点を絞りながらマーシャルとの相違を際立たせ，かつ彼らがケンブリッジ経済学において果たした役割について検討していこうと考えている．

2．フォクスウェル

フォクスウェルについて，今日彼の名が取り上げられるとすれば，それは書籍収集家としてであり，彼のコレクションを所有するロンドン大学の「ゴールドスミス=クレス文庫」は特に有名であるのだが，しかしこれ以外で耳にすることは少ないであろう．

フォクスウェルは，マーシャルの最初の教え子であり，またフォクスウェルの最初の教え子は，のちにマーシャル夫人となったメアリー・ペイリーであった[3]．

彼の激しい本性は，時折マーシャルとのあいだに衝突をみせたが，しかしカニンガムほどではなかった．ケインズによれば，「マーシャルは，フォクスウェルとカニンガムとを同列においたことは一度もない」(Keynes [1972], p. 272；訳, p. 359) し，また彼らのあいだには友情の絆のようなものが存在していたのである．その証拠に，フォクスウェルが1901年にバーミンガム大学の商業論の教授職

に応募したさいに，マーシャルは推薦の辞を以下のように書いている．

> 彼がイギリス経済学者の一流に属するものであり，また彼の著作は，多くはないにしても，世界の文献にその名をとどめていることは，周知のことがらである．彼の成功は，広範な共感と鋭敏な直覚力とを具えた，賢明にして明晰かつ強力な頭脳のたまものであり，また，ひとたび彼の関心が十分にかきたてられたなら，どんな研究にもひたすら専念する不屈の努力のたまものであり，さらにまた，めったに比肩するもののない，おそらくけっして凌駕されることのない，弁舌と著述とによる明瞭優美な説明の才能のたまものにほかならない（Keynes [1972], p. 269；訳, p. 355）．

フォクスウェルによるマーシャルへの賞賛も忘れてはならないだろう．彼は1887年の「イギリスにおける経済学の動向」において以下のように書いている．

> マーシャル教授の個人的，間接的影響は，彼の書物よりもさらに一層広範なものであった．連合王国における経済学の講座の半数は彼の教え子で占められており，イギリスにおける一般経済学教育に彼らの果たしている役割は，それよりもさらに一層大きい（Foxwell [1887], p. 92）．

フォクスウェルはマーシャルの最初の教え子であったにもかかわらず，彼のケンブリッジでの経歴はけっして恵まれたものではなった．
フォクスウェルは1868年にロンドン大学でBA（Bachelor of Arts）を取得し，同年にケンブリッジのセント・ジョンズ・カレッジに入学した．1874年にフェローとなり，同年にジェヴォンズとともに若くしてモラル・サイエンス・トライポスの試験官に任命される．以来，フォクスウェルはジェヴォンズの死に至るまで彼との親交を深めることとなる．ジェヴォンズとの出会いにより，1876年，彼はユニバーシティー・カレッジ・ロンドンでのレクチャラー職を得ることができ，また1881年にはジェヴォンズの後を継ぎ，政治経済学教授となることができた．しかし，フォクスウェルにとってそれらのポストは満足のいくものではなかった．

フォクスウェルにとっての幸福の時は，マーシャル不在の時，つまりマーシャルがブリストル・ユニバーシティを経てオックスフォード・ベリオル・カレッジに赴任していたちょうどその頃であった．フォクスウェルは，1874年に公開講座のレクチュアラーとしてイングランド北部で教えて回り，1875年から1905年までセント・ジョンズ・カレッジのレクチュアラーとして勤務し，特にマーシャルがケンブリッジを不在にしていた1877年から1885年まではモラル・サイエンスの全領域を自由に教えることができたのである[4]．

　しかし，H. フォーセットの死により，マーシャルがケンブリッジに戻ることになり，フォクスウェルの影は次第に薄くなっていった．彼は，ロンドンでの勤務があったにもかかわらず，ケインズ家と同じハーヴェー・ロードに居を構え，ケンブリッジとロンドンの往復を続けたのである．このことは，ケンブリッジに対する彼の強いこだわりを示したものといえるだろう．しかし，こうしたケンブリッジに対する強いこだわりにもかかわらず，彼に与えられたケンブリッジでの経歴はレクチュアラー以上のものとはならなかったのである．

　フォクスウェルは経済学者として多産の人ではなかった．むしろ彼自身，重大な理由がないかぎり，書物を著すことには反対であり，また書物を著すことに従事することが学界人の義務であるという考えに対してはより一層反対の立場にあった[5]．とはいえ，彼が比較的若かった頃には，大きな計画をもっていたようである．1880年9月にジェヴォンズはフォクスウェルに宛てて，「あなたのアダム・スミスがはかどることを祈っています」と書き送っており，また1880年2月にフォクスウェルは友人のH. R. ビートンに宛てて「『国富論』の善本はありません．それがわたしが善本をつくろうとしている1つの理由です．…ジェヴォンズは学生用にアダム・スミスの選集を出版しようとしています」（Keynes [1972], p. 280；訳, p. 371）と書き送っている．このことからも，彼が『国富論』の解説書もしくはそれに比肩し得る何らかの書物を計画していたことがうかがえる．彼が経済思想に関心を寄せ，それに関する書籍や膨大な経済資料を収集したこと，これらは彼の秘かな計画と無縁ではなかったように思われるのである．しかしながら，その計画は実現されなかったのである．

　ケインズによるフォクスウェルの著作目録を眺めて目立つのは，他の経済学者

が書いた作品への序文や書評といった類いである[6]．1886年に書かれた初期の論文「雇用の不規則性と物価の変動」は，ケインズにより「独創的な著作」(Keynes [1972], p.293；訳，p.386) と評され，また1887年の「イギリスにおける経済動向」は「最も優れた論文」ないし「最も重要な論文」(Keynes [1972], p.272, p.293；訳，p.358, p.386) と評される以外に目立った評価はない．1899年のアントン・メンガーの『労働全収権論』に付された序文に対しては，「最も重厚にして重要な仕事」と評する一方で，「序文の最大の価値は，おそらく，この期の二流の著作家と，オーウェンの影響とに関する評価のうちに存するのである」(Keynes [1972], pp.278-279；訳，p.368) と論じている．

フォクスウェルの経済学上の関心は，経済思想だけでなく，通貨や複本位制，銀行業にも向けられていた．これらのことに関心があったのは彼の生い立ちと深い関わりがあったのだろう．フォクスウェルが学生のとき，彼の父は金融恐慌の被害を受け，その資産の大部分を喪失したといわれている[7]．

しかし，彼の幅広い知識と学識，鋭く時代を見抜く歴史的洞察力は，金融の分野で活かされたのではなく，むしろ彼の性格である収集癖とよく適合した経済思想の分野で活かされたのである．そしてこれまた彼の生い立ちによるところ一部あると思われるのだが，資本主義に根本的に内在する個人主義や自由主義，功利主義といった思想に対しては，他の歴史派経済学者と同様に，きわめて批判的であった．当時の正統派と呼ばれる経済学者達が無批判に暗黙のうちに受け入れていたこれらの思想は，社会に破壊と無秩序をもたらすという宗教的情熱にも似た批判が彼の思想の核心にあった．したがって，彼の研究課題が，正統派経済学の批判に向かったのも当然の帰結といえる．

1888年の「独占の成長と国家の役割に関するその関係」においてフォクスウェルは，正統派の経済学者達が無批判に，普遍的あるいは「自然的」と思い込んで承認してきた「競争的市場」について以下のように述べている．

> 一時的なものにすぎないのは，競争的市場のほうである．そして独占的市場は，何か偶然の出来事，後進時代に通過する1つの段階としてではなく，競争的市場よりも恒常的かつ本質的なものとして自生的に出現するのである

(Foxwell [1888], p. 264).

　彼がこのように主張するのは，正統派経済学者達が無批判に，また暗黙のうちに普遍的あるいは「自然的」と思い込むその態度への批判なのである．
　彼の正統派経済学への批判は，メンガーの『労働全収権論』の英訳序文のなかにもみつけ出すことができる．

　　われわれはリカードウのことを考えなければならない．リカードウと，さらに一層リカードウを通俗化した人々とは，社会的思索において仮説を非科学的に用いることや，高度に人為的かつ恣意的な分析の，現実の事態への限られた適用を正しく理解し得ないことから多分生じる，極度の危険の戒め，そしていつの時代にも当てはまる戒めとなるであろう．おそらく彫琢されすぎてはいるが，しかし精妙な彼の推論は，その基礎をなす仮定の，まったく抽象的，非現実的性格をいささかも理解することなしに，重大な実際問題を決定するためにためらうことなく適用されたとき，明らかに有害な，人を誤るものとなったのである．かくして，ジェヴォンズが指摘したように，リカードウは，イギリスの経済学の進路全体に誤ったゆがみを与えたのである．それは非歴史的かつ非現実的なものになった．それは自らの科学的独立性を喪失して，政党の道具になった．ひところは，実際，それは立法や社会問題において，危うくその正当な権威を失うばかりになった．また一方において，理論家の側でのより大きな精密さと，他方，歴史学派による現実問題のより幅広い取り扱いとによって，こうした方法上の初歩的失策が矯正されるまで，それは昔の地位を取り戻すことはなかった．その間，不思議な運命の皮肉によって，たまたまリカードウは，こうした不完全なかたちで経済学説を提示したために，いかなる意図的な社会主義の著作家以上に，彼が解明しようと努めた，また，なるほど理想的なものではないにせよ，典型的な，自然的な社会状態だと彼が考えた，そうした社会形態の基盤を掘り崩すのに力を貸すはめになったのである（Keynes [1972], p. 279；訳, pp. 368-369).

つまり，ここで彼がいいたかったことは3点である．第1に，リカードウやその追従者達が抽象的な仮定に基づいて推論を推し進めそれを現実問題に適用していること，第2に，彼らはスミスやマルサスがもっていた帰納法を排除し，イギリスの経済学の進路を誤った方向へと導いてしまったこと，第3に，社会主義者達にとって都合の良い手引き，つまり労働価値論を与えてしまい，社会基盤を揺るがすはめに陥ってしまったことである．

また彼は1901年にバーミンガム大学の採用申込書において以下のように書いている．

> 経済の領分では，すべての実際問題は，特殊な環境に関する詳細かつ歴史的な調査の後に，その是非に従って決定されなければならず，一般的に適用できるとされている格言なり教理なりに手短に訴えることによって決定されてはならぬ，というのがそれである（Keynes [1972]，p. 270；訳，p. 356）．

フォクスウェルにとって社会の安定と秩序は非常に重要なものだった．それは同時代の歴史学派の多くが共有していたものと同じだった．彼にとっては，当時のイギリスの資本主義のあるいは行き過ぎた自由主義の悪弊が取り除かれなければ，その多くが社会主義者の掌中に収められてしまうというほどの危機感があったように思われる．

しかしながらたとえそうであったとしても彼の経済学の方法は説得力に欠くものだったといわざるを得ない．結局，フォクスウェルにとって経済学とは何だったのかについて，ケインズがフォクスウェルの言葉を次のように紹介している．

> 経済学というものは，論理学や数学の一部門ではなく，経験の集成全体に健全な推理を適用することによって公共の問題を処理する技法（アート）である（Keynes [1972]，p. 272；訳，p. 358）．

このようなフォクスウェルの経済学上の立場は，マーシャルともまたJ. N. ケインズとも相容れるものではなかったことは容易に想像がつくだろう．ここにこ

そ，師マーシャルとフォクスウェルとの決定的な対立点があったのではないだろうか．

フォクスウェルは，1919年にカニンガムへの追悼記事において以下のように語っている．

> おそらく彼のケンブリッジの同僚達が一番理解しにくく，それゆえ最も憤慨したのは，経済理論，あるいは今日用いられる言葉によれば，分析に対する彼の全般的な蔑視であった．若い頃，わたしはこの点について，仲のよい議論ではあったが，彼と絶えず論争していて，彼の立場がどうしても理解できなかったことを覚えている．ジェヴォンズの事例があざやかに示しているように，理論的習性と現実的習性とのあいだには，不可避的な対立はまったくないようにわたしには思われた．けれどもわたしは，さらに熟慮を重ねた結果，経済理論に対するカニンガムの不信を理解できるようになったばかりでなく，わたし自身，ますます彼の方向に移っていくように思われる (Keynes [1972], p. 272；訳，p. 359)．

このようにフォクスウェルは歳を増すごとに，自分とカニンガムの立場がより近いものだったことを意識したようである．しかし，この回想では後年にそのことを意識したかのように書かれているが，しかしケインズによればそれは「1919年というよりも，むしろ，1890年以前からはじまるものであった」(Keynes [1972], p. 272；訳，p. 359) と注釈が付け加えられている．

次節では，マーシャルのもう1人の教え子であり，論争的なカニンガムについてみていくことにする．

3．カニンガム

カニンガムもまたフォクスウェルと同様に，とりわけ多く取り上げられる人物ではない．今日，マーシャルの論敵として知られているにすぎないであろう[8]．

しかし彼の残した経済学とそれに関連する業績は30を超え，当時の経済学者の

なかでは抜きん出て，フォクスウェルとは対照的に多産の人物であった．

カニンガムは1865年から1869年にエジンバラ大学で歴史を学び文学士を取得し，1869年にケンブリッジのキングズ・カレッジに入学，1872年にモラル・サイエンス・トライポスに合格した．彼は英国国教会の熱心な信者でもあり，のちに1887年から1908年までケンブリッジのグレイト・セイント・メアリーズ教会の教区司祭として，さらに1908年から彼の死に至るまでイーリーの大執事を務めた人物でもあった．彼は，エジンバラやケンブリッジで，ヘーゲルやデカルト哲学を学び，またT. H. グリーンやキリスト教社会主義者のF. D. モリスに傾倒したのであった．カニンガムはマーシャルの講義に出席することで経済学を学んだ後，1870年頃からブラッドフォードやリーズ，リバプールの公開講座で経済学を講義しはじめた．1878年に彼はヒストリカル・トライポスの試験官に任命され，彼はそのために必要とされたイギリス経済史に関するテキストの執筆に取りかかった[9]．

こうして，1882年にカニンガムは『イギリスの産業と商業の成長』を出版した．この作品は，第6版まで版が重ねられ，彼を有名にし，そして経済史という分野への道を切り開いたのであった．そして1884年に彼はケンブリッジで経済史のレクチュアラーに任命されたのであった．

マーシャルの前任者フォーセットは，カニンガムに対し自由に授業を行うように勧めた．しかし翌年マーシャルがケンブリッジに戻ってくることによって，彼の状況は一変する．マーシャルは経済学教授としてカニンガムに対して，自分のプログラムに沿って授業を行うように求めたのである．つまり，2タームを経済理論とし，経済史は1タームのみとすることであった．このことに彼は大いに憤慨した．しかし彼は，ほどなくしてトリニティーでカレッジ・レクチュアラーの職を得ることができたので，マーシャルの過干渉から逃れるようにして，1888年に大学のポストを辞任したのであった[10]．

カニンガムの研究上の使命は2点ある．1つは，経済史を独立した学問として確立することであり，もう1つは，カニンガムの娘の言葉によれば，「道徳のない，国家もないような，自由主義的経済学やウィッグ史観の偏見」からイギリスの思想や政治を守ることであった[11]．

したがって，彼の批判は，自由主義的経済学，功利主義に向けられている．いずれもそれらは論理的に利己心と結びついており，彼にとっては嫌悪すべき対象であったのである．彼の使命を果たすのに好都合な論敵は，マーシャルをおいてほかにいなかったのである．特に，マーシャルの教授就任講義「経済学の現状」は，カニンガムにとって，自分自身に向けられた批判のように聞こえたのであった[12]．

そこでカニンガムは1889年の「経済科学に対するコント主義的批判」においてマーシャルへの批判を開始した．この論文において，彼は，社会学的諸法則が未だ定式化されていないからといって，またその知識が不十分だからといって社会学を無視するというのはたんなる怠慢にすぎないとマーシャルを批判する．今日経済学が不信に陥っているその原因を考えれば分かるように，経済学は事実を説明するために，仮説を用い，自由競争を当然のこととみなしている．その結果経済分析の方法が実際の経験から乖離してしまい，空虚で形式的なものになってしまっている．われわれは社会現象全体を説明するための新たな方法を求める．それは19世紀的教養によって形成された知識によるものではなく，正確な事実の記述と過去の歴史の解釈によるほかないのである[13]．

また彼は，1887年の『経験科学として扱われる政治経済学』において経済学を，「社会に関する純粋物理学の一種であることを望む代りに，経済学は他の科学がそうであるようにさしあたり観察し，分類し，記述し，命名することで満足しなければならない」(Cunningham [1887], p. 8) と定義している．

1890年に，マーシャルは『経済学原理』を出版し，その翌年の1891年にはJ. N. ケインズが『経済学の範囲と方法』を出版した．この2冊の出版により，マーシャルとカニンガムのあいだの経済学の方法論争は一応の決着がつくかに思われた．しかしながら，カニンガムは，マーシャルのその『経済学原理』に批判の好材料を発見したのだった．カニンガムは，「経済史の曲解」でマーシャル批判を展開する[14]．その要点は，類似した動機があらゆる歴史的時代にわたって作用しており，またそれが類似した結果をもたらしているということ，言い換えれば，いついかなるところにおいても経済的因果作用を説明することが可能であり，経済法則の定式化が可能だということを意味していること，またインドの実情も調

べずに需要と供給の理論をそこに当てはめようとし，またリカードウの議論を無理に実際の東洋の地代や中世史に当てはめようとしていること，こうしてカニンガムはマーシャルを批判する．カニンガムのマーシャルに対する批判は，マーシャルが経済理論の実例を求めて歴史に目を向けているだけのことであり，結果として経済史を歪曲し，経済史を経済理論の侍女として扱っているにすぎないということなのである．

それに対し即座に同誌上においてマーシャルは「返答」としてカニンガムに対し反批判を行ったのである．そのなかで，『経済学原理』の経済史の諸章はたんなる序章であり歴史であると主張するものではないと弁解する．「しかしながらわたしの歴史は事実を無視して書かれたものでもないし，ましてやカニンガムがいっているように"いついかなるところにおいても経済的因果作用を説明するための経済法則の定式化が可能だ"などと考えて書かれたものでもない．わたしは以前に"1つの段階に適用される法則は修正されることなしに次の段階にはめったに適用できない"といっている点をみれば分かるとおり，カニンガムの指摘は間違っている」(Marshall [1892], pp. 507-508)，と批判を行った．さらに，カニンガムはマーシャルに対する批判を行うために『エコノミック・ジャーナル』誌に掲載を求めるが，エッジワースに断られ，彼は『アカデミー』誌上に1892年10月「経済史の曲解，マーシャル教授への返答」を掲載し，両者のあいだの論争は終結する．

彼の功利主義批判は至る所に散見される．「経済学におけるナショナリズムとコスモポリタニズム」において，以下のように論じている．

> 利己心が家族の厚生や国家の繁栄と合致するケースと合致しないケースを区別することに比べたら，利己心の強度を測定することはずっと重要ではない．いずれにせよ本論では，われわれは時勢に遅れをとることなく，また道徳的なことがらにおいて人間に影響を及ぼす動機の議論をするさいの量的な区別はもちろんのこと質的な区別の重要性も認識しなければならないというのが最も重要なことである．しかし，最近の経済学者のなかには不完全な分析で

自分達は十分だと満足しているようである．ベンサムが示唆した粗雑な方法がジェヴォンズによって採用された．個人の動機の計量可能な分析が，あたかも経済学者の主要な仕事であるかのように語られている．ベンサムが人間を分析したように，個人は現代の経済論文においてなおも基本的な概念である．「1ペニーをスロットに入れると機械は動く」というように (Cunningham [1891], pp. 658-659).

マーシャルは，経済学が科学たり得るのは動機の測定にあると考えていたが，カニンガムはまったくその反対の考えであった．

経済計算は…起こる傾向のあることについて教えるだけである．売買がどのように調整されるのかを説明するだけである．これらの売買が賢いのかあるいは愚かなのか，それらは概して人間の利益に資するのかあるいは自然な方向に向かっているのかどうかは，個々の経済学者が優れた見解を与える問題なのである．しかしこれらは，その最近の形態において科学が科学として何もいわないところのものである．…［政治経済学は，］最近義務に対する積極的な規則を述べることができなくなった．実践的な教義としてできることは，所与の目的に対する手段を処方することだけである (Cunningham [1892c], pp. 11-15).

カニンガムの正統派経済学に対する批判は，1870年代の経済学の不信に基づいており，その原因が経験から乖離した演繹的経済学にあったと考えられている．したがって経済学は，観察に基づく経験的科学でなければならないと主張されるのであるが，しかしこれは経済理論以前の問題であり，経済学の前提が探し求められているのである．またカニンガムの場合には，正確な事実の記述や過去の歴史の解釈が可能であるという楽観的な態度で事実をみているのに対して，マーシャルの場合には事実を推量することには慎重でなければならないことが求められている．

このように，マーシャルとカニンガムのあいだの論争は，理論と歴史（事実）

の関係をどのように捉えるかをめぐってなされた論争であった．2人とも経済学者でありながら，理論と歴史のもつ重みはそれぞれ異なっていた．カニンガムにとって理論は二次的なものであり，経済学は観察に基づく経験的科学で良かったのである．それに対して，マーシャルの場合は，理論はやはり重要であった．マーシャルは，経済学者は事実に対して貪欲でなければならないが，たんなる事実で満足すべきではないといったが，それは事実の列挙が直接的には何ももたらさないだけでなく，歴史（事実）の解釈は時にドグマに陥ることもあるということを彼は認識していたのである．またマーシャルにとって遠い過去の歴史的な事実よりも現代の経済的な事実のほうが重要であった．というのは，遠い過去の歴史的事実は薄弱で信頼しがたい．それゆえに現代の経済問題を解決するにはあまり有効ではない．したがって，マーシャルにとって重要なのは，遠い過去の歴史的事実であるよりも，過去100年位の近代の歴史あるいは現代の事実なのである．

4．むすび

本章では，マーシャルの初期の2人の教え子フォクスウェルとカニンガムを中心にみてきた．彼ら2人はともに，経済学不信の時代に経済学の研究に着手し，「正統」か「異端」かの二者択一を迫られたとき，彼らの選択した道は，後者であった．この「正統」からの決別は，同時に自由主義との対決を意味したのである．

イギリスの繁栄と成功が自由主義に基づくものであるという信条は，師マーシャルと弟子の2人のあいだに大きな温度差が当初からあった．マーシャルは長きにわたってそれを信じ続けたのだけれども，弟子のフォクスウェルとカニンガムの2人には，それがもたらした害悪や悪弊のほうが多く目に付いたのである．フォクスウェルとカニンガムの両者にとって特に緊要な問題だったのは，世界におけるイギリスの主導的地位の低落だったに違いない．20世紀初頭の関税改革運動においてそれが顕著なかたちで表れるのだけれども，しかしそれ以前から彼らは，それを危機的に捉えていたのである．例えば，フォクスウェルは早くも1887年の「イギリスにおける経済学の動向」において，19世紀末のイギリスの貿易の不振

と産業上の主導権の喪失について言及し，当時の経済学がおかれた状況をしっかりと認識していた．彼は，経済学者の研究動向を3つに分類し，1つ目はジェヴォンズやマーシャルに代表されるような理論的・数理的研究，2つ目はメインやレズリーらの歴史的方法，そして3つ目はキングスレーやモリスといった道徳的，人間主義的な批判といった潮流とし，このうち歴史派に対しては「きわめて有望で力強く時代を特徴づける影響力をもっている」(Foxwell [1887], pp. 88-93) と評価を与えている．

こうして，1870年代から1890年代にかけて歴史派経済学者が隆盛をきわめるのだが，しかし彼らの方向性は，自由主義とは反対の極に走る傾向があった．彼らは，正統派経済学者達が無批判に，また暗黙のうちに普遍的あるいは「自然的」と思い込んでいたものを，絶対的なものではなく，相対的なものにすぎないことを示すことに躍起となった．そこで彼らはイギリス経済史という狭い分野に特化し，それを掘り下げる研究を推し進めたのだが，しかしそれは皮肉にも彼らのナショナリズムな性格を露呈してしまったのである．例えば，他の歴史派経済学者の作品を含めて，それらの作品群を並べてみただけでも一目瞭然ではなかろうか．トインビーは『イングランド産業革命講義』，ロジャーズは『イングランド農業・物価史』，カニンガムは『イングランド産業と商業の発展』，アシュリーは『イングランド経済史・経済理論入門』，レズリーは『イングランドの経済ならびに法の歴史』を予定していた．彼らのこういった歴史の検証作業は，19世紀末のイギリスのおかれた状況をあらためて問い直すということを意味していたと同時に，それまでのウィッグ史観に修正を迫ることも同時に意味していた．そしてまた，それは同時にナショナリズムの高揚へと導いたのである．カニンガムの場合には，それははっきりとしていて，自身のイデオロギー的使命は，自由主義的経済学や自由主義的歴史観の非道徳的・非国家的偏見からイギリスの思想や政治を救うことにあると考えた．フォクスウェルの場合には，それははっきりとしたかたちではないにしても，自由主義に対し否定的な考えであったのは明らかである．

このように師マーシャルと教え子フォクスウェルとカニンガムのあいだの政治的立場はより一層はっきりしたものとしてみえてくるだろう．当然のことながら，

彼らが構想した経済学も科学ではなくアートの部類に属するものであったことは先にもみたとおりである．

マーシャルは，経済学者の立場として，直接的な価値判断に踏み込むことをあえて回避したのだが，しかしフォクスウェルとカニンガムはそうではなかったのである．2人は，自由主義的経済学の考えをドグマとみなしたが，しかし自分達のことは棚上げされているのである．したがって，経済学の新たな方向性を模索しながらもついにはそれは日の目をみることはなかったのである．

このような事情があったので，マーシャルは自分の後任をフォクスウェルとカニンガムではなく，若きピグーを選んだのではないかと考えられるのである．

注

1) イギリスにおける帰納的経済学者の集団は，歴史派経済学あるいはイギリス歴史学派と記されたりする．『ニュー・パルグレイブ経済学辞典』では，「イギリス歴史学派」と表記されている．それによれば，「1875年から1890年にかけて全盛期を迎えた経済学者の一集団であり，その主要な人物は以下のとおりである．J. K. イングラム，T. ロジャーズ，C. レズリー，W. カニンガム，A. トインビー，W. アシュリー，そして W. ヒューインズである．フォクスウェルは，彼らのアプローチに好意的ではあったが，そのグループの主流からはずれていた」(Maloney [1987], p. 146).
2) マーシャルの後任人事をめぐるピグーとフォクスウェルのあいだの争いについては斧田 [2006] に詳しく論じられている．
3) Keynes [1972], pp. 268-269；訳，p. 354を参照．
4) Koot [1987], p. 123を参照．
5) Keynes [1972], p. 278；訳，p. 367を参照．
6) Keynes [1972], pp. 293-296；訳，pp. 386-391を参照．
7) Koot [1987], p. 122を参照．
8) マーシャルとカニンガムの論争の詳細については門脇 [2005] を参照のこと．
9) Koot [1987], pp. 136-138を参照．カニンガムは当時を振り返ってこういった．「わたしが経済史に自分自身を捧げることができたのはむしろ偶然のことだったのです．1878年からケンブリッジで歴史コースの地位を得ましたが，そのテーマについての教師が1人もいなかったのです．それに最善を尽くすよう歴史評議委員に依頼されたのです．わたしは政治経済学に関する若干の知識をもっていましたし，また歴史評議会を盛りたてるよう努めました」．

10) Maloney [1976], p. 441を参照.
11) Cunningham [1950], p. 128を参照.
12) 「経済学のオルガノンの研究に対して密接に関連した2つの反対論が提起されております. 第1のものは, 他の社会現象の研究から経済現象の研究を切り離す試みを非難するものであります. 第2の反対論は, 何らかの形式的な理論の介入なしに, 事実から事実に直接に推論すべきことを勧奨し, 現代の経済問題の解決のために, 歴史の教えるところに従うことを勧告するものであります. …第1の反対論は, コントと彼の追従者によって主として主張されたものであります. …第2の反対論は, 現代の「実証」ないしは歴史学派に属する経済学者の極端な分子によって行われているものであります. この学派のすぐれた指導者によって行われた, 経済上の習慣と制度の歴史を探求する仕事の重要性は, 過大に評価することが困難であるほどであります. それは, われわれの時代の主要な業績の1つであり, 世界の富に対して最高の価値をもつ追加であり, ほとんど他の何物にもまさってわれわれの観念を広げ, われわれ自身についての知識を増大させ, 世界のいわば聖なる統治の中心計画を理解することを助けるために大きな貢献をしました. …しかしそれらはわれわれの時代の特定の経済問題に直接の光を与えるものではありません. それらは経済学の機関の利用なしで済ませることに役立つものではありません. むしろすべての段階において, 経済学の機関の助けを利用するものであります. …彼らは, あらゆる理論を捨てるようにわれわれに説きます. われわれのもつ経済上の困難の解決を, 事実が教える直接の教訓に求めることを説きます. 以上が第2の反対論であります. それに対する答えは, 事実それ自体は黙して語ることはないということであります. 観察は, 原因の作用については直接には何事も見出すことがなく, たんに時間上の継起を見出すだけであります」(Marshall [1885], pp. 163-166; 訳, pp. 16-20).
13) Cunningham [1889], pp. 98-111を参照.
14) 「普通の経済学者も, 歴史に大変関心を抱いていると公言しているが, 彼らが行っていることは歴史を真剣に研究するということではなく, その諸結果のいくつかを自分の興味ある混交物, つまり経済学の伝統の主要な体系のなかに織り込もうとしているにすぎない. その結果が, 経済史の曲解である. しかもマーシャル教授の場合には, 2, 3のひどい選ばれ方をした本から安易な確信でもって世界史を描こうとしているのである. わたしが異議を唱えたいと思う彼の想定は次のとおりである. つまり, 類似した動機があらゆる歴史的時代にわたって作用しており, またそれが類似した結果をもたらしているということ. これは言い換えれば, いついかなるところにおいても経済的因果作用を説明するための経済法則の定式化が可能だということを意味しているにすぎないのである. …マーシャルは「現状」において, 現代のインドにおける経済上の商習慣を調べて, 取引が習慣に基づいていると結論づけ

たならば，それは何も分かったことにはならないと主張する．もしもわれわれがインドについて多くの情報をもっているならば，需要と供給の問題に適用することもできるし，また地代に関しても東洋におけるリカードウ的水準から遠く離れることはないだろうと．さらに，経済理論は中世史の不可解な事柄についても何か解決してくれるとマーシャルはいう」(Cunningham [1892a], pp. 491-494).

参考文献

Colini, S., Winch, D. and Burrow, J. [1983], *That Noble Science of Politics*, Cambridge University Press（永井義雄・坂本達哉・井上義朗訳 [2005]，『かの高貴なる政治の科学——19世紀知性史研究』ミネルヴァ書房）．

Cunningham, A. [1950], *William Cunningham: Teacher and Priest*, William Clowes and Sons Ltd.

Cunningham, W. [1887], *Political Economy: Treated as an Empirical Science*, Macmillan and Bowes.

Cunningham, W. [1962/1889], "The Comtist Criticism of Economic Science", in Smyth, R. L. ed., *Essays in Economic Method*, Duckworth, pp. 98-111.

Cunningham, W. [1891], "Nationalism and Cosmopolitanism in Economics", *Journal of the Royal Statistical Society*, 54, pp. 644-662.

Cunningham, W. [1892a], "The Perversion of Economic History", *Economic Journal*, 2, pp. 491-506.

Cunningham, W. [1892b], "The Perversion of Economic History: A Reply to Prof. Marshall", *Academy*, p. 288.

Cunningham, W. [1892c], "The Relativity of Economic Doctrine", *Economic Journal*, 2, pp. 1-16.

Foxwell, H. S. [1886], *Irregularity of Employment and Fluctuations of Prices*, Cooperative Printing Co.

Foxwell, H. S. [1887], "The Economic Movement in England", *Quaterly Journal of Economics*, 2, pp. 84-103.

Foxwell, H. S. [1888], "The Growth of Monopoly and Its Bearing on the Function of the State", in Foxwell [1919], *Papers on Current Finance*, Macmillan.

Groenewegen, P. [1995], *A Soaring Eagle: Alfred Marshall 1842-1924*, Edward Elgar.

Hodgson, G. M. [2001], *How Economics Forgot History: The Problem of Historical Specificity in Social Science*, Routledge.

Keynes, J. M. [1972/1933], *Essays in Biography* (*The Collected Writings of John Maynard Keynes*, X), Macmillan（大野忠男訳 [1980]，『ケインズ全集第10巻　人物評伝』東洋

経済新報社).

Koot, G. M. [1977], "H. S. Foxwell and English Historical Economics", *Journal of Economic Issues*, 11-3, pp. 561-586.

Koot, G. M. [1987], *English Historical Economics, 1870-1926: The Rise of Economic History and Neomercantilism*, Cambridge University Press.

Maloney, J. [1976], "Marshall, Cunningham, and the Emerging Economics Profession", *Economic History Review*, Second Series, 29-3, pp. 440-451.

Maloney, J. [1987], "English Historical School", in Durlauf, S. and Blume, L. eds., *The New Palgrave Dictionary of Economics*, Palgrave Macmillan.

Marshall, A. [1925/1885], "The Present Position of Economics", in Pigou, A. C. ed. [1925], *Memorials of Alfred Marshall*, Macmillan（永澤越郎訳 [1991]，『経済論文集』岩波ブックサービスセンター).

Marshall, A. [1920], *Principles of Economics*, 8th ed., Macmillan（永澤越郎訳 [1985]，『経済学原理』全4冊，岩波ブックサービスセンター信山社).

Marshall, A. [1892], "Reply", *Economic Journal*, 2, pp. 507-519.

Whitaker, J. K. ed. [1996], *The Correspondence of Alfred Marshall: Economist*, Vol. 1, Cambridge University Press.

斧田好雄 [2006]，『マーシャル国際経済学』晃洋書房．

門脇覚 [2005]，「マーシャルとカニンガムの方法論争」『大学院研究年報』（中央大学）第34号，pp. 1-10.

小峯敦 [2007]，『ベヴァリッジの経済思想——ケインズたちとの交流』昭和堂．

西沢保 [2007]，『マーシャルと歴史学派の経済思想』岩波書店．

第Ⅱ部　資本主義と国際システム

第4章　ピグー——資本主義と民主主義*

本　郷　　亮

1. はじめに

　A.C. ピグーの社会認識を総合的に明らかにしようとすれば，少なくとも次の5つが考察されねばなるまい．(i)「厚生（welfare, 福祉）」についての思想の考察，換言すれば，彼が目指した福祉社会像を示すこと，(ii)『社会主義対資本主義』（Pigou [1937]）にみられるような比較体制論，(iii) 経済政策を立案し遂行する「政府」ないし「政治」世界についての認識，(iv) 福祉社会の実現にむけての民間部門の役割，例えば「経済騎士道」，慈善ないしヴォランティア，消費者協同組合など，(v) 国際関係，特に戦間期の国際平和についての認識である．

　本章が扱うのは主に(ii)と(iii)である[1]．(ii)は特定の経済学者の社会哲学を問うさいに従来からよくとられてきた問題設定の仕方であるが，21世紀の今日からみれば新鮮さを失った感もある．これは，かつてのイデオロギー対立が今では急速に収斂し，混合経済体制が広く受け入れられている，あるいは公共選択論などの別の新問題に関心が移っているためだろう．そこで本章では，(ii)に加えて(iii)の政治論からの接近を試みる．議会制民主主義の政治過程一般に注目した研究は，ピグーについては従来ほとんどなされてこなかった．なるほど彼の厚生経済学では「経済的厚生」が主要考察対象であるから，「ポリティカル・ライフの誠実さ」（Pigou [1935], pp. 107-108）のような要素は原則上所与と見なされる．しかし彼の社会ヴィジョンを論じるならば，そうした要素にこそ注目せねばならない．

　ピグーは政府——政治家や官僚——の能力をつねに信頼したわけではない．彼は

経済理論の見地から政府のさまざまな役割を考察しながらも，他方では，これをうまく遂行する政府の能力にしばしば疑いを懐いた．この「能力」には，経済状況を正確に把握する知的ないし技術的な能力のみならず，利害関係からの中立性や廉潔も含まれる．

　本章の主題は，「政治過程」(political process) に対するピグーの認識，より広くいえば「政治」世界に対する認識を軸として，その資本主義観と民主主義観を明らかにすることである．J. M. ケインズの場合であれば，「ハーヴェイロードの前提」と呼ばれてきた認識がこれに関連するだろう．

2. 社会主義と資本主義

　本節では，主に『社会主義対資本主義』(Pigou [1937]) により，ピグーの資本主義観を考察する．「何らかの政治綱領を擁護したり，またはそれに反対したりする立場をとるのは，アカデミックな経済学者の本分でなく，その能力の範囲内のことでもない．しかしその議論に関して考慮される重要な諸点を，それらが経済に関わるかぎり，整理し解明することは彼の本分であり，その能力の範囲内にあるはずである．まさにこれを資本主義と社会主義の論争について，本書で試みるのである」(Pigou [1937], p. v).

　さて同書では，2つの経済体制を比べるさいの「重要な諸点」が順次考察され，その優劣が順次判定されている．その各判定をまとめたものが図4-1である．なお，ピグーの定義では，「資本主義体制」とは，生産資源の主要部分が資本主義的産業で用いられる体制のことであり，資本主義的産業とは，生産要素が私人によって所有ないし賃借されており，生産された財・サービスを販売し利潤を得ようとする意図をもつ私人によって運営される産業のことである．一方，「社会主義体制」とは，生産資源の主要部分が社会化された産業で用いられる体制のことであり，社会化された産業とは，「私的利潤の排斥」・「生産要素の集団所有」・「中央集権的な計画経済」という3条件を満たす産業のことである．ただし，資本主義体制の内部には社会化された産業も存在するし（軍隊や造幣局など），また存在せねばならず，同じく社会主義体制の内部にも資本主義的産業は存在し得

図4-1 『社会主義対資本主義』各章の優劣判定

	資本主義	社会主義
第2章　分配の平等性		優る
第3章　資源配分の効率性	優る	
第4章　雇用		大いに優る
第5章　技術革新		優劣なし
第6章　労働インセンティブ		やや優る
第7章　社会主義中央当局は最適資源配分を達成できるか	—	理論上は可能，実際上は不可能
第8章　利子率と投資，すなわち通時的な資源配分		やや優る

る[2)]．しかし同書の主題はあくまで一般「体制」の比較であり，一部の産業の社会主義化ないし資本主義化の問題ではない（Pigou [1937], pp. 1-11）．

図4-1から明らかなのは，いくぶん驚くべきことであるが，「資源配分の効率性」以外のほぼすべての点で社会主義の優越性が認められたことである．しかし同書は経済的側面だけに考察をかぎっている．では，非経済的側面についてはどうだろうか．

「ウェッブ夫妻のソビエト共産主義論」（Pigou [1936]）のなかで，ピグーは「たんなるモノではなく人物をつくろうという国家的努力」を賞賛し，経済問題は「二次的」重要性しかもたないと述べている．これは，厚生こそが究極の目的であるから，経済成長や効率などは究極の評価基準ではないという意味だろう．「結局重要なのは生活（life）であるという原則，最高の財貨とは人間それ自体だという原則，文明に到達することが特権的少数者ではなく万人に開かれているべきだという原則を，一大国家の実際の政策のなかで尊重してきたことは，歴史への独自の貢献である」．しかし他方ではソビエトの学術振興政策について，『マルクス＝レーニン主義自然科学雑誌』に書かれている「われわれは数学において党を代表し，また…外科医学においてマルクス＝レーニン主義の純粋性を代表する」といったイデオロギー的立場や，「漁業における唯物弁証法」といった論考にも言及しつつ，これらの思想統制を「人間精神への恐るべき束縛」として批判した（Pigou [1936], pp. 93-96）．

このようにピグーは社会主義の多くの長所——経済的および非経済的な——を認めたが、それにもかかわらず『社会主義対資本主義』第9章「結論」では資本主義の維持を望み、そのうえでその欠点を取りのぞく（社会主義の長所を取り入れる）ために特定産業の社会化を主張したのであった．その慎重な姿勢は注目に値する．「以上の諸章でなされた考察は、資本主義か社会主義中央計画かというわれわれの実際の選択を決定するには不十分である」．なぜなら第1に、理想の社会主義と現実の資本主義を比べるのは、いわばヴェールに包まれた姿とあらゆる短所をさらけだした姿を比べることであり、不公正である．第2に、現実のロシアと現実のイギリスを比べることもまた、同じく不公正である．「なぜならロシアはこれまでつねにイギリスよりはるかに貧しい国であったし、ほとんど大部分を農業に従事してきた国であって、社会主義以前の［帝政］時代には行政がひどく腐敗し、一般教育もひどく無視された国だったからである．そのうえ新しい体制は、破壊的な対外戦争［第一次大戦］の直接の帰結として誕生し、しかも内乱という揺りかごのなかで過ごし、広範囲の圧政的迫害［列強による軍事干渉］を受け、そういうなかで育ったのである．いまイギリスで平和的に議会の手続きを経て社会主義中央計画経済が導入されれば…、ロシアの事例よりずっと良好な姿を示すだろうことについては、十分すぎるほどの理由がある…」．第3に、厚生の一部を占める「多くの測定不可能な要素」も考慮せねばならないことである．ゆえに2つの体制の優劣を「論証」することは、まず不可能だろう[3)]．

　しかし「…必要なデータや思考用具がないという事実は、われわれに、何もせず腕を組んで座りこむ権利を与えるわけではない．そのように座りこむこと自体が1つの決断だからである…．データはつねに不十分である．けれども…この不十分なデータを精一杯活用し、問題に飛び込み、それから判断せねばならない．ほかに道はない」（圏点引用者）．こうしてピグーは以下のような信念を述べた．

　　…この国の運命を定める力がわたしにあるならば、当面は資本主義の一般構造を受け入れるが、それを漸進的に修正するだろう．わたしは、累進相続税と累進所得税という武器を…われわれの今日の文明を醜くする、富と機会とのまぎれもない不平等をなくすという賢明な目的に用いるだろう．わたしは

…何よりも重要な投資が，人民の健康・知性・性格へのそれであることを忘れないだろう．わたしの政府のもとでこの分野に『倹約』を唱えることは，犯罪的行為であろう．公益に関わるか，あるいは独占力をふるい得るすべての産業は，少なくとも公共の監督と統制に服するだろう．そのいくつかは，すなわち武器製造業は確実に，炭坑業もおそらく，鉄道もできれば，国有化されよう．…もしすべてうまくゆけば，重要産業国有化の歩みを一歩ずつ推し進めよう（Pigou [1937]，pp. 136-138；訳，pp. 128-130）．

上述の信念は，あ・ら・ゆ・る・産・業・の公営ないし公有を目指すもののようにみえるかもしれないが，そうではない．『厚生経済学』からの以下の引用が示すように，産業の社会化は，特定の問題に対処するための方策にすぎないからである．

競争が支配的であり，かつ社会的純生産物と私的純生産物が限界的に乖離するならば，租税を課すか補助金を与えることによって解決することが理論上は可能である．独占が支配的な場合でも，価格の統制によって——ときには産出の統制も合わせて——それを無害化することが理論上は可能である．けれども前述の議論 [第21章「独占の公的統制」など] で明らかになったように…[それらは] 実・際・上・は・極・め・て・困・難・な・仕・事，完・全・に・は・遂・行・で・き・な・い・仕・事・である．それゆえ…私的産業経営の統制を試みるよりも，公共政府が特定分野の事業を運営するほうが良いのではないかという問題が生じる」（圏点引用者）．なお，「公有と私有の区別は，実際的効果のないたんなる技術的問題にすぎない．…一方，公営と私営とでは[4]，つねにかつ必然に根本的違いがある（Pigou [1932]，pp. 381-382；訳 [II]，pp. 310-311）．

以上のことから考えると，ピグーが資本主義体制の維持を望んでいたことは明らかである．すでにみたように『社会主義対資本主義』の主題は一般的「体制」であり，特定産業の社会化ではない．彼の立場は，資本主義体制下での試行錯誤を伴う特定産業の社会化，いわゆる漸進主義の道にほかならない．またこれを考えるさい，以下の3点にも留意すべきだろう．

第1に，産業の社会化をどれほど広げるかという問題は，（利他心などの）人間性の発展という同書の範囲を越えた問題にもかかっている．第2に，彼は生涯に多くの著作物を残したが，先ほど引用したような個人的信念（『社会主義対資本主義』の「結論」部分）が表明されることは珍しいことである．そのため，その「結論」を全産業の社会化の提唱として解釈すると，『厚生経済学』などほかの著作物で示された彼の立場とのあいだに大きな矛盾が生じる．第3に，『社会主義対資本主義』のような二極対立構図では扱われなかったが，この問題に関わる1つの重要論点として，購買者組合（消費者協同組合のこと）の活動もある．彼は主に（需要の比較的安定した）消費財分野でのその組織化に期待をかけていた．その理由は，広告などの浪費的支出が不要なこと（経済面），利己心のみならず利他心も作用すること（道徳面）などである[5]．彼の漸進主義を考えるさい，購買者組合は無視できない要素になるはずである．

　要するに，ピグーは全産業の社会化を目指したのではない．彼が目指したのは，主に営利企業の活力に依存しながらも，購買者組合などの自発的民間団体や，公共部門によって補完される，混合経済体制である．そしてこうした彼の立場を生みだした最大の要因の1つとして，公共部門の諸々の能力に対する彼の深い懐疑があった．以下ではこの懐疑を明らかにしたい．

　社会主義計画経済は最適資源配分を実現できるだろうか．換言すれば，「どんな1つの用途における各種の資源の最終単位も，他のどんな用途におけるその最終単位と，等しい貨幣価値をもつ実物生産物を生むような体系，すなわち専門用語でいうところの，各種の資源の限界純生産物の価値がどこでも均等であるような体系」（Pigou [1937], p. 33；訳, p. 31）を実現できるだろうか．ただし，この大問題に属する次の2つの問いは峻別すべきだろう．一方は部分の問題であり，他方は全体の問題である．

(i) 経済体系内の特定領域で外部性が生じたさいに，これを適切に管理するという問題
(ii) 経済体系全体について，一般的な最適資源配分を計画的に実現するという問題

まず(i)について，ピグーは次のように述べた．

　この調整の失敗［私的限界純生産物と社会的限界純生産物の乖離］は，資本主義のもとでは，適切に考案された補助金・課税の制度によって是正できることは原理上明白である．…しかし補助金・課税の適正率を決める実際上の困難は桁外れに大きいだろう．それを科学的に決めるために必要なデータは，ほぼまったく欠けている」．このように，理論上はいわゆる「ピグー税」によって外部性に伴う不効率を回避できるが，実際上はこれに要する十分な情報を得られない．しかしこの点は社会主義でも同じである．「中央計画当局は，これらの計算に要するデータを得ることが資本主義国家の政府よりも容易なわけではない」．必要なのは「意志ではなく知識」であり，知識の点で2つの体制はほぼ同等であろう．だから外部性の問題は「…われわれの［経済体制の］選択にとってまったく関係がない」(Pigou [1937], pp. 42-44；訳，pp. 39-41)．経済体系内の特定領域で生じる外部性に対処する能力では，資本主義と社会主義は同等である．

　次に(ii)の一般的資源配分について，資本主義の場合には，次のように述べられている．「一定の条件が満たされれば…資本主義体制下での利己心の自由な働きは，この『理想的』配分を成立させる傾向があり，摩擦と無知がその完全な成立を妨げるけれども，実際に実現する配置［資源配分］は，それなりに期待できる程度に良好だろう」(Pigou [1937], p. 36；訳，p. 33)．なお，この引用の冒頭の「条件」とは，完全競争の存在，外部性の非存在などであり，上述の見解は多くの新古典派経済学者に共通するオーソドックスなものといえるだろう．

　一方，社会主義の場合には，次のような仮想価格メカニズムの利用が検討された．すなわち，計画当局は一定期間ごとに国民に一定額の貨幣を支給する．国民はこの貨幣を，取得したい諸々の財貨（仮想的な公定価格を与えられている）のあいだに自由に振り分けるが，貯金することは禁じられる．一定期間内に生産されたあらゆる財貨が，一定期間内に国民に配分されつくすためには，どの期間についても，諸々の財貨の数量にその価格を乗じた総計が，総貨幣所得に等しくならねばならない．当局がこのルールを守りつつ，不足した財貨の価格を上げ，余

った財貨の価格を下げるようにすれば，試行錯誤の末に「理想的」配分を実現できるだろう．しかし「原理上，これは実行可能であるが，実際上，それを行う任務はむろん非常に困難である」(Pigou [1937], pp. 107-108；訳, pp. 101-102. 圏点引用者).

　国民の欲求の絶えざる変化を考慮すれば，計画当局の任務はいっそう困難になる．しかも労働など生産要素の配分では（ここでも計算賃金のような仮想の公定価格を用いる），労働能力ないし人的資本が訓練によって高まるという事実や，各人の自然的能力の違い（同じだけ訓練を行っても同じだけ能力が高まるわけではない）も考慮されねばならず，もはや広範囲にわたる大きな誤りは避けられない[6]．

　結局ピグーは，計画経済による最適資源配分の実現可能性を，理論上は承認しながらも実際上は否定する．

> これらすべてをふまえれば，中央計画当局が…直面する実際の仕事は，まったく恐ろしいほどに難しい仕事であり，その完全な成功などはまったく論外であるような仕事だろうということが容易に分かる．どれほど完全な成功に近づけるかは，むろん，統制する当局自体の，またその手足である下級機関の，能力や誠実の程度にかかっている．しかし超人の世界でもないかぎり，多くの大きな誤りが起こることは確実である (Pigou [1937], p. 119；訳, pp. 112-113).

> 理念上は劣っていても，かなり円滑に働く［資本主義］体制は，理念上は優っていても，その機構がギシギシガタガタする［社会主義］体制よりも，全体として良いものだろう (Pigou [1937], p. 102；訳, p. 97).

　理論上は肯定しながらも実践上は否定する．これはピグーの政策論によくみられる特徴的論法である．これに関して次の2点を指摘しておく．第1に，平井氏はピグーの『社会主義対資本主義』を検討し，「ピグーは，資本主義と社会主義を上記のようにさまざまな局面ごとに比較・評価を試みた後，総合的にみて社会

主義に優位性がある，と結論づけている」(平井[2007], p. 219)と述べたが，これはあくまで理論上の社会主義の優位性を主張するものであるという点である．第2に，上述の論法を理解する1つの鍵は，その「政治」認識に求められるという点である．本節ではもっぱら社会主義における実際の行政能力の不十分さを論じたが，それは資本主義の公的部門にも当てはまる問題である．それゆえ次節以降では，彼の「政治」認識，またそれが彼の経済政策論にどのように反映したのか，を明らかにしていく．

3. 民主主義

　前節でみたように，ピグーは混合経済体制を最善と考えていた．ところが公的部門の実際の活動はまさしく「政治」に依存するものであるにもかかわらず，彼の「政治」認識については従来ほとんど研究がなされていない．これを補うことが本節の課題である．

　初期のピグーには，政治を扱った2つの論文，すなわち「経済理論と政治理論の類似性」(Pigou[1902])と「政治科学と経済科学の統一」(Pigou[1906a])がある．どちらもそのタイトルからうかがえるように，経済学と政治学との方法論的類似性，すなわち経済学でいう消費者主権と政治学でいう国民主権との類似性を考察しており，これはピグーが資本主義と民主主義をパラレルに捉えていたことを示唆する．また，これらの研究がなされた背景として以下の2つをあげ得る．

　第1に，チェンバレンの関税改革運動(1903-1906年)である．周知のように，ピグーは自由貿易論者としてこの政治問題に深く関わっていた．学生時代に「学生弁論会ユニオン」(Cambridge Union Society)の会長を務めたほどであったから，彼がこの政治論争に飛びこみ，各地の政治集会で盛んに講演したことも，自然な成りゆきとして理解できる．1903年の『関税の謎』の序文では次のように述べられた．

　　これらの問題を論ずるに当たり，わたしは主としてその経済的側面を扱った

が，これはわたしが，それに伴う政治的問題を重要でないと考えるからではなく，それについて適切な判断を形成するのに要する実際的知識が，わたしにはないからである（Pigou［1903］, p. v）.

このように謙虚な姿勢を保ちながらも，経済政策が政治に依存することを彼は明確に意識していた.

第2に，イギリスにおける大衆社会化の進展である．当時は，労働者大衆が組織化され政治世界で台頭しはじめた時代であった．1906年の論文「保護貿易と労働者階級」では，フランスの社会学者ギュスターブ・ル・ボンの『群衆心理』（*Psychologie des foules*［1895］）第5章の次のような章句がフランス語で引用されている.

> 指導者はしばしば，高い知性や豊かな学識をもっていることがある．だがこれは一般に，役に立つというよりも妨げになる．知性は事物の複雑な関係を明らかにし，説明や理解を可能にするので，いつでもその人を寛大にしてしまい，使徒たる者に必要な確信の堅さと激しさを著しく鈍らせる（Pigou［1906b］, p. 2）.

高い知性はかえって懐疑をもたらしてしまう．指導者に必要なのは，大衆に分かりやすいかたちで物事を断定することなのである．なお，ピグーは引用しなかったが，上述の章句に続けてル・ボンは次のように述べていた．「あらゆる時代の大指導者達は…すこぶる偏狭な精神でありながら，絶大な勢力をふるった」と．このように関税改革キャンペーンは，大衆社会の到来をピグーに意識させる契機でもあった.

この20世紀初頭の政治潮流は，経済学者ピグーに新たな疑問を投げかけたはずである．すなわち，大衆社会のもとでの「政治」のあり方は，経済政策一般にどんな影響を及ぼすだろうか．大衆扇動や大衆迎合はその一例である．普遍的利益を目指す理性的・中立的な経済運営ははたして政治的に可能だろうか．こうした問題意識から前述の2つの政治論文は書かれたのであり，以下ではその3つの主

要論点を順にみていく.

3.1 政治世界の有効需要論

　ピグーによれば, 人々の「願望」(desire)は, 自由経済世界では「購買力」(purchasing power)を通じて, また民主政治世界では「投票力」(voting power)を通じて,「有効需要」(effective demand)となって現れる. 2つの世界を動かすのはこれらの有効需要である. ただし社会全体の有効需要は, 個々人の願望の単純総和ではない. なぜなら経済世界には消費の外部性があるように[7], 政治世界にも「会議で生みだされる主張と, 会議に集う個々人の主張の総和とはまったく異なる——ときには善いものに, ときには悪いものになる——だろう」といういわば願望形成上の外部性がある——人は他人の意見に左右されやすい——からである[8]. 個々人の選好の単純集計による社会的意志決定と, 社会関係のもとで形成されるそれとは異なり, 後者では説得や扇動が重要な役目を演じる. これは, 民主主義の意志決定の合理性を考えるうえでの大問題である[9].

　さて, 政治でも経済でも需要が供給を喚起するのだから,「供給はつねに需要のあとに遅れて来る」ことになるが, 経済世界では供給が日々連続になされるのに対して, 政治世界ではそれが不連続になされる. なぜなら第1に, 政治世界で供給される「法」は1か0か, つまりオール・オア・ナッシングという供給方式であり, 第2に,「法」の供給者を決める選挙や参政権を拡大する選挙法改正が, 日々連続になされないからである. その結果, 政治の動きはそれがひとたび起こると, 経済の動きよりも断続的かつ急激なものになりやすい[10].

　また上述の需要先行の原則は, 経済世界では「宣伝」によって, 政治世界では「扇動」によって逆転させられ, 供給が需要をもたらすこともある[11]. むろん,「宣伝」は過度に浪費的なものでなければ情報提供などの積極面をもち,「扇動」もそれが節度を保てば「指導」という積極面をもつ.

3.2 指導者と大衆の相互関係

　ピグーによれば, 長期的には, 大衆は参政権を行使して指導者を選び, 政治の方向性を左右できるが, 短期的には, 指導者による説得や, 成立した法が,「人

民の意志」(will of the people) 自体を変えてしまう．

　　短期の視点からは，特定の大臣の個人的資質が一般に立法過程での支配要因となるだろう．それはちょうど経済学において，しばらくのあいだは，一時の市場操作が正常価値を支配する深遠な要因を上回る重要性をもつのと同じである．だが内閣の意志 (will of the Cabinet) は現実の立法過程を決める主要因であるとはいえ，その内閣の意志自体が，それよりもゆっくりと変動する人民の意志に依存していることはまったく明らかである．市場の供給が正常な供給から乖離してその周辺をゆれ動くのとまさに同じで，内閣の意志は人民の意志から乖離してゆれ動くかもしれない．しかし前者は後者と固く結びついており，つねに後者に引き寄せられる．その変動が，一定の軸の周辺のみにかぎられるのは，波の動きが海面の正常水位に制約されるというミルの対比とまさに同じである．内閣の意志がしばらくのあいだ，人民の意志から大きく離れても，次の選挙の後に内閣の人員は変わる傾向があり，前者はふたたび後者と一致させられる．…もし立法の一般的趨勢ないし長期的価値という広い視点に立つならば，注意を集中せねばならないのは，前者ではなく後者である (Pigou [1902], p. 276)．

　人民の意志という緩慢で目立たない長期作用は，機敏で目につきやすい短期作用によってつねに攪乱されている．「…一般に長期の諸力は変化をこうむりやすく，それが秘める影響力全部を出しつくすことはない」．例えば，ある機械がその全能力を使いつくす前に，新たな機械におき替えられるのと同様に，アイルランド自治法を成立させる，あるいはトルコと開戦するという人民の意志は，その全結果を出しつくす前に消えていった．こうしたことから，いわゆる「実際家」は短期の諸力ばかり重視しがちであり，ピグーはそれを戒めている[12]．

　この一連の議論は，当時のイギリス政治について何を意味するのだろうか．それは具体的時論ではないので解釈は難しいが，2つの主要論点——(i) 大衆化という長期の趨勢，(ii) それを正しく導くための短期の課題——を抽出できるのではなかろうか．なお，(ii) については第4節で改めて論じるだろう．

3.3 自由主義の限界

ピグーは自由主義の限界も論じた.「自由にしておけば各人が自分の利益を最も促進するので,それゆえ,自由にしておけば全員が全体の利益を最も促進する」という学説は,「2つの科学［政治学と経済学］で,それぞれ同じように失敗する」. その理由は2つである. 第1に,利益 (interest) という語の曖昧さである.

> 利益という語で,彼自身が事実として欲するものを意味するならば,個人が彼の利益の最良の判定者であるということは正しいかもしれない. だが彼が,彼の欲すべきものの最良の判定者であるというのは正しくない. この点は故シジウィック教授によってみごとに論じられた. …たとえ各自の自由が全員の願望の最大満足をもたらすとしても,それが最大の善ないし本当の満足をもたらすことにはなるまい (Pigou [1906a], pp. 379-380).

この主張は,政府や指導者によるパターナリスティックな介入を認めるという含意をもつ.

第2に,経済世界では貨幣の限界効用が各人で異なるので,有効需要を生みだす購買力は,たとえそれが同一額であっても同一強度の願望を示すわけではない. 1人1票の民主的な政治世界ではこの問題は起きないが,「しかし市民間での気質の多様性による不調和が残る. 特定の『法』をほんの少し願望する者の需要と,それを非常に強く願望する者の需要は,同じほどに有効である. 多数の反感はそれがたんに多数であるというだけで,少数の側のずっと強い願望を無効にできるだろう」(Pigou [1906a], p. 380).

ピグーは基本的に,経済的には自由主義者,政治的には民主主義者といってよいが,「自由」に関するこれらの制限は,多様な自由主義思想のなかに彼を位置づけるときの手がかりになる. 彼は1935年の「制限の経済学」(Pigou [1935], Ch. 6) でも,「過去10年間に,制限の観念 (idea of restriction) は自由 (freedom) の観念から広範な領土を切りとった」(p. 129) と指摘しており,また他方

で，ハイエクの『隷従への道』[1944] を次のように論評した．

> 国家本来の機能に関するハイエク教授自身の見解は，リベラルなそれである．すなわち「社会の自発的諸力を最大限活用し，強制に訴えることを最小限にすべきである」と．しかしむろんこれは，政府が何もすべきでないという意味ではない．逆に政府には多くの課題がある．何よりもまず，これらの力［利己心の自由な活動］を有益に作用せしめるように法体系全般を整え，維持せねばならない．それが不可能であるならば，例えば私的計算に入らない諸項目［外部性］が存在し，それらが社会的厚生に著しく反するならば，政府は直接介入せねばならない．また，理にかなった最低生活条件をあらゆる者に確保せねばならない．また，ライバル排斥と生産制限とを目指す独占諸団体による社会収奪を防がねばならない．これらはハイエク教授が非難する計画ではない…．かくして彼の一般姿勢はマーシャルのそれによく似ている (Pigou [1944], p. 217).

4. 大衆社会における経済学

4.1 経済学の政治化

大衆社会の時代には，経済学者の役割も変容を迫られないだろうか．ピグー厚生経済学のマニフェストともいえる1908年の教授就任講演では，民主主義国家のもとでの経済学（者）の役割の1つに，通俗経済論議の打破が挙げられている．

> …経済学は…誤った指導を阻止できる．自然科学では，この課題は明らかにあまり重要性ではない．それらの分野で因果関係の問題を研究する者や，自分の至った結論に基づき実践を担っている者は，そのほとんどが訓練された研究者である．例えば内科や外科の実践は…いわゆる常識を学んだだけの人々には容易に開かれていない．だから誤った議論や不合理な実践の余地は比較的小さく，誤った指導を取り除くことにさし迫った必要もない．しかし

ながら社会の健康については，参政権をもつ大部分の人やそれをもたない一部の人は，社会という病人を処方することを，社会科学をまったく知らないという立場からでも可能と信じているだけでなく，崇高な義務であるとも信じている．その結果，論理的推論のどんなかたちとも矛盾する議論がいつも広まっており，民主主義国家［原文では大文字頭文字で a Democratic State］の政策にいつも影響を及ぼしやすい（Pigou [1908], pp. 18-19；訳, pp. 120-121）．

さて，ピグーはいくつかの政府関係委員会に加わったことはあるが，自分の支持政党を公言するようなことは一切なかった．これは「研究者はけっしていかなる党派にも属してはならない」という師マーシャルの姿勢をピグーも踏襲したからだろう．大衆迎合的な経済学者についても，マーシャルは次のように述べていた．

> 社会科学研究者は，大衆うけすることを恐れなければならない．皆が彼らを褒めるときにこそ，害悪が存在する．…研究者が彼の生きる時代にあって，真の愛国者となり，愛国者としての名声を得ることはほとんど不可能である（Pigou [1925], p. 89）．

このように経済学者は専門的立場から大衆を指導せねばならないが，それは扇動であっても迎合であってもならないのである．

ピグー自身もこの問題を1935年の講演「ある経済学者の弁明」で詳しく語っており，当時の経済学が「政治化」しつつあった風潮に警鐘を鳴らしている．「…経済をめぐる議論は，党派的政治論争でつねに大きな役割を演じるようになってきています．…経済学の論証は，彼ら［政治家］にとっては真理に達する手段ではなく，その政敵をやっつけるのに役立つ一種の毒舌です．ここに，ある財務大臣の逸話があるのですが，彼はある年に，ある税を課すことを決意し，翌年にそれを廃する決意をしました．彼は租税廃止に都合のよい議論を考えてもらうために，自分の部下達［経済学者］を集めました」．政治家に都合のよい議論をすれ

ば「ケンブリッジの大学者」と賞賛され，その逆の場合には，同一人物によって今度は「たんにアカデミックな理論家」と一蹴されるのが「政治」なのだと，ピグーは自分自身の苦い経験を述べ，そして次のように警告した．「若い人にとって，国政に参与したいという野心は自然なものです．自分の経済学上の見解を，1つの政党，または他の組織の政策に合致…させようという誘惑があります．保守党経済学者，自由党経済学者，労働党経済学者は，形容詞のつかない経済学者よりも，華やかな舞台にのぼるずっと多くの機会をもちます．けれども，その誘いにのるのは研究者にとって知の犯罪なのです」(Pigou [1935], pp. 8-10).

こうした議論は，ケインズなどが関わっていた自由党のサマー・スクール (Liberal Summer School) などに対する批判と考えられるかもしれない．しかし問題の本質は，関わったこと自体よりもその関わり方にある．例えばピグーは，政治の下僕に堕した経済学者について次のようなエピソードを語った[13]．

> 政府はある問題の究明を望み，そしてわたしの友人［政府内で重要な地位にいた政治家］は，彼のもとに属したある経済学者に，その研究に着手するように頼みました．すると，その経済学者はこう返答したのです．「了解しました．で，その件ですが，政府がわたしに見つけ出して欲しい答えをお聞かせください」と．ここに印刷できない言葉を沢山投げつけられ，その経済学者が部屋から追いだされたことを皆さんに語る必要はありません．もちろん政府要員である経済学者とは，元来，大臣の求めに応じて，大臣がすでに——おそらく議論もなしに——決定した政策に都合のよい議論をひねり出すものです．それが彼の仕事，ときには苦しい仕事なのです (Pigou [1952], p. 83).

4.2 政治不信に基づく経済政策論

ピグーの「政治」認識は，彼の経済政策論に深い影響をもたらした．その政治不信は，1939年の王立経済学会の会長講演に最もよく表れており，そこでは「哲人王 (philosopher king)」の問題が語られた．「哲人王」とは，古代ギリシアの哲学者プラトンが示した理想的支配者像であり，私益ではなく公益のためにその

政治権力を用いる，理性による支配のことである．そして経済学は果実を求める実学であるから，結局その研究の「目的」ないし存在理由は政策の提言にあり，これをうけて政治家は経済政策を遂行すべきなのである．しかし「現実はこの夢から何と異なることだろうか！　現実の政治家と哲人王は，何と異なることだろうか！」．「…経済学の知識の進歩が実際上のことがらに大きな影響を与える希望は，小さくなった．われわれの生産物［経済政策の提言］にあまり市場はなさそうである」(Pigou [1939], pp. 220-221)．

『厚生経済学』第2編の第20章「政府当局の介入」における次の見解も，彼の政治不信をよく表している．

いかなる産業でも，そこで利己心が自由に働くと，投資される資源量が国民分配分を最大にするのに必要な量と異なるようになると信じられるならば，一見したところ公的介入のための事例が存在する．だが，有益な介入を果たすために政府要員［政治家・官僚］がもつことを期待される諸資質を考察するまでは，その事例は一見したところの事例でしかありえない．その不完全な調整…を，経済学者が机上で想像するような最善の調整と比べるのでは不十分である．なぜなら，その理想を達成する，または全力で追求することさえ，いかなる公的当局にも期待できないからである．こうした当局は等しく，無知，党派の圧力，私益による個人的腐敗を被りやすい．声高な一部の有権者達が投票のために組織されれば，容易に全体［公益］を圧倒するだろう．

市営推進論者によって提案される新たな企ては，商人，建築業者，設計技師などとの何百万ドルもの規模の取引をもたらし，また重要な仕事を何百も増やし，何万もの役人の追加雇用をもたらす．政党の指導者達は，後援に力を入れたことの分け前を得るだろう．あらゆる公職は，公益に反して堂々と設けられた，ある種の私益のための機会なのである (Pigou [1932], pp. 331-333；訳 [II], pp. 332-333)．

こうした不信がピグーの政策判断を大きく左右した事例として，以下の3つをあげることができる[14]．

(i) 計画経済による最適資源配分の実現を理論上は認めたが，その実際上の困難を強調し，結局は資本主義の改良を唱えたこと（本章第2節）．
(ii) いわゆる「ピグー税」による外部性問題の解決を理論上は認めたが，その実際上の困難を強調したこと（本章第2節）．この点，すなわち「…現代の主要な環境経済学のテキストが，ピグーを環境税の積極的な提唱者とみなしているのとは異なり，課税（および奨励金）について，ピグーがあくまで原理的な処方箋として提示しているにすぎない点」は，大森氏も指摘している[15]．
(iii) 1925年のイギリスの国際金本位制度復帰に関して，ピグーは早くも1921年に管理通貨制度を理論上は承認していたが，戦間期の国際政治をふまえ，平価の操作（近隣窮乏化政策）が保護貿易主義を台頭させることを懸念し，より無難な方策として金本位制復帰を支持した．これはイギリス経済の停滞を覚悟のうえでの選択であった[16]．「…第一次大戦後に確かに彼［ピグー］は，経済・財政の分野を含むすべての政策領域での政治家達の動機と能力とにひどく懐疑的となった．この懐疑主義は，彼に旧平価での金復帰を支持する気をおこさせ，また政治家による貨幣管理への深く長期にわたる懸念を抱かせるに至っていた」(Hutchison [1978], p. 119；訳, p. 135)．

5．むすび

いかにして政策が立案・実行されるのか．社会的意志決定および行政のあり方を問う「政治プロセス」への関心の高まりは，近年の経済政策論における顕著な特徴の1つである．しかもこの関心はたいてい政治への不信を伴っている[17]．20世紀初頭のイギリスでは，労働者大衆は労働党のもとで政治的に組織されつつあったが，この流れ――それは「大衆社会化」の流れでもある――は1924年の労働党政権の成立をへて，1928年の成人男女普通選挙に結実する（戦間期デモクラシ

一）．この流れが政治や経済にどんな影響を及ぼすのかということは，まさしく時代の一大関心であっただろう．本章では，ピグーの「政治」認識が彼の経済政策論に深い影響を及ぼしていたことを示した．理論上は肯定しながらも実践上は否定する．これは彼の経済政策論によくみられる特徴的論法であり，これを理解する鍵はその「政治」認識のうちに見出される．

　第2節でみたように，ピグーは，資源配分の効率性をのぞくほとんどすべての面で社会主義の優越性を認めたが，結局は資本主義の改良の道を選んだ．その最大の理由は，政府の「能力」に対する懐疑にあった．

　第3節でみた2つの政治論文（Pigou [1902 ; 1906a]）は，ピグーが若い頃から民主主義のあり方に関心をもっていたことを示している．経済政策の立案・運営が「政治」に依存することを，彼は生涯を通じて強く意識していただろう．

　第4節では，戦間期のピグーの「政治」認識が悲観的なものであったこと，またそのことが彼の政策提言を非常に慎重なものにしたことを示した．そこでは3つの事例（計画経済，ピグー税，管理通貨）をあげたにすぎないが，理論上は肯定しながらも実践上は否定するという論法の射程は，少なくとも論理のうえでは，あらゆる経済政策に及び得る．

　したがって今後の課題として，他のさまざまな事例（賃金政策や公共事業政策など）も再検討する余地があることを指摘できる．例えば，ピグーとケインズは政策論上のさまざまな場面で対立したが，はたしてそれらは「理論」の対立であったのか，あるいは「実践」の対立であったのか．従来はもっぱら前者の対立とみられてきたが，たとえ理論上近い立場であっても，実践上対立することはあり得る．いわゆる「裁量」か「ルール」かという経済政策論上の対立は，政府の能力を信じる立場とそれを疑う立場との対立にすぎないこともあり得る．

注
＊） 本章は科学研究費補助金の交付を受けてなされた．

1) (i)については山崎 [2005]，本郷・山崎 [2006]，本郷 [2007a] を，(iv)と(v)については本郷 [2007b]，下平 [2008]，本郷 [2009] を参照のこと．

2) 社会主義国家は国内では社会主義経済体制を営んでいても，貿易のような対外関係では必ずしもそうではない．つまり体制の「国際的側面」という問題がある．ピグーはこれを扱えなかったことを同書の序文で弁明した．帝国主義論などもここに含まれるかもしれない．
3) Pigou [1937], pp. 135-136；訳，pp. 127-128を参照．
4) 産業の公営ないし公有についての詳しい議論については，『厚生経済学』第2編第22章「産業の公営」を参照のこと．
5) 下平 [2008], pp. 198-200を参照．
6) Pigou [1937], pp. 113-117；訳，pp. 107-110を参照．
7) 消費外部性とは，「…［ある商品に対する］Aさんの需要が，Bさんがその財貨を保有する量に一部は依存する…」（Pigou [1906a], pp. 373-374）ことである．例えば，周りの紳士が皆シルクハットをかぶっていれば，そこに同席している人は周りに合わせてそれをかぶらねばならないと感じやすい．周りの国々が軍備を縮小・増強しても，同様の外部性が生じるだろう．
8) Pigou [1906a], pp. 373-374を参照．
9) Arrow [1950] を参照．
10) Pigou [1906a], pp. 374-375を参照．
11) Pigou [1906a], p. 378を参照．
12) Pigou [1902], pp. 275-277を参照．
13) Krugman [1994] は，学会に属する大学の経済学者と学会に属さない経済評論家という2グループを対置し，近年のアメリカでは主に後者が実際の経済政策を担っていることに警鐘を鳴らしている．
14) 選挙に勝つためには，政治家は近視眼的ないし大衆迎合的な（あるいは組織票を獲得できそうな団体に利益をもらすような）政策を行わざるを得ないかもしれない．こうした問題意識はベヴァリッジやケインズにもみられ，彼らは経済学者が「公務員として政府に常駐し，長期的・包括的な視野から内閣に助言を行う」こと，すなわち知的エリート集団としての「経済参謀」を制度化しようと試みた．ただし選挙で選ばれていない人々が社会的意志決定に関わることは，民主主義の原理に反する一面もある（小峯 [2007] 第10章と第12章）．
15) 大森 [2004], p. 344を参照．
16) イギリスの金復帰をめぐるピグーの議論の詳細については，本郷 [2007b] 第8章「雇用政策——ピグー神話」を参照のこと．
17) Mankiw [2003], pp. 389-391, 424を参照．

参考文献

Arrow, K. J. [1950], "A Difficulty in the Concept of Social Welfare", *Journal of Political Economy*, 58, pp. 328-346.

Hutchison, T. W. [1978], *On Revolutions and Progress in Economic Knowledge*, Cambridge University Press（早坂忠訳 [1987]，『経済学の革命と進歩』春秋社）.

Krugman, P. [1994], *Peddling Prosperity : Economic Sense and Nonsense in the Age of Diminished Expectations*, W. W. Norton（伊藤隆敏監訳 [1995]，『経済政策を売り歩く人々——エコノミストのセンスとナンセンス』日本経済新聞社）.

Mankiw, N. G. [2003], *Macroeconomics*, 5th ed., Worth Publishers.

Pigou, A. C. [1902], "A Parallel between Economics and Political Theory", *Economic Journal*, 12, pp. 274-277.

Pigou, A. C. [1903], *The Riddle of the Tariff*, R. B. Johnson（『関税の謎』）.

Pigou, A. C. [1906a], "The Unity of Political and Economic Science", *Economic Journal*, 16, pp. 372-380.

Pigou, A. C. [1906b], "Protection and the Working Classes", *Edinburgh Review*, pp. 1-32.

Pigou, A. C. [1908], *Economic Science in Relation to Practice*, An Inaugural Lecture Given at Cambridge, 30th October, Macmillan（本郷亮 [2008]，「ピグー教授就任講演『実践との関わりにおける経済学』——邦訳と解説」，『経済学論究』（関西学院大学）第62巻第3号，pp. 109-137）.

Pigou, A. C. [1923], *Essays in Applied Economics*, P. S. King.

Pigou, A. C. ed. [1925], *Memorials of Alfred Marshall*, Macmillan（宮島綱男監訳 [1928]，『マーシャル経済学論集』寳文館）.

Pigou, A. C. [1932], *The Economics of Welfare*, Macmillan, 4th ed.（気賀健三・千種義人・鈴木諒一他訳 [1953]，『厚生経済学』全4冊，東洋経済新報社）.

Pigou, A. C. [1935], *Economics in Practice: Six Lectures on Current Issues*, Macmillan.

Pigou, A. C. [1936], "The Webbs on Soviet Communism", *Economic Journal*, 46, pp. 88-97.

Pigou, A. C. [1937], *Socialism versus Capitalism*, Macmillan（北野熊喜男訳 [1952]，『社会主義対資本主義』東洋経済新報社）.

Pigou, A. C. [1939], "Presidential Adress to the Royal Economic Society", *Economic Journal*, 49, pp. 215-221.

Pigou, A. C. [1944], "*The Road to Serfdom* by F. A. Hayek", *Economic Journal*, 54, pp. 217-219.

Pigou, A. C. [1952], *Essays in Economics*, Macmillan.

大森正之 [2004]，「ピグーにおける環境問題の事例・原因・処方箋」『政経論叢』（明治

大学）第72巻第6号, pp. 343-377.

小峯敦［2007］,『ベヴァリッジの経済思想——ケインズたちとの交流』昭和堂.

下平裕之［2008］,「20世紀初頭におけるケンブリッジ学派の消費者協同組合論」『研究年報』（山形大学）第5号, pp. 187-204.

平井俊顕［2007］,『市場社会とは何か——ヴィジョンとデザイン』SUP上智大学出版.

本郷亮［2007a］,「ピグー——厚生の経済学」（小峯敦編『福祉の経済思想家たち』ナカニシヤ出版, pp. 127-137）.

本郷亮［2007b］,『ピグーの思想と経済学——ケンブリッジの知的展開のなかで』名古屋大学出版会.

本郷亮［2009］,「初期ピグーの慈善論と救貧法改革論」『弘前学院大学社会福祉学部研究紀要』第9号, pp. 65-76.

本郷亮・山﨑聡［2006］,「ピグーの福祉社会論——市民的能動性と優生思想」（小峯敦編『福祉国家の経済思想——自由と統制の統合』ナカニシヤ出版, pp. 51-78）.

山﨑聡［2005］,「ピグーにおける正義」『経済学史研究』第47巻第1号, pp. 49-64.

第5章　ホートリー――未刊の著『正しい政策』考

平井 俊顕

1. はじめに

　ラルフ・ホートリーは，貨幣的な景気変動論を展開したエコノミスト[1]として知られる．また，いわゆる「大蔵省見解」の理論的根拠の提供者[2]としても――したがってケインズと反対の論陣を張った人物としても――知られる．さらに，ホートリーは『貨幣論』のケインズにたいし，自らのスタンスから厳しい批判を展開した論者でもある[3]．こうした比較的よく知られている経済学者としての側面は別の機会に譲り，本章では，今日忘却のかなたにある彼の社会哲学[4]に焦点を合わせたい．

　ホートリーはケンブリッジの知的環境下で育った――とりわけ，アポッスルであったという点が重要である[5]――が，ケンブリッジで研究生活を送ったわけではない．卒業後，大蔵省に入省し，以降，退官するまでのほとんどを省内唯一のエコノミストとして活動した人物である．彼は社会哲学の著作を2点公刊している（1点は『経済問題』（Hawtrey [1926]．以下，*EP* と略記)[6]，もう1点は『経済的命運』（Hawtrey [1944]．以下，*ED* と略記)）が，本章では最晩年の未刊の著『正しい政策――政治学における価値判断の位置』（Hawtrey Papers, 12/2. 全18章，タイプ刷りで528枚．以下，*RP* と略記）に焦点を合わせる．

　『正しい政策』は，ムーア倫理学，とりわけ「善の定義不可能性」を根底にすえつつ，経済学・社会学・政治学の領域を批判的に検討した著作である．副題にいう「価値判断」とは，「真の目的」に照らしての判断を意味している．

『正しい政策』の全体は次のような構成になっている．第1章「目的」，第2章「善」および第3章「哲学的宗教」では倫理学的領域が，第4章「政府」，第5章「自由」および第10章「階級」では政治学・社会学的領域が，第6章「経済的ファンダメンタルズ」，第8章「労働」および第9章「分配の問題」では経済学的領域が，第7章「資本主義と集産主義」では比較体制の問題が，そして第11章「バランス・オブ・パワー」から第17章「大国の結合」では国際政治学の領域が，それぞれ扱われている（第12章「植民地」，第13章「戦争問題」，第14章「共産主義と国民性」，第15章「パワー・ポリティックスとイデオロギー」，第16章「平和共存の条件」）．そして第18章として「結論」がくる．

　本章は，第2節で『正しい政策』の主題に言及し，第3節ではその基礎にある「アスペクトの理論」をみる．第4節でムーア主義倫理学を一瞥した後，ホートリーの社会認識（第5節），経済認識（第6節），世界平和観（第7節）をみていくことにする．第8節はケンブリッジで展開された哲学についての概観である．

2. 主　題

　題名「正しい政策」は，モラル・コード（道徳律）のうち，（諸個人との関係での，ではなく）「共同体との関係での」人の行動を含意している[7]．ここでいう「人」は，公衆ではなく指導者（支配者）であり，その果たすべき義務に重点がおかれている．公共政策に責任のある指導者は一市民とは異なる存在であり，一市民がその生活を導くところの「中間的な目的」――それは手段でしかなく，「状況や帰結に制約を加えることを気にせずに行動することが許されるとき」（p. 528）「偽りの目的」になる[8]――に甘んじるべきではなく，その行動のすべてを「善」という究極の評価のもとにおくべき，とされる[9]．

　純粋な理性が認める唯一の目的（究極的目的）は善である[10]．「正しい」政策とは，指導者が目指さねばならない「正しい」目的（「中間的な目的」の対峙語）にかなった政策のことである．そして「正しい」目的とは「善い」目的のことである．それゆえ，この意味が明確なものになるためには，「善」とは何かが示される必要がある[11]．

「善」の問題に行き着くとき，ホートリーはムーアの「善の定義不可能性」に従う[12]．善は定義不可能であるというのは，それがマインド（精神）により直覚的にのみ知られうるもの，という意である．ホートリーはこの善を彼の社会哲学の根底にすえる．

　…モラル・コードおよびあらゆる人間行動の原理の究極的基礎として善に代るものはない（RP, p. 136）．

ホートリーは，「正しい目的」（したがって「正しい政策」）の定義は行わない，と断っている[13]が，注意すべきは，人は正しい政策を識別できる，と考えている点である．善は「すべての人間の知性の範囲内」（RP, p. 136）にあり，しかもそれは客観的なもの，と考えられている．善を見つけるのに，哲学からの導きは不要である．日常行っている判断に訴えればよい．ホートリーはそう考えている．

　われわれは善や，究極的目的にたいする手段の関係の省察に慣れてはいないが，それを含むわれわれの判断はすべての現実生活に行きわたっており，それゆえそれに基づくモラル・コードは堅固な基礎を有する（RP, p. 136）．

　…善は彼にとってだけの善ではない．彼の経験は彼にとっての経験だが，善という属性はその経験に内在する…．善を経験する個人は，善が実現されるチャンネルにすぎない（RP, p. 69c）．

ホートリーは『正しい政策』の序で，本書の目的を，政治的・社会的問題について，人間の意識に内在する価値観に訴えかけることで明確な思考を助けること，と述べている．だが，「正しい政策」の「正しさ」，「善さ」が定義できず[14]（といいつつも，「善」という属性は，「審美的快楽」，「知的快楽」，および「人的価値」という感情の状態にまで拡張される，と主張されている）[15]，人はそれを（モラル・コードなどに基づき）直観を通じて得る，というのであれば，出発点から目的が読者任せにされているという印象が拭えない．

3．アスペクトの理論

　ホートリーの哲学は「アスペクトの理論」と称すべきものである（彼は若くから「アスペクト」を根本概念[16]として重視していた）．『正しい政策』 pp. 32-53 でも論及されているが，本格的な検討は，彼の唯一の哲学書で，これまた未刊の『思考と事物』（Hawtrey Papers, 12/1. 全 8 章で構成されたタイプ刷り314枚．以下，TTと略記）でなされている．

　それは，「意識的な経験におけるアスペクトの識別をめぐる思考分析」を主題とするものであり，マインドがアスペクトを識別するという点に中心がおかれている（「内省」的手法が用いられている）．アスペクトは外界の事物に「本性的に内在する」が，そのままでは潜在的であって，マインドにより意識的経験として認識されることで現実のものとなる，と彼は主張する[17]．ある絵画をみて，ある人はそこに「繊細な美」を，また別の人は「微妙な影」を見出す．いずれも，絵画に内在するアスペクトであり，個々人により意識的に認識されることで現実化する．

　アスペクトは全体としての事物と切り離すことができないものである．「繊細な美」は絵画という外界の事物に潜んでおり，マインドによる意識的な認識を通じて現実化するのであるが，それを部分として事物から切り離せるわけではない．

　マインドが獲得したアスペクトは，マインド内に蓄えられていく．マインドは何かを判断するさい，こうして蓄積されてきたものに絶えず参照を求めていくことになる．

　この哲学にあって，人のマインドは，不完全とはいえ，事物からアスペクトを認識する能力を有する存在とみなされている．認識する能力をもつマインドが，さまざまなアスペクト——感覚経験のアスペクト，感情・感動のアスペクト，思考のアスペクト，等々——を知覚するのである．

　行動主義や唯物論は，個々人の認識能力とは独立したものとして，事物・事象を説明しようとする客観主義哲学である．これに比し，ホートリーの哲学は経験論の流れに属しており，主客の中間に位置する．それは個人の認識能力と外界に

潜在的に存在するとされるアスペクトを根底にすえたものであり，マインドを無視する行動主義や唯物論とは対照的な立場に立っている．またそれは，すべてを事物で説明しようとする科学主義にたいしても，同様の視点からそのもつ限界を指摘する立場に立っている[18]．

このホートリーの認識論は，ムーアのそれとも異なっているという点に注意が必要である．ムーアの場合，事物とマインドのあいだには，いわゆる「センス・データ」（感覚与件）が介在する．それによれば，マインドは感覚を通じ外界の事物をセンス・データのかたちで捉える[19]．これに比し，アスペクトはセンス・データに属するのではなく，外界の事物に潜在するものと考えられているのである．

4．ムーア主義倫理学

20世紀初頭のケンブリッジの最も優秀な学生達——彼らが集うことになったのが「ソサエティ」である——を引きつけて離さなかったのがムーアである[20]．ホートリーはその一角を占めていた．のみならず，彼はムーア倫理学を自らの哲学・倫理学の基底として終生もち続けた[21]．既述のように，この点が『正しい政策』の根本的な基点にすえられており，こうした点はケンブリッジの他の同僚には認められない．

善は定義することができず，直覚によってのみ把握できる．いわゆる「善の定義不可能性」である．そしてすでに述べたように，ホートリーが『正しい政策』にあって最重視するのがこの「善」である．

> 世界は，ムーアが善という属性を哲学の曖昧性および懐疑性から解放したことに感謝すべき事由をもっている，とわたしは思う（*RP*, p. 16）．

注目すべきことに，「自由」は『正しい政策』にあって最高位におかれているわけではなく，「中間的な目的」とみなされている．多様性を得ようとする人間の能力にたいし広範囲にわたる機会を提供するものとして，それは高貴な理想ではあるものの真の目的ではないからである[22]．

「中間的な目的」についてみておこう．現実的な導きとして「行為のコードもしくはモラル・コード」はさまざまな中間的目的を提示しているとして，「正直，信用，親切，財産・家族・権威・個人の権利や感情，への尊敬」があげられている[23]．本能や「賞罰システム」も然りである[24]．ホートリーは「中間的な目的」の，現実世界における必要性を承認している．だが，それが過度になる場合，「偽りの目的」に堕すことになると捉えている．その事例として，「物質所有欲」（これにたいし，満足を共有しあうモラルが対置される）[25]，「貨幣欲」（他の価値ある感情が損なわれる），「安全性」（犯罪者への処罰そのものが望ましい，という気持ちが発生する可能性がある），「利己主義」があげられている．

「中間的な目的」のあり方は，指導者にとって，その批判の対象として措定されなければならない，と彼は考えている．

> ［規則コード］自身，中間的な目的のコードにすぎない…．現行のコード自身，批判にさらされねばならない．…正義も自由も，安全も…批判から逃れることはできない（*RP*, p. 72a）．

5．社会認識

それではこうした哲学的スタンスからホートリーは社会をどのように捉えているのだろうか．そのさいのキー・ワードとして「指導者」，「進化論」が重視されていることが，容易に認められる．

5.1 指導者（支配者）

ホートリーが社会を語るとき，それがどのような形態であろうと，そこには権力が存在する，と考える．そして，社会には権力を掌握しそれを行使する指導者[26]とそれに従う従者が存在する．とりわけ，ホートリーは社会が存立していくうえで，指導者（ならびに「指導者階級」[27]）を重視する．「権威」もしくは「権力」というタームはそれに関連して登場してくる．

権威は条件付きで支配者としての指導者に移譲される．社会は彼の掌中にある道具となる．社会のメンバーは，指導者が…［人々］の個人的目的を促進するようにこの道具を用いるという条件で，彼に忠誠と服従を付与する（RP, p. 21）．

　これは社会の形態にかかわらず，然りである．民主主義社会といえども異なるところはない．大衆が選挙を通じて「権力」の行使を議会にゆだねる．議会は権威をもち，さまざまな命令をくだす．大衆は，それらの命令がその時点での社会に通底する規範・慣習から逸脱していないかぎり，権力の移譲を容認する．それが民主主義である．

民主主義の目的は，専制政府や寡頭政府にたいする不平の唯一の治癒策である反乱という権利を，全大衆にゆだねられるコントロールのシステムに取って代えることである（RP, p. 108）．

　「社会は…その手綱さばきにおいて意識的な指図を必要とする」（RP, p. 20）というのが，ホートリーの社会認識の基本である．社会において集団が指導者を承認し，そして指導者によって意識的な指図がなされ，人々がそれに忠誠と服従を示すという状況が実現することで，集団の行為が合理化されていく道が開けるが，そうした指導者を頂かない社会は混乱に陥る傾向がみられる，という認識である．

　こうした認識は，彼が集産主義（コレクティヴィズム）を論じるとき（後述の第6.3節を参照），また世界全体をみるとき（後述の第7節を参照）の根底に存在する．20世紀の初頭，ヨーロッパでは「エリート理論」（「指導者社会学」[28]）が流行していたが，ホートリーがそれらから影響を受けているのかいなかを，うかがい知ることはできないが，その可能性は大いにある．

　ホートリーは，人々が慣習的に遵守しているモラル・コード，そしてこれなくしては秩序の維持が不可能となるモラル・コードが存在する，ということを強調している．指導者であっても，そのモラル・コードを遵守していることが，指導

者としての地位を維持するためには不可欠である，とされる．

5.2 進化論

ホートリーの社会認識にあって，進化論的発想[29]はかなり明瞭に表明されている．人間のマインドは，当初から思考と知識の完全な道具であったわけではない．それは，有機体の行動をその環境に適応させる手段としての自然淘汰の圧力のもとで進化してきた．人間のマインドの，そこでの主要な働きは，物的環境についての印象を記憶し，「本能的性向」を通じて適切な行動を起こすことであった[30]．そして「マインドがひとたび十分な発展を遂げると，それはずっと早い社会的進化——そこでは，本能的反応は「意識的な計画化」によって補完される——への道を開いた」(RP, p. 4) と主張される．人間は動物的本性に合理性が加わった存在なのである[31]．

> 人間の進化は，とりわけ意識の進化である．意識はそれ自身高いサバイバル価値を有している．…生理学的進化の展開により，人が体系的な思考のできる頭脳を与えられるとき，意識的な計画が可能になる (RP, p. 11)．

現在の人間のマインドは，本能的性向を通じた自然淘汰的進化および社会的進化の過程を通じて形成されてきた．マインド自体，進化するものであり，そして進化したマインドは体系的な思考ができるため，社会のなかに「意識的な計画化」の導入が可能となり，社会の進化はその速度を増すことになった，とホートリーは考えている．

以上が，人類の有史段階以前での進化の説明であるとすれば，有史段階での人間のマインドの進化を説明するために用いられているのが「合理化」である．これは，宗教的教義が「理性」によって説明可能なものにされていく過程として捉えられている．そのことで，宗教から神秘的要素が消え，理性により理解可能となる領域が増えていくことになる．それまで人々が理解できないため崇拝していた事象・現象にたいし，理性がそれを合理的に説明できるようになる傾向のことである．それゆえ，「合理化」[32]とは一種の合理主義哲学の進展であり，啓蒙主義

思想の浸透である.

> マインドは，ひとたび進化を遂げると，自らの感情の状態を含め，すべてのコトについて［拘束を離れて］自由に考えるようになる．これらのコトが望ましいと判断されるとき，そしてマインドが正しい目的にたいする正しい手段を認識するとき，合理的な行動への道が開かれる（*RP,* p. 69a）.

> 合理的な行為は目的に向けられる．合理性は，所与の目的を達成するための正しい手段の選択を必要とする．しかし，それはもっと重要なものを必要とする．目的自身が正しい目的でなければならない（*RP,* p. 3）.

人間社会が進化を遂げ，意識が進化することで，人は「善」の問題に目覚め，そのことで倫理的価値とは何かという問題に関心をもつようになる.

> 進化のなかで倫理的価値基準の探究が実現するのは，進化のこの段階における人間社会が善に目覚めるからである（*RP,* p. 9）[33]．

6. 経済認識

本節では，「［善という］究極目的を経済問題に適用すること」[34]を主題とする第6章-第10章を対象とする．そこでは，とりわけ「経済的目的」と「経済的正義」が問題にされている[35]．ホートリーの経済認識の一番の特徴は，「究極的目的」たる「善」の重視が，ここでも顕著に認められる点である．本節ではもう1点，2つの体制（資本主義と集産主義）の比較という論点を取り上げることにする.

6.1 経済的目的

ホートリーの経済認識の根底を規定しているのは，最終生産物を「ユーティリティ生産物」と「プラス生産物」に分類している点である[36]．「ユーティリティ

生産物」は生存に必要な生産物で，生命を維持し，ケガ，苦痛，あるいは不快から人を守る生産物である．これにたいし，「プラス生産物」は，何か積極的な便益もしくは楽しみを与えるように意図された生産物である．ホートリーは，経済活動が「正しい目的」にたいして何らかの積極的な貢献をなすとすれば，それはプラス生産物に求められる，と考えている[37]．ただし，プラス生産物の目的と「善」を同一視してはならない（例えば，人的価値などはプラス生産物に依存するわけではない）．

　ホートリーは，最終生産物をこうした視点からみており，絶えず，彼の意味での「価値判断」が入り込む．彼は，マーシャルやピグーが，経済分析の対象を経済的厚生に絞り込むという方法にたいし批判的であり，「善」という「真の目的」との関係で経済活動を評価しようとする．プラス生産物が，「正しい目的」に貢献するという場合，「審美的快楽」や「知的快楽」がもたらされる——消費者がそれらを認識する——，という「アスペクトの理論」が前提されている．

　もとより，プラス生産物も市場で取引されるものであるから市場価値を有する．生存に必要なユーティリティ生産物を超過する最終生産物がプラス生産物であり，そのあり方が，経済活動と「善」の達成を関係づける．だが，プラス生産物の本性的な価値と市場価値との乖離はあまりにも大きい．ホートリーは，このことがいかにして解決できるのかに，回答を与えてはいない．

> ついには超越的な価値をもつものとして認められる運命をもつ作品の市場価値は，かくして非常に低いかもしれない．そして，そのような作品が承認され，高い現金価値が付されるときでさえ，その現金価値を，その本性的なメリットの尺度としてとることはできない．現金価値は，プラス生産物の審美的価値あるいは知的価値とほとんど関係がないのである（*RP,* p. 159)[38]．

　ホートリーにあっては，経済活動が社会における「善」の達成に貢献できる程度は，プラス生産物がどのように進展するのかに依存する，と考えられている．教育を考えるさいにも，この視点が顕著である．

…教育の目的は，支配者階級にとって適切な価値観・鑑賞力を，すべての人々に拡張することであるべきである．…価値観，すなわち正しい目的観…（*RP,* p. 303）．

教育の多くは，…ユーティリティ生産物として扱ってもよい．…教育がこれらの限界を超えるやいなや，プラスの側面が支配しはじめる．教育が良いマナーや健全なモラルを吹き込むとき，それは人的価値への道を用意する．そしてそれが文学的，芸術的，科学的趣向を発展させるとき，それは「プラス生産物」という高度なレベルの鑑識を開化させる（*RP,* pp. 290-291）．

 だが，ホートリーのプラス生産物をめぐる扱いは曖昧である．一方で，プラス生産物の価値は，その芸術性にあり，その価値を認識できる人々の存在に依存する，とされる．他方で，プラス生産物は市場で取引される商品であり，それは現金で評価され売買されるしかない．確かにプラス生産物の本性的な価値と市場価値との乖離は大きい．しかし，それは教育により人々の鑑識能力が向上したとしても埋められるものではない．プラス生産物のなかには，その審美的価値が現金価値と関係しないものも存するからである．ホートリーは生産物の倫理的・審美的側面を「正しい目的」との関連で重視するあまり，現実の資本主義経済にみられる市場取引・交換経済の本質を見誤っているように見受けられる．
 「プラス生産物にたいする需要」（*RP,* pp. 274-278a）で，プラス生産物はマーケティング方法の相違により異なる，という旨が論じられている．そのなかで，貴族社会の富裕なパトロンの存在する社会とは異なり，産業社会では中流階級がそれを担うようになっていることが指摘されているが，このような社会での「プラス生産物」への需要についてのホートリーの叙述は悲観的かつ曖昧に思われる．
 ホートリーは，市場経済にあって，ディーラー（商人）の機能・能力が他の経済主体に比べ傑出していると考えている．とりわけ，そこにおける販売の決定的重要性との関連で，商人のはたす役割が強調されている．市場組織は，「売買に特化した，すべての来場者を処理する意欲のある商品のディーラー」（*RP,* p. 180）で構成され，「需要と供給を均衡させる価格の生成は，市場におけるディー

ラーの提供するサーヴィスの重要部分である」(*RP*, p. 181)．これに比し，消費者にはそうした能力に欠けるところがある[39]．したがって市場における経済主体のあいだには能力差がある，というのがホートリーの基本的な見解である．

以上の指摘は重要だが，それでも上記の「齟齬」をディーラーが解決できるというわけではない．プラス生産物における消費者が，その鑑識能力を教育によってレベル・アップしたとしても，それが「齟齬」の縮小に寄与する可能性は，プラス生産物の価値の定義からみて小さいといわざるをえない．

資本主義経済の進展は，生存に必要な財を超える財を生み出した．だが，それはホートリーの定義する意味での「プラス生産物」とはいえない．それは電化製品であり，医薬品であり，自動車である（耐久消費財は「ユーティリティ生産物」とみなされている）[40]．これらの生産には，現代産業技術の粋が結集しており，それらは生活の利便性を飛躍的に向上させるものである．また，それらは，時とともにデザイン性の飛躍的な向上をみせてきた．しかし，それらの成長を規定する最終的なものは畢竟，市場での採算性であり，そしてこの採算性は，規模にたいする収穫逓増性に依存するところが大きい．ホートリーが望むように「正しい目的」との関係において審美的価値をもつ「プラス生産物」という視点から現代の資本主義経済を捉えることは，無謀，もしくは夢想というほかはない．

6.2 経済的正義

善という究極的目的の経済問題への適用にさいし，「経済的目的」と並び特別に重視されているのは，「経済的正義」である．しかし「経済的正義」は「中間的目的」であるから[41]，無条件的に主張されると「偽りの目的」に陥る[42]．

それはモラル・コードの一部であり，社会が機能する制度に適用されるとき，指導者にとっての道徳的義務になる[43]．

> 経済的正義は，資源の分配において，人々のあいだに恣意的な差別が生じないことを要請する．だがそれはまた分配を支配するルールが善いルールであることを要請する（*RP*, p. 172）．

ホートリーはここで 2 つの分配システムを提示する．「報酬のシステム」と「必要に応じてのシステム」である[44]．前者は個人が生産するものに等しいものがその個人に属するシステム（資本主義社会で採用されているもの）であり，後者は共産主義社会が理想とするものである[45]．「経済的正義」は，この 2 つのシステムの妥協として求められる．一方で，正義は，諸個人を遇するに恣意的不平等を禁じる概念である．「正義であるということは正しい，というように理解されねばならない．適合すべき規則は善いルールでなければならない」(RP, p. 169)．したがって，指導者は，「必要に応じての」分配により，それを自力で満たせない人々に社会サービスを施さねばならない．他方で，「報酬のシステム」における正義が考慮されるべきであるならば，それによって抱かれた期待が損なわれるようなことがあってはならない．それもまた遵守しなければならない道徳的義務である[46]．

こうして社会サービスが提供されるとき，「正義」という概念が，2 つの分配システムのいずこにあるかの決定はできない．ホートリーのくだした結論は次のようなものである．

> 必要に応じた分配は，何らかの確たる理由により自らの稼ぎによって確保できない人々にたいし，ある標準を提供し，そして利用可能な生産物の残りは，おのおのの貢献相当額というかたちで配分される——税による適切な控除という条件のもとで (RP, pp. 172-173)．

6.3 資本主義と集産主義

ホートリーは，資本主義と集産主義[47]（コレクティヴィズム．私的企業を禁止し，コレクティブな所有を許容する経済システム）[48]にどのような評価をくだしているのだろうか．以下，3 点につきその要点を記すことにする．

(1) 金融政策による経済の調整は，集産主義の方が資本主義よりも容易である．資本主義の場合，政府ができるのは，信用経済の動向にたいし施す間接的調整であるが，それは剃刀のうえでバランスをとる類いの難しさがある．集産

主義はこの難しさを免れている[49]．

　因みに，金融政策の目的は物価の安定におかれているが，ここでのホートリーの論述は，かなり貨幣数量説的なものになっている．

(2)　集産主義では，イノベーションや革新的企業の創設が難しい．官僚的機構に依存するシステムだからである[50]．これに比し，資本主義では，何を作るのかは個々の企業者に任されており，選択の幅は企業者の数だけ存在する．

　集産主義では，当局に対する責任説明が大きなネックになる．高級官僚が省内の専門家に意見を求めるとしても，イノベーションは慣れ親しんだコースからの危険な逸脱と思われるからである．

(3)　資本主義にあっても，累進課税により，事実上，このシステムのもつ不平等性（それは利潤と土地所有から生じる）を平等主義的に是正することで，集産主義に近接することが可能である．

　(1)は集産主義が，(2)は資本主義が優位とされている．そして(3)は資本主義でも可能とされている．そのうえで，ホートリーは，いずれのシステムに軍配をあげるのであろうか[51]．『正しい政策』では，最終的な判定はくだされてはいないものの，『経済問題』や『経済的命運』に比べ，政治スペクトラムでいえば，明らかに右方にシフトしていることは指摘しておいてよいであろう．

7．世界平和観

　『正しい政策』はかなりの紙幅を世界の政治情勢に割いている．とりわけ，米ソ冷戦構造，スエズ危機，朝鮮戦争などへの言及が多くみられ，その状況下におかれている国際連合の弱い立場が強く意識されている．
　ホートリーが世界を語るとき，中枢的概念として用いているのは「バランス・

オブ・パワー」である．文字通り，それは独立した国家間の権力の均衡[52]を意味しており，世界平和達成の一手段である．ホートリーは，どのような形態であれ，社会には必ず権力が存在すると考えている．国家も権力を有する．そして独立した国家同士は潜在的にいつも敵国[53]である．世界をみるときにも，彼にあってはそれを1つの社会とみなし，そこには支配者と被支配者，および権威が存在する，という考えが貫流している．

独立諸国家が存在するだけの状態は，ディッキンソン[54]のいう一種の「国際アナーキー」[55]であり，その状態では世界に平和がもたらされることはない．この状態からの脱却としてホートリーが目指すのは，「大国の協調」による平和共存であった[56]．

　　大国による協調は，変化する状況に国際システムを適応させるさいに，戦争に代る原理の適用における協調を意味する．戦争がもはや制度でなくなるとすれば，彼らが同意しなければならないのはこの原理である（*RP,* p. 467）．

　　ホートリーにとって，「戦争」は，変化への社会の適応において，これまで本質的な役割を演じてきた「制度」[57]であり，善の追究を否定する行為である[58]．彼はそのうえで国際連合を世界平和達成の手段として蘇生させることを熱望している．

ひとたび［大国間で］必要な同意と協力が確保されたならば，国際連合が行動の道具を提供するのに身近なものとなるであろう（*RP,* p. 466）．

8．ケンブリッジの哲学的展開[59]

　以上，ホートリーの社会哲学を『正しい政策』を通じてみてきた．それでは彼はケンブリッジを襲った哲学的展開の奔流のなかで，いかに対応したのであろうか．これが本節で確認しておきたいことである．
　始まりは，とりわけ倫理学的始まりは，ムーアの倫理学に求められる．繰り返

すと，ムーアの倫理学の最も大きな特徴は，「善の定義不可能性」にある．善を定義することはできない，それを他の概念で定義することは自然主義的誤謬を犯すものである，とムーアは断じることで，既存の倫理学に強烈なる批判を加えたのである．善は善であり，それを他の言葉で置き換えることも，分解することもできない，と．ではいかにして人間は善を知覚することができるのであろうか．ムーアはそれを「直感」に求める．(すべての) 人間にはそうした直感が備わっており，それを通じて「善」を知覚することができる．これがムーアのいわんとしたことである．

この考えは計り知れない影響を及ぼすことになった．われわれはすでにホートリーがこの考えの終生を通じた信奉者であることを確認している．ケインズが『確率論』(Keynes [1921]) に至る過程でムーアから受けた影響も深甚である．当初の出発点がムーアの「倫理学の，行為にたいする関係」批判であることに加え，「命題間の合理的信条の度合い」とされる『確率論』における「確率」の定義自体，非常にムーア的である．それは人間のもつ直観によってのみ知ることのできるもの，とされるからである．ムーアの「善の定義不可能性」の認識論が「確率」にたいして適用されているのである．ムーア倫理学がケインズの世代，とりわけ「ソサエティ」のメンバーであり，後に「ブルームズベリー・グループ」の主要メンバーになった人達——リットン・ストレイチー，レナード・ウルフなど——に大きな影響を及ぼしたことは，あまねく知られている．

ムーア倫理学は直感主義的，客観主義的特性をもつ．そして善を事実と主張する点で「認知主義」的である．じつは，こうしたムーア倫理学にたいしてはすぐに批判の声があがり，そちらの方が1920年代-1950年代を通じてメタ倫理学の主流を占めることになる．いわゆる「情緒主義」の台頭である．これは，「善」を「われわれの態度を表現する情緒的サインとしてのみ役立つ」(Davis [1994], p.45) ものとして把える立場に立つ．善を把える直感が誤る可能性を考慮しない客観主義にたいし，善を個人主義的なものとして把えるべきことを強調する立場である (したがって「非認知主義」の立場に属する)．情緒主義はオグデン，リチャーズ，スティーブンソンによって推進されたが，彼らは「検証可能性」を旗印にする「論理実証主義」——分析的命題，もしくは実証的に検証可能な命題のみ

が科学の対象とされるべきものであり，そうでないものは形而上学として排除するという考え方——と立場を共有していった．その代表格がエイヤーである．さらにこの考え方を色濃く反映するのが，ロビンズの提唱した方法論である．情緒主義はその後すたれるが，ロビンズ的思考は今日に至るまで経済学に大きな影響を与え続けてきている．ロビンズは，実証科学としての経済学と当為としての倫理学とのあいだには大きな溝がある，と主張した．そしてその立場は，経済学と倫理学を分離することを拒絶するホートリー（それにホブソン）と対立するものであったこと，がここで強調される必要がある[60]．

　ムーア倫理学にたいする批判には，情緒主義とは別の流れが存在する．それを代表するものが後期ウィトゲンシュタインであり，そこで展開されている「言語ゲーム論」は哲学者としての後期ケインズにも踏襲されている．ケインズが科学としての経済学を主張するロビンズに対峙して，道徳哲学としての経済学を主張しているのも，こうした後期ケインズの発言として理解することができる．

　話はここで終わらない．例えばラムゼイがいる．ラムゼイは前期ケインズの主著『確率論』を「真理と確率」（1926年．Ramsey [1990] 所収）で徹底的に批判している．そしてそれに代るものとしての主観確率論を提示することで，意思決定論，合理的選択論の創設者として今日知られている．そのさい，ラムゼイはパースのプラグマティズムから影響を受けているし，またJ.S.ミルの功利主義的心理主義からも影響を受けている．翻って，ラムゼーは後期ウィトゲンシュタインの形成にスラッファとともに大きな影響を与えていることが知られている[61]．

　このような倫理学・哲学の奔流のなかにホートリーは身をおいていた．本章で対象とした『正しい政策』が執筆されたのは，それらを経過した後のことである．しかもホートリーは同時期に哲学的遺稿『思考と事物』を執筆している．これらの内容をみていえることは，ホートリーは若いときに得た「善の定義不可能性」に基づくムーア倫理学，ならびにホートリー特有の「アスペクトの理論」を一貫して保持したという点である．その意味で，彼は，ケインズが若い頃ムーア倫理学に熱中したものの，後期に至ってはそれに批判的なスタンスをとるようになったのとは異なり，一貫した姿勢をとったのである[62]．

9. むすび

　ホートリーはケンブリッジにあって,自らの思考を体系的に展開しようとした数少ない人物であった.周知の貨幣的景気変動論は彼の体系にとって一角を占めたにすぎない.彼の目指した体系は,人間社会を包括的に把握しようとするものである.そのさい,根底をなす考え方として,ムーアの「善」が重視される(この点で,ホートリーはムーア主義者のなかでも異彩を放っている).「真の目的」はムーア的意味での「善」と関連しており,指導者はその推進を専一に心がけることが肝要である.これに対し,公衆は「中間的な目的」を目指して日常生活を送る存在である.

　ホートリーにとって,「正しい政策」は定義することはできないが,それがどのようなものであれ,目的と手段を識別し,目的として善いもののみを直接的判断の対象にするということは,十分に現実的に可能なことである.「善」に基づく「正しい政策」の遂行にとって重要なのは,「正しさ」を直覚的に認識できる人間の力である.それを人間が有するに至ったことを,彼は,進化論的視点ならびに合理化思考の進展という視点から説明する.

　指導者は「中間的な目的」が「偽りの目的」に転じないように,絶えず「中間的な目的」を「真の目的」の視座からチェックすべきである.この意味で,「正しい政策」は,「真の目的」の見地からの価値判断が要請されるところのすぐれて哲学的・倫理学的問題である.こうしたスタンスに立ちさまざまな社会・経済現象を批判的に分析する体系,これが『正しい政策』でホートリーが目指したものである.

注
1) Hawtrey [1913] が代表作である.
2) Hawtrey [1925] がそれである.
3) Hawtrey [1932] 所収の論文「ケインズ氏の『貨幣論』」がそれである.しかもそこで展開されている批判は,Hawtrey [1928] に基づいており,『一般理論』の論点

4) ホートリーを対象とした著作は Deutscher [1990] のみである．そこでもマクロ経済学への貢献が主題となっており，社会哲学への言及はみられない．
5) レナード・ウルフやリットン・ストレイチー（ともに1980年生まれでアポッスル）と同様，1歳年下のホートリーもムーア哲学の熱烈な信奉者であった．ケインズ（アポッスル）を含め，この世代の思想的傾向を考察するにさいして，ムーア哲学は非常に重要な位置を占めている．後述の第8節を参照．
6) 平井 [2007]，第5章「厚生と価値」はこれを対象にしている．
7) *RP*, p. 1を参照．
8) 類似の見解は，「厚生と偽りの目的」として，*EP*, pp. 185, 314；*ED*, Ch. 12 で詳細に論じられている．ここにいう「厚生」とは「真の目的」として指定されているホートリー的意味での厚生である．
9) *RP*, p. 72を参照．こうした国家観はプラトンの「理想国家」を想起させるものがある．実在界を認識できる哲人王による，職業的分化に専念する大衆の社会の支配という構想が，である．
10) *RP*, p. 69d を参照．
11) *RP*, p. 3を参照．
12) *RP*, p. 4を参照．
13) *RP*, p. 4を参照．
14) 同様のことは，『経済問題』での「厚生」にもいえる．それは，それ自身善い経験を含む倫理的タームであり，目的に適用されるものとしての善と共存的なものとされる．*EP*, p. 185を参照．
15) *RP*, pp. 54-55を参照．
16) 例えば "Friday Club" で読まれた Hawtrey [1912] がある．『思考と事物』（*TT*）はこれに源を発する（第1章のタイトルは "Aspects" である）．ホートリーは，アスペクトはランガーの「形式」(form) に——相違にも言及しつつ——近いものと述べている．*TT*, p. 52を参照）．
17) これはパトナムの「内在的実在論」に通じているのかもしれない．「彼は…[Putnam, 1987] において，それまでの彼自身の立場であった科学的実在論や，心についての機能主義を自己批判して，外的世界におけるさまざまな対象の実在性ということを認識主体の側の関心や意味づけと密接に結びついたものと解釈するプラグマティズムの擁護を行うとともに，真理とはすなわち科学的な真理のことであるという「科学主義」の批判を精力的に展開している」（伊藤 [1997], p. 330）．
18) 「意識の領域」（ホートリーの立場）と「機械的因果関係の領域」（行動主義や唯物

論の立場）のあいだの根本的相違を論じた *TT*, pp. 241-243を参照．

19) Russell [1912] は，その認識論の核心部分をムーアの「センス・データ」に負っている（"Sense-Data" [1910. Baldwin ed. [1993] 所収] を参照）．上述注16のホートリーの "Aspects" と同時期である点も興味をひかれるところである．なお後年，ラッセルは「精神と物質」（Russell [1956] 所収）で「精神も物質も，ともに事件の系列」（p. 170）として取り扱われるべきとの見解を示している．

20) 例えば，Russell [1956], pp. 79-80；Russell, Woolf *et. al.* [1959]を参照．

21) *RP*, p. 4；*TT*, pp. 100-105を参照．

22) *RP*, p. 71を参照．

23) *RP*, p. 37を参照．

24) *RP*, p. 69d を参照．

25) *RP*, p. 70を参照．

26) ホートリーは支配者を庭師に譬えている．*RP*, p. 62を参照．

27) *RP*, p. 100を参照．

28) 例えば，居安 [2002]，塩野谷 [1995], pp. 208-211を参照．

29) 若き頃，ホートリーはムーアの教室で，審美的・文学的価値を適者生存説に立って議論したことを回想している（*TT*, p. 96を参照）．ホートリーは，その後，ムーア的な直覚主義的倫理学を受け入れたが，本能に重点をおく適者生存説（自然淘汰説）も部分的に保持してきたといえる．

30) *RP*, p. 4を参照．

31) *RP*, p. 9を参照．

32) 興味深いことに，ホートリーは合理化というタームで文明を定義している．「文明は，何か全面的に善いものとしてけっして理解すべきではない．それは行為のコードの合理化過程としてほぼ定式化できる．ある国家は，それがその制度および慣習を，意図的な諸目的に向けられて計画された諸手段と合致するようにモデル化し適応する能力をもつかぎりにおいて，文明化している．こう定義された文明は，混じりけのない善ではない．諸目的は善いかもしれないし，悪いかもしれないからである」（*RP*, p. 314）．

33) ハイエクにあっても，自生的秩序の形成（ハイエクはこれを「規則」とも呼んでいる）が進化論と関係づけて論じられている．だが「規則」は人々の意図せざる結果として実現されるものであって，理性的な認識の増大，意識の進化の成果とは考えられていない．それゆえ，同じく進化という概念が用いられていても，その使われ方は明確に異なっている．*RP*, p. 180を参照．なおハイエクの自生的秩序論については，平井 [2000], pp. 299-301を参照．

34) *RP* の序で明記されている．

35) *RP*, p. 153b を参照.
36) *EP* では,「防衛的生産物」と「創造的生産物」, *ED* では,「ユーティリティ生産物」と「創造的生産物」に分類されていた. *RP* では「創造的生産物」が「プラス生産物」と改名されている.
37) *RP*, p. 157を参照.
38) *EP* では, ホートリー的意味における倫理的価値（＝厚生）を根底基準におき, その見地から個人主義システム（資本主義システム）の欠陥を批判する, というスタンスがとられている. そこでは, 人間のもつ鑑識力の弱さにより, 財市場で決定される市場価値は倫理的価値との乖離を引き起こしている, という認識が示されている.
39) *RP*, p. 216を参照.
40) *RP*, p. 277を参照.
41) *RP*, p. 172を参照.
42) *RP*, p. 172を参照.
43) *RP*, p. 172を参照.
44) *RP*, p. 168を参照.
45) *RP*, p. 211を参照.
46) *RP*, p. 170を参照.
47) *EP*, pp. 337, 390, 379; *ED*, p. 358を参照. *EP* では, 個人主義システムは, 利潤獲得を動機として企業活動が行われ, それにより資本の蓄積, そして所得分配の過度の不平等を招来している, と指摘されている. それらの根本は, 結局のところ利潤にあり, それを廃絶することが厚生の達成という真の目的にとって必須となってくる. こうして利潤に基礎をおかない, したがって「偽りの目的」である金儲け（金権主義）を廃絶し, 真の目的である厚生の達成を, 国家を中心としたシステムによって目指す道, すなわちコレクティヴィズムへの道が志向されている. 因みに, ホートリーが1914年以前に, ロンドンにある社会人教育の機関モーリー・カレッジ (Morley College) で読んだ論文 (Hawtrey Papers, 6/5/2, Churchill College, Cambridge University) は, 次の一文から始まっている.「ともあれ理論的には, 社会主義は民主主義の自然な連続体である…」.
48) *RP*, p. 197を参照.
49) *RP*, p. 250を参照.
50) *RP*, p. 219を参照.
51) 本書第4章で論じられているピグーの見解と比較してみるのも興味深い.
52) *EP* でホートリーが金儲け以外に注目したのが「権力」である. とくにこの概念は, 国際舞台で展開されてきた事象を捉えるさいのキー概念になっている.「拠点」(in-

terpost）を設けての諸国家間の争い，植民地獲得競争，征服活動は，「国力」を自己目的化することで，戦争への道を開くことになった．これらの行為は，「権力獲得」と「金権主義」が密接に結びつくかたちで展開されてきた．ホートリーは，「権力獲得行動」や「金権主義」が自己目的化し，「偽りの目的」であるにもかかわらず，実際上の目的として志向されてきたことに警告を発している．『正しい政策』でも，「権力獲得」と「金権主義」を自己目的化する人間の思考様式を改める必要性，そして潜在的戦争状態になってしまっている今日の平和を「真の平和」に変える必要性を説いている．

53) *RP*, p. 495を参照．
54) ロジャー・フライは，ディッキンソンの無二の友であり，「彼の共感はすべて「国際連盟」を設立しようとして闘うローズ・ディッキンソンに向けられた」（Woolf, V. [1940], p. 272）．
55) *ED*, Ch. 10（「国際アナーキーと国際連盟」）において，戦間期の経済的混乱の最大の要因として「国際アナーキー」をあげている．
56) *RP*, p. 522を参照．
57) *RP*, p. 357を参照．
58) *RP*, p. 351を参照．
59) 以下，Davis［1994］に負うところが少なくない．情緒主義については，Wikipedia（英語版）も参照．
60) さらに，ホートリーはピグーの『厚生経済学』（Pigou［1920］）が厚生を経済的厚生に限定していることに批判を加えている（*EP*, pp. 184-185を参照．これにたいする応答はPigou［1950］，p. 17, fn. 3にある），という点も，ロビンズの「個人間の効用比較の不可能性」とともに，ここで指摘しておく価値がある．またこうした発言をするロビンズにたいするハチソン（Hutchison［1938］）の有名な批判——個人間の効用比較が不可能であるならば1人の個人のなかでの効用比較も難しいのではないかという批判——もここに記しておく価値がある．なお，ホートリーやホブソンの立場は福田徳三によって共感をもって迎えられている．これは彼のいう「価格の経済学」と「厚生の経済学」の識別（福田［1922］, p. 169を参照）に由来する．
61) 影響を与えているというのは，同じ考えに収斂したという意味ではない．むしろ非常に緊張・対立の激しい状況にあったと考えられる．スラッファとのあいだにみられる緊張感の迸る哲学的対立については，Kurz［2009］を参照．
62) こうした姿勢は経済学においてもいえるように思われる．

参考文献

Baldwin, T. ed. [1993], *G. E. Moore: Selected Writings,* Routledge.

Coates, J. [1996], *The Claims of Common Sense: Moore, Wittgenstein, Keynes and the Social Sciences*, Cambridge University Press.

Davis, J. [1994], *Keynes's Philosophical Development*, Cambridge University Press.

Deutscher, P. [1990], *R. G. Hawtrey and the Development of Macroeconomics*, Macmillan.

Dokic, J. and Engel, P. [2002], *Frank Ramsey*, Routledge.

Hawtrey, R. [1912], "Aspects" (Hawtrey Papers, 12/1, Churchill College, Cambridge University).

Hawtrey, R. [1913], *Good and Bad Trade*, Constable & Company.

Hawtrey, R. [1925], "Public Expenditure and the Demand for Labour", *Economica*, March.

Hawtrey, R. [1926], *The Economic Problem*, Longmans, Green and Co.（*EP* と略記）.

Hawtrey, R. [1928], *Trade and Credit*, Longmans, Green and Co.

Hawtrey, R. [1932], *The Art of Central Banking*, Longmans, Green and Co.

Hawtrey, R. [1944], *Economic Destiny*, Longmans, Green and Co.（*ED* と略記）.

Hawtrey, R. [時期不詳], *Right Policy: The Place of Value Judgements in Politics* (Hawtrey Papers, 12/2, Churchill College, Cambridge University. *RP* と略記).

Hawtrey, R. [時期不詳], *Thought and Things* (Hawtrey Papers, 12/1, Churchill College, Cambridge University. *TT* と略記).

Hutchison, T. [1938], *Significance and Basic Postulates of Economic Theory*, Macmillan.

Keynes, J. M. [1921], *Treatise on Probability*, Macmillan.

Kurz, H. [2009], "If Some People Looked Like Elephants and Others Like Cats, or Fish...: The Case of Wittgenstein and Sraffa", *European Journal of the History of Economic Thought*, June.

Langer, S. [1942], *Philosophy in a New Key: A Study in the Symbolism of Reason, Rite, and Art*, Harvard University Press.

Langer, S. [1953], *Feeling and Form: A Theory of Art*, Scribner.

Long, D. and Wilson, P. eds. [1995], *Thinkers of the Twenty Years' Crisis*, Clarendon Press.

Moore, G. E. [1903], *Principia Ethica*, Cambridge University Press（深谷昭三訳 [1973], 『倫理学原理』三和書房）.

Pigou, A. C. [1950/1920], *The Economics of Welfare*, Macmillan（1950は第 4 版）.

Putnam, H. [1987], *The Many Faces of Realism*, Open Court.

Ramsey, F. (ed. by Mellor, D. H.) [1990], *Philosophical Papers*, Cambridge University Press（伊藤邦武・橋本康二訳 [1996], 『ラムジー哲学論文集』勁草書房）.

Robbins, L. [1932], *An Essay on the Nature and Significance of Economic Science*,

Macmillan (辻六兵衛訳 [1957],『経済学の本質と意義』東洋経済新報社).

Russell, B. [1912], *The Problems of Philosophy*, Home University Library (高村夏輝訳 [2005],『哲学入門』ちくま学芸文庫).

Russell, B. [1956], *Portrait from Memory and Other Essays*, George Allen and Unwin Ltd. (中村秀吉訳 [1959],『自伝的回想』みすず書房).

Russell, B., Woolf, L., White, M. and Wisdom, J. [1959], "The Influence and Thought of G. E. Moore: A Symposium", *Listener*, 30 April.

Waddington, C. N. [1960], *The Ethical Animal*, Athenaeum.

Warnock [1958], *English Philosophy since 1900*, Oxford University Press (坂本百大・宮下治子訳[1983],『現代のイギリス哲学——ムーア・ウィトゲンシュタイン・オースティン』勁草書房).

Wilson, D. [1978], *Leonard Woolf: A Political Biography*, St. Martin's Press.

Wilson, P. [2003], *The International Theory of Leonard Woolf*, Palgrave.

Wittgenstein, J. [1958], *Philosophical Investigations*, Basil Blackwell (trans. by Anscombe, G. E. M.).

Woolf, L. [1916], *International Governments*, George Allen and Unwin.

Woolf, L. [1928], *Imperialism and Civilization*, Hogarth Press.

Woolf, V. [1940], *Roger Fry: A Biography*, Hogarth Press (宮田恭子訳 [1997],『ロジャー・フライ伝』みすず書房).

ウィトゲンシュタイン (野矢茂樹訳 [2003]),『論理哲学論考』岩波書店.

カント (宇都宮芳明訳 [1985]),『永遠平和のために』岩波文庫.

デカルト (山田弘明訳 [2006]),『省察』筑摩書房.

プラトン (久保勉訳 [1952]),『饗宴』岩波書店.

プラトン (藤沢令訳 [1979]),『国家』(上)(下) 岩波書店.

伊藤邦武 [1997],『人間的な合理性の哲学』勁草書房.

居安正 [2002],『エリート理論の形成と展開』世界思想社.

黒田亘編 [1978],『ウィトゲンシュタイン』平凡社.

塩野谷祐一 [1995],『シュンペーター的思考』東洋経済新報社.

滝浦静雄 [1983],『ウィトゲンシュタイン』岩波書店.

平井俊顕 [2000],『ケインズ・シュムペーター・ハイエク』ミネルヴァ書房.

平井俊顕 [2003],『ケインズの理論』東京大学出版会.

平井俊顕 [2007a],『ケインズとケンブリッジ的世界』ミネルヴァ書房.

平井俊顕編著 [2007b],『市場社会とは何か』SUP 上智大学出版.

福田徳三 [1922],『社会政策と階級闘争』改造社.

松嶋敦茂 [2005],『功利主義は生き残るか』勁草書房.

第6章　ケインズ——帝国の防衛と国際システムの設計*

平井　俊顕

1. はじめに

　ケインズ達の活躍した時代，それは第一次大戦で瓦解した「パックス・ブリタニカ」を復興しようとする努力が頓挫し，混乱と分裂を深めつつ第二次大戦に突入していく，という時代である．こうした状況下，ケインズは経済学者，経済政策立案家，国際システムの提案者として，その最前線に立ち，大きな影響力を発揮することになった．彼の影響力は，死後も『一般理論』（1936年）を通じ，戦後のマクロ経済学，経済政策，社会哲学の領域で「ケインズ革命」と呼ばれる深甚なる変革を招来することになった．20世紀の第3四半期を通じ，その影響力は圧倒的であったので，この時期が「ケインズの時代」と呼ばれるのも，けだし当然であろう．

　こうしたケインズの多方面におよぶ活動のうち，本章では，ただ1点，国際政治における彼のスタンスに焦点を合わせる[1]．とりわけ，1940年代の「救済問題」をめぐる彼のアプローチを主題的に取り上げることにする（戦争状態のもとで広範囲の領域を包摂する救済問題は，イギリスやアメリカのような大国間の覇権争いと密接に関連する問題である）．そして問おうとするのは次の点である．ケインズはどの程度ナショナリスト，国際主義者，そして帝国主義者であったのだろうか．あるいはそのようなタームで国際政治における彼のスタンスを捕捉することができるのであろうか．

　本章は次のように進められる．第2節は，国際政治に関するケインズの歩みを

示す事例の紹介である．第3節では，1940年代における政策アドバイザーとしての活動が総括的に示される．第4節では，救済問題をめぐる初期段階について説明した後，その後の状況の変化にたいしケインズがどのように反応していったのか（どのように計画案を変更していったのか）が詳細に検討される．第5節では，アメリカの指導下にあった UNRRA（国連救済復興機関）に対するケインズの反応が示される．そして第6節では，英領直轄植民地に対するケインズのスタンスが検討される．

2. 国際政治をめぐるスタンス

　国際政治・経済の領域において，1940年以前，ケインズはどのような考えを表明していたのであろうか．この点をフォローしておくことは，1940年代の彼の活動を理解するうえで重要である．以下では，数多ある活動のうち，とりわけ興味深い4点を取り上げることにしたい．

2.1　ヨーロッパの再編構想

　『平和の経済的帰結』（Keynes［1919］）は，ヴェルサイユ講和会議への大蔵省首席代表であったケインズが，賠償交渉等の進行状況に失望して代表を辞任した直後に，一気に書き上げた著作である．四巨頭をめぐる辛辣な人物描写[2]，ならびに彼が妥当だと考える独自の賠償額提示が，当時とりわけ注目を引いたのであるが，第7章「治癒策」に，大胆にして勇壮な政策立案家ケインズの才気が迸り出ていることを忘れてはならない．

　すべての戦債を放棄する案（これはアメリカ側が20億ポンド，イギリス側が9億ポンドの債権放棄を意味した）を提示したうえで，次のような国際システムの設置が唱道されている．

（ⅰ）「石炭委員会」を，ヨーロッパ全体での石炭の供給・配分を決定する協同システムへと改組する．
（ⅱ）（イギリスを含む）ヨーロッパに「自由貿易同盟」を設立する．

(iii) ヨーロッパ再生のための国際借款を組む．具体的には，主としてアメリカからの食糧・原材料の確保を目的とする借款と，（国際連盟加盟国が現金や現物を拠出して設立される）「保証基金」が提案されている．「保証基金」は「通貨の一般的再編成」の礎と位置づけられている．

ここには，（第3節で言及する）20数年後にケインズが提唱することになるさまざまな国際システム案のプロトタイプが明瞭に認められる．

2.2 『貨幣改革論』(Keynes [1923])

1923年に刊行された同書（以下 *TMR* と略記）[3]では，(i)デフレ政策に反対し，平価切り下げ策を支持する，(ii)外国為替の安定よりも国内物価水準の安定を優先させる，(iii)金本位制復帰に反対する，といったスタンスが明瞭に表明されている．

とくに(iii)に関して，ケインズは理論的な理由だけで主張しているわけではない．アメリカの支配が念頭にあるのである．

> いまや金の価格は「人為的な」価値によっており，その将来の動きは，ほとんど完全にアメリカ合衆国の連邦準備制度理事会の政策にかかっている (*TMR*, pp. 134-135).

『貨幣改革論』での最終的な提案は，イギリス同様，アメリカも，「ドルの金価値の安定化を図るのではなく，ドルの商品価値の安定化を図り，また，必要なら，ドルの金価値を変動させることでドルの商品価値を安定させる（べし）」(*TMR*, p. 158) というものであった．

2.3 借款交渉

第一次大戦中，ケインズは大蔵省に新設された国際金融を担当する「A課」の長に昇進した．この頃，イギリスは深刻な金融危機に直面しており，戦争の継続には，アメリカ政府からの借款の獲得が死活問題であった．ケインズは，アメ

リカと金融協定を結ぶための困難な交渉にあって中心的な役割を演じた．これらを通じ彼は，第一次大戦時に，軍事的のみならず金融的優位までもが，イギリスからアメリカに移っていくという事態を，身をもって体験したのである．

2.4 『貨幣論』(Keynes [1930])

1930年刊行の『貨幣論』[4]は，理論家ならびに応用経済学者ケインズを理解するうえで重要である．部分的にヴィクセルの累積過程の理論の影響を受けながらも，ケインズ独自の貨幣的経済理論が展開された大著である．

全体としての世界経済をめぐる議論において，周知の「(第2)基本方程式」は重要な役割を演じている．それによると，短期の物価水準は，全体としての世界における投資価値と貯蓄量の差に依存する．また長期の物価水準は，金本位制下にあっては準備金として利用できる金の量が貿易量より増大が速いか否かに依存する．

それゆえ，短期の物価水準を安定させるには，各国の中央銀行が共同して投資価値と貯蓄量の変動に対処する必要があるが，実際には中央銀行間の競争のため，現行のシステムのもとではその実現は難しい．また長期の物価水準は，金本位制が厳格に守られている状況下では，そのコントロールは不可能である．

以上のような議論の後，きたるべき将来の理想的な通貨は，国際的な基準としては金を用いるとしても，それは象徴的な存在にとどめ，実権は超国家的な管理機関のもとにおかれるべき旨が論じられている[5]．ここで展開されている着想は，有名な「国際清算同盟案」につながっている．

3. 政策アドバイザー——1940年代

1940年7月，「戦時状況から生じてくる特別の問題につき，大蔵大臣に助言する」(Moggridge [1992], p. 636) ために「大蔵大臣諮問会議」が設置された．ケインズはその委員を引き受けたが，大蔵省と公式の関係をもつのは1919年以来のことであった．無給の顧問にもかかわらず，ケインズは大蔵省，そしてイギリス政府の経済政策決定にきわめて大きな影響力を発揮していくことになるのであ

る.

　ケインズの深く関与した分野は3つからなる(ただし第3は,戦後国内秩序の形成に関する分野であるため省略する).

　第1は,対外戦争金融ならびに国際収支危機の分野である.ケインズは,アメリカの武器貸与(レンド・リース)法に基づくイギリスへの借款をめぐる交渉で,枢要な役割を演じた.その成果が1942年2月の「英米相互援助協定」である.交渉時における最大の争点は帝国特恵関税の廃止を示唆する「第7条」をめぐるものであった[6].この分野でケインズが関与した次の重要な職務は,1945年12月に「英米金融協定」として結実したアメリカとの借款交渉であった.軍事的・金融的に圧倒的なアメリカを相手に,ケインズは大英帝国を守るべく不屈の交渉を続けた.

　第2は,戦後世界経済の秩序形成に関わる分野である.ここでの,国際システムをデザインするケインズの能力は卓越している.彼は,問題を世界的コンテクストで捉えながら効率的な計画を,通商政策,賠償問題,救済問題,商品問題(一次産品問題)等々において次々に立案していった(最も重要で最も有名なのは,新しい国際通貨体制をめぐるものである).そしてその多くは大蔵省案となり,さらには政府案となった.その多くにおいて,彼自身,イギリス側の代表となってアメリカ側との交渉の中心に立って活躍をみせたのである.

　ケインズはこれらの計画案をどのような原理・原則に基づいて立案したのであろうか.その答えは,問題の性質に応じて異なった原理を適用している,ということになる.この点を一次産品問題と国際通貨体制でみることにしよう.

3.1　一次産品問題[7]

　ケインズは,「コモド・コントロール」および「コモド・コントロール総会」と呼ばれる国際機関——その目的は,短期価格を安定させるとととともに,長期価格の漸次的変更を許容すること,ならびに生産者に妥当な所得を保証すること,である——をデザインした.「一次産品の緩衝在庫案」である.

　この案の背後には,次のようなケインズの市場社会観が存在する.1920年代の初頭以降,ケインズは一貫して,「自由放任哲学」ならびにそれに依拠する「自

由放任経済学」を批判し，それに代る「ニュー・リベラリズム」ならびに「貨幣的経済学」を提唱していた[8]．彼は，市場による需給法則に任せておけば最適な資源配分が達成される，という考えをとらない．それは現実を無視した想定に立っており，実際の市場社会には政府（もしくは何らかの機関）による介入・調整が必要である，と考えていた．「一次産品の緩衝在庫案」も，競争的市場制度は緩衝在庫を嫌うため激しい価格変動を引き起こしており，その防止（ならびに生産者の所得の安定化）のためには「国際緩衝在庫案」――「ワラス副大統領の「常平倉」の国際ヴァージョン」――が必須である，との認識に立つものであった．

3.2 国際通貨体制

ケインズの提唱した「国際清算同盟案」はイギリス案として，アメリカ側の「ホワイト案」（「国際安定化基金案」）とのあいだで，（新しい国際通貨体制をめぐり）激しい論議を呼んだことは広く知られている．この間，ケインズはイギリス政府の代表として，この交渉を一貫してリードした．

国際清算同盟案は，同盟に開設される加盟国の勘定を通じ多角的な清算を行おうとするものである．すべての国際取引はこれらの勘定に「バンコール」と呼ばれる国際貨幣で記帳される．バンコールは国レベルの取引にのみ用いられるが，信用創造機能も有している（各国通貨は，バンコールとのあいだで交換レートが設定される）．勘定の相殺の後も，貸方（借方）が累増していく国にたいしては，ペナルティが課せられ，それでもうまくいかない場合，平価の切り上げ（切り下げ）措置が要請される．

このシステムの最も革新的な点は，(i) バンコールが国際通貨になり，他の通貨はドルもポンドもローカル通貨になる，(ii) 外国為替市場は理論上なくなる，(iii) 世界経済の成長に応じて信用創造が可能になる，という点である．国際取引の金融的舞台は国際清算同盟に集中するが，財・サービスなどの国際取引は民間企業の自由な活動にゆだねられている．ケインズはこの案を，国内銀行業務では当たり前になっている考えを国際舞台に拡張したもの，と特徴づけている．

国際清算同盟案の目指したものは，必要ならば，世界経済のデフレ的またはインフレ的傾向を相殺し，世界貿易の成長が可能なように国際通貨量を増減できる

ような国際通貨システムの創設である．ケインズは，各国政府は，経済政策手段を用いて自国経済の繁栄を達成すべきであるという見解を表明し，この裁量性を奪うがゆえに金本位制を批判したのである．

同時に，この案にはイギリス側の思惑が織り込まれている点に注意が必要である．「ポンド残高問題」を抱えていたイギリスが，バンコールを国際通貨にすることで——このことはドルをローカル通貨にしてしまうことを意味する——，そして国際清算同盟の運営にアメリカとともに中心メンバーとして参画することで（本部はニューヨークとロンドンに設置されるべきこと，および会議は両地で交互に開催されるべきこと，が織り込まれていた），世界経済の中心国としての地位を保持しようとしているからである．

4. 救済問題

4.1 当初の展開

当初，救済問題と一次産品（商品）問題は密接な関連をもって討議された．このことは，第二次大戦の勃発に伴い，イギリス側が戦略物資を敵国側に渡らないようにしたために生じた生産国の余剰問題を，戦後の救済問題と関連づけるべき旨の首相発言[9]（1940年8月）に端を発している．「輸出余剰に関する閣僚小委員会」は，交渉遂行の責任者としてリース-ロス[10]を任命した．ケインズは，その事務レベル委員会の大蔵省代表になっている．

当初，ケインズは，アメリカとの全面的な協力を前提条件として，国際主義的な原則に基づいた「戦後最大級の世界的な」計画にすることを希求した[11]．

同年11月，リース-ロスは3つの目的を掲げた——(1) 戦後の救済に備えての物資の貯蔵，(2) 戦争により市場を破壊されている生産国の救済，(3) 余剰商品再発防止のための生産調整の実施，である．

ケインズはこれに全面的な賛意を表明するとともに，12月に，資本の一部を現地調達する商事会社の設立，ならびに余剰商品に関するデータ（とりわけ価格データ）の収集・分析の実施を提案している．後者に関連するが，1941年2月11日

付けの手紙で，彼は，近年の最低の年平均価格を10パーセント下回る価格でしか，イギリスは余剰商品を購入すべきではない，と提案している（この背景には，イギリスの財政状況の急速な悪化があった）．

1941年春，ケインズは小麦および綿花の商品協定[12]に関する英米交渉に携わっている．とりわけ，そこでの2つの発言が注目に値する．1つは輸出品の数量割当協定をめぐるアメリカ側提案への疑念，もう1つは不安定な債権国としてのアメリカを安定化させることの困難性である．

5月の訪米のさい，ケインズは余剰問題をめぐりアチソン（国務省）と意見を交わす機会があった．そのさい，戦後の国際システムをめぐり次の構想を述べたのであるが，それにたいしアチソンは全面的な賛意を表明した——(1)戦後ヨーロッパの救済・復興システム，(2)「常平倉」（主要商品価格の世界を通じての均一化を目的とする包括的計画）[13]．

以上の経緯から明らかなように，戦後の救済問題と商品問題をめぐる議論は，1941年の中葉に至るまでは，ケインズとリース-ロスとのあいだ，ならびにアメリカの高官とのあいだで，大筋において合致がみられていた．

だが，その後の情勢の変化に伴い，戦後の救済問題と商品問題は別々に検討されていくことになった．商品問題は（助ける国と助けられる国が明瞭に識別される救済問題とは異なり）商品価格の安定化を目指すものであるから，国際主義的立場に立つことは，事態の変化にかかわらず本性的に可能である．では救済問題はその後どのように展開していったのであろうか．次にこの点をみることにしよう．

4.2 「中央救済・復興基金」構想

アチソンとの会談で言及された救済・復興構想は，1941年秋に作成の「戦後ヨーロッパ救済の金融的枠組に関する大蔵省覚書」（10月24日．JMK. 27 (Keynes [1980]), pp. 46-51. 作成の中心はケインズなので，以下「ケインズ案」と呼ぶ）で示されている．そこでは，「中央救済・復興基金」(Central Relief and Reconstruction Fund. 以下 CRRF と略記）の設立により救済・復興を遂行すべき旨が謳われている[14]．CRRF はさまざまな国から現金もしくは現物拠出を受け

入れた基金の運営に携わる．その基本原理は次の2点である——(1) CRRF による，すべての救済物資の集配（CRRF は必要な物資をいかなる国からも公正な価格で購入することができる），(2) CRRF による，受取国がどれだけを贈与として受け取り，どれだけを支払うべきなのかの（何らかの原理に基づく）決定．

　すべての取引は共同勘定に記帳されることになる．CRRF は，加盟国政府に物資の必要量リストの作成を要請するとともに，利用できる物量の推定を行う．さらに，贈与なのか，支払いを要求するのかを決定する前提として，関係諸国の財政状況を調査する必要性が掲げられている．ケインズは，このような特徴を有する CRRF は，さまざまな国が個々別々に現物援助を行うよりも優れた方法である，と考えた．後者の方法では，利用できる在庫物資と適正な金融負担に対応関係がないため，多様な物資の配分は混乱したものになるからである[15]．

　当初，リース-ロスは「全体的な構図」を有してはいなかったが[16]，ケインズとの話し合いのなかで変化をみせていった．実際，リース-ロスは11月20日付けのケインズ宛の手紙（Keynes, 1980 [*JMK*. 27], pp. 55-56）で，「ケインズ案」に対する代替案（以下「リース-ロス案」と呼ぶ）——CRRF 構想と同様の国際救済機関の創設——を提案している．

　この後，「ケインズ案」と「リース-ロス案」のあいだで論戦が交わされていくことになった．（リース-ロスがケインズの考えに接近したため）両案とも援助のための中央機関を設立することを中心にすえていた．リース-ロス案にあっても，中央機関にたいしさまざまな国が現物ならびに現金を拠出し，中央機関はそれをもとに運営されることになっており，また供与は贈与なのか，それとも支払いを要するものなのかが中央機関によって決定される手筈になっているからである．この時点での相違は原理的なものではなく，構想を具体化させていく速度にあった（唯一異なる点は，リース-ロス案にある「レンド-リースの弾力的拡張」条項である．ケインズは後にこれを採用することになる）．この点は，リース-ロス案にたいするケインズの反応（1941年12月2日付けの手紙）からも明らかである．

　この時点までケインズは CRRF 構想を堅持していた．だがこの直後，彼はこの構想を放棄するに至る（そのため，両案のあいだにみられた進展速度の相違という論点は無意味なものになった）．

4.3　方針の変更

　ケインズのスタンスに大きな変化が認められるのは，1942年2月4日付けのウェイリー宛の書簡においてである[17]．そこでは，イギリスの戦後の貿易収支はきわめて困難なものになり，外国からの借り入れなくしての拠出は難しくなるため，救済問題をめぐるこれまでの考えは改めるべきである，と述べられている．そして固定された拠出額とか，無償贈与とかいった点には慎重になるべき旨が表明されている．いま重要なのは組織のあり方の検討である，と．

　その後，蔵相ウッドから商務大臣ドールトン宛の書簡が用意されることになった．これは，ウェイリーとヘンダーソンの起草をもとにホプキンスが加筆・修正し，最終的にはケインズの手で完成され，5月1日に送付された（JMK. 27, pp. 61-66. 以下「ウッド書簡」と呼ぶ）．そこでは（CRRF構想は放棄され），レンド-リース制度[18]の継続を重視する方針が採用されている．

　ウッド書簡は次の内容をもつ．イギリスの国際収支の状況はすでに深刻なうえに，終戦直後にはより深刻なものになると見込まれる．またイギリスの生産活動は今後大幅に減少することが確実である．それゆえわが国は援助を与えるどころか，援助を受ける国へと転化するであろう．CRRF構想の前提となるべき条件が，時局の推移でもはや消失した．いまや目指すべきは，アメリカからのレンド-リース制度の継続を取り付けるとともに，カナダに同様の要請を行うことである[19]．

　大蔵省の方針は，イギリスの直面しつつあった国際収支難および物資難という事態の進展のため，明確な路線変更をみせることになった．CRRF構想は，イギリスが供与物資の余剰国として終戦を迎えることを前提にしていた．CRRF構想はまた，救済を受ける諸国からの必要量リストを要請していた．これにたいし，ウッド書簡では戦後に物資が不足する国としてイギリスが，他方，その反対の国として，アメリカ，インドがあげられている[20]．つまり，戦後の救済問題との関連での事態の急変とは，戦争の長期化を別にすれば，イギリスの急変であって，アメリカや他の英連邦諸国の急変ではない．このことは，この書簡での提案（レンド-リース制度の継続・拡張）がCRRF構想に優っている点としてあげられている次の指摘に明らかである．

> [CRRF 構想] のもとでは，われわれは，援助を申請しようとする他のすべての国と同様に，[救済] 会議に赴き，われわれが必要とする物資を現金で支払えないことを証明するため，金や外国為替資金の数値[残高]を提示しなければならなくなるでしょう．この立場におかれるのを避けるように努めるべきかと思います（*JMK.* 27, p. 65）[21]．

CRRF 構想は，多数国間での援助を CRRF を通じて実施するもので，国際主義的な性格を有している．しかるに，イギリス側の事態の急変によりこの構想は放棄され，戦争が長期化するなかで，なし崩し的に実現をみたレンド-リース制度を継続・拡張させる現実主義的路線への転換が図られている．ここに，国際政治・経済の舞台におけるイギリスの苦境が深刻化するなかで，ナショナリズム的側面の露呈が認められる．

ウッド書簡にたいするドールトンの返書（以下「ドールトン書簡」と呼ぶ）は，1942年5月13日に送付された．そこでは，次の7点が主張されている．

> (1) イギリスは連合国諸政府とともに国際組織を通じて，戦後，物資を共同拠出すべきこと，(2) 供給の取決めは調整されるべきこと，(3) イギリスは返還条件を付したうえで，救済組織が一時的に不要な物資を利用できるようにすべきこと，(4) イギリスは他の諸国が必要物資を［十分に］供給されるまでは配給制度を維持すべきこと，(5) イギリスの戦後の必要量は他国のそれと同じ審査に服すべきこと，(6) イギリスは解放後，連合国領土に糧食を再補給することに万全を期すべきこと，(7) イギリスは時期が到来すれば，援助に関して可能なあらゆる手段をとるという原則のもとで，救済［組織］に積極的に拠出すべきこと（*JMK.* 27, p. 66の脚注1．数字は引用者による追加）．

ドールトン書簡にたいし，ケインズは1942年6月1日付のウェイリー宛書簡（*JMK.* 27, pp. 67-70）で，明確な予測が不可能な状況でこうした包括的公約を行

うのは危険であるとして，大蔵大臣が諸閣僚にその危険性を指摘することを要望している．両省の対立（したがってケインズとリース-ロスの対立）はその後も続いた．1942年11月18日付けのダネット他宛の書簡（*JMK.* 27, pp. 73-79）には，救済機関に関するリース-ロスの提案にたいするケインズの論評が認められる．その枢要は，それが極端な平等主義（＝国際共産主義）に立脚しており，とりわけイギリスのおかれている経済的現実をまったく無視するもの（「精神の混乱」[*JMK.* 27, p. 69]），という点にあった．

これにたいし，ケインズの考えの基軸にあったのは，非救済国，救済国，旧敵国という3つの範疇の識別であり，それぞれの範疇に応じて，配分の原則は異なってしかるべきというものである．イギリスの場合，短期間，レンド-リースを受け入れたうえで自立を目指すべきであり，また受け取るいかなる援助も借款ベースにすべきである[21]，と．かくしてリース-ロス案は，ケインズからみると「非常に破壊的な文書」（*JMK.* 27, pp. 78-79）と映じたのであった．

4.4 「連合理事会」構想

1943年1月6日，ケインズは蔵相ならびにリース-ロスに「戦後救済のファイナンス」と題する文書（*JMK,* 27, pp. 79-86）を送付したが，これは若干の修正を経て大蔵省案となった．同文書は，レンド-リース制度の継続を希望するという現実主義的な路線をベースにしつつも，他方でCRRF構想という国際主義的特徴の若干を「連合理事会」（Combined Boards. 以下CBと略記）という既存の機構に担わせている点で，中間的な性格をおびるものであった．

「戦後救済のファイナンス」は，救済を，すでに実施されていた「戦時協定」の一般的原則に沿って実施することを謳っている．それは物的側面と金融的側面に分かれている．物的側面を担うのがCBであり，救済需要量を世界の他の民間必要量を勘案しつつ，「効率性」を専らの基準にして最良の供給源を決定する．他方，金融的側面は，供与国と受取国のあいだの適切な金融協定によって担われる．そこでは，ケース・バイ・ケースで，無償供与なのか，それとも支払いを要求すべきなのかが決定されるが，その基準はアメリカとの何らかの了解が必要とされている．

そのうえでこの提案には次のような利点があると主張されている——(1)限られた資金で救援物資の迅速な利用を可能にする唯一の有効な方法である，(2)イギリスがレンド-リース制度の適用を引き続き受ける資格が奪われるということがない．

他方，この提案では，CBに大きな権限が与えられるきらいはある．とはいえ，最終決定権は物資を供与する国にゆだねられており，その意味でCBは諮問機関にすぎない．

だがケインズは，この提案は食糧と原材料の受取国としてのイギリスがCBという外部の配分組織に服することになる事実を変えるものではない，とも述べている．ここにもケインズのナショナリズム的側面が看取できる．

5. 「国連救済復興機関」にたいする対応

救済問題は，その後，アメリカ側のホワイトのイニシアティブのもとで進行し，1943年11月に「国連救済復興機関」(United Nations Relief and Reconstruction Authority. 以後アンラ [UNRRA] と呼ぶ) として結実した．アンラに対するケインズの反応は非常に複雑である．一方で，ケインズはそれを「キマイラ」と評し続けている．だがある一時期，比較的好意的に接したこともある．「ホワイト案」に検討を加えた1943年9月頃のことで，「ヨーロッパ救済のファイナンス」と題されたキャンベル=ロー宛の手紙 (*JMK*. 27, pp. 90-92) にみられる．ケインズはホワイト案にたいして積極的な協力を続けた．そしてホワイト案がアンラの基盤となったのである．

ケインズが次にアンラ問題に関与したのは1945年の初頭であるが，このときには強力な批判者として登場している．批判は，アンラが当初期待されていた機能をまったく果たしていないという点からなされている．例えば1945年1月3日付けのイーディ宛の文書にこのことは明瞭であり，アンラの解散が強く主張されている[22]．それに続けて，ケインズは理想的な進路として，アンラを解散してそれ以前の状態に戻ること，そしてレンド-リース制度は少数の国にたいし継続されるべきこと，さらにできれば，アメリカはアンラに拠出していた特別支出金の転

用によりレンド-リースの条件を改善すべきこと，を述べている[23]．

だが彼は，その直後（2月21日），アンラの解散ではなく，その機能や指導性についての抜本的な改正の必要性という考えを示すに至った．そこには久し振りに救済問題をめぐる国際主義的な視点に立ち返った議論が認められる[24]．

しかしながら，1946年になると，アンラにたいするケインズの態度は，再び（漸次的）廃止の方向へと向かうに至った．「アンラ後の救済」と題された1946年2月14日付けのウェイリー宛文書（*JMK*. 27, pp. 100-103）がそれである．そこでは次の発言が興味深い——(1)救済問題は（他の諸国が関与することなく）米英が中心となって検討すべき問題であるという発言，(2)本来なら援助を与える力のないイギリスが救済問題にいかに喰い込むかという視点からの発言．

結局，アンラは1946年6月に解散した．ケインズの病死（4月）直後のことである．

6．ナショナリズムの発露

救済・復興問題に関するケインズの活動には，すでにみたようにナショナリズム的要素が随所に認められる．この点は「アンラと極東におけるイギリスの解放された領土」と題する1945年1月3日付けのイーディ宛文書（*JMK*. 27, pp. 93-95）では一層顕著である．同文書において，ケインズは極東の英領直轄植民地の復興目的にアメリカから借款を受けるという考えを拒絶している．アメリカがその代償として英領直轄植民地を信託統治領に変えるように要求する危険性（「大統領にあっては特におなじみのもの」[JMK. 27, p. 93]）がきわめて高い，というのがその理由であった．

この文書でのケインズの主張は，大英帝国の維持という立場からなされている．英領直轄植民地の救済は大英帝国の義務であり，他国の干渉を拒絶するという姿勢が明白である．一般的な要請に併呑させることが可能なアンラからの援助が期待できない場合，アンラからの拠出額の増大要求には応じるべきではない．英領直轄植民地での需要に直接的な援助を行う必要が生じているからである．ただ，これをイギリス単独ではなく，大英帝国の義務として行うべきであることをケイ

ンズは強調している．そのための方策が「大英帝国共同勘定」(Empire Pool) の設立であった[25]．

つまり，極東における英領直轄植民地の救済・復興問題については，あくまでも大英帝国内で対処しようというわけである．この文書のなかに，アメリカのパワー・ポリティックスに対抗して，弱体化したイギリスの既得権を守ろうとするナショナリスト（＝帝国主義者）としてのケインズを垣間みることができよう．

7. むすび

ヨーロッパの救援・復興を強力に推進したのは1947年に成立した「欧州復興計画」（マーシャル・プラン）であるが，それはアメリカが援助する資金を「欧州経済協力機構」(OEEC) を通じて計画的に運用するというものであった．また占領地についても，アメリカの支出になる「ガリオア-エロア」が設けられた．終戦直後も依然としてヨーロッパへの介入・肩入れに消極的な姿勢をみせていたアメリカは，冷戦の発生に触発され，1949年以降新たな世界秩序の意識的遂行者となるに至った．もはや巨額の国際収支の赤字と戦債に苦しむイギリスの出る幕ではなかった．

ケインズは一貫して，戦後世界の形成に当たって，イギリスが可能なかぎり指導権を握れるような環境を整備することに努めた．だが，それはアメリカを抜きにしては不可能である．戦後世界の形成がアメリカの指導権を中心にしか進められないことを最も理解していたのは，借款交渉，国際金融システムの提案をはじめ，アメリカとの数々の交渉にさいして，イギリス政府を代表して任に当たったケインズその人であった．彼はその制約のもとで，いかにすればイギリスの指導権の最大限の確保が可能なのかを，つねに考えていたのである．

最初の設問に戻ろう．ケインズはどの程度ナショナリスト，国際主義者，そして帝国主義者[26]であったのだろうか．これに答えるのは容易ではない．それはある程度，世界政治におけるイギリスの地位と関係があるからである．イギリス人にとって，国を愛することは，ナショナリストであり，国際主義者であり，帝国主義者であることを意味した．

だが，ケインズをこれらの用語で捉えようとすることが適切であるとは思えない．救済問題についてのケインズの取り組みをめぐる本章での検討から明らかなように，われわれがいい得ることは，彼は世界経済の混乱期にあって，さまざまの国際システムの精密な設計を行うことで戦後世界の再建に多大の努力を傾けると同時に，世界政治における大英帝国の立場を守ることにも尽力した，という点である．ケインズの脳裏にあって，大英帝国の防衛は当然視された命題であった．彼は，大英帝国がアメリカからの金融的，軍事的支援を絶対的に必要としているという不利な状況下で，大英帝国をアメリカと対等の地位に保つことに努めた．そして可能ならば，国際主義の精神で国際的な計画を構想することに努めた．しかし，それが不可能な場合，卓越した手法で強大なアメリカから大英帝国を防衛することに尽力した．比喩的にいえば，2つの顔が対立・相克しない場合は国際主義者としての顔が，そうでない場合は大英帝国の防衛者としての顔が，前面に出たのである[27]．その意味で，ケインズは国際システムの設計者であると同時に，大英帝国の防衛者であった．

もしケインズが長生きをしてマーシャル・プランの展開をみることがあったならば，彼はいかに行動していたであろうか．EUにまで至る道に大いなる貢献を果たしたマーシャル・プラン[31]は，『平和の経済的帰結』に表明されている構想（第2節を参照）とCRRFの合体したようなものとみなせるように思われる．ケインズはおそらくはマーシャル・プランに賛意を表明し，OEECの計画立案および運営に大きく関与したのではないだろうか（ヨーロッパ側でイニシアティブをとったのは，アトリー内閣のベヴィンであったことを想起されたい）．このことは確かであるように思われる．

しかしながら，不明な点は残る．それは，もう1つの側面，すなわち，戦後のパワー・ポリティックスのなかでのイギリスの地位を彼はどのように把えただろうか，という点である．その後に生じた実際の展開——イギリスの地位の低下，アメリカおよびソ連という2大ヘゲモンの台頭，スエズ危機の発生——を考慮に入れるとき，ケインズはマクミラン内閣のときにみられたような大英帝国の崩壊を防止することになすすべをもたなかったことであろう．このような状況，ならびにEECへのイギリスの加盟申請にたいするドゴールの反対に直面して，ケイ

ンズはどのように感じ，そしてどのように行動したであろうか．この「もしも」にたいし誰も正確に答えることはできない．

最後に，ケインズを彼の同僚と2つの面から比較しておこう．第1に政治的スタンスである．ホートリーは，帝国主義を「偽りの目的」のうえに立っているものとして，倫理的見地から批判した[28]．レナード・ウルフは労働党にあって国際政府という構想を主張しており，帝国主義にたいし批判的であった[29]．E. M. フォースターは，「民主主義2唱」というかたちでその政治的スタンスを表明しており，「権力」というものを嫌悪していた．

第2に社会哲学的スタンスである．ケンブリッジの傑出した経済学者であるケインズ，ピグー，ロバートソン，ホートリーのそれは類似しているという点がここで強調されるべき点である[30]．彼らは皆，その当時の資本主義社会にたいして批判的であり，それを是正する必要性を強く主張していたからである．

注

*）本章は平井［2000］，第4章の改訂版である．相違点は副題の変更に反映されている．いくどか研究報告を行うなかで，国際政治の舞台におけるケインズの特徴づけを，国際主義とナショナリズムの相剋としてよりも，帝国の防衛と国際システムの設計として捉えた方が適切であると判断するに至った．

1) ケインズの社会哲学については，平井［2000］，第8章を参照．
2) この講和会議について，日本側の全権であった牧野［1940］，pp. 173-267の描く四巨頭の描写も非常に貴重である．なお『平和の経済的帰結』での提案に全面的に賛意を表明したものとして福田［1923］，第2章「世界を脅かす国家破産の危機」がある（ちなみに同書第8章「世界が救わるるまで」では，Pigou［1921］にみられる分析が援用されている）．
3) 詳しくは平井［2003］，pp. 204-210を参照．
4) 詳しくは平井［2003］，第7章を参照．
5) 『貨幣論Ⅱ』(Keynes［1930］)，第38章「超国家的管理の問題」を参照．
6) 関連資料は *JMK*. 23 (Keynes［1979］)，pp. 194-228に収録されている．
7) 詳しくは平井［2000］，第5章を参照．
8) 『自由放任の終焉』(Keynes［1926］) を参照．
9) *JMK*. 27, p. 3を参照．

10) リース-ロスは1935年，中国の財政および対華援助問題の調査で日本と協調路線をとるべく来日しているが，陸軍の反対で不調に終わっている．今村［1948］, pp. 237-238；津島［1962］, pp. 252-257を参照．

11) *JMK*, 27, p. 5を参照．

12) この後，小麦については「国際小麦協定」(1949年) が締結されている．これはその後，「国際穀物協定」(1967年) のなかの「小麦貿易規約」にとって代られた．

13) これは「一次産品の緩衝在庫案」構想のはしりである．

14) 「救済」は終戦直後のある期間（6カ月から1年）を，「復興」はそれ以後の期間（3年から5年）を，対象とするものとして用いられている．

15) ケインズの表向きの意図がそうであったとしても，それだけではその後の事態の進展を理解することはできない．以上にみられる，多数国間での援助をCRRFを通じて行うというケインズの国際主義的提案は，後述するように，イギリスの財政状況が急変するなかで大幅に後退するからである．イギリスが国際主義的な提案の中枢に立てる見込みのある場合，国際主義的性格をもつ提案は声高に提唱されるが，その見込みがなくなる場合，イギリスの現実を勘案した現実主義的もしくはナショナリスティックな提案が取り上げられることになる．

16) 事実，「ケインズ案」で示された見解は，当初はリース-ロスの見解と激しく対立するものであった．「ケインズ案」の作成にさいし，ケインズは次のように述べていた．「最も悪く，最も混乱しており，最も費用のかかる，そして最も非効率な解決法は，フレデリック・リース-ロスができるだけ多くを譲渡し，彼が策略によりできるだけわが国の拠出を大きくし，そして他国の拠出を小さくしようと主張するにもかかわらず，何の全体的な構図ももたずに，各々の商品および各々の連合国が別々にわが国と折衝するのを許すというものでしょう」(*JMK*, 27, p. 45).

17) この変化は，1941年の末頃になると，これまでの議論の前提であった「戦後，主要商品は余剰在庫を抱える」という予想が崩れつつあったことによって招来された．イギリスは余剰在庫どころか，多くの商品について深刻な不足の状況に陥りつつあり，そのため深刻な国際収支問題を抱えるようになっている，というのがケインズの現実認識であった．イギリスはもはや救済国ではなく，むしろ被救済国の立場に立っている．このような状況のなかで，ケインズは救済問題をめぐる国際主義的提案から後退していったように思われる．

18) 1941年3月にアメリカで成立した「武器貸与法」に基づくもので，軍需物資を連合国に提供し，その支払いは危急の事態が息してからでよいとした．ケインズはこの交渉で中心的な役割を果しており，その成果が既述の「英米相互援助協定」である．イギリスへは総額300億ドル相当の軍需物資が提供されたが，返済されたのは60億ドルにすぎない．

19) *JMK.* 27, p. 64を参照.
20) *JMK.* 27, p. 62を参照.
21) *JMK.* 27, p. 78を参照.
22) *JMK.* 27, p. 95を参照.
23) *JMK.* 27, p. 95を参照.
24) *JMK.* 27, p. 98を参照.
25) *JMK.* 27, p. 94を参照.
26) 帝国主義は2つの側面を有する．可能なかぎり領域的境界を拡大しようとする意思，ならびにひとたび獲得した領域を防御しようとする意思である．もしケインズが帝国主義者であるというのであれば，それは後者の点においてである（いわば「防衛的帝国主義者」である）．
27) ミュンヘン協定（1938年9月）にたいするケインズのスタンスにはこの特徴が鮮やかに現れている．「ヨーロッパ連盟」（European League）の設立が提唱されている"A Positive Peace Programme"（*The New Statesman and Nation,* 25 March 1938 [*JMK.* 28 (Keynes [1982]), p. 100]）や「この政策（politik）のわれわれ自身にとっての魅力は明らかである．われわれの海軍力ならびにわれわれの海外の帝国は現在確固たるままである」（*JMK.* 28, p. 126）と述べられている"Mr Chamberlain's Foreign Policy"（*The New Statesman and Nation,* 8 October 1938）を参照.
28) 本書第5章で取り上げたホートリーの未刊の書 *Right Policy*（Hawtrey Papers, 12/2）では帝国主義が広範に議論されている．例えば pp. 333（大英帝国との関連で），379（共産主義との関係で），426（資本主義との関連で）を参照.
29) 「多くの点において，[レナード・ウルフは]イギリスの最も重要な反帝国主義理論家としてのホブソンのマントルを身にまとっていた」（Wilson [2003], p. 83）.
30) この点については，本書終章の第3.2節を参照.
31) マーシャル・プランを共産主義にたいする資本主義の勝利とみなすのは公正な判断とはいえないように思われる．というのは，マーシャル・プラン自体，すべてを市場の自由な働きに任せたり，企業の自由な活動に任せたりしたものではなく，精緻な計画化に基づいていたからである．マーシャル・プランが市場や企業の活動の余地を進んで与えようとするものであったことは確かであるが，それは壮大な国際的計画の制約下におかれていた.

参考文献

Gimbel, J. [1976], *The Origins of the Marshall Plan,* Stanford University Press.
Hawtrey, R.［時期不詳］, *Right Policy: The Place of Value Judgements in Politics* (Hawtrey Papers, 12/2, Churchill College, Cambridge University).

John Maynard Keynes Correspondence and Memoranda with Roy Harrod, Department of Economics Library, University of Tokyo.

Keynes, J. M. [1919], *The Economic Consequences of the Peace,* Macmillan（早坂忠訳［1977］,『平和の経済的帰結』東洋経済新報社）.

Keynes, J. M. [1923], *A Tract on Monetary Reform,* Macmillan（中内恒夫訳［1971］,『貨幣改革論』東洋経済新報社.*TMR* と略記）.

Keynes, J. M. [1926], *The End of Laissez-Faire,* Hogarth Press.

Keynes, J. M. [1930], *A Treatise on Money, I and II,* Macmillan（小泉明・長澤惟恭訳［1979］,『貨幣論Ⅰ』；長澤惟恭訳［1980］,『貨幣論Ⅱ』東洋経済新報社）.

Keynes, J. M. [1979], *The Collected Writings of John Maynard Keynes,* Vol. 23（*Activities 1940-3: External War Finance*）, Macmillan（*JMK*. 23 と略記）.

Keynes, J. M. [1980], *The Collected Writings of John Maynard Keynes,* Vol. 27（*Activities 1940-6: Shaping the Post-war World: Employment and Commodities*）, Macmillan（平井俊顕・立脇和夫訳［1996］,『戦後世界の形成——雇用と商品』東洋経済新報社）（*JMK*. 27と略記）.

Keynes, J. M. [1982], *The Collected Writings of John Maynard Keynes,* Vol. 28（*Social, Political and Literary Writings*）, Macmillan（*JMK*. 28 と略記）.

Long, D. and Wilson, P. eds. [1995], *Thinkers of the Twenty Years' Crisis,* Clarendon Press, Oxford.

Markwell, D. [2006], *John Maynard Keynes and International Relations,* Oxford University Press.

Moggridge, D. [1992], *Maynard Keynes,* Routledge.

Pigou, A. C. [1921], *The Political Economy of War,* Macmillan.

Thirlwall, A. ed. [1982], *Keynes as a Policy Adviser,* Macmillan.

Wilson, D. [1978], *Leonard Woolf,* St. Martin's Press.

Wilson, P. [2003], *The International Theory of Leonard Woolf,* Palgrave Macmillan.

今村武雄［1948］,『評伝　髙橋是清』時事通信社.

津島寿一［1962］,『芳塘随想』第9集巻1.

永田　実［1990］,『マーシャル・プラン』中央公論社.

平井俊顕［2000］,『ケインズ・シュムペーター・ハイエク』ミネルヴァ書房.

平井俊顕［2003］,『ケインズの理論——複合的視座からの研究』東京大学出版会.

福田徳三［1923］,『経済危機と経済回復』大鐙閣.

牧野伸顕［1940］,『松涛閑談』創元社.

第Ⅲ部　産業と2大階級

第7章　マグレガーとロバートソン——産業統治論

下平　裕之

1. はじめに

　本章は，D. H. マグレガー[1]の『産業の進化』[1911]と『経済思想と政策』[1949]，およびデニス・ロバートソンの『産業の統治』[1923]と1960年に出版されたその改訂版『産業の組織』[1960]（デニスンとの共著）を検討し，双方の20世紀初頭から第二次大戦後にいたる産業統治論の展開を考察する．マーシャルの産業経済学の後継者としての双方の貢献については先行研究において一部言及されているが[2]，本章はこれらの研究を補完する意図ももっている．
　この2人を選んだ理由は，双方ともマーシャルの影響を受けた産業統治に関する単著を執筆したこと，またそれぞれが第二次世界大戦後にその続編・改訂版を執筆したことである．この続編では戦後の社会民主主義・混合経済体制に対する議論がなされており，マーシャル的な思想が戦後の経済体制をどのように評価するかという観点から興味深い貢献がなされているためである．
　本章の構成は以下のとおりである．まず第2節で，マグレガー，ロバートソンの近代産業組織に対する問題意識を確認する．次いで第3節ではマグレガーの産業統治論，第4節ではロバートソンの産業統治論について，特に近代産業組織の諸問題に対応した統治の改革案を中心に検討する．第5節では本論のまとめと若干の考察を行う．

2. 近代産業組織の諸問題

2.1 マグレガーの問題意識

　マグレガーは産業組織の進化を，人口増加と資源の制約とのあいだのバランスを取るための試みとして捉える．あらゆる発明や組織の発展は「これらの相反する力を弱め均衡を保つ試みである」(MacGregor [1911], p. 12)．人口の増加は資源に対して圧力をかけるが，これを緩和する方法が発明である．発明の種類は「資源の発見」と「生産プロセスの発見」に分けられるが，特に産業組織はつねに新たな発明が生まれている領域である (MacGregor [1911], p. 21)．産業組織の高度化は，財・サービスの供給を増やし資源に対する圧力を緩和することで，人口増加に伴う需要の増大に対応することができた．

　しかし産業組織の進化は，次のような問題を生み出した．19世紀には，職人や家内工業従事者の地位が失われ，特に有限責任制の成立以降企業が生産活動における主体となった．そして企業における賃労働関係は，資本を供給する者のみが企業のリスク負担や統治の権利をもつ一方，賃労働者は週給・月給などの固定給を支払うことによってそのリスクが軽減されていることを意味する．そして労働者はリスク負担をしていないという理由で，企業の統治から排除されることになるのである (MacGregor [1911], pp.122-123)．また賃労働者は経営者や専門スタッフよりも不安定な地位にあるため，不況の影響をより受けやすくなる (MacGregor [1911], p. 127)．

　次に産業の欠陥は，企業が運営される組織や構造と関係している．これを理解するには，企業の内部構造からその「外部的関係」(MacGregor [1911], p. 194) に目を転じる必要がある．現代の企業は生産単位として完全に自立した存在となり，市場の独占を目指して競争している．このような企業間にはその生産物の需給を調整する共通政策は存在せず，その結果過当競争や過剰生産が生じることになる．

　ある産業における財の供給が1人の管理者の意識的で集中的な統治のもと

におかれておらず，したがってそれぞれが競争している状況下では，財に対する総需要を超えた組織あるいは生産の余剰が生じる．そのような過剰供給が現れると，…市場は不況に陥る．過剰生産と呼ばれるものが生じるのである（MacGregor [1911], pp. 196-197）．

また19世紀以降の企業に顕著な特徴は，大企業が負担するリスクが大きくなったことである（MacGregor [1911], p. 198）．技術革新により大規模な機械設備を用いる生産が最も効率的となる．固定費が大きくなり生産規模を拡大するほど単位あたりの費用や価格を低減することができるため，企業は生産を拡大し，時には投機的な生産・販売活動を行う．「供給過剰に伴う周期的な不況という傾向を考えると明らかなのは，現代の産業が必要とする固定資本への投資にその原因があるということである」（MacGregor [1911], p. 199）．

2.2 ロバートソンの問題意識

ロバートソンもマグレガーと同様に，経済発展の歴史とともに，産業構造が「家内制度」から「手工業制度」，「問屋制度」を経て現代の「工場制度」へと進化していったことを明らかにする（Robertson [1923], Ch. 1）．「工場制度」の特徴は，技術的には複雑で高価な機械の導入であり，組織的には決まった手順と規律の下で，多くの労働者を組織化していることである．すなわち「その際立った特徴は，工場を囲む壁でも機械やその使用にあるのでもなく，少数の統率する人々と，多数の服従する人々とのあいだの厳しい断絶にあるとみなされねばならない」（Robertson [1923], p. 12）．

工場制度は同時に，雇用者による多様な活動の計画的協調も伴う．また，企業結合や原材料と販売過程の統合，産業への金融の浸透などは，単一の中央機関の洞察力または統治の範囲に含まれる領域を増大させる．しかしこれらの領域は，経済生活の全領域と比べると依然として小さく，「それぞれ孤立している産業の指導者達のあいだの調整は——ニュースや知識，習慣，信仰，そして需要と供給の法則という一対の要素といった——知覚できない力の作用に依存しているのである」（Robertson [1923], p. 86）．

このように発展した産業組織を，ロバートソンは「私企業あるいは資本主義」(Private Enterprise or Capitalism) という範疇で捉える．このシステムは資源を効率的に配分するために多くの利点がある．しかし周期的な不況というかたちでこの調整メカニズムがうまく作用しないことがあるので，このシステムは完全であるとはいえないのである（Robertson [1923], p. 87）．

次にロバートソンは，資本主義の特徴を「リスク[3]の存在するところには，また統治が存在する」(Robertson [1923], p. 89) という命題のかたちで表している．この命題は非常に重要であるので，「資本主義の黄金律」(Capitalism's Golden Rule) と名づけられた．この命題の前提は次の2つからなる．

(1) 意思決定を行う力が最も賢明に行使されるのは，その決定が間違っていた場合に最もひどく損害を被る者にその力が与えられたときである．
(2) 産業のリスクが最も強く負担されるのは，それを負担する者が危険にさらされる資源の利用についての決定をくだす力を，他人に譲ることがまったくできないときである．

しかしこの原則にはいくつかの制約がある．例えば，株式会社においてはリスクを負担している株主がその意思決定を経営者に委任するということがみられる．また保険会社や投機的業者のように，企業の統治に参画することなくリスクを引き受ける者も存在する[4]．

だが最も深刻な問題は，産業の統治にまったく参画していないのに重要な危険を負担する多くの人々が存在するということである．労働者は資本を支出しているわけではないが，しかしその統治の及ばない事業にその手腕や技能を提供している．彼らの背後には賃金収入の下落や，さらに失業のために賃金がまったく払われないという非常に大きなリスクが横たわっている[5]．

さらに資本主義は，資本を所有し計画し管理する者と命令を実行する者とのあいだの分化を強めている[6]．より根本的で抗いがたい問題は，生産者としての人間の標準化に対する反応である．その仕事は，単調で精神を死滅させるような終わりのない繰り返しとなってしまう．

3. マグレガーの産業統治論

本節ではマグレガーの産業統治論を，労使関係，連帯（association），社会民主主義に関する見解の順に検討していく．

3.1 雇用条件の改革

マグレガーはまず雇用の問題——他者の統治のもとにおける身分の不安定性[7]——に関して言及する．彼によれば，労働者が企業統治における完全な権利から除外されているという企業構造のギャップを埋めるいくつかの方法が存在する．

まず労働組合の設立により労働者の交渉力が大幅に強化された[8]．これは直接経営への参加をもたらしたわけではない．しかし交渉力の強化は，賃金の問題だけではなく経営の問題への影響を強める．労働時間，交替制，仕事の手筈，若年労働者の比率などの経営に関するより大きな問題が交渉の対象となる．このように労働組合は企業組織の多くの側面に影響を与えるようになり，経営への直接参加の形態を伴わずに労働者が企業を統治する力が高まったことを示している．

資本と労働との分離から生じる問題を解決するために生まれたもう１つの方法は，利潤分配制度である[9]．これは，一定の割合を超えた利潤をボーナスで分配する方法と，労働者が株式を保有し配当を受け取るという利潤分配と共同所有との中間に当たる方法がある．しかしこの制度にはいくつかの問題がある．まず利潤分配は雇用者の側からはじめられたため，労働組合による分配交渉ほど民主的な方法ではない．また労働者がどんなに効率よく仕事をしても，経営の失敗や市場の状況により分配が行われない場合もある．さらに労働者の自立の精神や権利意識のもとで発展した賃金交渉と，経営者の慈善的試みである利潤分配制度とは両立できないであろう．

労働者の立場からみた場合，共同所有（co-partnership）の方法が企業構造の真の変革をもたらすのである[10]．労働者が自分で資本を所有する会社を設立するか，既存の企業の資本を取得するかどちらかの方法で彼らは株主となる．これは利潤分配制よりも強力であり，近代の産業組織の進化における第一の問題，すな

わち雇用者と被用者との分離を克服するのである[11]。

共同所有の問題点は，労働者，株主，買い手が同一であるという閉じたシステムをつくることの困難にある[12]。労働者と株主の同一性を維持することは難しい．事業に必要な資本量は，一定数の労働者が供給することのできる資本量と歩調を合わせて変えることができないような要因に依存しているからであり，そうなれば外部からの資本の導入が必要となるだろう．また労働者と買い手の同一性を保つことも，事業の発展のためにはより大きな販路を必要とすることから難しいであろう．

3.2 競争と連帯

19世紀における民主主義の拡大は，あらゆる社会的・政治的側面における自由を求めたが，それは自由貿易に関する立法にみられるように経済の領域における競争を促進した．一方，民主主義の精神は，競争の名のもとに行われたある種の自由に反対するものとみなされた．この2つの態度を調和しようとするところから，どの程度産業の進化は競争を普及させたのか，またそれを縮小したのかという問題への答えが得られるだろう[13]。

マグレガーは「労働者や雇用者が連帯しようとすることは自由な行為であり，個人が独立して競争することを強制するのは，社会的自由の表れではなく抑圧である」(MacGregor [1911], p. 188) と考える．連帯の拡大に同情的で個人間の競争に反対する動きは，自由を獲得しようとする運動の一部である．その発展がむしろ意味するのは，競争が放棄されているというよりも競争を組織化する新しい方法が試されているということである．

2.1で述べたように，産業における競争の欠陥が組織と政策との分離にあるということは明らかなので，連帯がその解決に必要となったのは自然である[14]。連帯の発展により，競争はつねにより強い統制のもとにおかれるようになる．連帯による統治の必要性をマグレガーは，企業内における労働者の統制と対比して次のように述べる．

疑いもなく労働者は仕事や昇進をめぐり互いに競争しているが，仕事の重複

や他者を無視して働くこと，あるいは互いの仕事を取り合うことは許されていない．それぞれの職場や職務は，経営者の意識的な方向づけと管理により割り当てられている．競争は意識的な統制のもとにある．企業に対してはそのような管理は存在しない．企業の完全性と独立性は，…だれも雇用したり仕事を割り当てないということを意味する．(MacGregor [1911], pp. 197-198)

さまざまな共同統治の方法は，(1)競争とリスクの影響による過剰生産に伴う不況，(2)市場の実際の状況よりも悲観的な予想に伴うパニック[15]，という害悪を回避する．

またマグレガーは，連帯は理想的な競争条件のもとにしか存在しない要素——生産要素の完全な移動性と，市場における完全な知識——を現実化すると考えている[16]．競争が均衡をもたらすという考えは，市場に関する完全な知識や資本と労働の完全な移動可能性が存在するという仮定のもとに成り立っているが，現実にはそれは何らかの連帯によって制御されることによって現実のものとなった．資本の移動性は大企業や株式市場の発達により，また労働の移動性は労働組合の力により得られるようになった．労働者や資本家が作る諸組織は，その内部の個々の主体が外部の市場に関する知識を得ることを助け，そしてそれは個々人が競争している場合には得ることが難しいものである．したがって「効率的に競争し十分に連帯することは，進歩的で同感的な国家における産業主義の象徴である」(MacGregor [1911], p. 206)．

3.3 連帯と新しい産業統治

連帯運動は19世紀末に3つの産業統治の形態を生み出した．それは公営産業，トラスト，協同組合である．

公営企業[17]——公営産業は次のような財やサービスの供給に適している．

(1) 路面電車や港湾のように市場が地域的に独占状態であるもの．

(2) 供給がそれぞれの地域で単一に統合される傾向の強いもの．これは，固定費が非常に大きい産業に当てはまり，経済的に効率がいいため地域ごとの生産統合が行われる．

そのほかに公営企業は，不況の際に労働需要を拡大したり，規範となる雇用条件を示す役割も果たしている．

一方，公営企業は民間企業に比べ非効率であるという見方が支配的であった．例えば市議会は経営の専門家を含まないため，高い効率性を得るために必要な批判に晒されがたい，といった主張がある．しかしこの問題についてマクレガーは次のように答える．まず効率性は，他の都市との比較からなされる市民からの批判を通じて得られる．また公営企業はその供給するサービスの特性から，競争にさらされている民間企業が必要とするすばやい経営判断をそれほど必要としないのである．

トラストとカルテル[18]――アメリカで発展したトラストは，意思決定を少数の大規模な資本家に任せる．一方ドイツを中心に発展したカルテルは，連帯した個々の企業がその独立を完全に失わず民主主義的統治の余地を残している．

トラストやカルテルが発展した産業は，競争の影響を強く受ける産業であった．市場をめぐる争いは，店舗や宣伝への無駄な支出，長期にわたる費用以下での販売，産業の不況や信用の崩壊をもたらした．これらの無駄な争いの末，多くの個別企業を統制する中央機関をつくるためにトラストが生まれてきた．

トラストは生産や市場の分割を計画し，競争を制御する．これは非常に複雑で困難な作業であり，内部的な軋轢の可能性が大きくなる．効率性を維持するためにその内部での競争を活発に保とうとするため，産業の統合を通じて競争市場はより強い統制のもとにおかれる．またトラストは，つねにその外部との競争にさらされている．外部企業のわずかな供給の増加によっても，その統制は深刻な影響を受ける．したがってトラストは，ボイコットやリベートなどの新たな方法の競争を行うようになる．このようにトラストの外部での競争が緩和されるという見込みはない．

一方カルテルの民主主義的統治は，トラストのような権限の集中やそれに伴う軋轢を避けることができ，「生産者組織の民主的統治の最も優れたモデル」（MacGregor [1911], p. 224）であると評価されている．

協同組合[19]——マグレガーは，「協同組合は事業における多くのリスクを避ける仕組みである」（MacGregor [1911], p. 225）と捉える．協同組合が扱う財は，家庭において広く安定的な需要が存在する「家庭用品」と呼ばれ得るものである．そのような財を販売する際のリスクは非常に低く，また協同組合は不況時に他の種類の取引より悪影響を受けないということはよく知られている．発明による変化に影響される機械のような，生産者のリスクが非常に大きい財は協同組合の仕組みには入り込まない．規格化された形態の食料や衣料，家庭用品にはつねに需要が存在する．

　また，協同組合のリスクは，その利潤が分配される方法によっても軽減される．協同組合の利潤は，出資額ではなくその購買額に比例して分配される．この分配の仕組みは，協同組合の財に対する確かな市場をもたらした．なぜなら，供給される財はまさに出資者がつねに使おうとするものであり，したがって彼らの購買を自分達の組織に向かわせ，消費者としても生産者としても利益となるからである．

　最後にマグレガーは，これらの新しい産業統治の手法について次のような評価を行っている．

　　公営企業は，政府の管理のもとでの，企業の運営に関する外部の批判を生かしておく手法を明らかにした．トラストの教訓は，競争により得られる利益の多くが単一の管理のもとにある大規模な事業体のもとで得られるが，そこではより多くの権限の委譲が望ましいということである．協同組合が明らかにしたのは，民衆は産業をつくり統制し，権限を委譲し，そして彼ら自身の指導者を選び信頼することができるということである．これらの帰結から，将来のより完全な連帯の可能性に関する判断の材料を集めることができるのである（MacGregor [1911], p. 231）．

3.4 社会民主主義

　第二次大戦後，公企業が限られた領域にではあるがつくられ，政府が直接的に雇用を維持する政策を強化しまた公共支出が期待された効果をあげない場合の補助を果たすと考えられている．企業の国有化は完全雇用の理論とは別に，「社会民主主義」と呼ばれる条件下で進行している[20]．

　社会民主主義は選挙による選択を前提としている．国家が直接的に統制する産業の領域がある一方で，多くの領域が民間部門に残されている．これらの条件は，政治的民主制の概念に影響された国家における産業政策の諸側面と考えられる．またこの概念は，社会化された産業が政治的民主主義の原則——産業のすべての従業員が経営者を投票により選び，彼はその代表として行動する——により運営されることを意味しない．それは，近代民主主義において必要と考えられる程度の産業の社会化を意味しており，また国民経済のなかに社会的に統制される領域が必要であるということに依拠している[21]．

　社会民主主義は公共領域と私的領域との均衡を模索しており，社会主義の理論を全面的に適用する共産主義とは異なる．何が社会化されるべきかについての議論が開かれていることは，民主的選択の1つの様相である．社会主義の指令的側面と民主的思想を和解させる他の方法として，産業の一部のみを国有化したり，民間企業と競争する公企業を設立することなどが提案されている．

　問題は，政府の新たな機能が推奨される根拠は何かということである．この問題は，民主主義的環境を前提として問われる．その承認の理由として4つがあげられる．第1はある種の産業の基本的性質であり，第2は独占の問題である．第3は民間企業の構成員の合意（形成）であり，第4は公的所有の威信である[22]．このリストはたんなる事業の効率性が根拠となっていないことを意味しており，むしろ「公的所有は民間企業による経営と同様に効率的であり，同じ効率性を維持しつつ最も効率的な民間による経営下で生じるいくつかの難点を克服するのである．」(MacGregor [1949], p. 136) という主張に基づいている．

　このうちまず産業の基本的性質について，マグレガーは以下のように説明する．ある産業やサービスが特に重要であると考えられるのは，「全般的であること，

支配的であること,そして必要不可欠であること」(MacGregor [1949], pp. 136-137)という3つの意味においてである.運輸や金融のような,すべての産業に必要ないくつかのサービスが存在する.またある産業が支配的になるのは,その製品は大部分他の産業の製造プロセスに用いられ,ゆえに生産活動はつねにこれらの製品が使えるかどうかに依存するためである.さらに農業のような支配的ではないが必要不可欠な産業が存在する.なぜならその製品が——生産には用いられないが——その他の活動のための条件となるからである.これらの基本的産業の重要性は,経済がそれらに依存しているという共通性から来ており,これが民間による経営への反論を引き起こした.

また構成員の合意の問題とは,経営者と従業員との調和の問題である.国有化された企業では,公共の利益を考慮して経営が行われるため,労働組合はストライキなどの労働者を守る強硬手段に出ることを控えようとする.したがって公企業は,縛りのない民間企業よりは非効率かもしれないが,それは労使の調和がより図られることにより相殺されるかもしれない[23].

4. ロバートソンの産業統治論

本節では,消費者協同組合,集産主義,労働者管理,共同統治の順にロバートソンの産業統治に関する評価をみていく.これらの評価は「資本主義の黄金律」という統一された基準からなされている.最後に彼の混合経済体制に関する評価に触れる.

4.1 消費者協同組合

消費者協同組合は,産業統治の支配権を消費者に任命された代表者に手渡すことにより,消費者と生産者を再統合しようとする野心的な考えである.

消費者協同組合の成功を論じた後,ロバートソンは「資本主義の黄金律」の観点から消費者協同組合の意義を考察していく[24].まず,協同組合のもとで受託者の職能の要素は,協同組合の主義主張に対する忠誠心によって強められている.組合員は意思決定の責任を管理者に委譲し,管理者は慎重かつ誠意をもってその

責任を負う．

　次に，組合員の保有している管理力は，資本所有高に関係なく1人1票が原則のため投資された資本に比例して行使されるのではない．しかし危険と管理の不均衡は，一見して思われるほど大きくはない．第1に，資本は社債と同じように一定率の利子が保証されており，したがって陥る恐れのある唯一の危険は完全な損失であるが，協同組合運動の本質からそれはほとんど起こりそうにない．第2に，すべての組合員は積立金，慈善事業などの持分に等しい権利をもっているので，彼らの総利益は資本の保有高ほど不均衡ではない．第3に，購買に応じた配当金という手段は，組合員が資本所有高に比例してではなく，購買高に比例して重要な危険を負担するということを意味している．このように「協同組合は管理と資本所有との分離という点では，株式会社形態の企業より一歩先んじているが，その固有の抜け目のなさが管理と危険の分離をあまりに野心的に試みることから救っている」(Robertson［1923］, p. 111)．

4.2　集産主義

　一方ロバートソンは集産主義に対して否定的な見解を示す．集産主義のもとでは——公企業の資本を行政が出資するかまたは市場で借り入れるかどちらかでも——納税者は損失のリスクを負担する．そこから彼は，企業の管理とリスク負担の分離がもたらす危険を指摘する．

(1)　納税者が負担するリスクは，その限度がないため通常の企業の株主よりも大きい．公企業が倒産すると，債権者は租税から追加的な貸付や利子の返済を求めることができるからである．

(2)　納税者はその富に比例してリスクを負担するが，投票権は1人1票しかない．そのため，リスク負担能力と企業の管理能力の分布との不調和が生じる．

(3)　全体的意思の表明についての多数決原理の有効性に関する見解がどのようなものであろうとも，多くの個人が公企業のリスクを不本意に負担しており，そのため批判的な立場をとるようになることは認めざるを得ない．

したがって公企業の経営者は,「自身で企業を経営しているものよりも,浪費を無くしたりまた性急で危険を伴うと思われる計画を採ることに消極的になるのである」(Robertson [1923], p. 120).

4.3 労働者による管理――生産協同組合とギルド社会主義

ロバートソンは,消費者協同組合や集産主義は労働者の地位に関する問題を解決しないと考える.それは労働者がすべて現代では「工場制度」の枠のなかで働いているためである.このため,改革のための努力は「工場制度によって余儀なくされる隷属や規格化と,その渦巻のなかに巻き込まれている人々の自治の発揮とを結合する方法を発見しようとする」(Robertson [1923], pp. 134-135) 試みに向かった.これが生産協同組合やギルド社会主義[25]などを生み出すことになった.

しかしロバートソンはこれらの運動に否定的見解を示している.生産協同組合やギルド社会主義の中心になる考えは,各産業がそこで実際に働いている人々の管理のもとで再編されるべき,というものであった.しかし産業がこのように再編された場合,「資本主義の黄金律」が示唆する問題が深刻になる.

(1) 投資家が企業の管理に幾分か参画できなければ,資本はほとんど集まらないであろう.すなわち,「産業全体で目隠しされ無力な資本を集めようとすることは,困難な計画となるであろう.そのような資本は,完全な損失や収益の変動から守られないかぎり集まらないであろうし,もしそのように守ろうとするのならば,それは景気循環や不確実性にさらされる企業にとって耐えられない負担となるだろう」(Robertson [1923], pp. 145-146. 強調は原文).
(2) ギルド社会主義は,産業に従事する人々の生活を保障する「継続的な給料支払」制度を拡大することを望んでいるため,労働者への管理の移譲は,彼らのリスクを著しく減じることを伴うのである[26].

4.4 産業の共同統治

ロバートソンは,産業の共同統治[27]について肯定的な見解を示している.なぜ

ならこの方法は既存の産業システムの枠組みを維持しながら，失業というリスクを負う労働者を産業の統治に結びつけるからである．さらに，彼は共同統治が次のような影響を労働者階級に与えると考えている[28]．

(1) 責任を伴わない力はつねに不用意に用いられがちだということを歴史は示してきた．いまや組織された労働者階級が力を保有するのを妨げ得るものは何一つない．もしその力を何らかの方法で事態の実際の運営に対する責任と結びつけることができれば，それはより穏当に思慮深く用いられるようになるだろう．

(2) 合理的な目的のためにストライキなどの方法を用いても，それは迂回的で非生産的であり，それよりは共同統治という直接的な方法の方が同じ目的をすばやく費用をかけずに達成することができる．

(3) 労働者階級の多くの建設的才能が浪費されているが，それを減じることができる．

(4) 「平均的労働者」の心理でさえ，われわれが信じているほどには単純ではない．彼の価値基準のなかにおいて，適当な安楽と余暇以外に，2つのことが高い地位を占めている——安全を保障するという意識とだれかにだまされまいとする意識である．こうした欲求は自治の機構を通じるのでなければ，簡単には満足させられないものである．

またロバートソンは，個別企業における合同協議会のほかに，産業全体を代表する使用者と雇用者の合同委員会についても論じているが，そこでは特にこの委員会が景気循環の問題を解決するのに有益であることが強調されている[29]．ある種の産業においては，資本家は不安定性と変動を最小限に食い止めようとする動機をもたない．好況期と不況期を通じての総利潤が産業が完全に安定している場合より大きい場合には，その業種全体に有害な決定をくだすことでその利益を増進することができるのである[30]．

このように好況期には個々の企業の短期的利益は産業全体の長期的利益と反しているため，この問題には産業全体の共同統治が強く求められるのである．この

時合同委員会は次のような行動を期待されている．好況期における強制的な賦課金や辞退条例（self-denying ordinance），あるいは契約に関する相互周知や需要変動の科学的分析などのより穏当な方法により，組織的協力のもと景気循環の問題に対応することである．これらの行動により，「労働者階級の経済的安定に関する大きな関心が，健全な影響を産業政策に与えることが期待されるであろう」（Robertson [1923], p. 163）．

4.5 混合経済体制

第二次大戦後のイギリス経済は，基本的には資本主義的であるが，「集産主義」ないしは「社会主義」的な傾向ももつものとして説明される．その主要な特徴は経済活動の調整に関する政府の任務であり，その目的は通貨価値を損なうことなくまた深刻な逆調がないように，経済成長の速度を継続的に維持し得る最大の状態に保つことである[31]．このために政府は今日では貨幣供給，租税と公共支出の大きさと種類そして公債の増加の割合を規制する法的な力を最大限に活用できるようになっており，これにより「一見してそれがもつと考えられるより以上に大きい割合の経済生活の支配権をわが物としているのである」（Robertson and Dennison [1960], pp. 110-111；訳，p. 118）．そしてロバートソンは，この混合経済体制について，

> ここに存在するのは制限されることのない私的企業という古い考え方と非常に違った何物かである．われわれは，そこで主張されているように，[資本主義と社会主義の]両方の世界の（最悪ではなく）最良のものを与えてくれているのだと期待しなければならない（Robertson and Dennison [1960], p. 111；訳，p. 119）．

と評価している．

一方彼は，第二次大戦後にヨーロッパであらわれた国際的規模の混合経済体制にも言及している．1951年に欧州6カ国[32]の政府は，欧州石炭鉄鋼共同体（European Coal and Steal Community）[33]を創設し，各国の国境内で石炭・鉄鋼産

業関係の企業——それが国家によって所有されていようと民間により所有されているとを問わず——を支配する権限を与えることに同意した．

この共同体の中心的な経済原理は，石炭と鉄鋼の共同市場が確立されることから期待される生活水準と経済発展に対する有益な効果である．また非効率な生産に対する政府助成の廃止や，効率的生産に対する障害の排除も要求する．さらに競争的な価格メカニズムの必要性も認識されている[34]．

このようにつくられた国際的共同体の意義を，ロバートソンは次のように評価している．まず共同市場の影響については，次のように考えている．

> 共同市場は実際，経済学の教科書にある「自由」市場に非常によく似たものであるが，そのような市場は必ずしも「自然の力」から生まれてくるものではなく，政府の専制的傾向と生産者の独占的傾向を抑制するための，高度の組織と介入を必要とするであろうという事実の認識を伴わなければならない（Robertson and Dennison [1960], p. 113；訳, p. 121）．

また石炭鉄鋼共同体の活動は石炭・鉄鋼産業の発展に深い影響を及ぼしたが，ここからロバートソンは国際混合経済体制に肯定的な評価を下している．貿易の拡大は，超国家機関（supra-national body）のほうが各政府間の通商協定の締結よりも，成功を得るためにはより適当だと考える人々の主張をある程度正当化するものと考えられる．また，この機関が通商関係の処理を超えてはるかに広がりその力が各国政府の首脳部を超えて企業に及ぶという事実は，重要な意味をもっている．すなわち，超国家機関は国家の圧力団体や選挙のための配慮に影響されることが少ないため，産業内におけるさまざまな調整の問題——例えばルール石炭カルテルの問題の処理——に関しより効果的であると考えられてきた．これに関し，ロバートソンは以下のように結論づけている．

> 将来の産業統治は，超国家機関という第三者の介入によって大きく影響を受けるであろう．それは自分の組織に対してのみ忠誠を誓う「テクノクラート」に，産業統治を開け渡すものだという意見もある．だがこの恐怖はおそらく誇

張されすぎであろう (Robertson and Dennison [1960], p. 117; 訳, p. 125).

5. 2人の産業統治論の評価

　本章は，ケンブリッジにおけるマーシャル以降の産業統治論の展開について，その代表例としてマクレガーとロバートソンの研究に注目してきた．

　まず産業組織の問題点に関しては，双方に共通の認識がみられる．近代の工場制度は資本家（使用者）と労働者の分離を生み出した．またロバートソンは，「資本主義の黄金律」という概念を用い，リスクを負担する者と統治を行う者との分離というもう1つの問題を指摘している．

　資本家と労働者との分離から生まれる問題として共に重視されているのは，労働者がリスクを負担していないという理由で，企業の統治から排除されているということである．また企業間の調整メカニズムが存在しないことによる過剰生産の発生という問題も，共通して重視されている．そしてこれらの問題に対して提案・実行されたさまざまな試みについて，双方は次のような見解を示した．

　マクレガーによれば，労働組合は労働者の交渉力を強化することにより，協同組合は民衆自らが産業を統治することによりそれぞれ労使のギャップを埋めていると肯定的な見解を示した．利潤分配制度と共同所有については，賃金交渉制度との両立や労働者・株主・買い手の同一性維持の困難などの問題点を指摘している．企業間の連帯については，過剰生産や悲観的な予想によるパニックという問題を回避し理想的な競争条件を実現するとしており，具体的な組織形態としてはトラストよりもカルテルをより民主的であると高く評価している．

　ロバートソンは「資本主義の黄金律」という基準から，リスク負担を行っている労働者を企業統治に参加させる消費者協同組合と共同統治を高く評価したが，集産主義と労働者管理についてはその制度がリスクと統治のバランスに悪影響を与えると考え否定的である．また産業レベルの共同統治がもつ景気安定化効果を評価している．

　マクレガーとロバートソンの分析に共通するテーマは，20世紀の大規模生産体制に内在する労使や企業間の分離をいかに統合し適切に統治していくか，という

ものである．労使関係の改善のための協同組合や共同統治に関する肯定的見解はマーシャルにもみられるが，彼らはさらに労使・企業間の連帯が景気安定化効果を持つことを示し，経済主体間の連帯が経済の安定化に果たす役割を新たに示した．また彼らの分析は各種の統治手法の利点のみでなく限界も明らかにしており，これは社会改良論に関し楽観的な見方が支配的であった当時の社会主義者による分析とは一線を画している．

ケンブリッジにおける産業統治論の第二次大戦後への展開を考える1つの尺度としての，混合経済（社会民主主義）体制の評価についてマクレガーは，企業の効率性を維持しつつ民間による経営で生じる難点を克服するものと評価している．またロバートソンはそれが資本主義と社会主義の最良のものを与えてくれると期待しており，特に国際（超国家）混合経済体制は高く評価している．ここから，双方とも産業統治の手段としての混合経済体制に対して，戦前の産業レベルでの連帯・協同と同じ効果が国家レベルでの介入によっても与えられると評価していたと思われる．ただし彼らはその体制の問題点が顕在化する前に亡くなったので，その評価は将来への期待を含むものであったということに留意しなければならないだろう．

6．むすび

マクレガー，ロバートソンともに20世紀の大企業による大規模生産体制という新しい産業構造に対し，マーシャルから継承した産業統治に関する学説をどのように適応すべきかについて第二次大戦後までに至る長期間考察を続けた．マーシャルは晩年の著作まで大規模な株式会社や競争制限的な企業合同に対する批判的姿勢を崩さず，中小企業の地域的集合体がイギリス産業の競争力の源であると強調した[35]．一方マクレガーとロバートソンは，大規模生産体制とそれがもたらす経済的損失――労働者の経営からの排除や周期的過剰生産――をより重視し，その限界を認識しつつも労使・企業間の連帯や混合経済体制を通じた民主的統治による競争の制御に肯定的な見解を示した．彼らの分析は，労使の協調や企業間の連帯が経済的合理性をもつことを明らかにしたが，これは上記の産業構造の変化に

理論を適応させるための努力であったといえよう．

注

1) マグレガーはマーシャルの直接の弟子の1人であり，1904年トリニティ・カレッジのフェロー，1908年リーズ大学教授，1919年マンチェスター大学教授を経て1922年から45年までの長きに渡りオックスフォード大学教授を務めた．なおマグレガーの生涯についてはLee [1989] を参照．
2) マーシャルが『産業経済学』[1879]，『経済学原理』[1890]，『産業と商業』[1919] で展開した産業経済学に関する近年の解釈については，Raffaelli [2003]，西沢 [2007] を参照．またマーシャル産業経済学の後継者としてのマグレガー，ロバートソンの貢献については，Lee [1989], Raffaelli [2004], Shimodaira [2005] を参照．
3) ロバートソンはリスクを事業における損失の危険性と考えている．「近代の経営者を駆り立てる主要な動機は，利潤の期待だといわれる．しかし，彼らの内心を正しく解釈しているとすれば，利潤の期待はその裏側の損失の恐怖と結び付けられねばばらない．営業上の損失――それは極端な場合失敗と破産に行き着くのであるが――によって，社会は彼らの管理に任された生産資源を浪費した人々…から情け容赦のない罰金を取り立てるのである」(Robertson [1923], pp. 89-90)．
4) ロバートソンは，「資本主義の黄金律」はこれらの事態によっても本質的な影響を受けないと考えている．まず株式会社については，「ある場合には…会社の所有における優越とその経営方針とのあいだの分離が，実質的というよりむしろ表面的にすぎない場合もある．そして，そうでない場合でも，株主の大部分はしばしば，重役自身がその会社の福利に実質的な金銭的関心をもっているという根拠のしっかりした推定から，彼らの決定力を委任する確信を見出す」(Robertson [1923], p. 90) と述べている．また投機的業者などに譲り渡されたリスクは「さまざまな種類の生産者，取引業者，金融業者のあいだに，さまざまな方法で廻され配分されるであろう．だが，その危険を引き受ける人はだれでも，それとともに産業界の一部に対する統治の機能も引き受けるのである」(Robertson [1923], p. 91)．したがって「このテストからは，黄金律は本質的に何ら損なわれないことが明らかになってくる」(Robertson [1923], p. 91)．
5) Robertson [1923], p. 92を参照．
6) Robertson [1923], p. 96を参照．
7) MacGregor [1911], p. 128を参照．
8) MacGregor [1911], p. 129を参照．

9) MacGregor [1911], p. 137を参照. なお利潤分配制度は社会主義とは区別される. その理由は(1)社会階級を容認している, (2)階級制度をできるだけうまく作用させようとしているためである. その目的とするものは友好的関係であり, 労働と資本の真の利害が一致していることを示そうとすることにある. Macgregor [1911], p. 142を参照.
10) MacGregor [1911], p. 145を参照.
11) 1884年に, 共同所有発展のための労働者協会 (Labour Association for the Development of Co-partnership) が設立された. この協会の目的は,「労働者の共同所有の原則——すなわち所属する人々すべてが利潤と資本, 統治そして責任を分かち合う体系——に基づく産業組織を設立する」(MacGregor [1911], pp. 147-148) ことにあった.
12) MacGregor [1911], p. 149を参照.
13) MacGregor [1911], p. 188を参照.
14) MacGregor [1911], p. 201を参照.
15) 多数の企業が競争する状況では, そのなかの1社の過剰生産さえもが大きな影響を与える. 例えば, 海外からある企業の地域的な市場へ新たな財が供給されたとしよう. 産業全体の生産量からすればそれはわずかなものであり, もしその産業が共通の統治を受けているならばまったく影響はないだろう. しかし個々の企業が独立している場合には, そのうちの1社にとっては大きな影響を与える量であり, それに対して価格のダンピングをして対抗するだろう. すると周辺の企業はその影響を受け自らの市場を守るために同じようにダンピングを行い, これが産業全体に波及していく. このようにして個々の企業が個別に行動する場合には, 共同統治されている場合には起こらないようなパニックが発生するのである. MacGregor [1911], p. 202を参照.
16) MacGregor [1911], p. 205を参照.
17) MacGregor [1911], pp. 209-215を参照.
18) MacGregor [1911], 215-224を参照.
19) MacGregor [1911], pp. 225-231を参照.
20) MacGregor [1949], p. 129を参照.
21) MacGregor [1949], p. 131を参照.
22) MacGregor [1949], p. 136を参照.
23) MacGregor [1949], p. 142を参照.
24) Robertson [1923], p. 110を参照.
25) ギルド社会主義についての詳しい説明は, Cole [1920] を参照.
26) Robertson [1923], p. 146を参照.

27) 共同統治は，共同所有（co-partnership），被用者重役（employee-director），合同委員会（joint committee）の形態を取る．詳しくは Robertson [1923], pp. 153-159を参照．
28) Robertson [1923], pp. 150-152を参照．
29) Robertson [1923], p. 162を参照．
30) 「例えば海運ブームのなかで，1隻の船をつくりその費用を3カ月で償却し得るなら，次の不況が来ることが予見されたとしても，船の建造は——それがさらに不況を悪化させるにもかかわらず——進められるだろう」（Robertson [1923], p. 162）．
31) Robertson and Dennison [1960], p. 110；訳，pp. 117-118を参照．
32) ベルギー，フランス，イタリア，ルクセンブルク，オランダ，旧西ドイツの6カ国．
33) この共同体は，行政的権限を行使する最高機関（high authority），一定の監督の権限をもつ総会（assembly），最高機関の活動と各国の経済政策との調和を確保する理事会（council）で構成されている．
34) Robertson and Dennison [1960], pp. 112-113；訳，pp. 120-121を参照．
35) このマーシャルの指摘は20世紀の大規模生産体制の時代には忘れられていたが，近年の産業組織論において再評価されつつある．詳細は西沢 [2007]，第3章を参照．

参考文献

Cole, G. D. H. [1920], *Guild Socialism Re-stated*, Leonard Parsons.
Elliott, J. E. [1990], "Alfred Marshall on Socialism", *Review of Social Economy*, 48-4, pp. 450-476.
Fletcher, G. [2000], *Understanding Dennis Robertson: The Man and His Work*, Edward Elgar.
Groenewegen, P. [1995], *A Soaring Eagle: Alfred Marshall, 1842-1924*, Edward. Elgar.
Lee [1989], "D. H. MacGregor and the Firm", *British Review of Economic Issues*, 11 (24), pp. 21-47.
MacGregor, D. H. [1938/1906], *Industrial Combinations*, George Bell & Sons Ltd. (Reprinted by London School of Economics and Political Science).
MacGregor, D. H. [1911], *The Evolution of Industry*, Williams and Norgate（『産業の進化』）．
MacGregor, D. H. [1934], *Enterprise Purpose and Profit*, Clarendon Press.
MacGregor, D. H. [1942], "Marshall and His Book", *Economica*, 9, November, pp. 313-324.
MacGregor, D. H. [1949], *Economic Thought and Policy*, Oxford University Press（『経済思想と政策』）．

Marshall, A. [1879], *The Economics of Industry*, Macmillan（橋本昭一訳［1985］,『産業経済学』関西大学出版部）.

Marshall, A. [1889], "Co-operation", in Pigou ed. [1925].

Marshall, A. [1919], *Industry and Trade*, Macmillan（永沢越郎訳［1986］,『産業と商業』全3冊, 岩波ブックサービスセンター信山社）.

Marshall, A. [1920/1890], *Principles of Economics*, 8th ed., Macmillan（永澤越郎訳［1985］,『経済学原理』全4冊, 岩波ブックサービスセンター信山社）.

Pigou, A. C. ed. [1925], *Memorials of Alfred Marshall*, Macmillan.

Potter, B. [1891], *The Co-operative Movement in Great Britain*, S. Sonnenschein.

Presley, J. R. [1978], *Robertsonian Economics*, Macmillan.

Raffaelli, T. [2003], *Marshall's Evolutionary Economics*, Routledge.

Raffaelli, T. [2004], "Whatever Happened to Marshall's Industrial Economics?", *European Journal of the History of Economic Thought*, 11-2, pp. 209-229.

Robertson, D. H. [1923], *The Control of Industry*, Nisbet & Co. Ltd.（『産業の統治』）.

Robertson, D. H. [1926], *Banking Policy and the Price Level*, P. S. King & Son.

Robertson, D. H. [1931/1923], "The Stabilisation of Employment", in *Economic Fragments*, P. S. King & Son (Originally published as *The Ebb and Flow of Unemployment*, Daily News)

Robertson, D. H. [1948/1915], *A Study of Industrial Fluctuation*, P. S. King & Son.

Robertson, D. H. and Dennison, S. R. [1960], *The Control of Industry* (New ed.), Nisbet & Co. Ltd.（田口芳弘訳［1967］,『産業の組織』紀伊国屋書店）.

Shimodaira, H. [2005], "Dennis Robertson on Industrialized Society: *The Control of Industry* Reexamined",『経済学史研究』47-2, pp. 45-56.

Webb, Sidney and Beatrice [1920], *A Constitution for the Socialist Commonwealth of Great Britain*, Longmans, Green（岡本秀昭訳［1979］,『大英社会主義社会の構成』木鐸社）.

江里口拓［2008］,『福祉国家の効率と制御——ウェッブ夫妻の経済思想』昭和堂.

西沢保［2007］,『マーシャルと歴史学派の経済思想』岩波書店.

第8章　レイトン——労働者論*

近藤　真司

1. はじめに

　マーシャルは，ケンブリッジ学派の創始者として現代理論の基礎を構築した人物として知られている．彼はまた自らの経済学体系において「産業の経済学」・「地域の経済学」に関しても重要な足跡を残している．ケンブリッジ学派においてはケインズを中心とする貨幣理論や経済理論に光があてられ研究が進められてきたが，ケンブリッジ学派においてケインズのそれらとは違う側面にも大いに注目する必要がある．そこで，ケンブリッジ学派の貨幣理論，経済理論以外の側面についても研究が進められている[1]．

　マーシャルの後継者達が「師」の残した体系の未完の部分を引き継ぎ発展させていった[2]．マーシャルによって教育を受けたケインズが述べているように，「マーシャルの分析が，それを十分に理解されるように教育されたものの手にかかると，複雑かつ困難な領域を切り開いていくために，いかに強力な機関（エンジン）を与えるかを明らかにしたのである」(Keynes [1972], p. 208；訳, p. 275)．つまり，マーシャルのもとで教育を受けた者達が新たな経済学の領域と彼の経済学体系の未完部分，また当時の時代的課題をマーシャル経済学をもとに解き明かしていくことに精力を注いだのである．そこで，マーシャルが新たに創設した経済学トライポス（卒業試験）で最初に第1優等生を取得したウォルター・レイトンに注目することにする．われわれは，レイトンを取り扱うことにより，ケンブリッジ学派の形成過程ならびにマーシャルの経済学的課題や彼が十分体系

化できずに，レイトンや弟子達が深化させたものがわかる．さらに，ピグーやケインズとは違うケンブリッジ学派の経済学分野も明らかになる．

本章では，レイトンの2つの著作『物価研究入門』（Layton [1912]）と『資本と労働の諸関係』（Layton [1914]）をもとに，彼はマーシャルから何を継承し，当時の時代的課題にどう向き合ったのかを明らかにしていきたい．そこで，第2節では，まず最初にレイトンの略伝について紹介し，マーシャルの方法論と教育，彼の残された課題からケンブリッジ学派における両者の関係を考察することにする．第3節ではレイトンの『物価研究入門』，第4節では『資本と労働の諸関係』を取り上げ，上記の問題意識のもとに考察を進めていくことにする．

2. ケンブリッジ学派におけるマーシャルとレイトン

2.1 レイトンの略伝

レイトンは，1884年3月15日にロンドンのチェルシーで両親とも音楽家の家庭で生まれた．1901年に，彼はロンドン大学の University College（以下 UCL と略記）に入学し歴史学と経済学を専攻した．当時，UCL では，ケンブリッジから講師としてハーバート・フォクスウェルと A. C. ピグーが教えに来ていた．マーシャルのもとで教育を受けた UCL の講師であるチャールズ・サンガーがレイトンに統計への関心をもたすことになった（Hubback [1985], p. 8）．サンガーは彼にケンブリッジのトリニティー・カレッジ奨学金をとり，新しく制度化される経済学トライポスを受けることを勧めた．そして，レイトンは1904年10月にケンブリッジに進学を果たした．

まさに，レイトンにとって，マーシャル経済学の魅力は確かに若者を満足させる思考の一般的フレームワークを提供し，しかも現実問題と密接に関係するところにあった[3]．そこで彼は，それを大変明解であり十分出席の価値あるものと評価し，すべての講義に出席した[4]．マーシャルがケンブリッジで新しく創設した経済学トライポス（1906・1907年受験）で，レイトンは第1優等生を取得する．レイトンは，『エコノミスト』の編集長であるフランシス・ハーストと知り合

いになり，週に一度 assistant editor としてエコノミスト社へ出向くことになる．

　彼は，マーシャルが引退した年である1908年にケインズとともに講師になり，ケンブリッジの経済学部のスタッフとして教育・研究に従事する．*Cambridge University Reporter*（1907年6月7日号；1908年6月19日号）によると，マーシャルは，ケンブリッジで理論的分野と応用的分野の両方にスタッフを当て，経済学教育の充実を図った．ケインズが理論的側面の講義を担ったのに対して，レイトンは「現代産業の構造と諸問題」（前任者はマーシャル）という講義を担当し，応用経済学の分野を担うことになる．マーシャルの経済学体系には理論的側面と応用的側面が存在する．レイトンはマーシャルの後者の後継者である．

　レイトンは第一次大戦により政府の要職に就くように要請され，商務省（Board of Trade），軍需省（Ministry of Munitions），ヴェルサイユ講和会議で経済条項の交渉を行う．戦後，レイトンは鉄鋼同盟，国際連盟を経てケンブリッジ時代から関わっていた『エコノミスト』で編集長（1922-1938年）として従事することになる．その後，『ニューズ・クロニカル』の編集長と会長も務めることになる．また，レイトンは忠実な自由党員であり，1921年から自由党のサマースクールに参加し，そのなかで積極的な役割を果たした．さらに，彼は死去する前年の1965年まで活動を続けるのである[5]．

　マーシャルの引退後，すぐにケンブリッジ学派を支える人物達が出てきたのではなく，彼らに教育をした人物，マーシャル以外に影響を与えた人物が存在する．つまり，マーシャルが教授職を退いてから彼らに教育をほどこした世代，彼らをつなぐ人物として，ピグーやケインズだけでなくレイトンも存在するのである．

2.2　マーシャルの方法論と教育

　マーシャルのケンブリッジでの講義内容を *Cambridge University Reporter* の講義要項からみると，彼は自らの経済理論体系についてではなく現実の諸問題について講義を行っている．当時の学生達のあいだで共通に，マーシャルの講義は，「朝の『タイムズ』をテキストにし，その日のニュースから印象に残ったことについて話していた」（Groenewegen [1995], p. 314）といわれている．

マーシャルから弟子への指導に関してもピグーは経済理論の再構築を望んだのに対し，彼はこれを拒み，「産業紛争の原因と結果」という地道な歴史研究をピグーに求めた[6]。そこで，ピグーの最初の著作は1905年の『産業平和の原理と方法』(Pigou [1905]) であり，そこでは労使関係を平和的なかたちで維持し実現できるかについて論ぜられている。マーシャルが彼の弟子達に求めているのは，自らの経済学体系の再構築ではなく個別の経済的課題研究である。レイトンも統計による物価研究と労使関係に関する研究が行われている。マーシャルの弟子達への指導をみると，自らの理論研究を深めるよりも現実の個別経済的問題を行わせている。

マーシャルは，経済学研究の初期にリカードウや J. S. ミルの経済理論の数式化を図り演繹法に関心を寄せているが，彼は若いときから生涯にわたり，工場の訪問，アメリカへの調査旅行，統計資料から事実の蒐集，その整理・分析を行っている。マーシャルは，この分野の仕事を高く評価し自らの研究において重きをおいていた。マーシャルにとって，経済学は事実の蒐集・整理・分析が必要であり，演繹法だけでなく帰納法も重要となってくる[7]。さらに，彼は，「理論の研究は事実の研究と手を携えて進まなければならない」と述べ，「経済学は知識をそれ自体のために獲得すること」と「実際問題に対して光を投ずること」を目的と考えている (Marshall [1961], p. 39；訳，I, p. 52)。マーシャルは教授就任講演の『経済学の現状』(Marshall [1885]) においても，「理論」と「事実」の研究の必要性を繰り返し強調している。マーシャルにとっては，後者の「事実」つまり現実の経済問題へのアプローチも重要なのである。ところが，コラードによると，「ケンブリッジ学派には『事実』が欠如していないとしても，その事実は低レベルの事実」であり，「事実と理論とのあいだの創造的対決はほとんどみられない」と述べている (Collard [1990], p. 167；訳 p. 207)。

まさに，レイトンはその「事実」である現実の経済問題に対して取り組んだ経済学者なのである。しかもコラードは，「[ケンブリッジで] レイトンを失ったことがきわめて不幸であった理由はそこに [事実の欠如] にある」と，彼はレイトンの現実問題へのアプローチと彼のケンブリッジ学派においてのその役割を高く評価している[8]。

マーシャルは方法論として演繹法だけではなく帰納法も重視し，事実を収集・整理・分析を進めていくことが必要であると考えている．レイトンは，マーシャルの後者の研究方法に関心を寄せて自ら研究を進めているのである．

2.3 マーシャルの残された研究課題

マーシャルは，1890年に『経済学原理』（以下『原理』と略記）を出版したときにそれを第1巻と位置づけ，全体として2巻本にする予定であった．しかし，彼の『原理』第3版（1895年）と第5版（1907年）の改訂作業に多くの時間がとられてしまい，第2巻の出版の大きな妨げとなった．しかも1895年頃には，マーシャルは著作を第2巻にまとめるのを無理だと感じはじめている．1907年にマーシャルは，『国民的な産業と商業』，『貨幣，信用および雇用』というタイトルの独立の書物にしてそれらに力を注ごうと思うようになる[9]．

レイトンがマーシャルの講義を受けていたとき（1904-1907年）には，マーシャルはこれから出版されるであろう『産業と商業』に関しての内容について話している．学生達の関心も『原理』ではなく近く出版されるであろう第2の著作に関してであり，彼らはその書の出版を待ち望んでいる．マーシャルは，死去する前年の1923年に貨幣に関する論文を若い時の論文も含めて『貨幣 信用 貿易』として出版する．マーシャルは景気・雇用の問題に関して，『産業と商業』と『貨幣 信用 貿易』でも十分に論ずることはできていない．

マーシャルの『原理』が2巻本の作業を妨げた原因の1つとして，王立労働委員会の委員の仕事がある．彼は，そこで自分の主題に関して，直接に接触できる機会を大いに歓迎して，その最終報告を作成するうえに大きな役割を果たした．そのなかでも，彼は労働組合，最低賃金，および雇用の不規則性を取り扱った部分を書くことになる[10]．マーシャルにとって，労働組合の問題や最低賃金等の労働問題は避けて通ることができない重要な研究テーマであり，大きな関心事で彼はそれに熱心に取り組んだのであった．しかしながら，マーシャルは残された期間にそれを体系化することはできず，若い時の『産業経済学』と『原理』の要約版である『産業経済学要論』において展開されたにすぎなかったのである．

3. レイトンの『物価研究入門』における労働者論

3.1 マーシャルの物価変動論

ケインズは,マーシャルの物価研究ならびに貨幣理論について次のように述べている.

> われわれがいっそう遺憾としなければならないのは,マーシャルが『貨幣の理論』の公刊を非常な老齢に至るまで延期したことであり,その時にはすでに,時の経過が彼の着想の新鮮さを,また彼の説明から鋭さと強さを奪い去っていたのである.経済学の分野のうちで,マーシャルの思考の独創性と優先権とがこの場合以上に顕著であり,あるいは,同時代人に比べてその洞察と知識との優越性がこれ以上に大きかったものはほかにはない(Keynes [1972], p. 189;訳,p. 253).

これらの内容はマーシャルの講義によって,彼の引退後にはピグーの講義から口頭による言い伝えによったのである.これらの主題としての貢献は,1886年に「商工業の不況に関する王立委員会」から提出された質問書に対する答弁のなかに含まれているものと,『現代評論』の「一般物価変動の救済策」(Marshall [1887]),および1887年,1888年の「金銀委員会」における大部な証言であると,ケインズは指摘している.しかし,マーシャルの理論は「1923年の『貨幣 信用 貿易』の出現まで,体系的なかたちで説明されたことはなかった.この頃までには,彼の主要な着想はほとんどすべて,他人の著作のなかに表現されていった」(Keynes [1972], p. 189;訳,p. 254)とケインズは評価している[11].まさに,マーシャルの残された課題は,レイトンにも引き継がれたのである.

ケインズはマーシャルの貨幣理論への貢献として,(ⅰ)貨幣数量説の究明,(ⅱ)「実物」利子率と「貨幣」利子率との区別,ならびに信用循環に対してもつ関連性,(ⅲ)貨幣の追加供給が物価に影響する因果連鎖並びに割引率の演じる役割,

(iv)「購買力平価説」の解明，(v) 連鎖指数の作成法，(vi) 金銀複本位制の提案，(vii) 表計本位制の提案の 7 点をあげている[12]．

このことに対して，馬場［1961］は (i)-(iii) までがケンブリッジ学派の貨幣理論の核心をかたちづくるものと指摘している[13]．馬場［1961］は (iv)-(vii) までには触れていないが，特に (v)-(vii) までに関する物価指数と貨幣価値の安定に関するマーシャルの考えがレイトンに継承されていったのではないだろうか．

ケインズによると，「一般物価の変動の救済策」はマーシャルの時論のうちで最も重要な論文である．その主張は物価の急激な変動（物価の高騰）は有害であり，その原因のうちで除去できるものはそれへの方策が必要ということである[14]．さらに，マーシャルの「商工業の不況に関する王立委員会」での証言も重要であり，ここで彼は「物価指数」と「表計本位制」（Tabular Standard）の提言を行っている．価格変動に対するマーシャルの主張の変化に対する研究も存在するが[15]，彼が主張したかったのは階級間の所得分配の問題である（この点はレイトンに受け継がれている点でもある）．

そこで，マーシャルは物価安定のために価値基準をつくることの必要性を考え，「一般物価の救済策」において「物価指数」と「表計本位制」の提言を行っている．マーシャルは物価指数について，「われわれは物的な富の購入の支出を測るために，われわれの単位を使用することを欲している」（Marshall［1887］, p. 211；訳, p. 192）と主張している．マーシャルは，物価指数の提言だけを行い実際には作成していないが，レイトンは『物価研究入門』において物価指数の作成を試みている．

3.2 レイトンの物価変動論

レイトンは，1909-1912年，UCL でニューマーチ記念講義を行い，それをもとに『物価研究入門』という書物を出版することになる．

コラードによると，「ケンブリッジから生みだされていた他のいかなる業績とも異なり，この著書は丹念に分析された経済統計学の幅広い分析を含んでいた」（Collard［1990］, p176；訳, p. 219）のである．プライスからその著書に対して「統計学は玄人受けしないが，経済学の文献として有用で永続的な評価がなされ

る」,「現在の経済学における関心のある諸問題の重大なものであり,経済学の専門的な科学的議論に貢献する」(Price [1912], pp. 271, 274) という内容の書評がなされた.さらにプライスによると,レイトンはこの著書でマーシャルの物価下落擁護の考え方に沿ったものを示しており,19世紀中頃の金の発見に関して当時の権威であるジェヴォンズとは反対の結論を導き出している[16].

『物価研究入門』の序論(第1章)において,「物価変動は人々の興味をひくものではなかった」が,「労働問題・社会問題は生活費と物価の上昇の問題でもある」(Layton [1912], p. 1) ことをレイトンは主張する.そこで,レイトンは第2章と第4章において理論的側面,第3章,第5〜8章で歴史的側面を取り扱っている.その書で,社会全体の見地から物価の下落が望ましいのかそれとも物価の騰貴が望ましいのか,これらの状態においていかなる経済的な問題が生じるのか,その解決に向けて彼は考察を進めている.さらに,レイトンが結論の章で述べているように,『物価研究入門』は物価変動の分析を通して「労働者階級は進歩したのか退歩したのかという判断を行う」(Layton [1912], p. 104) ための著作である.

レイトンにとって,「一国の物質的繁栄は,国民所得を構成する金の量ではなく,食物・衣服・住居・旅行の便宜・保養の設備・享楽資料の分配が公平かどうか」(Layton [1912], p. 5) なのである.一般的に,物価変動は社会の種々の階級における分配に影響を及ぼすのである.彼は「価格上昇の影響」を表にまとめ,物価の上昇から利益・不利益を受ける階級,無関係な階級をそれぞれ賃金取得者,専門職のような給与所得者,利潤や利子取得者から詳細にクロス分析を行っている[17].

さらに,彼は『物価研究入門』の第5章から第8章において,1820年から1910年までの物価下落期と上昇期を分けてその時期の詳細な分析を行い,物価の変動が社会の種々の階級に及ぼす影響についての考察を行っている.彼は,これらの考察から一般的に労働者階級は物価下落によって利益を得,雇用者達は物価上昇によって利益を得ると結論づけている[18].これは,マーシャルの「金銀物価委員会」での証言,「一般物価の変動の救済策」の内容と重なる議論である.しかしながら,マーシャルの主張のように物価下落が労働者に対して有利に働き,物価

上昇が不利に働くという考え方をレイトンは全面的に認めるものではない．レイトンは，労働者と雇用者の富の分配が物価上昇の影響以上に重要であると述べている[19]．

レイトンは，労働者階級の生活状態と物価上昇の関係を詳細に統計をもとに描き出しているのである[20]．彼の分析の関心事は，物価が上昇するのか下落するのかによって，労働階級の生活状態の改善を早めるのか阻むのかということなのである．物価変動が国民所得ならびに分配に大きな影響を与えることをレイトンは明らかにしたのである．

3.3 レイトンの物価指数と表計本位制

レイトンは物価の分析に関して1900年を基準とする「物価指数」を導入し，それをもとにグラフ化を行っている[21]．レイトンは，物価指数が将来の国民にとって大きな資産になると，考えていたのである．したがって，彼は頻繁にその指数を公表することを主張する[22]．そこで，彼は物価指数の算出のためにマーシャルと同じように，ジェヴォンズが導入している幾何平均ではなく，算術平均を支持した[23]．レイトンの主張では，算術平均は幾何平均と比較すると分析の厳密さはないが，簡便で同じような傾向を示すことができるとしている[24]．また，彼は物価騰貴の救済策として，金から離脱して商品を価値基準にそれを物価の変動に適応させる「表計本位制」を採用することも提案した[25]．

レイトンにとっては，マーシャル経済学の有機的成長の重要な要素である社会進歩（ここでは会社制度の発達，運輸交通の進歩，科学技術の進歩，適正な分配）が価格上昇期・下落期にどう行われているかが重要な関心事である．これらの社会進歩がスムーズに行われているときには，労働者の生活状態に改善がみられる[26]．レイトンは，この考えがマーシャルに負っていることを述べている[27]．マーシャルは，レイトンへの手紙で彼に労働者の賃金と生活状態の関係についての研究を期待している[28]．

レイトンは労働者における消費の影響として，統計に基づき彼らの生活水準は向上したと『物価研究入門』において結論づけている．なぜかというと，労働者階級の生活必需品以外（茶・煙草・砂糖・葡萄など）の消費が大きく向上したこ

とを統計によって示している。さらに、彼は手に入れることのできる種々の統計が国民所得の分配の内情を示していると指摘し、それが統計の貢献であると評価している[29]。

以上のことから、レイトンの『物価研究入門』という書物は、統計という分析道具による労働者階級の生活改善を目的とした物価の史的研究であると評価できる。つまり、統計を使用することによって労働者の生活が把握できることを本書で示した。レイトンのこの分野の業績は、のちに彼が編集長を務める『エコノミスト』において大いに活かされていくことになる。

4. レイトンの『資本と労働の諸関係』における労働問題

4.1 マーシャルの『産業経済学』と『産業経済学要論』

マーシャルは若い時には労働組合に好意的であったが[30]、晩年には労働組合に対しての言及が少ないことから、彼は、組合運動が激しさを増したことにより労働組合に対して否定的な態度に変化させたという評価がある[31]。その評価に対して、マーシャルの労働組合の態度の変化を強調しすぎであるとの批判も存在する[32]。

労働組合に対してのマーシャルの問題意識は、本質的には変化していない。マーシャルの有機的成長にとって、労働者階級の成長・進歩は必要である。労使交渉において雇用者が労働者へ正当な賃金を払うこと、労働者への教育的役割において労働組合は重要な役割を果たす。つまり、彼の有機的成長論において、生活基準上昇のために労働組合の役割は重要である。労働組合は、マーシャルにとって生涯にわたって関心事なのである。

彼の労働組合に対しての言及は、『経済学原理』ではなく『産業経済学』(Marshall, A. & M. P. [1879]) と『経済学原理』の要約版である『産業経済学要論』(Marshall [1892]) と『産業と商業』(Marshall [1919]) において主になされている。また、彼はプライスの著書である『産業平和』(Price [1887]) に序文を書き、それを「公平な賃金率」(Marshall [1887]) としても公表している。

ケインズによると,「『産業経済学』は優れた教科書であり,労働組合・労働争議の問題は近代的方式による最初の満足な取り扱いであった」(Keynes [1972], p. 202;訳,p. 268) とそれを高く評価している.また,マーシャルは『経済学原理』の執筆後『産業経済学』を絶版にし,それに代るものとして『産業経済学要論』を出版し,そこで賃金問題・労働市場・労働組合・労働争議の問題を取り扱っている.また,それはケンブリッジの学生達のあいだで『産業経済学』に代ってトライポスの教科書として読まれていたのである.

　これらの著書から学んだピグーは『産業平和の原理と方法』(Pigou [1905])を,レイトンは『資本と労働の諸関係』(Layton [1914])を執筆し,マーシャルの労働組合論を継承・応用・発展させることとなる.

4.2　『資本と労働の諸関係』の評価

　グレネヴェーゲン (Groenewegen [2007]) は,『資本と労働の諸関係』をマーシャリアンの「正真正銘」の教科書 (a Marshallian Text pur sang) であるとして高く評価している.しかし,それは,レイトンの『資本と労働の諸関係』に対しての考察が主で,『物価研究入門』への言及はほとんない.レイトンは『物価研究入門』においても労働者の問題を取り扱っているので,その著書との関係も必要である.『資本と労働の諸関係』について,マグレガーはそれを「簡潔」で「学問的」であると述べ,われわれの現在の時代状況を理解するのに,値打ちのある助けを与える,と評している[33].

　レイトンは,序章において「事業 (ビジネス) はいかなる意味においてももはや個人的な問題ではなく,社会はすべての事業の円熟したパートナーである」(Layton [1914], p. 6) と述べ,その役割が十分に果たせずに,現在は不幸な状態に陥っていると捉えている.彼によると,その影響として多くの労働運動が起こっているのである.そこで,彼は事業における社会的義務とその責任の重要性の認識が高まっていることを指摘している[34].この考え方は,レイトンがマーシャルの経済騎士道の考え方を継承したものであろう.

　レイトンはその目的を,「資本と労働の諸関係に影響を与える基礎的な考慮に焦点をあて,国民所得分配の方法を考えるもの」であり,さらに「雇用者と被雇

用者が社会に望ましいサービスを与えるためにはどうすればいいのかを見つけ出すもの」(Layton [1914], pp. 13-14) としている．そのため，彼は賃金システムの説明，公平な賃金のために適正な分配の必要性，賃金交渉に影響するさまざまな問題に多くの章を費やしている．そして，レイトンは最後の3つの章では労働組合と労働争議，それらの解決のさまざまな手段について述べている．

グレネヴェーゲンは，それを，経済理論家によって資本と労働の問題を「原理」(principle) によって単純化するものではなく，広く可能な方法でそれらを取り扱っていこうとするものであると評価している[35]．そこで，労働者の賃金をめぐる問題，労働組合と労働争議の問題，政府の果たすべき役割について詳しくみていくことにする．

4.3 賃金問題

レイトンは，第2章「賃金理論」で資本と労働の限界生産力説を認めつつ，労働者の賃金システムにおいて労働者の労働生産性が重要な要素であると考えている．さらに，彼は資本と労働の生産における両者の協同の重要性を強調している[36]．

グレネヴェーゲンは賃金問題に関して，レイトンが彼が古典派の生存賃金説を拒否したと述べているが[37]，むしろ，レイトンはマーシャルの「生活基準」の概念に基づいて賃金上昇と人口の関係を議論している点が重要である．レイトンによると，賃金上昇は人口増加をもたらすというリカードウ＝マルサス的な考えは，歴史が示すように現実には起こっていない．レイトンは，賃金の上昇が生活水準の維持に使われ，将来の人口抑制に影響すると主張する[38]．

さらに，レイトンは1790年から1912年までの名目賃金・物価・実質賃金がどう変化しているのかを表にして解説を加えている[39]．『物価研究入門』において，レイトンは労働者の生活状態を物価の統計データをもとに考察しているが，本書では物価データにより労働者の実質賃金の変化を表している．マーシャルも労働者の賃金問題を扱っているが，レイトンのような統計に基づく分析はほとんどみられない．レイトンの貢献として注目すべき点は，このようなデータに基づく現実の経済把握であろう．

当時起こっている労働争議の原因の1つとして，物価上昇に対して名目賃金の下落に原因がある．レイトンは物価指標を定期的に公表すること，消費者である労働者の視点から卸売物価指数ではなく，小売り物価指数作成の必要性を主張している．また，物価の変動が自動的に反映されるものとして，物価スライド制（Sliding Sscale）の使用に関しても彼は言及している[40]．これらの議論は，『物価研究入門』とも重なる議論であるが，レイトンは『資本と労働の諸関係』においては当時の労働問題と絡めて分析している．物価スライド制の利点とは，賃金に関しての労使紛争を未然に防ぐ役割があり，労使間の協力関係と共通の利害を促進することになる．また，雇用者は生産費用を事前に賃金を含めて見積もることで，長期契約が可能となる．さらに，物価の変化が急激に起こる代わりに，賃金率の変化を小さく緩やかにすることができるという利点もある[41]．マーシャルも物価スライド制について労働者の賃金との関係で提言している[42]．

レイトンは「労働組合と賃金」の章で，労働組合と高賃金の相互依存関係を示している．レイトンは，労働組合が労働者に高賃金もたらし，その結果，長期において労働生産性の上昇につながり，またそのことが新しい生産方法の導入に対して労働者の理解が得やすくなると述べている[43]．これらの議論は，マーシャルの『産業経済学要論』における労働組合の発達が賃金上昇をもたらすという記述と重なるところである[44]．レイトンは，より具体的な事例から労働組合が存在する業種における賃金率の高さ，ならびにそれらの経済効率の良さも指摘している．

4.4 労働組合とストライキ

グレネヴェーゲンによると，第一次大戦前に労使間の争いは主たる重要な経済的テーマであった[45]．

レイトンは，1893年に労働委員会の勧告により，商務省の労働局がストライキや労働争議の統計を体系的に収集をはじめたことを指摘し，1893年から1913年までの統計を『資本と労働の諸関係』に記載し，それについての分析を行っている．ストライキは団体交渉の不完全性を示すものであると，レイトンは考えている[46]．

1912年には，石炭産業のストライキで労働時間の損失は過去最大を記録し，4200万労働日の損失があった[47]．ストライキとロックアウトの原因として，賃金

問題がもちろん最も重要な位置を占めるが，労働組合と労働協定の問題でもあると彼は指摘している[48]．レイトンによると，ストライキは労働者に対して多くの実質的利益をもたらさないし，ストライキによる労使間の耐久戦では労働者が不利な立場にある．彼は，ストライキによる秩序の破壊の間接的な損失は大きく，金銭で計ることができないほど労働者のモラルを害すると考えている．レイトンは，労働者の賃金増加を伴ってもストライキのさまざまな不利は相殺できないほど大きいと考える．

以上のレイトンの考え方は，マーシャルを引き継いだものと思われる．労働組合はストライキを繰り返すことなく，自らの目標を達成させることが重要なのである．しかも，マーシャルは賃金上昇が生産を著しく停滞させない手段で，また労働者の人的資本を増大させるかたちでなされなければ，彼らの賃金上昇が長続きしないと考えていた[49]．

レイトンは，のちに初の労働党内閣の首相となるマクドナルド（Ramsay Macdonald）の著書『社会不安』（*Social Unrest*）から「賃金上昇とストライキの増加のカーブは一致する」（Layton [1914], p. 217）という主張を引用し，そのことは確かではなく証拠が不十分であると批判している．一般的に多くの人がマクドナルドの意見に賛成する傾向があり，利益喪失は利益増加によって相殺されなければ，深刻なストライキの道徳的結果は賃金に影響する大きな要因である，とレイトンは述べている[50]．彼にとって，当時のストライキは産業システムに必要とするものではなく，ストライキという武器が長いあいだ使われていなかったときに，その事実に目を向けさせ，雇用者が労働者の不満に注意を向けさせるものである．また，レイトンは雇用者が産業の完全な独裁者ではないことを示すために，レイトンはストライキの必要性を主張する．彼は，過去の事例からストライキを行うということは残酷な方法であることも指摘している[51]．レイトンにとって，労働問題の解決に対してはストライキではない別の解決方法が必要になってくるのである．

4.5　産業紛争における政府の干渉

当時のイギリスの労使関係の特徴は，ボランタリズム，すなわち政府が法律的

な介入をするのではなく，自主的に労使は両者の信頼関係をもとに交渉により労働問題の解決を目指すものであるとされてきた．

　レイトンは，政府によって労使間に交渉機会を提供することが必要であり，政府が介入してストライキやロックアウトを禁止すべきではないと主張する[52]．調停制度により労使双方は相手方の主張をよく聞き，解決の道を探り，調停委員会も自らが決定するのではなく，両者が合意できる解決の方向に向かって努力すべきなのである[53]．

　レイトンの調停についての考え方は，マーシャルに基づいている．労働組合は労働者の心をより広い問題に開くことによって彼らの知性を高め，調停制度は労働者に企業の現実の諸問題に関する知識を与え，労働者教育をさらに前進させる，とマーシャルは考えている．さらに，彼は調停制度が労働者階級と雇用者を知的に高めるものであると捉えている[54]．

　レイトンは，マクドナルドの「雇用者と労働者の両者は相容れない利害を持っており，けっして両立できない」（Layton [1914], p. 255）を紹介し，主張は根本的に事実ではなくそれに異議を唱えている．さらに，レイトンは生産において両者は不可欠の機能であり，長期において利害は一致が可能で，協力できる関係において，より多くの報酬を受け取ることができるという事実を指摘している[55]．マーシャルも有能な労働組合は，自らの利害と雇用者のそれの一致を目指すことを認めている[56]．

　労働組合における労働者教育の役割，さらに労使間の交渉における彼らの産業理解ならびに他者への考慮，労働者自らが社会で果たすべき役割は重要であり，レイトンの労働組合観を理解するうえで必要になってくる．そこで，労働者は事実と自らに関わる政治的・経済的問題について広い視野をもつように教育されるべきと考えている．また，雇用者も一般的に産業の広い分野をみることが絶えず必要とされ，広い視野でものごとを捉えるように訓練すべきである，とレイトンは主張する[57]．

　マーシャルは過去に労働組合活動を制限したことにより，労働者の性格の強靱さは失われ，彼らの視野は自分の周りだけと狭くなり，世のなかのことにほとんど関心をもたなくなったと指摘し，労働組合の教育効果を重視している[58]．

マーシャルは，鉄鋼のホイットレー委員会委員長になろうとしているレイトンに，多くの雇用と産業組織について経済学者が知りたくても知り得ない知識を学ぶ機会であると手紙で書いている．さらに，レイトンがその地位にふさわしい人物であり，公共の利益のために多くのことをなし得ることはすばらしいともマーシャルは述べている[59]．『産業と商業』において，マーシャルは「ホイットレー報告書の主要な目的の1つは，雇われている企業が労働者に影響するすべての面について公表することによって労働者の地位と自尊心を高められ，労使交渉によって率直な話し合いは和解を導くことである」(Marshall [1919], p. 643)[60]と言う．マーシャルは晩年に，労働組合への関心の薄れやそれへの拒否反応を必ずしももっていたわけではないことが分かるであろう．つまり，レイトンはマーシャルの著作から影響を受け，『資本と労働の諸関係』を著したが，レイトンはマーシャルの『産業と商業』にも影響したのである．

5．むすび

　これまでの考察より，統計という分析手法によるレイトンの『物価研究入門』は，ケンブリッジ学派において異質な業績のようにみえるかもしれない．しかし，コラードのように，「ケンブリッジから生みだされていた他のいかなる業績とも異なる」(Collard [1990], p. 176；訳，p. 219) という評価をするのではなく，彼の著作はケインズの『インド通貨と金融』(Keynes [1913]) よりも早く出版され，マーシャルの経済学方法論を踏襲し，当時の重要な研究テーマでマーシャルが十分具体化できなかった経済学の業績であるといえよう．マーシャルの弟子の1人であるフレデリック・ラヴィントンが好んで使った"All in Marshall"の言葉のように，彼の後継者達にとって，当時の経済学的諸問題を解く鍵はまさにマーシャルの著作ならび講義等の伝承的なところにあったのである．レイトンは，マーシャルから事実の収集，整理，分析，解釈という帰納的な研究方法論を学び取り，それを新たな理論構築・分析道具の発展に貢献したのではなく，当時に重要になりつつある統計分析に自らの能力を活かした．その成果が『物価研究入門』である．

さらに，われわれはレイトンの『資本と労働の諸関係』をマーシャルの労働問題への関心を引き継いだ書物として評価することができよう．つまり，それは労働者にとって産業不安をなくし，いかにすれば公正な賃金を獲得することができるのかを示すものである．レイトンにとっては，労働争議に関して政府の役割として積極的に干渉するのではなく，労使間の交渉が十分に行われるように環境を整備することが望まれるのである．また，彼が社会の進歩に関して資本家と労働者のそれぞれの役割が強調される点においては，マーシャルの経済騎士道の考えを受け継ぐものであるといえよう．しかも，レイトンは，資本と労働の協同の重要性を当時の時代状況からより明らかにしていこうとしている．グレネヴェーゲンが主張するように，レイトンの『資本と労働の諸関係』をマーシャル的な教科書を目指して書かれた著作と評価するよりも，『産業経済学』や『産業経済学要論』で取り扱われている労働組合について議論を深めた著作と評価するほうが適切であろう．

以上から，ケンブリッジ学派でのレイトンは，マーシャルが創設した経済学トライポスから生まれた経済学者であり，マーシャルの方法論を受け継ぎ，彼の理論の応用に業績を残した経済学者として位置づけることができる．あまり注目されていないが，レイトンの起源であるマーシャル経済学のなかに「応用経済学」的な側面も存在しているのである．

注

*) 本章は，科学研究費基盤研究（C）「ケンブリッジ学派におけるウォルター・レイトン」（2007-2008年）の研究成果の一部である．

1) 例えば，Becattini [2006], Raffaelli [2003; 2004] を参照．
2) Groenewegen [1985], p. 758を参照．
3) Hubback [1985], p. 18を参照．
4) Collard [1990], p. 176；訳, p. 219を参照．
5) Hubback [1985], pp. 64-72を参照．
6) Pigou [1925], p. 86, Clark [1952], p. 780；訳, V, p. 269を参照．
7) Marshall [1961], p. 29；訳, I, p. 39を参照．

8) Collard [1990], p. 167；訳, pp. 207-208を参照. ケインズとレイトンをレクチャラーの第1世代とするならば, 第2世代のラヴィントン（1927年死去）とヘンダーソンも失う.「両人（レイトンとヘンダーソン）は応用経済学への関心をもち続けた. この2人がケインズ風に, 何らかのかたちでポストとつながっていたならば, ケンブリッジの最も弱い, この方面を強化できたであろうと感じざるを得ない」(Collard [1990], p. 181；訳, p. 226).
9) Guillebaud [1961], p. 46；訳, I, pp. 230-231を参照.
10) Keynes [1972], p. 217；訳, p. 287を参照.
11) レイドラーも『貨幣 信用 貿易』は, 1870年代および1880年代の成果であるという点を考慮すれば, これらの内容は間違いなく重要性をもち, マーシャルの講義内容, 諮問委員会, 王立委員会の証言内容に散りばめられている, と述べている (Laidler [1990], pp. 44-45；訳, pp. 55-56). 岡田 [1993] は, マーシャルの物価論の考察を詳細に行っている. 岡田は, マーシャルの「一般物価の変動の救済策」は, 初期草稿には物価変動の理論的解明がなされていると述べ, マーシャルの理論的未熟さも指摘している.
12) Keynes [1972], pp. 189-195；訳, pp. 253-260を参照.
13) 馬場 [1961], pp. 193-194を参照.
14) 最初, マーシャルは物価下落期よりも上昇期が労働者階級に対して有利に働くことを主張し, のちにその主張を変更することになる.「不況委員会」の証言（1886年5月27日）では物価上昇を支持していたが,「一般物価の変動の救済策」では物価上昇よりも物価下落支持, 物価の安定を主張するようになる. マーシャルは, この主張の変化を自ら告白している.「わたしが経済学の研究をはじめてから10-15年のあいだ, 物価上昇は一般的に実務家達の利益になり, 間接的に労働者階級の利益になるという通説をもち続けていたと告白します. しかし, わたしは見解を変えました」(Marshall [1889], p. 286).
15) 伊藤 [2005] は, マーシャルの物価変動の主張の変化とピグー, ケインズ, ホートリー, ロバートソンの物価についての考え方を詳細に検討している. 伊藤のEshagへの批判も同論文を参照のこと.
16) Price [1912], p. 272を参照のこと.
17) Layton [1912], p. 15を参照.
18) Layton [1912], p. 10を参照.
19) Layton [1912], p. 102を参照.
20) 近藤 [2008] pp. 118-119を参照.
21) Layton [1912], 第3章, 付録Aを参照.
22) Layton [1912], p. 108を参照.

23) ジェヴォンズは,『金価値の大幅な下落』(Jevons [1869])において物価指数の計算方法として幾何平均が妥当であると主張している. 井上 [1987], p. 231を参照. しかし,マーシャルはジェヴォンズの幾何平均を批判し,算術平均によって物価指数を表すことを主張している. Marshall [1887], Pigou [1925], p. 208n;訳, p. 187を参照.
24) Layton [1912], pp. 115-118を参照.
25) 表計本位制については,近藤 [2008], p. 117を参照のこと.
26) Layton [1912], Ch. 6 を参照.
27) Layton [1912], p. 107を参照.
28) Whitaker ed. [1996], III, p. 362を参照.
29) Layton [1912], p. 151を参照.
30) Keynes [1972], p. 214;訳, p. 283を参照.
31) マーシャルの労働組合の態度についてはPetridis [1973]を参照.
32) Matthews [1990], p. 33n;訳, p. 50を参照.
33) MacGregor [1914], p. 450を参照.
34) Layton [1914], pp. 7-8を参照.
35) Groenewegen [2007], p. 23を参照.
36) Layton [1914], p. 24を参照.
37) Groenewegen [2007], p. 24を参照.
38) Layton [1914], pp. 30-31を参照.
39) Layton [1914], Ch. 3を参照.
40) Layton [1914], p. 86を参照.
41) Layton [1914], pp. 172-173を参照.
42) Marshall [1879], p. 264を参照.
43) Layton [1914], pp. 100, 112, 115を参照.
44) Marshall [1892], p. 391;訳, p. 479を参照.
45) Groenewegen [2007], p. 22を参照.
46) Layton [1914], pp. 209-211を参照.
47) Layton [1914], p. 214を参照.
48) Layton [1914], pp. 214-215を参照.
49) Marshall [1879], pp. 202-203;訳, p. 249を参照.
50) Layton [1914], p. 217を参照.
51) Layton [1914], p. 218を参照.
52) Layton [1914], p. 227を参照.
53) Marshall [1879], pp. 214-215;訳, pp. 262-263を参照.

54) Marshall [1887], pp. 225-226；訳, pp. 274-275を参照.
55) Layton [1914], p. 255を参照.
56) Marshall [1892] p. 378；訳, p. 461を参照.
57) Layton [1914], pp. 256-257を参照.
58) Marshall [1961], p. 703；訳, 4, p. 288を参照.
59) Whitaker [1996], III, pp. 359-360を参照.
60) マーシャルは同委員会とその報告書に関心をもっており,『産業と商業』においても引用されている. 西澤 [2007], pp. 365, 509-511を参照.

参考文献

Becattini, G. [2006], "The Marshallian School of Economics" (in Raffaelli, T., Becattini, G. and Dardi, M. eds., *The Elgar Companion to Alfred Marshall*, Edward Elgar).

Clark, C. [1952], "Economic Thought on Pigou", in Spiegel, H. W. ed., *The Development of Economic Thought*, John Wiley & Sons（越村信三郎・伊坂市助他監訳 [1954],『経済思想発展史』東洋経済新報社）.

Collard, D. A. [1990], "Cambridge after Marshall", in Whitaker, J. K. ed., *Centenary Essays on Alfred Marshall*, Cambridge University Press（橋本昭一監訳 [1997],『マーシャル経済学の体系』ミネルヴァ書房）.

Cristano, C. [2006], "Walter Thomas Layton", in Raffaelli, T., Becattini, G. and Dardi, M. eds., *The Elgar Companion to Alfred Marshall*, Edward Elgar.

Groenewegen, P. D. [1995], *A Soaring Eagle: Alfred Marshall 1842-1924*, Edward Elgar.

Groenewegen, P. D. [2007], "Walter Layton on *The Relations of Capital and Labour* (1914): A Marshallian Text *pur sang*?", *History of Economics Review*, No. 46, Summer.

Hubback, D. [1985], *No Ordinary Press Baron: A Llife of Walter Layton*, Weidenfeld and Nicolson.

Jevons, W. S. [1869], "The Depreciation of Gold", *Economist*, Vol. 27.

Keynes, J. M. [1972], *The Collected Writings of John Maynard Keynes, Vol. X, Essays in Biography*, Macmillan（大野忠男訳 [1980]『ケインズ全集 第10巻 人物評伝』東洋経済新報社）.

Laidler, D. E. W. [1990], "Alfred Marshall and the Development of Monetary Economics", in Whitaker, J. K. ed., *Centenary Essays on Alfred Marshall*, Cambridge University Press（橋本昭一監訳 [1997],『マーシャル経済学の体系』ミネルヴァ書房）.

Layton, W. [1912], *An Introduction to the Study of Prices, with Special Reference to the History of the Nineteenth Century*, Macmillan（増井幸雄訳 [1913],『物価騰貴論』北文舘；室谷賢治郎訳 [1940],『近世物価史要』巌松堂書店）.

Layton, W. [1914], *The Relations of Capital and Labour*, Collins Clear-Type Press.

MacGregor, D. H. [1914], "Review: *The Relations of Capital and Labour*", *Economic Journal*, Vol. 24, No. 95, September.

Marshall, A. & M. P. [1879], *The Economics of Industry*, Macmillan（橋本昭一訳 [1985]，『産業経済学』関西大学出版部）.

Marshall, A. [1885], "The Present Position of Economics", in Pigou ed. [1925].

Marshall, A. [1885], "On the Graphic Method of Statistics", *Jubilee Volume of the Statistical Society*.

Marshall, A. [1886], "Answers to Questions on the Subject of Currency and Prices", Circulated by the Royal Commission on the Depression of Trade and Industry, Third Report, Appendix C, pp. 31-34, in Keynes, J. M. ed., *Official Papers by Alfred Marshall*, Macmillan, pp. 3-16.

Marshall, A. [1887], "Remedies for Fluctuations of General Prices", *Contemporary Review*, Vol. 51, March.

Marshall, A. [1887], "A Fair Rate of Wages", in Pigou ed. [1925].

Marshall, A. [1892], *Elements of Economics of Industry*, Macmillan.

Marshall, A. [1919], *Industry and Trade*, Macmillan（永澤越郎訳 [1986]，『産業と商業』全3冊，岩波ブックセンター信山社）.

Marshall, A. [1923], *Money, Credit and Commerce*, Macmillan（永澤越郎訳 [1988]，『貨幣 信用 貿易』全2冊，岩波ブックサービスセンター）.

Marshall, A. [1961], *Principles of Economics*, 9th variorum ed. by Guillebaud, C. W., Macmillan（永澤越郎訳 [1985]，『経済学原理』岩波ブックセンター信山社）.

Matthews, R. C. O. [1990], "Marshall and the Labour Market", in Whitaker J. K. ed., *Centenary Essays on Alfred Marshall*, Cambridge University Press（橋本昭一監訳 [1997]，『マーシャル経済学の体系』ミネルヴァ書房）.

Petridis, A. [1973], "Alfred Marshall's Attitudes to the Economic Analyses of Trade Unions: A Case of Anomalies in a Competitive System", *History of Political Economy*, 5-1.

Pigou, A. C. [1905], *Principles and Methods of Industrial Peace*, Macmillan（『産業平和の原理と方法』）.

Pigou, A. C. ed. [1925], *Memorials of Alfred Marshall*, Macmillan（永澤越郎訳 [1991]，『マーシャル経済学論文集』岩波ブックセンター信山社）.

Price, L. L. [1887], *Industrial Peace,* Macmillan.

Price, L. L. [1912], "Review: *An Introduction to the Study of Prices*", *Econoic Journal*, Vol. 22, No. 86.

Raffaelli, T. [2003], *Marshall's Evolutionary Economics*, Routledge.

Raffaelli, T. [2004], "Whatever Happened to Marshall's Industrial Economics?", *European Journal of the History of Economic Thought*, 11-2.

Whitaker, J. K. ed. [1996], *The Correspondence of Alfred Marshall,* 3 Vols., Cambridge University Press.

井上琢智 [1987],『ジェヴォンズの思想と経済学』日本評論社.

伊藤宣広 [2005],「マーシャルと物価水準」,『立教経済学研究』(立教大学) 第59巻第1号.

岡田元浩 [1993],「貨幣経済理論史におけるマーシャルの位置」(井上琢智・坂口正志編著 [1993],『マーシャルと同時代の経済学』ミネルヴァ書房).

近藤真司 [2008],「ケンブリッジ学派におけるウォルター・レイトン──『物価研究入門』(初版)を中心として」,『経済社会学会年報』第30号.

西澤保 [2007],『マーシャルと歴史学派の経済思想』岩波書店.

馬場啓之助 [1961],『マーシャル』勁草書房.

第9章　ラヴィントン——企業家の規範*

小峯　敦

1．はじめに——分裂した資本主義像？

　フレデリック・ラヴィントンは1910-1920年代に活躍したケンブリッジ学派の経済学者である．彼は不確実性下における合理的な経済主体の行動を分析した（資産選択論へ）．また，景気循環論や金融市場の発展にも造詣が深く，マクロ経済の安定性や攪乱性にも十分に注意を払っていた．このように彼はミクロ・マクロの両面で——ケインズやそれ以後に通じる——理論上の貢献があり[1]，同時に資本主義の不安定性を深く認識していた．それにもかかわらずラヴィントンは生涯，楽観的な資本主義観を維持していた．それゆえ「すべてはマーシャルのなかにある．問題はそれを掘り出すのに手間がかかることだけだ」と語ったとされるほど，彼は「最も正統的なケンブリッジ学派の経済学者であった」（W［right］, pp. 503-504）．革新と守旧．分裂してみえる彼の資本主義像を，統一的に把握することは可能か——本章の出発点はここにあった．従来の研究[2]は彼のミクロ面・マクロ面の先駆的な業績には触れていたが，上記の問題設定は皆無であり，産業組織論というもう１つの貢献も無視してきた[3]．

　本章ではまずラヴィントンによる中間層（メゾ・レベル）の規範的認識に光を当てる．中間層とは彼自身が用いた用語ではないが，企業内組織・企業・業界・産業など，個人と社会／国家をつなぐ中間に位置する自発的な集団層を意味する[4]．そのうえで目標を二重に設定する．第１に，ミクロやマクロとは異なる第３層を意識することで，彼の理論的貢献を結束性の高いかたちで提示し直せるこ

と，第2に，その過程で彼の資本主義観を再解釈し，マーシャルとの連続性やケインズとの異同を明らかにできること．もしここで望ましい型の企業家が集団として活躍できれば，ミクロとマクロのギャップを埋めることに成功する．本章はその成功の可否が，マーシャル的な経済騎士道にかかっていると論ずる．対照的に，ケインズはこのような経済騎士道が「色褪せた偶像」(Keynes [1972/1926], p. 287) であると論じた．同じ伝統に育ちながら，両者はケンブリッジ学派の分裂と呼べるほど大きな隔たりをみせた．ラヴィントンの資本主義観は，マーシャルの時代認識（19世紀末）とケインズの時代認識（第一次世界大戦後）をつなぐ結節点・変節点として重要な位置にある．いわば，マーシャルからケインズに至るケンブリッジ学派の連続性と断絶性を，ラヴィントンという迂回路を用いて把捉したいのである．

　第2節で略伝を記したのち，本章ではまずラヴィントンの全著作（1911-1927）を調査し，3層と対応する代表理論を順に整理する．第1はミクロ層であり，資産需要論を代表とし，純粋理論の領域である．第2はマクロ層であり，景気循環論を代表とし，現実認識の領域となる．第3は中間層であり，産業組織論を代表とし，理想とする世界の領域となろう．この整理に基づき，第3節は彼の資本主義観を概観し，その資産選択論と景気循環論を略述して企業家の重要性を確認する．本論の中心である第4節で，メゾ層に基づいた4つの事例を探る．第5節で3者の企業家像をまとめる．結論の第6節は，理想の企業家像を示唆する．

2．略　伝[5]

　ラヴィントンはイングランド南西部に，1881年11月19日に生まれた．民間銀行に11年間勤めた後，ケンブリッジ大学エマニュエル・カレッジで学び直す機会を得て，彼はロバートソン，ヘンダーソン，ショーブ，ドールトンとともに，ケインズの最初期の学生となった[6]．ケインズの同僚フェイは「ラヴィントンはわたしが教えたなかで，最初のそして最善の学生であった」(F[ay] [1927], p. 504) と証言している．学業の優秀さは次のとおりである．(1) 1910／1911年，経済学トライポスのパート1／2で，優等 (first class) となった．(2)「資本とビジネス

の力を結びつける経済主体」という論文で,アダム・スミス賞[7]を獲得した.

こうした優秀さにもかかわらず,ラヴィントンは卒業後に商務省の職業紹介所局に入った.ケインズ,ヘンダーソン,ドールトン,ソルター,スタンプ,ベヴァリッジらと同じく,経済学的思考を操る官僚の先駆けとなったのである.彼らは学界と官界(そして政界・財界)をつなぐ媒体の働きをした.戦時中には,工場における女性雇用を調べる委員会の合同事務局長を務めた[8].

しかし病気のため1917年にはケンブリッジ大学に戻り,1920年にはケインズの後を継いでガードラーズ講座講師となった[9].その後,「傑作」(Bridel [2004], p. 724)である『イギリス資本市場』(Lavington [1921])を出版した.エマニュエル・カレッジのフェロー(特別研究員)となり,教科書『景気循環』(Lavington [1922].以下 *TC* と略記)も出版した.1911年から1927年にかけて,ラヴィントンは8本の学術論文を書き,7つの書評と2冊の本を公表した.カレッジ内部の仕事[10]にも忙殺され,1927年7月8日に46歳で病没した.

3. 資本主義の特質と理論的貢献

1910年代・1920年代にラヴィントンがどのように資本主義[11]の特質を捉えていたか,そしてミクロとマクロのレベルでそれをどのように理論化したかを本節で考察しよう.

3.1 現代経済システムの根本的な陥穽

ラヴィントンは資本主義を高く評価した一方で,その欠点も同時に指摘した.まず工業力が非常に伸張をみせ,「1人当たりの生産高が——その結果として物質的な福利(material well-being)も——持続的に上昇した」(*TC*, p. 13).生産性向上という正の要因である.しかし同時に,資本主義がつくり出す2つの害悪も指摘された.循環的運動および富の偏在である.前者には価格・産出・雇用という3つの動きがある.価格の変動は最も重要だが,産出の変動も同じように注目すべきで,特に「資本財の建設では大幅に拡大したり縮小したりする」(*TC*, p. 16).さらに価格・産出の変動が「失業の最も重要な単独の要因である」(*TC*,

p. 16) と認識された．富の偏在という後者の害悪に関しては，2つの側面が指摘された．第1に，富の偏在が「生産に貢献した者の能力・精力・倹約さからのみ生じた」(TC, p. 98) ならば，その格差は正当化できる．しかし第2に，遺産相続によって富偏在が拡大した場合，機会の不平等が際立ち，「産業指導者の正しい選抜が妨げられて」(TC, p. 98, 強調は引用者による) しまう．ラヴィントンは遺産による富偏在の拡大をよしとしないが，能力差による格差は是認している．有能な指導者が産業に出現するかどうかは，最も重要な基準なのであった．

さらにラヴィントンは個人的行動と社会的帰結の関係を，ケインズと同様[12]，「奇妙にも，矛盾を含むもの」(Lavington [1911], p. 53) とみなした．「中央から調整する統制力がないところで，社会的資源を社会的必要に」(Lavington [1911], p. 53) いかに合わせるかを決定するのが困難だという意味で，この問題は資源の調整問題と考えられた．完全な計画経済を除けば，利己心と「社会的な物質上の福祉」(Lavington [1911], p. 53) とを一致させるには，次の3つの条件が必要となる．第1に，競争が完全である市場で，一方では消費者に保護が存在し，他方では最も効率的な組織が生き残ること．第2に，経済主体は資源を調整する際に，非常に長期的視野をもつこと．第3に，競争でも取り除けないほどの欠陥を既存の組織がもっていないこと．人間の知識と能力に限界があると，競争の利点を覆してしまうのである．ラヴィントンはこうした条件が現代では簡単には成立しないと認めた[13]．

調整に失敗し，「種類によっても程度によっても，価値が不確かな変動にさらされている」(Lavington [1921], p. 82)．その結果，「持続的に資源の調整不良が発生し——これが持続的な社会的ムダであるが——，損益というかたちで個人のうえに不規則にばらまかれる」(Lavington [1912], p. 398)．ゆえに資本主義には個人の経済行動と集団の結果のあいだに不一致という陥穽があり，安定した長期均衡は自明でない——これがラヴィントンの基本的な資本主義観であった．

不安定な経済という洞察は，同時代のケンブリッジ学派に共通する認識であった．それは景気循環の必然性や，あるいは所得・資産の不平等性という主題から明らかである．前者を特に意識していたのがロバートソン（実物と貨幣の産業変動），ホートリー（貨幣・信用の本質的不安定性），ケインズ（貨幣・通貨の国

際・国内問題）であり，後者はヘンダーソンやショーブらが問題にした．ピグーは厚生経済学において，両者を包括的に考察したのである．

3.2 3つの経済単位

　資本主義の特質を把握するために，ラヴィントンは3つの経済単位を抽出した．企業，市場全体，そしてその中間層である．

　ミクロのレベルでは，マーシャルの考察と同様に，独立した経済主体は特化された仕事に従事しており，ビジネスの中心的な存在である．この主体は企業家（あるいはビジネスマン）と呼ばれる．伝統的には3つの階層——地主・資本家[14]・労働者——に分類されたが，今日では企業家のみが生産に責任を負い，制御する．企業家は土地・資本・労働を組み合わせ，製造業として生産に携わるだけでなく，商人の役割も担う．なぜなら生産から流通に至るすべての段階で，各事業を組織し制御するからである．ラヴィントンは次のようにいう．

　　企業家は経済組織の中心にいる．なぜならばその制御のもとに，社会におけるすべての生産的資源が流れているからである．将来の需要を見積もるのが企業家である．この遠い需要を満たすために，いま資源を稼働させるのが企業家なのである（TC, p. 27）．

　企業家は多様な性格をもつ．個人的な動機，起業の自由，人間の本質である強烈な衝動，野望や能力，独立した産業上の挑戦，そして利己心という強い動機である（TC, p. 95）．最大の機能はビジネス上のリスクを請け負うこと[15]である．ラヴィントンにとって，企業家は経済のなかで最も重要な役割を果たし，その行動を理論的に記述すべき対象であった．

　マクロのレベルでは，ラヴィントンは「市場が生産組織の一部として影響を持つような経済の本質を捉えようとした．そして経済的福祉の観点からこうした経済を表現しようとした」（Lavington [1921]，序文，p. 6）．市場とは「組織における結束性のある部分であり，この組織によって資源が必要 needs に調整されるのである」．そしてそれは「有機体，つまり生きていて発展する産業システム

の一部」なのである．市場はそれ自体「意思疎通の一般的な手段の一部」を形成し，「それゆえ社会の有機的な発展を促した」(Lavington [1921], 序文, p. 5)．ラヴィントンにとって全体としての市場は，各産業（組織や市場）が高度に独立し，分権化しているが，ネットワークとして緊密に結びついているような場である[16]．それゆえマーシャルと同じく，ラヴィントンも自生的に進化する実体——それゆえ時に攪乱も起こる現実——として市場を捉えた．

ミクロとマクロのはざまも重要である．個々の経済主体ではなく，また市場全体でもない．メゾとは個別の経済主体がゆるやかに結びついた集合体を意味する．ここではマクロ的経済状況を読み込んだうえで，ミクロ的主体の意志や行動が融合していることを含む[17]．具体例として企業内組織，特定の産業，業界団体，労働組合などがあげられる．ラヴィントンは5つのケース——銀行業界，株式市場，3つの金融市場（貨幣，資本，信用），独占，産業構造（特に垂直的統合）——をあげ，集団としての企業家が守るべき行動基準を示した（第4節で詳述する）．

3.3　リスク・需要予測から景気循環へ

ラヴィントンはケインズと同様，不確実な経済社会における合理的な行動（ミクロ）と攪乱的現象（マクロ）を分析した．資産需要論と景気循環論である．

ラヴィントンは1911年からリスク・不確実性という用語を頻繁に用いて，投資収益率の不規則性や先のみえない企てを直視した．「損失について，（保険数理的な）確率ではなく，（個人的な）予想としてリスクは定義される」(Lavington [1925/26], p. 189. 強調は原典）．貨幣ストックが不確定な未来を「最初に防衛するものとして」(Lavington [1921], p. 30) 重視された．同時に期待される純収益の「開き具合 spread」(Lavington [1912], p. 399. 強調は原典），つまり分布状態を図示することで，安全資産と危険資産に対する需要を分析した．それぞれ流動性選好説や資産選択理論に直接つながる理論的貢献であった．

このミクロ経済学での理論的枠組みと別に，企業家は経済全体の現象にも影響を及ぼす．「ビジネスの活動は現在の条件ではなく，見積もりに依存する」(*TC*, p. 21)．当初は合理的な見積もりも，事業の雰囲気に強く色づけられる[18]ことか

ら，致命的な誤りを必然的に含む．またこの誤りは気まぐれな物価変動によってさらに強められてしまう[19]．最終的には，「合理性に基づいた確信は楽観主義に道を譲ってしまう．企業家の判断は，一般的な誤りに感染するのである」(*TC*, p. 37)．また企業間・産業間で財の相互依存関係が顕著なため，1つの誤りがビジネス活動全般に累積的な影響力を及ぼす[20]．要するに経済はつねに景気循環にさらされている．これは企業家の予測エラーと経済の構造が主因である[21]．以上のように，企業家の合理性があっても，集団としての攪乱が必然となった．

不確実性に対処するため最大限の合理性を発揮しているのに，経済全体として激しい変動にさらされる可能性がある．それでは経済の安定化はどのように達成されるべきだろうか．ここで別次元の考察が必要となる．

4. 産業組織・産業構造

ここまでは先行研究で——特に Bridel [1987] と Bigg [1990]——部分的には考慮されてきた．しかし企業家の規範的行動という別次元を考察して初めて，ラヴィントンのさらなる独自性やマーシャルやケインズとの関係が明らかになる．4つの事例をあげよう．

4.1 銀行業界

銀行システム[22]は金融サービスの生産主体であるが，イングランドでは高度に進化していた．この体系は「個人的行動の方向と物質的な社会福祉の方向に関して，その乖離を測るのに最適な事例である」(Lavington [1911], p. 60)．この点でラヴィントンはあらかじめ2点を自問した．(1)銀行は不当で異常に高い利潤を稼いでいるのか．(2)個別企業の利益と社会全体の利益の不一致を正す制限的な，あるいは補完的な行動が必要だろうか．

第1の疑問に対し，ラヴィントンは4つの方向から答えようとした．(1)否．なぜなら巨大な基金はビジネスのために使われてきたからである[23]．(2)否．銀行は「ビジネス上の関係や公共の確信といった価値ある非物質的な組織」(Lavington [1911], p. 55)を付け加えることができる．(3)否．銀行の余剰利潤

は「処分できる富を保有する不活性な階級から,株主集団に移転されるだけ」(Lavington [1911], p. 57) である[24]. だが(4)「銀行と顧客における欠陥ある取引」(Lavington [1911], p. 56) の場合は,不当な利潤である. ただしラヴィントンは全体的に,「銀行サービスが高い社会的費用になっているのは,さほど悪徳ではない」(Lavington [1911], p. 60) と結論づけた.

第2の疑問に対し,今日では世襲制ではなく,民主的な選抜によって経営陣の選択が行われているとされた. この変化によって社会的な損失は少なくなり,銀行制度が大きく安定した[25]. 巨大な株式会社の銀行は優れた規模と管理によって公衆に大きな安全を提供し,より公平に資本を分配することもできた[26]. しかしまだ改善の余地もある. (1)割引率と通貨供給について,価格水準の安定のために,銀行間で共同歩調をとる必要がある[27]. (2)銀行業務の経験や伝統をもっと伸ばす必要がある[28]. (3)効率的に資金を使えたはずの階層が,人間の不完全な知識や経験のせいで,資本にうまく接近できない場合がある. 例えば,巨大銀行の支店長は頻繁に転勤になるため,彼らの地域に根ざした知識は小さな民間銀行よりも劣ってしまうにちがいない[29].

こうした改善の余地はあるものの,進化した銀行は長期的な政策を追求するだろう. それゆえ「最近の体制変化を歓迎し,未来の優れたサービスを期待してよいのは十分に理由がある」(Lavington [1911], p. 60).

4.2 株式市場における投機家

投機活動への見方は,市場を評価する際の試金石となる. 1913年と1921年の論考に即し,この論題に関してラヴィントンの洞察を探ってみよう. 投機的取引とは,人々の売買が「証券の将来資本価値を考慮することに大きく影響を受けている」(Lavington [1913], p. 40) 行為と定義することができる. 資本供給に含まれている不効用——純粋な待忍,リスク請負,金融上の不安定な状態を引き受けること(予備的動機)——を証券の発行者に再分配するのである.

個人と社会の利益を考える. 両者には通常,次のような断絶がある.

> 投機的取引における公共利益とは,将来の価格がどのようにあるべきかとい

う知識に基づかなければならない．投機家は将来の価格がどのようになるか
という知識のみに基づいている（Lavington [1913], p. 48. 強調は原典）．

　投機家の個人的な利潤は，売買（さや取り）価格の差が上限になるはずである．
しかしこの利潤を越えて，投機によって追加的な効用があれば，直接および間接
の社会的利益も発生してくる．

　投機の直接的効果とは，価値変動の予測によって不確実性（あるいはリスク）
を軽減したり，残りのリスクを引き受けたりすることである[30]．株式市場がなけ
れば，鉄道網などの大きな事業は成功しえなかった．間接的な効果には非連続性，
道徳的悪徳，そして証券価格に関する影響が含まれる．非連続性とは投機的売買
が日常生活に不安定性をもたらす効果である．行為と結果の関係は合理的行為の
基礎とされた[31]．投機はこの関係を破壊する．道徳的な悪徳とは投機それ自体が
楽しみに転嫁してしまうことなどだが，その善悪は世論の判断にゆだねられよう．
3番目の要素（証券価格）についても，判断は先験的に決まるものではなく，事
実に基づいてなされるべきであった[32]．結局，ラヴィントンは間接的効果につい
ては判断を保留し，あるいは曖昧さを残した．しかし「こうした不確定な効果は
無視してよいかも」（Lavington [1913], p. 47）しれないと推論し，「投機家の
直接サービスは社会に有益であるに違いない」（Lavington [1913], p. 46. 強調
は原典）と結論した．

　それゆえ全体として，ラヴィントンは第一次世界大戦の前後どちらでも，投機
に関して楽観的であった．若干の保留——独占力，価格以外の間接的効果——は残
していたものの，証券価格は投資の真正な価値にますます近づいていると結論し
た．投機は社会に対して，かなりの純利得を与える．この結論はケインズの悲観
論と対照的である．

4.3　独　占

　第3の事例は独占に関する．私心のない（disinterested）独占者がビジネスの
安定にいかに貢献し得るか——ラヴィントンの関心はここにあった．「私心のない
独占者」とは「社会の利益のために，自分のビジネスを統制していくことに関心

がある」(Lavington [1926], p. 135) 経済主体を示唆する. ビジネスの安定とは「購買力フローの加速・減速が最小限になっている」(Lavington [1926], p. 141) 状態を意味する. ラヴィントンは固定価格と固定産出という戦略を比べ, 後者のほうが一般に優れているとした. なぜなら工場設備や労働者を連続的に雇うことが可能になり, ビジネスの不安定性を軽減できるからである[33]. 通常の独占理論や市場清算理論と異なり, ラヴィントンの基準は独占者による社会的利益の達成にあることが分かる. 彼の独占論は限界分析などを用いる形式ではなく, 雇用・産出の安定性という1点のみを考察していた.

4.4 垂直的統合

第4の事例はビジネス単位[34]に関する研究である. マーシャルの『産業経済学』[1879] や『産業と商業』[1919] で示唆されていた理論的アイデア[35]を, 1927年にラヴィントンは拡張した. 3つの用語を定義しておこう. (1)垂直的統合 (vertical integration) とは, ある単一の財の生産において,「継続する段階で, 似ていない過程を連結すること」である. (2)横断 (側面) 的統合 (lateral integration) とは2つ以上の財において,「同じ段階の似ていない過程を連結すること」(Lavington [1927], p. 30) である[36]. (3)垂直的非統合, または水平的合同 (horizontal combination) とは単一の工程における「限定された産出物の産出を拡大すること」(Lavington [1927], p. 30) である. ラヴィントンはこのなかで, 経済には垂直的非統合に向かう自然な傾向があると論じた.

いくつかの技術的条件のため, 一連の工程が単純化・統合化され, 同時に生産の規模が拡大する傾向にある. まず機械・鉄鋼などの重工業, 化学などの軽工業など明らかなように, 継続する生産過程は物理的に近い連結で実行される必要がある. 生産物の技術的な相互依存性のためである[37]. 次に陶器 (ウェッジウッド) や自動車産業で典型なように, 連結する多様な生産工程で, 生産物の質があまりに不確かなため, 各工程で監督する必要が出てくる[38]. 最後に, 調和ある工場 (balanced plant) が必要となる. これは継続する生産過程において, 生産力と需要が経済的に調整されるような工場である[39].

上記のように, 垂直的非統合——つまり,「人間の能力 (human faculty) が仕

事に関して限定された範囲に集中していくという原則」(Lavington [1927], p. 27)——に向かう自然な傾向が論じられた.そこには次のような利点がある.分業によって管理・監督の業務が単純化する.1つの生産工程に資源が集中的に効率的に投入されるため,産出量が増える.同時に,単一の工程なので,「単一の人物によって効率的に制御され得る」(Lavington [1927], p. 27).逆に,垂直的統合・側面的統合は「ビジネス単位がますます複雑になっていき,管理が困難になる」(Lavington [1927], p. 30) ことを意味する.

> 人間の能力を狭い範囲の問題に集中しておくのが経済的であるという事実は,単一の人物によって効率的に制御され得るには,事業の複雑性に関して明瞭な限界があることを意味する.換言すれば,各産業で代表的企業がその大きさや複雑性を成長させるには,代表的な企業家の組織能力によって,厳密に限界を画される (Lavington [1927], p. 30. 強調は引用者による).

最も大事なのは単一の——ただしその業界には共有されるほど有力な——有能な企業家による制御であり,統治であった.そこでは大規模生産と適切な管理が両立し得るのであった.この提唱は現実経済の観察から導かれただけでなく,マーシャルによって鼓舞された理想的な世界を見据えてのことであろう.

5. 3者の比較

ラヴィントンの独自性や意義を明瞭にするため,先行者マーシャルと後続者ケインズの企業家を単純化して対比しておこう.

マーシャルにとって企業家は「自らを頼む心,独立心,慎重な選択および将来に対する深慮」(Marshall [1920/1890], p. 5) をもつ.その企業家は危険負担の意志決定者であり,商品開発や設計など,知識と組織によって超過利潤の機会(不均衡状態)をうかがい,均衡に至るように調整する能力をもつ[40].変化していく経済社会に直面して,知識と組織を用いて臨機応変に適応するのが企業家である.「人間自身は大いに環境の産物であり,環境とともに変化する」(Marshall

［1925/1885］, p. 153）と認識し，人間の本質が進化し得ると確信していたマーシャルにとって，企業家も高次元に進化する存在であった．それが経済騎士道を身につけた産業の総帥，「天性の指導者」（Marshall［1920/1890］, p. 297）である．「ビジネスにおける騎士道は公共精神を含む．…しかしそれが高貴で困難だという理由から，高貴で困難な物事を実行することに喜びを覚えることも含むのである」（Marshall［1925/1907］, p. 330）．不断の創意工夫によって産業の進歩を実現し，困難に打ち勝った象徴として富の獲得にも成功する企業のライフスタイルである[41]．所有と経営の分離が未発達であったマーシャルの時代にあっては，自己資本にほぼ頼る個人事業主その人に，倫理的な進化が求められたのだった．

　対照的にケインズの時代，所有と経営は完全に分離した．激動する環境において期待がかかったのは，「半自治的組織体[42]（semi-autonomous bodies）の成長と認知」（Keynes［1972/1926］, p. 288）であった．これは株式会社制度の発展とも大きく関係し，大企業が公益法人として「社会化しつつある」（Keynes［1972/1926］, p. 290）状況であった．ただしその発展は自動的・自生的ではない．まず監査役を強化し，財務諸表などの「情報公開を大きく増進させる」（Keynes［1981/1927］, p. 697）必要がある．次に政府のなかに国家開発委員会と国家投資局を創設し，大規模な社会資本や公共的な投資——特に道路と住宅——について，計画立案と資金プールによる実行を行う（Liberal Party［1928］, p. 476）．つまりケインズが求めているのは個人の道徳という次元ではなく，政府による大規模な投資計画と資金調達であった．そして投資主体は，すでに十分に発達し公益性を帯びるようになっていた大企業なのであった．ここにおいてはもはや個人としての企業家は言うまでもなく，集団としての企業家（大企業や業界全体）も自生的には経済社会に秩序をもたらし得ず，政府の監督と補助というまったく新しい条件が必要とされたのであった．

　ラヴィントンはその中間に位置する．彼はケインズと同じく，ベンサム的な確実性の世界観は退けたが，秩序をもたらす装置としてマーシャル的な企業家の進歩観を信奉した．その工夫がメゾ・レベルの考察であった．産業組織論に代表され，ラヴィントンの理想が表出した層である．本章では４つの事例を取り上げた．銀行業，投機家，独占，ビジネスの大きさである．それぞれの主体は二重の機能

をもっていた[43]．一方で各市場において，劣位にある参加者は一般的な状況にたんに追随するだけという傾向があった．例えば経験が足りず，情報をうまく獲得できないため，高い利潤に値しない銀行もある．株式市場には，短期的な限定された視野しかもたないため，市場を攪乱してしまう投機家もいる．社会的利益という視野をまったくもっていない独占者もいる．複雑な生産過程を取り扱えず，市場の秩序を乱してしまう企業家もいる．他方で，産業の総帥は経済騎士道に導かれ，こうした攪乱を補正する能力を持つ．優位にある銀行家は顧客や他の銀行のために，共同の利益を追求することができる．良い投機家は証券価格を投資の真正な価値に近づけるような，裁定者として振る舞うことができる．称賛すべき独占者は例えば固定産出政策によって，資源を雇用する際の変動を削減できる．徳のある企業家は組織管理を全うすることによって，特化された生産過程で自分の能力を最大限に発揮することができる．つまり所有と経営の分離が進行する世界で，なお産業という中間層に光を当て，そこで活躍する企業家群の行動に資本主義の秩序や安定性が任されたのである．

6．むすび──理想の企業家

　ここまでラヴィントンの資本主義に対する洞察を浮き彫りにしようとしてきた．この洞察力は特定の経済主体，つまり企業家を中核とする三重構造によって理解可能である．
　ミクロ層では貨幣需要論という純粋理論を扱っていた．この線上から非常に洗練された理論が後ほど発展する．流動性選好説と資産選択理論である．ラヴィントンはこうした理論の先駆の1人とみなせる．ここで不確実性に直面する企業家の典型的な行動を記述された．その行動とはリスクを引き受け，事業を推進することである．マクロ層では景気循環の必然性が説かれた．それは現代経済が産出・物価の累積的な上昇下降にさらされているという時代認識でもあった．その原因は，1つには未来の見積もりに関する企業家の判断ミスのためであり，もう1つには産業間・企業間の相互依存関係のためである．
　しかし上記2つの層を考察するのみでは，個人の合理的行動（理論）と集団の

予期されなかった帰結（現実）との乖離は，残ったままである．そこで第3の層（理想または規範的な行動基準）が必要となる．

ラヴィントンはここにおいて，産業の総帥群に期待をかけた．企業内組織・企業・産業という具合に，この層には集団として有能な指導者がいる．企業家，つまり「管理の現代的器官」(the modern organ of management)（Lavington [1927], p. 35）は，社会的資源を社会的目的に調整するように統御できる．もし当該産業に影響を及ぼせる企業家——およびその集団的な行動——がマーシャルの期待したような進化を遂げるならば，イギリスの金融市場や財市場はますます発展するだろう．それゆえ，1911年から1927年にかけて，彼はイギリス資本主義の未来を楽観できたのである．

変化に晒された資本主義に生きる企業家は，何らかの力で適応して経済秩序を生み出さなくてはならない．マーシャル，ラヴィントン，ケインズと時代が進むにつれて，安定化を生み出す装置が徐々に力点移動した．マーシャルは個人事業主の倫理力に望みをかけた．ラヴィントンは中間のメゾ層に存在する「集団としての企業家」に期待をかけた．それは経済騎士道が産業の中で活躍し得る最後の場面であった．ケインズは大企業へと発達した株式会社を肯定しながら，なお政府による適切な監督と制御に大きく軸足を移した．ここにおいて，マーシャルの楽観的で進化する資本主義観は完全に潰えたのである．

ラヴィントンの企業家論に注目することで，全体の理論貢献を整理できるだけでなく，彼の資本主義観が明確化する．そしてそれはマーシャルの伝統がどのように受け継がれたかを考究する格好の事例研究となる．

注
*) 本章は科学研究費基盤研究(A)の研究成果の一部である．また小峯 [2009] を大幅に加筆・削除しながら改訂した．編集委員会の許可済み（2009年3月）である．

1) Bridel [1987], pp. 96-100, Bigg [1990], 小峯 [1995a] [1995b], 小島 [2004], Bridel [2004] を参照．
2) Hicks [1935], p. 2-n. 1, Robertson [1937], p. 431-n. 4, Eshag [1963] などはケインズの流動性選好説との関連で，マーシャル的伝統を指摘している．

3) 唯一，Raffaelli [2003], p. 123が彼の産業組織論に注目していた．しかしその関心は彼を他のケンブリッジ学派のなかに位置づけることに割かれ，彼自身の理論解釈には至っていない．
4) 次の指摘も参照せよ．「メゾ・レベルとは，共通のルールや共通の属性を持った構造やその動態が示す規則性を指している」(植村・磯谷・海老塚 [2007], pp. 412-413).
5) この節は主に W[right] and F[ay] [1927], Bridel [1998/1987], Bridel [2004] に基づいている．
6) しかし両者の交流はまったく記録されていない．小峯 [2008] を参照．
7) ケインズもこの賞を1909年に獲得した．受賞論文の題名は「物価指数の方法：一般交換価値の測定に注目して」である．
8) *The Times*, 6 March 1916による．この委員会は商務省のなかにあり，B. S. ラウントリーや J. S. ニコルソンやベヴァリッジを含む13名から成っていた．
9) *The Times*, 1 July, 1920による．
10) 彼は経済学トライポス・パート2の試験官議長に，少なくとも2度選ばれた．*The Times*, 13 February, 1924; 17 December, 1924による．
11) 「現代の産業共同体 (modern industrial communities)」(Lavington [1921], p. 1) 「産業システム (industrial system)」(*TC*, p. 102) などが彼自身の用語である．
12) 「啓発された利己心が，つねに公益のために作用するというのは，経済学の諸原理から正しく演繹されたものではない」(Keynes [1972/1926], p. 288).
13) Lavington [1911], p. 53を参照．
14) 貨幣市場では「投資家」と呼ばれ得る．資本の合同とビジネスの能力によって，社会の生産力を増すことができる (Lavington [1921], pp. 3-4).
15) 「彼らはそれに伴うリスクをあえて冒し，あるいは引き受ける」(Marshall [1920/1890], p. 293).
16) マーシャルは産業組織が社会的有機体であるとみなし，分化と結合が同時に進行すると指摘した．分化とは分業，特化された知・機械であり，結合とは信頼と安全の拡大，電信道路鉄道の各網の完備，習慣の増大である (Marshall [1920/1890], p. 241).
17) 植村・磯谷・海老塚 [2007], pp. 409, 413を参照．
18) *TC*, p. 31を参照．
19) *TC*, p. 27を参照．
20) *TC*, pp. 29-30を参照．
21) ラヴィントンの景気循環論については，小島 [2004] に詳しい．
22) その機能は資本の移送と貨幣の供給である．Lavington [1911], p. 54を参照．

23) Lavington [1911], p. 55を参照.
24) この文章はケインズの観察,「利子生活者,すなわち機能を失った投資家の安楽死」(Keynes [1973/1936], p. 376) を想起させる.
25) Lavington [1911], p. 57を参照.
26) Lavington [1911], p. 57を参照.
27) Lavington [1911], p. 59を参照.
28) Lavington [1911], p. 59を参照.
29) Lavington [1911], p. 60を参照.
30) Lavington [1913], p. 40を参照.
31) Lavington [1913], p. 47；Lavington [1921], p. 258を参照.
32) Lavington [1913], p. 259；Lavington [1913], p. 46を参照.
33) Lavington [1926], p. 147を参照.
34) ビジネス単位について,マーシャルとラヴィントンは共通した見解をもっていた. Marshall [1919], p. 216をみよ.
35) 分業の効率性と最も関係する.その利点は生産性の向上と,「精神的・肉体的卓越」の発生である. Marshall [1879], p. 50；訳, pp. 62-63を参照.
36) ラヴィントン自身は,唯一の財と多数の財の場合を区別していない.
37) 「製造業者は仕上げや染色のために,その服を遠くに送るかもしれない.しかし石炭は炭坑のそばで掘削され,洗浄される」(Lavington [1927], p. 33).
38) Lavington [1927], p. 34を参照.
39) Lavington [1927], p. 34を参照.
40) 西岡 [1997], p. 145を参照.
41) 西岡・近藤 [2002], p. 62を参照.
42) 具体例として大学・イングランド銀行・ロンドン湾港委員会・鉄道会社 (Keynes [1972/1926], p. 288を参照),水道局・住宅金融公庫・協同組合 (Keynes [1981/1927], p. 695を参照) などがあがっている.
43) このことから一見して矛盾する解釈を生み出した.ラヴィントンの見解に資本主義の不安定性／安定性を見出す者は,それがケインズ／マーシャルに近いとみなしがちであった.

参考文献

Bigg, R. J. [1990], *Cambridge and the Monetary Theory of Production: The Collapse of Marshallian Macroeconomics*, Macmillan.

Bridel, P. [1987], *Cambridge Monetary Thought: The Development of Saving-Investment Analysis from Marshall to Keynes*, Macmillan.

Bridel, P. [1998/1987], "Lavington, Frederick (1881-1927)", in Eatwell, J., Milgate, M. and Newman, P. eds., *The New Palgrave Dictionary of Economics*, Vol. 3 (K to P), Paperback Version, Macmillan.

Bridel, P. [2004], "Lavington, Frederick (1881-1927)", in Matthew, H. C. G. and Harrison, B. eds., *Oxford Dictionary of National Biography*, Vol. 32 (Knox-Lear), Oxford University Press.

Eshag, E. [1963], *From Marshall to Keynes: An Essay on the Monetary Theory of the Cambridge School*, Basil Blackwell.

Hicks, J. R. [1935], "A Suggestion for Simplifying the Theory of Money", *Economica*, New Series, 2-5, pp. 1-19.

Keynes, J. M. [1972/1926], "The End of Laissez-Faire", in Keynes, J. M. [1931], *Essays in Persuasion*, Macmillan（宮崎義一訳 [1981],『説得論集』東洋経済新報社）.

Keynes, J. M. [1973/1936], *The General Theory of Employment, Interest and Money*, Macmillan（塩野谷祐一訳 [1983],『雇用・利子および貨幣の一般理論』東洋経済新報社）.

Keynes, J. M. [1981/1927], *Activities 1922-1929: The Return to Gold and Industrial Policy*, Macmillan（西村閑也訳 [1998],『金本位復帰と産業政策』東洋経済新報社）.

Lavington, F. [1911], "The Social Importance of Banking", *Economic Journal*, 21-81, pp. 53-60（「21-81」は第21巻で通算第81号の意. 以下同様）.

Lavington, F. [1912], "Uncertainty in its Relation to the Net Rate of Interest", *Economic Journal*, 22-87, pp. 398-409.

Lavington, F. [1913], "The Social Interest in Speculation on the Stock Exchange", *Economic Journal*, 23-89, pp. 36-52.

Lavington, F. [1914], "Review of Brace's *Value of Organised Speculation*", *Economic Journal*, 24-94, pp. 264-267.

Lavington, F. [1921], *The English Capital Market*, Methuen & Co.

Lavington, F. [1922], *The Trade Cycle: An Account of the Causes Producing Rhythmical Change*, P. S. King.（*TC*）

Lavington, F. [1923], "The Indian Fiscal Commission, 1921-22", *Economic Journal*, 33-129, pp. 51-59.

Lavington, F. [1924], "Short and Long Rates of Interest", *Economica*, 12, pp. 291-303.

Lavington, F. [1925; 1926], "An Approach to the Theory of Business Risks", *Economic Journal*, 35-138, pp. 186-199; 36-142, pp. 192-203.

Lavington, F. [1926], "Monopoly and Business Stability", *Economica*, 17, pp. 135-147.

Lavington, F. [1927], "Technical Influences on Vertical Integration", *Economica*, 19, pp.

27-36.

Liberal Party [1928], *Britain's Industrial Future*, Earnest Benn.

Marshall, A. & M. [1879], *The Economics of Industry*, Macmillan（橋本昭一訳［1985］，『産業経済学』関西大学出版部）．

Marshall, A. [1920/1890], *Principles of Economics*, 8th ed., Macmillan.

Marshall, A. [1925/1885], "The Present Position of Economics", in Pigou, A. C. ed., *Memorials of Alfred Marshall*, Macmillan.

Marshall, A. [1925/1907], "Social Possibilities of Economic Chivalry", in Pigou, A. C. ed., *Memorials of Alfred Marshall*, Macmillan.

Marshall, A. [1919], *Industry and Trade: A Study of Industrial Technique and Business Organization, and of their Influences on the Condition of Various Classes and Nations*, Macmillan.

Raffaelli, T. [2003], *Marshall's Evolutionary Economics*, Routledge.

Robertson, D. H. [1937], "Alternative Theories of the Rate of Interest: Three Rejoinders", with Ohlin, B. and Hawtrey, R. G., *Economic Journal*, 47-187, pp. 423-443.

W［right］, H. and F［ay］, C. R. [1927], "Obituary: Frederick Lavington", *Economic Journal*, 37-147, pp. 503-505.

植村博恭・磯谷明徳・海老塚明［2007］，『新版　社会経済システムの制度分析——マルクスとケインズを超えて』名古屋大学出版会．

小島専孝［2004］，「ラヴィントンの景気循環論　(1)/(2)」『経済論叢』（京都大学）174-2/3，pp. 79-95/pp. 167-184．

小峯敦［1995a］，「不確実性下の資産選択——現代金融論からの遡及」『一橋論叢』（一橋大学）113-6，pp. 121-141．

小峯敦［1995b］，「ラヴィントンにおける企業者——景気変動論を主眼として」『新潟産業大学経済学部紀要』13，pp. 73-80．

小峯敦［2008］，「ラヴィントンのケンブリッジ生活——一次資料から見えるケインズ等の影」『経済学論集』（龍谷大学）48-1/2，pp. 1-45．

小峯敦［2009］，「F. ラヴィントンにおける企業家の役割——理論構築・現状認識，および規範的な行動基準」『経済学史研究』51-1．

西岡幹雄［1997］，『マーシャル研究』晃洋書房．

西岡幹雄・近藤真司［2002］，『ヴィクトリア時代の経済像——企業家・労働・人間開発そして大学・教育拡充』萌書房．

橋本昭一編［1990］，『マーシャル経済学』ミネルヴァ書房．

第Ⅳ部　影響と対抗

第10章　ムーアとその周辺——哲学的影響

桑原光一郎

1. はじめに

「君はもうこれを読んだか？　最後の2つの章——何とすばらしいんだ！　そして残骸！　あの無差別に積み上げられた屑山のうちに見出すものこそ，完全にずたずたにされたアリストテレス，キリスト，ブラッドレー氏，カント，ハーバート・スペンサー，シジウィックとマクタガートの残骸なのだ」（Spotts [1989], p. 36）とリットン・ストレイチーは書簡のなかで語る．そして，「ヤーウェ，キリスト，聖パウロ，プラトン，カント，そしてヘーゲルがわたし達を陥れてきた宗教的で哲学的な悪夢，妄想，幻覚を取り払って，代わりに常識という新鮮な空気と純粋な光を投げ入れた」（Gadd [1974], p. 24）とレナード・ウルフは述べる．また，「われわれにとっては，もちろんこの書物の与えた影響と，出版の前後に行われた議論とは決定的に重要であった」（Keyens [1972/1949], p. 465；訳, p. 568）とケインズも回顧する．

　これら3者の証言はすべて，1903年に出版されたムーアの『倫理学原理』（Moore [1903]）に関するものである．これらの証言から以下のことがらが問われるであろう．すなわち，第1には，なぜアリストテレスやカントやシジウィックやマクタガートといった新旧交えた哲学者達の問題をムーアは超克したと考えられたのか．第2に，「常識という新鮮な空気と純粋な光」とは何を示すのか．第3は，『倫理学原理』という書物それ自体の影響とそれをめぐる議論とはどのようなものであったか．本章では，これら3点をムーア哲学に即して明らかにす

る．そのうえで，ムーアの影響がどのように受容されたのかを考察する．これらを精査することによって，ケンブリッジのある時期に哲学者の学説がなぜさまざまな分野へと影響していったのかという問題へと迫っていきたい．

2. 新しいイギリス風哲学としてのムーアの哲学的方法

　ムーア哲学の何が新しい哲学として受け取られ得るものであったのか．彼は，形而上学的な専門用語を駆使して体系的な思索を行うのではなく，何らかの奇異な命題の意味や根拠を明瞭にするために日常世界の言語使用のなかから問いを案出する方法を採用する．これが当時の英国において興隆を誇ったヘーゲル主義への徹底的な批判と受け取られ，従来の観念論者からの解放とみなされたのである．このムーアの論考をはじめる前に，ヘーゲル主義についてみておく必要があるだろう．

　ヘーゲル主義，それはオックスフォードのグリーンやブラッドレー，さらにケンブリッジのマクタガートに代表される．ひとくちにヘーゲル主義，といっても，それは容易に1つに纏め上げられるものではない．彼らに共通する視点を挙げるならば「全体」を関心領域とし，哲学と他の学問との差異性を際立たせる方法であった．例をあげよう．ブラッドレーは，実在は「絶対者」においてのみ発見されるものであり，そこではあらゆる分離や区別が克服されている．

　　完成においては理念と存在は失われることなく調和へともたらされるのであるから，全体はなお善である．そして，完全についての考察は最終的な充満を上部と下部にもたらすのであるから，絶対者はすべての異なる程度において実現されるのである（Bradley [1897], p. 364)．

　このように，ヘーゲル主義においては，全体が理念と実在物を接合するものであり，また絶対者こそがこの世界内に実在するものであるとされる．また，この世界にある個物やそれらの結合などは存在しないものであり，それらはすべて仮のものにすぎないことになる．

ブラッドレーの立つ視点は，日常的感覚とはかけ離れたものである．それにくわえて，ブラッドレーの論述の仕方は日常的な言語表現とは相容れない言表様式に依拠している．さらに，全体を基盤として個別性を除外することは，英国伝統の思想である個の独自性を基盤とする潮流と相反するものであった．

こうしたヘーゲル主義が，なぜ隆盛を極めていたのかについて解答をあたえることは困難である．ロマン主義復興運動との関係や，ヴィクトリア末期の非宗教的価値観の横行，さらにはイギリスにおける観念論哲学の立ち遅れを取り戻そうとする潮流の影響など，さまざまな観点からの説明が可能であろうが，それらのどれかを起因とすることは容易ではない．むしろ，上記の事情を包括した時代精神がヘーゲル主義者を突き動かした．こうしてヘーゲル主義は日常世界のように可変的で個別的な事態の集積とは異なる絶対的な世界像の構築を志向していた．しかし，それは結局，日常的な問題意識とはかけ離れたところへと誘うものであった．

ヘーゲル主義は革新的であったかもしれないが，それはドイツからの輸入学問であり，純粋に英国哲学と呼び得る代物ではなかった．そのために，ある種の批判精神も生まれてきていた．伝統的イギリス哲学である言語への着目とその担い手である個人の重視，さらには善の直観という視点を取り戻そうとする機運が高まりつつあった．このように，ヘーゲル主義が時代精神であるならば，英国の伝統的哲学への回帰も時代精神であったということができよう．そのなかでムーアの哲学が到来したのである[1]．

3．ムーア『倫理学原理』の企図

ムーアはこの書で何を論じようとしたのか．それは『倫理学原理』の序論に表れている．

> この書の1つの主な目的は，カントの有名な表題の1つを少し変えて次のように表現することができるだろう．すなわち，わたしは「学問的と称し得るであろう来るべき将来の倫理学へのプロレゴメナ」を書こうとしたのである．

言い換えれば，わたしは倫理学的推論の基本的な諸原理が何であるかを知ろうとしたのである（Moore［1903］, p. ix；訳, p. iv）．

　ムーアが問題としたことは，倫理学における問いとは何であるのか，ということである．ムーアにとっての倫理学とは日常生活での真理性を問うものである．ムーアは現状の倫理学においてはさまざまな混乱が生じているとする．その原因は哲学者達が倫理学における問いの形式への省察を怠っていることに起因するとしている．

　例えば，われわれの生活において「善」という倫理学的概念は「彼は善い」という日常語としても現出する．「善い」とは，そのものの性質を説明する言葉である．しかし，「善い」という語それ自体の意味を精確に把捉して使用しているわけではない．そのため，語の意味を厳密に問うことはできない．むしろ，ここで「善い」という事態に関して可能な問いとは「彼は善い」という言表はどのようにして成立しているのか，ということである．すなわち，ムーアの企図は倫理学におけるさまざまな概念や分析を成立せしめ得るような判断の原理を問うものであった．

　そして続く文章でムーアは以下のように述べる．

　しかしながら，わたしはまた，第6章において「何がそれ自身において善いのか」という問いに対する固有の答えについて，これまで哲学者によって普通に提唱されてきたどんな答えとも極めて異なった結論を，いくつか示そうと試みた（Moore［1903］, p. ix；訳, p. iv）．

　ムーアにとっての第6章，つまり最終章は，倫理学的諸概念に関する判断の原理を受けての試論とされる．したがって『倫理学原理』は，前半部では概念の分析を通してわれわれに共通な判断の原理性を問い，それに対して，後半部分はムーア個人の暫定的結論が展開されている部分であるといえよう．その意味で，ムーア倫理学の学問的な考察部分は前半にあり，後半は個人的信条が表されている部分である．しかし，このムーアの理想の部分が当時の若者を魅了した箇所であった．

ムーアの問題設定は，言語を分析するという範囲の内部で解消できる倫理学的な問題の次元を明らかにしようとしたのである．その意味で，言語を使用するという人間の理性的能力の範囲を規定しようとしたといえよう．この問題がより端的に示されるのが前述したムーアの善の定義不可能性にある．

> わたしが「善いとは何か」と問われるならば，わたしの答えは，善いは善いである，ということになり，それでおしまいである．あるいは，わたしが「善いとはいかに定義されるべきであるのか」と問われるならば，わたしの答えは，善いは定義できない，ということであり，それでわたしが善いについていうべきことは尽きるのである（Moore [1903], p. 6；訳, p. 8）．

これが人口に膾炙した「善の定義不可能性」である．上記の引用から垣間みられることとは，善が言語的把捉という理性的認識から超出したものとして定置していることであろう[2]．ムーアによれば，単純に「善とは云々である」というように，その概念を他の用語によって述定することではできない．その作業は，たんに慣習的な用語使用の調査にすぎない．しかし，定義とはその概念が明示する対象の実在的本性を述べることにある．そして，それはその対象が複合的観念であることによって可能となる．それに対して，善は単純な観念であり，それはすでにわれわれが知っている事柄なのである．そのために定義ができないとムーアは論じる．これは，ムーアの倫理学が善とは何らかの定義によって演繹されるものではなく，われわれの直観によって得られるものであることを主張するものである．これは善の究極性が言語による説明を超越したものであることに起因している．とはいえ，まったく人間には把捉できないものではなく，それが存在することは把捉できるとされているのである．だからこそ，あるものが「善である」と判断し得るのである．その意味で，ムーアの倫理学は「善」を定義して，そこから価値観を押しつけるあらゆる倫理学への批判であり，この『原理』の問題座標こそが従来の哲学からの解放として受け取られたのだろう．

ムーアはイギリスでの社会哲学として影響力をもっていた功利主義について批判を行う．すなわち，ミルは「見る」ということから「望ましい」ということを

導出し，そこから「善い」を帰結していると指摘する．これついて，ムーアはミルが「見られ得る」という語と「望み得る」という語を同じように使用しているとして批判を加える．

> 見えるが見られ得るを意味するとは違って，望ましいは欲求され得るを意味しはしないのである．望ましいものとは，端的に，欲求されるべきもの，あるいは欲求されるに値するものを意味する（Moore [1903], p. 67；訳, p. 87）．

ここで，ムーアは事実に関する語と価値に関する語とを無区別に用いることを「自然主義的誤謬」とし，語の用法に関して厳密であることを要求する．このような語の使用の観点から，功利主義を批判する．ただし，シジウィックについては以下の点に着目していたとされる．

> すべての快楽主義的論者のなかで，1人シジウィック教授だけが，「善い」によってわれわれがある分析できないものを意味していることをはっきりと認め，そのことによって，…われわれが「快が唯一の善である」をたんなる直観であると主張しなければならないことを強調するに至ったのである（Moore [1903], p. 59；訳, p. 77）．

シジウィックが，善とは直観されるものであり，何らかの理論的洞察によって帰結するものではないとした点についてムーアは評価を与える．しかし，そこでもムーアは語の使用の観点から批判を加える．

> シジウィック教授は，快に対するあるものの貢献度が，常識の賞賛に比例するという，疑わしい命題を主張している（Moore [1903], p. 94；訳, p. 122）．

ここでは，常識という語をめぐって論じられる．シジウィックによれば常識が

快の量を決定することになる．しかし，ムーアにおいては，常識は悦楽の量は少ないけれども価値的に高い快を見抜けるものであると主張される．

　この常識という観点，すなわち，個々人に理解されている一般的な原則がムーアの善概念のなかで重要な力点となっていくのは，正しさという概念においてである．この問題をムーアは以下のように論じる．

　　わたしがまず指摘したいのは，「正しい」が意味しており，意味し得るのは「よい結果」の原因に他ならず，こうして「正しい」は「有用な」と同一である，ということであり，したがって，目的はつねに手段を正当化するし，どんな行動でもその諸結果によって正当化されないと正しくはあり得ない，ということである（Moore [1903], p. 146；訳，p. 192）．

　換言すれば，ムーアは現実的な生活において遂行されるさまざまな行為を，実際の原因と結果の因果関係から考察し，その結果を最大にするものという観点から正当性を与え得るものであるとしている．このようにして，現実の生活における倫理的な問題を考察する始点を別の回路で確保しているのである．すなわち，それがいかなるものであるかについての認識を示しておらず，ただその存在のみが直観される善と，因果関係による是非の判断が可能な何らかの目的に従属する手段としての善という二面性を分類し，善という語の混同を区別したのである[3]．このことによって，ムーアは世界の事柄が人間の理性では到達することのできない事態と人間にとって問題解消のために知り得る事態とに分けられることを論じたのである．

　その一方で，ムーアは行為の次元における正しさについては以下のように議論を進める．

　　個人には，一般的に有用であるとともに一般に実行されてもいる規則につねに従うよう，確信をもって勧めることができる（Moore [1903], p. 163；訳，p. 214）．

ムーアはここで，社会的な生においては，いくつかのかぎられた選択肢の比較によって正しさは決定されるとしている．そして，この選択肢の比較における正しさの根拠をムーアは「たとえ現存する慣習が悪いものであっても，あくまでそれに従うというほうに大きな蓋然性がある」(Moore [1903], p. 164；訳, p. 215) と述べるように，人間の歴史のなかでその価値が確認されている行為に依拠して振る舞うことであると考える．その意味で，現状の制度や思考習慣を重視する立場であるといえよう．
　この問題とともに，ムーアは現行の制度を新しい制度に変更するさいの有用性の問題にも触れている．

> 事実，ある種の行動の効用に関するどんな一般規則でも，それが正しいことの蓋然性は極めて小さいということが，いかにして個人は自らの選択を導くかを論じるさいに考慮すべき主な原理であるように思われる (Moore [1903], p. 165；訳, pp. 215-216)．

　そして，この点において，個人の善と一般的な善とが関連するのである．すなわち，個人の善なる行為とは一般的に善とされていることを基盤として遂行されるものであるが，その正しさの根拠は単純に社会において善とみなされているという事由に起因するからではなく，善を個人が直観していることに依拠する．
　このように，ムーアは言語を倫理学の対象とすることによって，人間という存在を理性的でありながらも，たんなる理性主義を超えたあり方を内包した存在者として導き出したといえよう．そこで，次節では，ムーアが理性主義的なあり方を超えたものとして描き出す理想の章について考察する．

4.『倫理学原理』の最後の章

　『倫理学原理』の最終章はケインズ達に影響を与えた．ケインズはいう，「われわれは，ムーアの宗教の部分は受け入れ，彼の道徳の部分は捨てたのである」(Keynes [1972／1949], p. 436；訳, p. 569) と[4]．これはまさにムーアの個人

的理想の部分が彼らのあいだに浸透していたことを示す証言であろう．この章は，まず価値の倒錯における目的-手段連関の誤った秩序づけが論じられる．

> われわれがそれなしで済まし得ない何かある善いものの存在にとっても，いまここで絶対に必要であると思われるものが，それゆえ，それ自身において善いと想定するという誤りがある（Moore [1903], p. 187；訳, p. 243）.

ここで，ムーアは倒錯の原因を，手段を絶対視させてそれ自体として善いものであるかのように想定することにみている．しかし，それが倒錯であることを理解し得るのは，個人に善が前もって把捉されていなければならない．その意味で，善の内容が個人に直観されているのである．この善の直観の内容を，ムーアは最終章において「人間的な情愛，ならびに美の享受」であるとし，それを「目的それ自体」あるいは「最高善」として定置する．

> われわれが認識し，あるいは想像することのできる，何にもまして価値のあるものとは，意識のある状態のことであって，その状態とは大雑把にいえば，人間同士の喜びと，美しいものの享受のことである．おそらくだれであれ，この問題を自分自身で考えたことのある者であれば，人間的な情愛と芸術や自然における美なるものが，それ自体としての善であるということを，疑った者はいないであろう（Moore [1903], p. 188；訳, p. 245）.

この「おそらく…いないであろう」という記述からも明白なように，この「人間的な情愛と美の享受」において善が明白なものとなるという主張は，あくまでもムーアの個人的理想である．そして，この２つが人間の公的な義務へも関係づけられている．

> だれかが，何らかの公的義務または私的義務を遂行することが正しいとされるのは，人格的愛情と美的享受のためだけである（Moore [1903], p. 189；訳, p. 245）.

ここで明らかように，人格的愛情と美的享受が義務の正しさの根拠となっている．そして，その理想のもとでは公的義務と私的なそれとの優劣がつけられていない．すなわち，ムーアは個と社会の緊張関係が解消される場を理想として捉えているのである．

　ムーアは，人格的愛情は「少なくとも部分的には内在的価値[5]をもつもの」としている．そのうえで，人格的愛情は「心的諸性質」と関係づけられる．この心的諸性質が愛情の不可欠な部分となる．

　続いて，ムーアは心的諸性質の鑑賞と心的諸性質にふさわしい身体的表現の鑑賞とを比較している．そこで，ムーアは身体的表現と心的諸性質が深く関連しているものであることを認めている．しかし，心的諸性質という部分を心的諸性質と組み合わさった身体的表現という全体に優先することを主張する．したがって，ムーアは心的諸性質が身体的表現に優越するものであると考えているのである．

　さらに，ムーアは以下のように進める．それは心的諸性質の鑑賞は物質的美への関連を含んでいるとし，そのうえで「美しい対象の情感的観照に存して」（Moore［1903］, p. 190；訳, p. 247）いるとする．そして，「心的諸性質は非常に多様な情感を含んでおり，それらの情感のひとつひとつが，何かある異なった種類の美に固有」（Moore［1903］, p. 191；訳, p. 247）であるとしている．こうした複雑な心的諸性質がある人間的価値を正しいと判断するものとなる．

　また，ムーアは，当時の主流であった理想主義哲学に批判を加えている．その1つの観点が物質的・身体的なものの欠如こそが完全である，というものである．確かに，ムーアは，精神的・心的諸性質の物質的・身体的なものへの優位を主張していた．だからといって，物質的なものを欠いた世界を最善とする立場をとらない．それは，われわれが美と思うときには「そのものがまさに何であるか」という事柄に関わってくるからである．すなわち，美しいと思うのは心であり，その意味で心の優位性は保たれる．しかし，美しいと思うのは何かが与えられて在ることに存するためであり，それによって美を思うことが可能となるのである[6]．

　こうしたムーアの問題座標は，単純に同時代の哲学に対する論争的な立場を明白にしたものというだけではなく，新しい哲学や思想のあり方を同時代の若者に

提示したことになったのである．しかし，だからといってムーアの哲学が厳密な論証性を伴っていたというわけではない．そこには，ある種の神秘主義が存在していたといえよう．つまり，善の不定義不可能性という明確な回答が定置され得ない領域を倫理学に設定することによって，さまざまな批判を生んだのである[7]．では，ムーア哲学の観点がどのように影響していったのかという議論に移る．

5．レナード・ウルフ

　ムーアは日常的世界を重視してそれに基礎づけられた思想を尊重する態度をとった．こうしたムーアの態度に当時の知識人達は大きく影響された．それは，ムーアがさまざまな人間との交流を多くもっていたという点も大きく影響しているだろう．とくに，ブルームズベリー・グループにおいては，まるで「預言者」のように扱われていた．

　ブルームズベリー・グループは，20世紀初頭のケンブリッジ大学，より正確には1899年秋のトリニティ・カレッジにはじまったとされる．レナード・ウルフ，リットン・ストレイチー，クライブ・ベルら5人が，さまざまな議題についての読書と討論とを目的とした「深夜会」を形成する．レナードとリットンはケンブリッジに伝統的に存在する推挙制の討論会であるムーアも所属していた「使徒会」のメンバーでもあった．この討論クラブの一方で，トビー・スティーヴンとその姉ヴァネッサと妹ヴァージニアがいた．この姉妹は絵画と文学を通して既成の社会秩序に抗していくが，この姉妹をトビーはクライブ，リットン，レナードに紹介する．この出会いを通して，トビーのブルームズベリー地区の自宅で読書会が主宰されるに至る．こうした人的交流のなかでブルームズベリー・グループは形成されるのである．

　ブルームズベリー・グループは何らかの学派として統一した学問的立場を主張するのではなく，個人的な友情と共有された知的価値観によって成立していたといえよう．その共有された知的価値観の1つがムーアの哲学であったのである．ここから後の節では，このブルームズベリー・グループのメンバーであり，相互に交流を持っていたレナード・ウルフ，リットン・ストレーチー，クライブ・ベ

ルの3人に焦点を当てる．

　ウルフはムーアが周囲の人間に与えた知的かつ情念的な影響を以下のように表している．

> 　ムーアがわれわれの心と性質に深くしみ込ませた主要な事柄は真理と明証性と常識に対する目を見張るほどの情熱と，ある価値に対する情熱的な信条であった（Woolf [1980], p. 12）．

　このウルフの言葉にムーア哲学がどのような観点から受容されたのかが端的に示される．それは，学究への情熱である．先にみたようにムーアの哲学的な貢献は，日常的な言語使用から哲学的な問いを考察することにあった．しかし，ウルフは，そうした問いの構造ではなくて問いを発するムーアの人間的な態度に魅了されていたことを告白しているように思われる．

　この学究への情熱によってストレーチー，ケインズ，彼自身が「ムーアとムーア主義を生涯にわたって植えつけられた」（Woolf [1980], p. 12）ときの様子を描き出す．ウルフの記述では，ロジャー・フライでさえもムーア主義に批判的ではありつつも影響されていたと示されている[8]．さらには，ヴェネッサ・ベル，ヴァージニア・ウルフ，クライブらの名前もあげつつ，ムーア主義の影響をヴァージニアの文体やヴァネッサの画風にすらみられるとしている[9]．そして，その当時のケンブリッジが2300年前のソクラテスのいるアテネのようであったと語る．ウルフはムーアの周囲にいた若者の特徴を以下の問いに集約させている．

> 　それによって君は何を意味するのか？（Woolf [1980], p. 12）

　この問いこそまさにソクラテスがアテネで行っていた問いの真髄であって，ウルフはこの問いを行うムーアにソクラテスとの共通項を見出していた．そして，こうしたケンブリッジの雰囲気とムーア哲学が，共通の理論や体制や原理を持ち合わせてはいないままで若者のなかに独特の心性を形成していった[10]．

　では，ウルフ自身のなかにおいてそれはどのようにして展開されているのか．

それをウルフの著書である『協同組合と産業の未来』（Woolf［1919］）においてみてみることにしよう．ウルフは，この著においてまず民主主義について語る．

　それ［民主主義］は人々が力をもつことを意味する．…われわれはまさに実際の意味においてすべての人間が平等であり，その平等性のゆえにある個人や集団の他の個人や集団の恣意的な力に対する服従は不寛容であると感じる（Woolf［1919］, p. 10）．

ウルフは各人が力をもつことを明確に述べる．そして，その力は万人にとって平等であって，他の個人から強制されることはない．その意味で，ウルフは個々人に能力が備わっており，そうした能力を発現することが社会の根底に存するとしているといえる．ウルフは個々人が能力を発言し得る場として協同組合を考えていたのである．さらに，ウルフは以下のように述べる．

　人類の意志的な結合で，一体感の感情，つまり，ともに行動することの固有の愛情，もしくは社会的な交わりへの自然本性的な衝動なしには，規模や業績を拡張できるものは何もない（Woolf［1919］, p. 98）．

ここにはムーアが「理想」で語ったこととの親和性がみられる．すなわち，人格的な愛情の交わりの問題である．協働体を形成しようとする意志は，相補的な関係において確立し得ることをウルフは上記のように語っている．ここでは，愛情や意志こそが社会の可能根拠となっている．それは特別な個人だけに限られた知識とは異なり万人に共有された本性的なものである．したがって，ウルフの考える社会とは自然的な愛情によって互いに結びあうものであるといえよう．

このように，ウルフはムーアとの親交によって，自らの思索を深めていった．しかし，ムーアと交流をもった人々が必ずしもウルフと同じような思想を展開していたわけではない．次にストレイチーの見解をみていく．

6. リットン・ストレイチー

　そこで，本節では，ムーア哲学の影響がみられるリットン・ストレイチーによる伝記文学を取り上げることにしよう．

　　表現において適度の簡潔さを保つこと，すなわち，余分なものはすべて排して重要なものは何一つもらさぬこと，これこそまさに伝記作家にとって第1の義務である．これらに劣らぬ第2の義務は，自己が精神の自由を保つことである．追従などすべきではなく，自己のなすべき仕事は，自己が理解するままに事実をむき出しにすることである（Strachey [1918], p. 3）．

　これは『ヴィクトリア朝偉人伝』（Strachey [1918]）の序文にある記述である．ここでは伝記作家のあるべき姿が論じられている．それは，「表現における適度な簡潔さ」として語られている．この語の説明として「余分なものはすべて排して重要なものは何一つもらさぬこと」が付け加えられている．この表現から読み取れることは以下のことである．言語は，それを増やすことによってことがらに関して重要な事柄に関しての説明を可能とするものではない．むしろ，簡潔に記述することが事柄を精確に伝達し得る要素となるというものである．したがって，このストレイチーの主張の背後には，言語への反省が含まれていると思われる．
　そして大きく問題となるのは，第2の義務としてストレイチーが論じている「自分の精神の自由を保つこと」に存するであろう．ここでは，まず主体としての個人が措定され，そのうえで主体のあり方が定置されることになっている．すなわち，絶対的な超越的観念のようなものが先在してそれが具象化することが個人なのではなく，個人はあくまでも個人として存在し，自己のあり方に対して決定権をもつものとされている[11]．
　そのうえで，「すべきでないことがら」と「すべきことがら」が語られる．まず，すべきでないことがらとしては「追従」があげられる．これは自由に対比する語であり，何らかの権威や教条を鵜呑みにすることに異を唱えている．

では，歴史家は何に依拠して歴史を記述するべきであろうか．それは「事実」である．ここでの事実は，単純に起きたことがらを描写するのではない．実証主義的な方法ではなく，あくまでも「自己が理解した」という個人の問題としての観点からの記述となる．

このように，ストレイチーは事実に即することを主張する．だから，人間を英雄視するのではなく矛盾に満ちたものとし，人間を「一貫性などというものはない．もしそんなものがあったのなら，人間は人間であることを止めてしまう」（Strachey［1928］, p. 5）と評する．ここでは，理性偏重の人間観ではなく，現実に立脚した人間像を描き出そうという視点がみられる．

ストレイチーは伝記をとおして単純に歴史を記述していたのではないことが分かる．むしろ伝記という媒体をとおして，ある種の歴史哲学を展開していたといえる．そしてそれは単純に過去を解釈する営みというよりも，彼の生きている同時代に向けたある種の警告としても現出する．こうした歴史的な諸見解への反省をとおして批判を行う方法自体がムーアの哲学的な営みの影響にあると思われる．

7．クライブ・ベル

ベルは，その著作『芸術』（Bell［1913］）の「芸術と倫理」という章でムーアの哲学を援用する．まず，ベルは，芸術の善性を「それ自体として善である」というムーアの立場から基礎づけようとする．その過程で，ムーア哲学の真髄を以下のようにまとめる．

> ムーア氏は『倫理学原理』において「善」によってはだれもがたんに善を意味しているにすぎないということを結論めいた言い方で示している．われわれすべては定義することができないとしてもわれわれが意味するところのものを非常によく知っている．「善」は「赤」と同じように定義することはできない．つまり，質は定義できない．にもかかわらず，われわれはある者が「善い」とか「赤い」とかいうときにわれわれが意味することを完全に知っている（Bell［1913］, p. 79）．

ここで，ベルは「善の定義不可能性」をもち出し，それを自らの芸術論において用いている．ここでムーア哲学を用いたときに重要な観点は，あるものが「善」と判断するのは個人である，という点である．ある芸術が善であるのは善であると判断する個人と関係づけられたうえで成立する事態である．その意味で，ベルの芸術論には個人というものが非常に重要な視点を占める．しかし，そこでの個人は完全に知っている個人であって，ある種の主知主義的傾向が読み取れる[12]．

　こうした主知主義的な個人的な視点が重視されるのは芸術論だけではなく，彼の文明論においても同様である．クライブ・ベルの『文明』の導入において「自分が知性的であろうとしていると理解させることを望む」と書いている．ベルは文明を精神のより善い状態と関連づけながら，文明のなかで生きる人間の特徴を以下のように論じる．

　　すべての文明人は価値の感覚を所有しており，それは倫理の体系を所有していることとは異なる（Bell [1928], p. 107）．

　ここでベルは価値の感覚と倫理の体系を対比させている．ここでいわれる倫理の体系についてベルはア・プリオリな理論，個人的な直感，功利主義をあげている．こうしたものは，先に倫理の観念が存在し，それのうちに個人の道徳性が決定されるものである．つまり，倫理の体系に自らを一致させることは，道徳性の担い手としての個人性が欠落している状態になる．そのために，例えば愛国主義や集団への寄与というものを文明人は疑いなしに受け入れることはできない．

　このようにして，ベルは倫理の体系という語を個人性から乖離した理論的な道徳性を表現する．したがって，ベルが倫理の体系と対比させた価値の感覚という語は個人性を表象する事態を示している．個人は個人として完結しており，それによって自由に思索し，さらに道徳的に調整されるのである．ベルの『文明』（Bell [1928]）には，個人性によって基礎づけられることが社会を善いものとするという価値観が潜在している．

　だからして，ベルは集団として男・女，子供，赤い髪をした人，背の低い人・

高い人，ドイツ人や英国人として個人を集団として纏め上げて考えることは，確かに利便性の面においてなされることではあるが，それはリアリティに反するものであるとしている．ベルにとって，事実として存在するのはあくまでも個人である．集団として考えられたものは，たんに虚構にすぎないのである．そして，こうした集団の虚構性が論じられるなかで端的なものとしてナショナリズムが取り上げられ，「文明に対する恐ろしい敵である」(Bell [1928], p. 109) として攻撃の対象にする．このように，ベルは倫理の体系や集団というものを個人性と乖離し，そのためにたんにリアリティがないだけではなく文明に反する野蛮なものとみなしているのである．

こうしたベルの『文明』は，ベルの芸術論である「意味を伝える形式としての芸術」と類似した点がある．それは以下の事柄に起因する．ベルの文明論は，単純に善き文明社会の定義を与えるのではなく，文明社会という語がいかなる文脈で使用されるかというところに終始している．ベルは文明社会が，紀元前のアテネや18世紀においてみられた現象であるとしているが，文明社会を成り立たせる根拠性を論じることはない．確かに文明は個人が現実的に存在することと関連づけられて論じられるが，それは現実的な形式として個人が存在するということを論じるにとどまり，個人が存在することの本質を論じることはない．一方，「意味を伝える形式」とは，芸術から主観的な感情のあり方を引き離して分析し得る形式を重視するものである．したがって，ベルの批評における方法論は語りえる部分がどのように語られるかという用法を取り上げて，意味や内実には触れないままにしておくものであった[13]．このことがらの用法への傾倒は明らかにムーアの哲学に影響を受けたものであるとしても差し支えないであろう．

しかし，こうした方法論に依拠したベルの『文明』は，その方法論的な部分ではなくむしろ主張されている事柄に批判が向けられる．すなわち，ベルは紀元前のアテネを文明社会として例示した．それはアテネでの奴隷性を承認することであり，ベル自身，奴隷へと自らが喜んで身を落とす者の存在によって文明は確立されると考える傾向があり，ある種のエリート主義が垣間みられるのである．こうしたベルの態度に対して社会主義者からの批判が向けられたのである．

8. むすび

　このように，ムーアの『倫理学原理』が当時の知的若者達のなかに浸透していったのである．それはケインズの回顧録でもいわれているとおりに，当時の若者達にとって『原理』は慣習的道徳や因習，古くから伝えられた知恵を否認するような意味合いをもっていたからである．そうした新たな時代の胎動を予感させる書物に若者達が魅了されていったのは想像に難くない[14]．

　それと同時に，ムーアの「人柄」という要因もある．ウルフの自伝の記述にみられたように，ムーアの人間としての議論の仕方が多くの若者達に影響を与えた．というのも，ムーアは自らの主催する研究会にさまざまな分野の多くの若者達を招きいれ，そして議論を行っていたということが報告されているからである．議論を介してそのなかにある概念を明瞭化させるということに主眼を置いていた．そのときのムーアには，陽気さと真剣さがあり，真理への誠実な態度がみられたのである．こうしたムーアの人柄が若者達のあいだにムーアの哲学が浸透していくことになったのである．

　こうしたムーアの影響を約言すれば以下のようになろう．ムーアの哲学の浸透の要因は『倫理学原理』という著作のもつ革新性と，ムーアの「人柄」の持つ知的誠実性の2つの側面がある．そして，この両者に共通することは，現実的な社会に対する誠実な態度である．厭世的になるのでも，単純に批判的になるのでもなく，日常的現実の肯定を端緒として学問が出発する．しかし，それは単純に日常社会の肯定の範疇で終始するものではなく，それを超え出ようとする「理想」をも同時に与えてくれるものであった．そのためにムーアがさまざまな分野の若者達を魅了してやまなかったのであろう．

　ムーアの哲学史上の遺産は，言語哲学において貢献をなしたウォーノックが以下のようにインタヴューに答えている．

　　確かに真理であるとわれわれ全員が知っている物事は莫大な数にのぼる．哲学者がそうした物事を否定したり疑問に思ったりしているようにみえるとし

たら，何か莫大な間違いをおかしているにちがいない．実際にはムーアはそう主張したわけです…わたしの考えでは，これはムーア以降，少なくとも哲学者のあいだでは，ごく一般的な見解になっています．…それに，これは自分達がやっていることに対する哲学者の見方を変えるという点で，とても重要な意味をもっているように思えます（Magee [1978], p. 93）．

このウォーノックの証言は，あるいはムーアの周辺にいた若者に相当するのではあるまいか．すなわち，自分達がやっていることに関する見方を変えるというある種の自己変革の起点としてのムーア哲学という観点である．

このようにして，ムーアの哲学の影響はその人柄によって魅了された若者によって伝播された．そして，ある専門領域の学問従事者がそこだけに安住することなく，異なる分野にいる人間達との議論ができる機会としてあらわれたのである．おそらく，これがケンブリッジにおいて社会哲学的諸問題を考察するうえで非常に重要な契機となったと思われる．それは社会哲学という問題がある種の価値的な議論を含むために，善や美といった価値的問題を回避しては成立し得ないからである．その意味で，ムーアという学者の存在は哲学史的にだけではなく，多くの分野においてその意義は大きかったのである[15]．

注
1) ここでの議論は，ケンブリッジの伝統である17世紀プラトニストの思想の復興として受け取られた．すなわち，善がわれわれの直観によって知られ得るものであること，そして，その善の担い手である主体はわれわれ個人であること，そのことである．これは注2)で引用したケインズの語に端的に示される．
2) こうしたムーアの論じる善の超越性が新プラトン主義的傾向をもつことをケインズは読み取っていた．「わたしはこういう信念を宗教と読んだのであり，それが新プラトン主義の系譜に属するものであったことは確かである」（Keynes [1972／1949], p. 438；訳, p. 572）．
3) この2点の区別，さらには理想の章での議論を加えると3点の論点は互いに論理的に独立であって，相互に結びついていないとマッキンタイアーは指摘する．すなわち，善の定義不可能性を受け入れて，正しさの判断可能性やムーアの理想を拒否することも可能である，と．詳しくは MacIntyre [1984] を参照．

4) ケインズにとっての道徳の部分とはムーアの正しさにおける蓋然的判断を示すと思われる．この回想に示されるように，ムーア哲学の受容は受容する個人によって多様な仕方で解釈されることとなった．
5) 内在的価値とは，ムーアの用語であり，それ自体のうちにそれが善であることの根拠をもつもの，という意味である．
6) 換言すれば，心的諸性質はそれのみでは作用せず，与えられて在るものによって心が触発されることによって美を感じ得るものとなる．その意味で，心が物質的なものに対して優位であることを保持し得るのである．
7) 実際，ムーアに対する批判としては，例えば，オグデン＝リチャーズによれば，ムーアの主張とは最終的には善はわれわれの態度を表現する情緒的な印にすぎないとしている（Ogden and Richards [1923]）．また，エイヤーはムーアの善の不可能性定義から道徳的態度をすべて主観的価値判断としている（Ayer [1952/1936]）．こうした立場をスティーヴンソンは，情緒主義と呼ぶ．それは道徳的判断がすべて道徳的な事柄を評価するうえでの好みの感情や態度の表現にほかならないとするものである（Stevenson [1944]）．この情緒主義へとムーアの倫理学的主張は吸収されることとなる．これらについては，Davis [1994] に詳しい．こうした情緒主義に対してムーアは，あることがらについて道徳的情緒を表現する事態とあることがらについて判断を言明する事態とを区別する必要があると述べて反論を加えている．Moore [1912] p. 104を参照．
8) Woolf [1980], p. 12を参照．
9) Woolf [1980], p. 12を参照．
10) ムーアは音楽を嗜み，シューベルトやベートーベンを演奏していたとの記述もあり（Woolf [1980], p. 34），そうしたこともムーアの魅力を高めていたといえるだろう．
11) この価値観がムーアの哲学と共鳴するところが多く，かつ当時のヘーゲル主義に対するある種のアンチテーゼとなっていることは容易に読み取ることができよう．
12) その意味である種の主意主義的傾向をもつウルフとは決定的に異なる立場である．
13) この「意味を伝える形式」としての芸術論は，ロジャー・フライとの対話を通して形成されてきた．そのさい，重要とされたのはある言葉はいったい何を意味するのかという議論であった．
14) ムーアの経済学者への影響も付言しておかねばならない．ショーヴはムーア倫理学を政治理論への応用を試みたキングズ・カレッジのフェローシップ論文「G. E. ムーア倫理学体系の政治理論の若干の問題の応用に関する覚書」を著した．彼は，1909年から1916年にかけて，ケインズと信仰の本質，自由党，社会主義，キリスト教，自由貿易，合理的信条などについての書簡を交わしている（Carabelli [2005]

に詳しい).また,ショーヴは第一次大戦に対しては良心的観察者としての立場をとっていた.こうした点に関してムーアからの影響が関連していると思われる.

15) 本章では,ムーアをケンブリッジの社会哲学の形成に大きな影響を与えたとされる『倫理学原理』の観点から論じた.とはいえ,ムーアは倫理学のみで貢献があったわけではない.「観念論論駁」と題される論文が『倫理学原理』出版と同年に発表されている(Moore [1922] 所収).そこでは,知覚の問題が主題的に扱われており,その概略を示すと以下のようになる.知覚とは何らかの対象に関する意識である.対象はさまざまなものが存在するが,対象に向かう意識それ自体は1つである.そのため,知覚は意識と対象を明確にしたうえで分析する必要がある.観念論者はその両者を混同していることで誤りをおかしている.意識の対象は意識とは別に存在するのである.「観念論論駁」ではこうした仕方で知覚の問題を扱っていたが,ムーアはやがて対象という表現をやめて感覚内容という概念で論じはじめる.そこでは感覚内容が知覚とは独立に存在するのではないと主張される一方で,感覚内容の存在と知覚は同一のものではないということが主張されている.こうしたムーアの知覚に関する議論は「センス・データ」(感覚与件)と呼ばれる概念で論じられるようになる.ムーアによれば,センス・データとは知覚するさいに直接に把捉されるものであるとされる.このセンス・データに関する議論は,それが物体的表象の一部なのか,もしそうであるならば主観的な意識がなくともそれは存在するのかということについては,ムーアのなかでも大きく揺れている.このセンス・データに関する議論についてムーアはいくつかの講義を行っているが,1934年から1935年にかけて行われた講義(Moore [1992])ではラムゼイの議論が取り上げられており,その意味でケンブリッジの知的状況をめぐる議論として重要なものであった.

参考文献

Ayer, A. J. [1952/1936], *Language, Truth and Logic*, Dover Publications.

Banfield, A. [2000], *The Phantom Table: Woolf, Fry, Russell and Epistemology of Modernism*, Cambridge University Press.

Bell, C. [1958/1913], *Art*, Capricorn Books.

Bell, C. [1928], *Civilization*, Chatto and Windus.

Bell, Q. [1968], *Bloomsbury*, Weidenfeld & Nicolson(出淵敬子訳 [1991],『ブルームズベリー・グループ』みすず書房).

Bradley, F. H. [1897], *Appearance and Reality: A Metaphysical Essay*, Oxford University Press.

Carabelli, A. [1988], *On Keynes's Method*, Macmillam.

Carabelli, A. [2005], "A Lifelong Friend: The Corresponsense between Keyens and

Shove", in Marcuzzo, M. C., and Rosselli, A. eds. [2005], *Economists in Cambridge*, Routledge.

Coates, J. [1996], *The Claims of Common Sense: Moore, Wittgenstein, Keynes and the Social Sciences*, Cambridge University Press.

Davis, J. [1994], *Keynes's Philosophical Development*, Cambridge University Press.

Froula, C. [2005], V*irginia Woolf and the Bloomsbury Avant-garde: War, Civilization, Modernity*, Columbia University Press.

Gadd, D. [1974], *The Loving Friends*, Hogarth Press.

Horgan, T. and Timmons, M. eds. [2006], *Metaethics after Moore*, Oxford University Press.

Keynes, J. M. [1949], "My Early Beliefs", in *Two Memoirs*, Rupert Hart-Davis; also in Keynes [1972], *The Collected Writings of John Maynard Keynes Volume X: Essays in Biography*, Macmillan（大野忠男訳 [1980],『人物評伝』東洋経済新報社).

Levy, P. [1979], *G. E. Moore and the Cambridge Apostles*, Holt Rinehart.

Mini, V. P. [1991], *Keynes, Bloomsbury and The General Theory*, Macmillan.

MacIntyre, A. [1984], *After Virtue: A Study in Moral Theory*, 2nd ed., University of Notre Dame Press（篠崎栄訳 [1993],『美徳なき時代』みすず書房).

Magee, B. [1978], *Men of Ideas*, British Broadcasting Corporation.

Moore, G. E. [1903], *Principia Ethica*, 1st ed., Cambridge University Press（深谷昭三訳 [1977],『倫理学原理』三和書房).

Moore, G. E. [1912], *Ethics*, Home University Library.

Moore, G. E. (Ambrose, A. ed. [1992]), *Lectures on Metaphysics 1934-1935*, Peter Lang.

Moore, G. E. [1922], *Philosophical Studies*, K. Paul, Trench, Trubner & Co. Ltd.

Ogden, C. and Richards, I. [1923], *The Meaning of Meaning*, Kegan Paul.

Regan, T. [1986], *Bloomsbury's Prophet*, Temple University Press.

Shionoya, Y. [1991], "Sidgwick, Moore and Keynes: A Philosophical Analysis of Keynes's 'My Early Beliefs'", in Bateman, B. and Davis, J. eds., *Keynes and Philosophy*, Edward Elgar.

Spotts, F. ed. [1992], *The Letters of Leonard Woolf*, Oxford Paperbacks.

Stevenson, C. L. [1944], *Ethics and Language*, Yale University Press.

Strachey, L. [1918], *Eminent Victorians*, Garden City Publishing（中野康司訳 [2008],『ヴィクトリア朝偉人伝』みすず書房).

Strachey, L. [1928], *Elizabeth and Essex: A Tragic History*, Chatto and Windus（福田逸訳 [1983],『エリザベスとエセックス——王冠と恋』中公文庫).

Wittgenstein, L., von Wright, G. H. and McGuinness, B. eds. [1997], *Ludwig Wittgenstein: Correspondence with Russell, Keynes, Moore, Ramsey and Sraffa*, Blackwell.

Woolf, L. [1980], *An Autobiography*, Oxford University Press.
Woolf, L. [1919], *Co-operation & the Future of Industry*, George Allen & Unwin Ltd.
平井俊顕［2007］,『ケインズとケンブリッジ的世界——市場社会観と経済学』ミネルヴァ書房.
伊藤邦武［1999］,『ケインズの哲学』岩波書店.
要真理子［2005］,『ロジャー・フライの批評空間』東信堂.
清水幾太郎［1972］,『倫理学ノート』岩波書店.

第11章　ドッブとスラッファ——マルクス・古典派体系の再燃*

塚本　恭章

> 政治経済学とそれをめぐる論争は，本質的にプラクティカルな性質の諸問題——われわれが資本主義と呼称する経済体制の本質と作動様式に関する諸問題——に回答を与えるという目的を有している (Dobb [1950], p. vii；訳, p. i).

1. はじめに

　社会科学としての経済学は，その歴史的経緯からみて，資本主義市場経済の自己認識の深化と反省とともに体系化されていったと考えられる．われわれの生活基盤をなす資本主義経済の理論的理解における競合的学派（古典派・マルクス学派，新古典派，ケインズ学派そして新リカードウ学派など）の共存状況の学問的含意を的確に捉えるためには，経済理論と思想をめぐる対立ないしは論争の基軸を見定め，従来の学説のあり方を深部から問い直す作業が依然として重要な役割を担い続けているのではないか．それはまた，経済学の思想と理論の多様性を尊重する姿勢とも重合するであろう．本章で取り扱う2人の経済学者——モーリス・ドッブとピエロ・スラッファ——は，そうした営為を遂行するうえで必要不可欠な代表的論者である．

　ドッブは欧米マルクス学派，スラッファは新リカードウ学派の始祖であり，1970年代のマルクス・ルネッサンスに大きく寄与したケンブリッジ大学の理論家であった．近代経済学正統派（限界学派・新古典派）に内在する深刻な理論的脆弱性と現代資本主義の時代的危機を背景に，かつては「点在」的にしか存在しなかったマルクス経済学者が，「群生」的に出現し得る土壌となった拠点の1つが

ケンブリッジ大学であり，そこでのドッブとスラッファの存在意義と影響力は看過し得ない[1]．それゆえ，マーシャルを始祖とするケンブリッジ学派の系譜において，近代経済学正統派と批判的に対峙し続けた両者の学問的立場は，きわめて特異な位置にある．ケンブリッジ学派はしばしば「狭義の新古典派」と称されるが，彼らはそれとは異なる経済理論・思想のあり方を一貫して粘り強く模索していたからだ．ドッブとスラッファは，同時代において，まさに共通の理論的志向性を有する終生の盟友であった．

　マルクス経済学者としてのドッブは，初期の『政治経済学と資本主義』[1937]から最後の著書である『価値と分配の理論』[1973]にいたる経済理論の研究過程において，客観的価値説の復権に寄与したスラッファ理論を高く評価し，古典派からマルクスに継承されるヴィジョンと方法を堅持していた．リカードウではなくマルサスにこそ多大な敬意を払っていたケインズとも，この点で著しく対照的だった (Keynes [1959])．「スラッファ革命」と宣言するドッブに，スラッファのリカードウ再解釈 (Ricardo [1951]) と『商品による商品の生産』(Sraffa [1960]) は顕著なインパクトを与えた．「経済理論批判序説」という有名な副題を伴ったスラッファの主著が，近代経済学正統派の論理的構造に与えた衝撃を，経済理論・思想史においてもたらすこと，すなわち経済学説史の「改定」こそ，ドッブが最終的に成し遂げようとした学問的作業であった．

　本章は，スラッファの影響のもとに深化していくドッブの社会経済思想を鮮明に描き出すことに主眼をおく．そのさい，ドッブとスラッファによる近代経済学正統派との格闘を通じて形成されていく客観的価値論と外生的分配論の特質に照射しながら，ドッブの経済理論研究の一貫性の意味内容にもあわせて留意する．第2節では初期ドッブの政治経済学を，近代経済学批判と労働価値説の含意という観点から再構成し，第3節で，ドッブにおけるスラッファ体系の理論的・学史的意義を考察する．そして第4節において，本章全体のまとめと今後の課題を素描したい．このような一連の展開内容は，ケンブリッジ市場社会論のある一断面を浮かび上がらせるだけでなく，制度化された経済学のあり方を方法論的に反省するための重要な契機ともなるだろう．

2. 初期ドッブの政治経済学——資本主義経済の階級性と剰余

　ドッブの経済理論研究を含む問題関心の領域は多岐に及んでいるが，彼の学問的スタンスの「骨格」を端的に示しているのは，処女作として1925年に刊行された『資本制企業と社会的進歩』の３部構成の表題——"Analytical"，"Historical" そして "Applied"——であろう．ドッブは，経済学のたんなる技術的側面のみに注意を払ったわけではなく，経済理論が有する歴史性やイデオロギー性にも十分に配慮した．さらに彼は，資本主義形成史やソビエト経済発展に関する歴史的・実証的研究にも精力的に従事し，理論と史実の関連を絶えず念頭においていた．1937年の『政治経済学と資本主義』は，ドッブによる欧米諸国におけるマルクス経済学への先駆的貢献をなしており，特に'ジェヴォンズ革命'以降の限界学派による主観的価値論の問題性（非歴史性・非社会性）という明確な批判的認識に基づいている．当該著書の副題「経済的伝統における論文集」の「経済的伝統」とは，古典派からマルクスへの学問的系譜とその優位性を示唆するものであり[2]，それはスラッファの理論的志向性と合致する[3]．

2.1　近代経済学批判の含意

　ドッブ（と同様にスラッファ）は，古典派体系——ことにリカードウ的伝統における「政治経済学」——とそれを批判的に継承発展させたマルクスのヴィジョンと方法への復帰を強く志向していた．そのさいに留意すべきは，古典派政治経済学とマルクスの〈差異性・異質性〉よりは，体制としての資本主義の本質と作動様式をめぐる実際的問題に深く関与していた古典派とマルクスの〈親近性・同質性〉をむしろ重要視する学問上の姿勢を，彼が一貫して尊重していたことである．これはスラッファの思想と理論を当該系譜の延長線上に位置づけるときにも妥当する．ドッブは古典派・マルクス体系と鋭い対照をなす「近代経済学」(Modern Economics) に内在する諸問題を多角的に論及した．

　すなわちドッブによれば，政治経済学としての古典派にとって第一義的に重要であるのは，それが「生産ないしは分配の理論」としての性格と合わせ，生産者

としての人間相互の諸関係に基づいて価値関係を決定する思想を有していた——社会全体としての「動態的進化」ないしは，資本家・労働者そして地主の3大階級の「社会的再生産」を導く法則の説明に従事していた[4]——ということであった．とはいえ政治経済学としての古典派は，資本主義社会を自然的自由の秩序とみなし，生産様式が内包する資本家と労働者の敵対的階級関係とそれへの分割を自明視することによって，階級構造を「特殊な形態の歴史的産物」(Dobb [1950], p. 54；訳，p. 51) として明示的に体系内で考察し得なかった．したがってマルクスにとっての核心的問題は，所得の一範疇としての利潤（剰余）の起源と性格を，歴史的に基礎づけられた生産諸関係を踏まえて原理的に説明することであった．資本主義社会の本質的リズムを解明する鍵を見出すべく，マルクスは現存社会の基盤をなす特殊な階級関係に着目し，自由市場における表層的な「交換」現象とそれが描く経済的調和性への批判的認識とともに，「資本主義社会の基礎のうえでの運動だけでなく，その基礎のなかの運動への傾向」(Dobb [1950], p. 58；訳，p. 55) をも焦点化した．

　古典派からマルクスへ批判的に継承発展された理論問題とは根本的に異なり，'ジェヴォンズ革命'以降のベーム＝バヴェルクを代表的論者とするオーストリア学派の主観的価値説，マーシャルの主観的実質費用論，パローネら後期ローザンヌ学派の静学的一般均衡理論，限界生産力説などは，生産の社会的諸関係を捨象し，生産・分配問題への関心を欠落させている．概して彼らは，自由競争市場における諸個人が形成する交換・均衡価格決定現象を過度に強調する切断論・還元論的アプローチに集中し，そこにはまた，非階級主義・非実在主義とでも称すべきイデオロギーが内包している．ドッブによれば，こうした接近方法は，二重の意味で重大な問題を惹起する．

　すなわち1つ目は，これら諸理論が数学的に高度に洗練化され，よりいっそうの美的体系を装備したにせよ，そうした処理を施されることにより，「それがあたかも現実の偶発的な一面ではなく現実の本質を表示している」かのような転倒した描写が付与——ドッブはここに近代経済思想が陥った混乱の秘密があると主張——されることになるということである[5]．もう1つは，アトミスティックな諸個人の選択行為が，社会的・経済的諸関係（財産制度を含む制度の複合体）に

よる支配・制約を負荷されているという，資本主義社会の実在性を軽視する論理的帰結として，「個人が選択するという叙述が具体化され，個人がある特定の方法で選択するという形態をとればすぐに，個人が自由に選択するという虚偽の叙述となり，個人の行為の結果である諸事象が資本主義社会の顕著な特徴をなす基礎的生産関係——経済財の所有権と結合した階級関係——の影響をこうむらないという虚偽の叙述になる」(Dobb [1950], p. 176；訳, p. 169) ということである．初期分配状態の不平等や「複数投票」の支配性を看過し，それらに起因する，資本主義下における市場の価値評価体系のきわめて高度な権威主義を無批判的に受容する姿勢も深刻な問題である．

　こうした近代経済学批判と重合して，政治経済学における労働価値説の意義が問い直され，擁護されることとなる．経済過程における生産・交換・分配という諸側面は，マルクスに依拠するドッブにとって本質的な統一性を有しており，その基軸をなすものが価値論だからである．ドッブは資本主義的階級関係と私的所有制を廃絶した社会主義社会（計画経済）を標榜するが，その理論的展開のためには，資本主義経済の仕組みの体系的分析がまず優先されなければならない．本章は彼のスタンスを踏襲する．

2.2　ドッブにおける労働価値説の意義

　既述されたように，所得の一範疇としての利潤（剰余）の源泉と性格を原理的に解明すること——剰余価値の創造と処分（生産と分配）をめぐる巨視的諸問題——が古典派政治経済学からマルクスへと継承発展されていく核心課題をなしていた以上，ドッブが客観的価値論としての労働価値説を支持したのは当然であった．価値論の本質的役割は，それが商品価値の問題とともに，分配問題（資本，労働力，そして土地の価格決定）をも処理しなければならないということである．労働価値説はドッブにとってある種の費用原理として把握され，経済理論が量的形態を有していなければならない以上，それはまた，現実世界における「量的実体」によって表現できることが要請される．人間活動の客観的表示として独立した量的表現が可能な実体こそ「労働」であり，ドッブはそれを「常数」として，そしてリカードウやマルクスの定義を踏襲して，「人間エネルギーのある一定量

の支出」(Dobb [1950], p. 13；訳, p. 12) とみなした. むろん剰余は, 労働とは質的に区分された労働力商品の価値と完成商品の価値との差によって生じ得るわけだが, それは別の表現をすれば,「生産過程に対して行われる最初の価値寄与にある量的意味を与えて, この価値寄与が生産物の最終価値とは異なった大きさになることを可能にする」(Dobb [1950], p. 32；訳, p. 29) ということである. ドッブにとって, 労働価値説が有する1つの理論的意義はこの点にあった.

客観的価値論としての労働価値説を堅持するドッブに対して, 主観価値理論家ベーム=バヴェルクによる有名なマルクス価値論批判に留まらず, それ以降も, バーグソンは,「ドッブの分析において, 労働理論は分析的ツールというよりはむしろ余計な手荷物である」(Bergson [1948], pp. 444-445) と率直な批判的見解を提示した. マルクスの長期的・動態的分析に敬意を示していたJ. ロビンソンも, 古典派の「価値」を論じた箇所において,「価値は何の役にも立たないだろう. それはまったく機能的内容をもたないからである. それはまさに1つの言葉にすぎない」(Robinson [1962], p. 46) と断定し, マルクスの労働価値説と剰余価値論は棄却されるべきものとみなした. こうした諸批判に対するドッブの論拠として特に強調されるべきは, 費用原理である客観的価値論としての労働価値説は, 均衡相対価格の決定論に狭められてはならないことと同時に, それが次のような2つの特質を秘めていることである.

すなわち1つ目は, 労働理論は, 経済問題の本質をめぐる重要な「質的叙述」を可能にするということである. 限界革命以降の主観的価値論は, 生産活動における人間相互間の社会的諸関係をまったく含んでおらず, 市場における個別消費者の心理と商品との関係を一般化したにすぎず, それは「交換=カタラクティクスの科学としての経済学」以上のものではない. ドッブが強調しているのはまさに次の洞察である.「労働理論に含意されている質的叙述は, 交換価値が人間エネルギーの支出と消耗に対してある一定の関係を有していることである. その帰結として, 総収入と純収入の区分や剰余の概念に何らかの意味を付与させることができるようになり, あるかたちの所得と他のかたちのそれとの違いを明確にする規準が与えられた. …近代主観価値理論においては, 費用と対照されるこの剰余の概念そのものがまったく本質的な意味を喪失しており, 異なる階級所得を基

本的に識別するためのいかなる規準も欠落している」（Dobb［1950］, p. 22；訳, p. 20）．センの表現を用いれば，「予測理論」（predictive theory）というよりは，むしろ「叙述理論」（descriptive theory）としての労働価値説の意義をドッブは重要視していたわけだ（Sen［1978］, p. 177）．階級所得としての利潤と労賃がある種の対抗関係をはらんでいることはいうまでもない．

　もう1つは，上記の系論といってよいが，それが剰余価値の源泉を解明すべく，生産の社会的過程の内在的認識（過程認識）を可能にする理論であるということである．再びドッブの主張を引用しよう．

　　純粋に需要の観点によってのみ価値を解釈する原理は，個人あるいは階級の生産的 '寄与' を，たんに結果として生じるものの価値にしたがってのみ定義することができるだけだ．つまりそれは，寄与の源泉である活動や過程によって，この寄与を定義し得ない．この原理のなかには，この類の生産関係についてのいかなる叙述も含まれていないからである（Dobb［1950］, p. 30；訳, p. 28）．

　ドッブはその後，『リカードウ全集』編纂というスラッファとの緊密な共同作業への従事を介し[6]，自らの政治経済学的主題を練り上げていく．彼は経済理論をめぐる対立構図の軸を明確化し，古典派とマルクスへの復帰という問題意識をディフェンシブなものからオフェンシブなものに転換すべく，理論的認識営為を深めていった．1949年の論文「近代経済理論の諸傾向について」における次のようなドッブの主張は，彼の社会経済思想を集約的に表明し，それは次節以降の議論にも引き継がれていく．

　　経済法則の基盤を構成する価値関係を決定するものは，売り手であろうと買い手であろうと市場における参加者の意志や態度ではなく，客観的な生産の比率である．古典派経済学に対してマルクスの注意を惹きつけたのは，この経済法則の客観性という概念であった．…こうした強調はまた，決定のための基本的順序が（「生産の社会的諸関係」を含めて），「生産様式」から社会

全体の経済的諸関係の構造における他の水準へと向かう史的唯物論の概念とも密接に連関していた（Dobb [1955], p. 110；訳, p. 159）.

3. スラッファ以後のドッブ——経済システムの完結性と市場

スラッファの『商品による商品の生産』は，1920年代の後半には，すでにそこでの「中心的な命題」が確立されていたという「序文」での発言に照らせば，それはまさに30年以上に及ぶスラッファ自身の長い思索と格闘を凝縮した作品であり，価値と分配の限界学派の理論的基盤に根底的な打撃を与え，彼の「古典派政治経済学への復帰」という学問的志向性が貫徹された著作でもあった．ドッブによる書評の表題は，端的に「画期的な本」であったが，そこには当該著書——ドッブの表現では"so slender and elegant a volume"——が，経済理論の歴史においてかつてない「革新的な」性格を有していることが明記されていた（Dobb [1961]）．そして彼は，「スラッファ革命の観点に立脚する最初の経済学の歴史として解釈し得る」（Groenewegen [1974], p. 192）研究書としての『価値と分配の理論』を最後の著作とした．「価値論」と「分配論」の視点から，スミス以降の経済思想・理論をめぐる論争の歴史を総括したドッブの最終的な帰着点は，「ジェヴォンズ・マーシャル対スラッファ」であった．

3.1 客観的価値論の特質

スラッファの主著に含まれている理論的争点の1つは，価値と分配の限界理論に対する批判的基礎を築くことであった．スラッファの議論が古典派経済学とマルクスのアプローチの「復興」をなすものである以上，その論理的帰結として，それはマルクス労働価値説との本質的な相似性・親近性を含意し得るというミークの主張[7]は，以下で考察されるドッブの理論的認識と合致している．「新旧の見解の潮流を分ける真の分水嶺は，…スラッファの小著ながら古典的な書物の出現」（Dobb [1973], p. 248；訳, p. 289）にほかならない．

ドッブの念頭にある上記の「真の分水嶺」が指示しているのは，次項で論及されるように，交換と所得分配という現象の決定順序と決定様式をめぐる19世紀の

経済思想には，まったく異なる対抗的な2つの伝統が存在するという理解に基づくものである．ここで簡潔に述べておけば，いわゆる古典的アプローチ（リカードウの「賃金-利潤比率」，マルクスでは「搾取率もしくは剰余価値率」，そしてスラッファ体系の「賃金ないしは利潤率水準」）のように，所得分配（の決定）が相対価格形成の前提条件であるという系譜と，それとは対照的に，要素価格決定の限界生産力理論に代表されるジェヴォンズやオーストリア学派の近代的アプローチのように，独自の所得分配の理論が欠落し，それが交換の価格理論（交換過程・価格形成過程）の内部に閉じ込められている，すなわち「生産物価格と所得分配が同一視され，相互作用を伴う生産物価格と要素価格の相互的で同時的な決定のひとつのシステム内部に統合されている」（Dobb [1973], p. 114；訳, p. 136）系譜とが存在するということである．近代経済学批判の推進と古典的アプローチへの回帰という目的において，スラッファ理論はマルクス学派といわば「同盟軍」（allies）を形成し得るものとしてみなされるべきである．経済思想と理論の長い歴史的潮流がその批判のために有している「共通性」にこそ専心しなければならないとするドップの立場は，1930年代の『政治経済学と資本主義』以降も一貫していた．

　それではより具体的にどのような論拠がスラッファ体系の「核心」をなしているのだろうか．すなわちドップによれば，「その特殊な幾つかの系論を別として，全体としてみたときに特にめざましいことは（革命的という人もいよう），それが価値と分配の諸問題に対して，生産の側からするリカードウ=マルクス的なアプローチを復活させたことである．それに伴う帰結として，相対価格は消費のパターンおよび需要のパターンからは独立であるという結果が導き出されたのである」（Dobb [1973], p. 257；訳, pp. 297-298）．ここでいわれる「生産アプローチ」（より正確な理論的表現では「剰余アプローチ」）の復活というドップのスラッファ理論に対する評価の意味内容は，それが「生産」という経済過程の一側面のみに特化しているという意味ではむろんなく，生産方法―交換価値―所得分配という歴史的時間を伴って遂行される一連の経済行為の有機的連結性が鮮明に描き出されていることを含意するものと考えられる．

　まさにちょうどそれ自身を維持するだけのものを生産するような，剰余の発生

しない最も単純な社会を想定した「生存のための生産」における論述内容によれば，スラッファ体系は，「生産方法および生産的消費の方法」，もしくは簡潔に「生産方法」——観察可能なデータに基づく客観的な投入産出の技術的物量体系——によって一意的な交換価値の組み合わせ（古典派の「自然価格」やマルクスの「生産価格」に相当する概念で，いわゆる「市場価格」ではない）を決定する理論的枠組である．近代経済理論の切断論・還元論的アプローチに対して，それは連関論・総体論的アプローチと呼称できよう．「もしそれ［一意的な交換価値の組み合わせ］が市場によって採用されれば，生産物の当初の配分を復元し，上の過程を反復することが可能になろう．このような価値は，生産方法から直接に発生してくる」(Sraffa [1960], p. 3；訳, p. 4) のであり，スラッファ理論は「循環的過程としての生産と消費の体系」を最初に定式化した重農主義者ケネーにその源流をもつ[8]．ケネーとの親近性を表明したスラッファがそれに続いて述べている見解も枢要で，そうした経済観は，「"生産要素"から"消費財"へ通じる一本道という近代理論によって提示された見解と著しい対照をなしている」(Sraffa [1960], p. 93；訳, p. 154).

　スラッファが再燃させた客観的価値論の特質として指摘し得ることは，それが客観的で定量的な生産の技術的連関構造によって価値体系——均衡価格（k 個），賃金率（w）そして利潤率（r）——を整合的に決定する仕組みをなしており，そこで描かれる生産構造観が近代経済理論におけるそれとは質的に重大な相違を生み出していることである．菱山泉の表現を借りれば，スラッファ体系の中核を占める「網の目のように織りなされた投入と産出のネットワークは，interpersonal なシステムというよりは，physical なシステムといったほうがよかろう」（菱山 [1993], p. 143）し，スラッファ体系では経済システムの存続可能性とそれを満たす諸条件が照射されている．「剰余を含む生産」になっても，利潤率均等化メカニズムを通じて，それが各産業に前払いされた生産手段に比例して分配される制度的パターンの考察が付加されるのみで，本質的な事態に変更は生じない．スラッファ理論が社会的剰余の概念に立脚して，新古典派限界理論とは構造的に異なる価値と分配の理論の一般的枠組を数学的に定式化したものとすれば，そうした特質を有する理論体系の源泉に，『リカードウ全集』編纂過程で汲み取られた

スラッファのリカードウ再解釈――全集第 1 巻『経済学および課税の原理』の「編者序文」で提示された「穀物比率論」―― が存在していることも周知の事実であろう．それは，農業においては「穀物」という同一の商品によって投入と産出を構成し得るので，価値評価の問題を介入させることなく直接的に剰余と利潤率を決定できる論拠である．「穀物比率論」はスラッファにおいて，農業利潤の役割を決定するための原理の「合理的基礎」を担い，彼はこの初期リカードウ論の深化形態を主著で展開した．

　それでは，客観的価値論としての労働価値説をドッブが支持してきたという学問的立場から捉え返した場合，スラッファ理論をその洗練化された形態と理解する彼の真意・根拠はどこにあるのか．スラッファ自身はマルクス価値論には言及していない．既述されたように，生産の社会的諸関係（階級構造）とあわせ，分析の枠組に社会的歴史的与件が明示的に組み込まれ，労働力が譲渡可能な商品に転化することが資本主義経済の特殊性の主因をなすものとみなしていたドッブにとって，マルクス理論はいわば歴史発展理論なのであり，歴史を理論的に解明する方法論上の独自性を有している．生産を非社会的で自然的な過程と想定することによって資本主義生産様式の特殊歴史性をたぶんに軽視し，所与の技術的物量体系のもとにおける実質賃金と利潤率とのあいだの形式的な分配関係に重心をおくスラッファ理論は，そもそも根本的にマルクスのそれとは異なるものであるという批判的論拠が存在するのも当然である[9]．剰余価値の源泉を（たんなる結果としてではなく）それが生じる過程や活動から内在的に把握し得ることを重要視していたドッブの従来の論拠に照らしてみても，スラッファ理論と整合しない箇所がただあることは素直に認めなければならないし，彼自身も同意するにちがいない．

　とはいえ，ドッブが労働価値説の意義として特に強調していた，それが経済問題の本質をめぐる重要な「質的叙述」を可能にするものであるという前節の指摘を想起しなければならない．その質的叙述とスラッファ理論との呼応関係に言及すれば，次のとおりである．

(1) 交換価値が人間エネルギーの支出と消耗に対してある一定の関係性を有す

るという論拠は，スラッファ理論においては，国民所得全体が賃金に割り当てられる場合（$w=1$）の商品の交換価値が，直接・間接に商品生産に貢献した労働量（労働費用）に比例するという理論的内容とリンクしている[10]．

(2) その帰結として得られる総収入と純収入の区分や剰余概念への意味づけ，階級所得の相違を明確化する規準が提供されるという各論拠についても，スラッファ理論では，それが社会的剰余の理論的枠組をなしていることに加え，国民所得部分が総産出価値額から使用された生産手段の総投入価値額を差し引いた剰余生産物（純生産物）から成立していること，そしてまた，異なる所得範疇である利潤と賃金とのあいだに存在する根本的な対抗関係も，不変の価値尺度としての標準純生産物の発見——標準商品論を展開した成果として導かれた，$r=R$（極大利潤率）$\times (1-w)$ という逆相関の線形関係——を通じて鮮明にされている（Sraffa [1960], Ch. IV）[11]．スラッファ理論においていわゆる「労働力」概念は，1つの「商品」(commodity) として，一般化された扱いとなっていることも付記しておこう．

ドッブは，労働価値説が有する重要な質的叙述はスラッファ理論においても含まれているとみなし，それを客観的価値論としての労働価値説の洗練化された形態として位置づけたのである．「労働価値説というのは，商品の価値がその生産に必要な投下労働量に比例するという単純な命題を表すものではなく，価格体系が生産諸条件に依存して決まるという接近方法を集約的に表現したもの」（菱山[1979], pp. 160-161）であり，「資本主義的市場経済の総体的現象に接近する，新古典派主流とは異なるユニークな方法ないし立場を表している」（菱山[1979], p. 176）とすれば，こうした菱山による特異な労働価値説は，ドッブの理論認識と共鳴し合う．それは，「生産論」的，ないしは「実物論」的な視角に基づいて労働価値説の内実を理解する思考様式である．経済生活の根本をなす人間労働の社会的配分関係を重要視するドッブにとって，労働価値説は必要不可欠な分析装置であり，それを再生させ得る決定的契機を担ったのがスラッファ理論であった．

3.2 外生的分配論の射程

　スラッファの主たる関心がリカードウ同様に,「分配」問題にあったことは周知の事実だが,彼が企図していた「分配の限界理論」批判は,新古典派の限界生産力理論批判を指している.ドッブが「高度な批判の10年」と呼んだ1960年代の批判的討論（主にケンブリッジ資本論争）を概観するなかで最初に指摘したのは,J. ロビンソンによる新古典派体系における資本価値測定の困難という問題であった.すなわち本質的に異質の資本財の集合を単一の資本量に還元・集計すべく通常は利子率（ないしは利潤率）という価格が用いられるが,この利子率は「資本の限界生産性」によって決定されるため,利子率決定においてすでに「資本」の概念を用いていることになる.循環論に陥った当該理論の批判をさらに推進・補強したのが,スラッファの有名な「生産方法の切換え」論（Sraffa [1960], Ch. XII）であり,それは限界生産力理論とそれを支える「順序づけられた生産関数」の概念に内在する深刻な構造的欠陥を指摘するものであった.生産諸要素である資本と労働の代替が相対価格に対して必ずしも同一方向で生じる必然性がないこと——ある水準で技術の再切換えが生じ得ること——を説得的に示したスラッファの議論は,「"経済理論批判" に対する単独の貢献としておそらく最も重要なものを代表した」(Dobb [1973], p. 252；訳, p. 292) と,ドッブによって高く評価された.

　ただし銘記しておくべきは,こうしたスラッファ評価の背後にあるドッブの経済思想であって,当該問題の根底に潜んでいるのは,価格体系（とその比率）それ自体が所得分配（賃金-利潤比率）に対して相対的な性質を有しており,前項冒頭で言及したように,所得分配は「価格-市場関係の外部」から導入されなければならないというリカードウ=マルクスの古典的アプローチの復帰を含意していることである.古典的アプローチとの顕著な対照をなしているジェヴォンズやオーストリア学派の近代的アプローチには,「実質費用」論を展開したマーシャル学説も含まれているが,それは生産諸条件として想定されているのが,生産の社会的人間関係（階級構造）や所有権の形態といった社会的制度ではなく,生産諸要素の組み合わせの可能性を規定する「技術係数」と代替的な技術係数の範囲

を設定する「生産関数」でしかないからである[12]．ドップにおいて近代的アプローチは，「新古典派」ではなく「反古典派」(counter-classical) という名称のほうがより適切なのであり，限界革命としての「ジェヴォンズ革命」は，古典的アプローチに対する意識的な「反革命」にほかならない．1830年代の「リカードウに対する反動」の完成形態をなすこの革命こそ，「スラッファ革命」と対をなす経済思想・イデオロギー上の決定的な転換点を画した歴史的一大事件だった．したがってドップによれば，「ジェヴォンズ革命」によって確立された概念的枠組において，生産の社会的諸関係（資本・賃労働関係）や階級衝突，資本家の階級所得としての利潤（剰余価値）の源泉と性格といった諸問題は，経済理論の問題関心の範囲外におかれることとなり，「イデオロギー的観点からみれば，このことが疑いもなく方向変化の最も重要な帰結であった」(Dobb [1973], p. 172；訳, p. 203)．

このような観点を踏まえて，改めてスラッファ理論に注視すべき点は，それが「自由度の1」の開かれた経済システムとしての特質を有していることである．労働一単位あたりの賃金を加えて編成されたスラッファの生産方程式（第2章第11節）は，方程式の数 $k+1$ 個に対して，未知数は k 個の相対価格，賃金 w そして利潤率 r の計 $k+2$ 個存在しており，賃金か利潤率のどちらかの分配変数が，経済モデルの外部からいわば外生的に与えられなければ，交換価値としての相対価格体系は決定し得ない（経済モデルは完結し得ない）．こうした仕組みは，生産諸要素価格を経済モデルの内部で，すなわち市場の価格形成過程の内部で決定することによってその自己完結性を保持する新古典派（限界理論）体系とは根本的に異質のものである．「分配の決定を外生化する理論という点では，スラッファはリカードウの直系の子孫である．現代経済学は，こうしたリカードウに由来する外生的分配論をその主流のなかからはじき出してしまったので，スラッファの分配論は，ワルラスはじめ主流派経済学のそれ［内生的分配論］に比べてやはり著しい相違を表す」(菱山 [1993], p. 17)．

したがって，近代的アプローチを基層から支える内生的分配論は，「所得分配が財産制度，そして社会的諸関係から独立したものとして出現するようにみなされている．少なくともそれは，諸要素間の所得分配に関するかぎりでは，超制度

的(supra-institutional)で超歴史的な(supra-historical)ものとして出現する」(Dobb [1973], p. 35；訳, p. 48)のであり，こうしたドッブの主張は新古典派の限界生産力理論批判の核心的論拠をなしている．資本主義経済の概念的図式・機能的様式において，分配変数の先決性の想定から生産諸条件を通じて交換現象・価格決定に接近する古典的アプローチと，主として需要側から接近する近代的アプローチとのあいだには，「決定順序」(Dobb [1973], p. 9；訳, p. 20) をめぐる根本的な対照性が存在している．塩沢由典の言葉を借りれば，それはまさに「優先性」(priority) の問題なのであり，2つの理論体系における質的相違は，認識論上の対立に帰着する[13]．

　スラッファの経済理論においては，歴史的・社会的・政治的そして制度的諸要因が分配問題の処理（それに依存して決定される相対価格体系）について決定的な意義を有するものとして導入されており，それはまた「社会的制度としての市場認識」を重要視してきたドッブの洞察により強固な概念的枠組を提供した．既述された1949年の論文で，「市場現象の研究は（きわめて長いあいだ，経済外的な'社会学的な'諸要因として捨象されていた）社会の物質的基礎を構成する諸要因である．社会の所有制度，生産関係そして生産力を通じて再統合されるであろう」(Dobb [1955], p. 116；訳, p. 167) とドッブが述べていたことが想起されるところである．経済システムの自己完結性批判を含意するスラッファ体系は，新古典派の一般均衡理論が描く切断された交換論的市場像と異なり，社会的・歴史的諸要因との有機的連関を射程化した，再生産・制度論的視角に基づく過程的市場像を描き出しており，資本主義経済の本質と作動様式をめぐる実際的問題に深く関与してきたドッブにとって，スラッファの思想と理論は自らの社会認識を深める比類のない触媒効果としての役割を担っていた．

4．むすび

　詳述してきたように，ドッブとスラッファは，限界主義の出現によって「水中に沈められ，忘れられてしまった」(Sraffa [1960], p. v；訳, p. 1) 古典派からマルクス（スラッファの場合は，さらにさかのぼってケネー）につらなる政治経

済学の再燃に大きく寄与し，そのインパクトは，ケンブリッジを越えた世界的規模での影響力を及ぼした[14]．盟友としての両者は，方法論的個人主義に依拠する「価値と分配の限界理論」に代表される近代経済学正統派の根源的批判に多年を費やした．その成果は，スラッファにおいては『商品による商品の生産』という唯一の主著，ドッブにおいては，その主著の高い評価を踏まえて，従来の経済学説史を体系的に見直した最後の著書『価値と分配の理論』として，ひとまず結実した．ドッブの理論的格闘は，「経済思想がリアリスティックな価値を有するためには，今日この根底に害を及ぼしている多くの観念から解放されなければならないという信念」（Dobb [1950], p. vii；訳，p. i）に導かれていたが，この信念はスラッファも共有していたはずである[15]．

　生産・分配・制度論的視角を経済学のなかに再び明確に組み込むことによって，価値と分配の新古典派理論が描く，ことに分配問題が超歴史的・超制度的なものとして出現する非実在的で自己完結的な市場経済像に代わって，ドッブは階級的生産諸関係を基盤とした実在的な資本主義市場社会像を一貫して考究した．スラッファが焦点化した社会的再生産過程を編成する資本主義経済のトータルな理論的理解こそ，マルクス経済学者ドッブにとって最も肝要な核心課題の1つであった．とはいえ，資本主義経済に内在する不安定性や生産設備の慢性的不完全操業・非自発的失業，投資の国家的管理といった，ケインズとも共通し得るマクロ動態的諸問題にも大きな関心を有していたドッブの立場から翻ってみると[16]，彼はスラッファ理論を過大評価していた側面があったといえる．資本主義を乗り越え得る体制としての社会主義についてのドッブの諸考察を本章は扱わなかったが，ケインズ的な修正資本主義，ランゲの市場社会主義とも異なる彼の体制論は，現代のネオ・リベラリズムとグローバリズムの内的矛盾を直視すれば，いまなお再考に値する[17]．それはまた，これからの社会主義の可能性をマルクス学派の基礎理論から問い直す，広がりある政治経済学的主題とも密接に連動するだろう．

　本章の展開内容は，ドッブとスラッファの基礎理論の領域に限定したやや狭い考察対象になっているという印象を与えるかもしれないが，彼らの社会認識は，当時の支配学説との理論的格闘（論争）史においてこそ凝縮されており，壮大かつ深遠である．その意味でも，経済学はまさに「論争」学としての性格を備えて

いるのだ．ことに1970年代におけるマルクス経済学をめぐる研究プログラムの分岐化[18]——合理的選択マルクス主義，レギュラシオン派，ラディカル派，ポスト・ケインズ学派——の歴史的意義を正確に把握するうえで，ドッブとスラッファの位置・貢献を確定することは不可避な作業であるに違いない．社会科学としての経済学の断片化がもたらす深刻な問題性を想起するならば，「経済理論の問題関心の射程」をどのように設定すべきかを反省することもまた必要ではないか．経済理論の歴史性を尊重するドッブの構えは，次のような都留重人の洞察と響き合い，これからの経済学のあり方を展望する貴重な「架け橋」となるであろう．

　1つの政治経済体制を所与のものとして前提して議論するようになると，その体制の歴史的理論的本質を究明するなどという仕事は，忘却されてしまう．ある1つの人間社会にも歴史的な発展法則があり，そこには社会の組み立て方について特殊な構造があるという見地が見失われるようになると，学問的探求の焦点は，自ずから体制の特殊性をこえた普遍的人間の行動のほうに移ってしまう（都留重人［1964］，pp. 18-19）．

注

*) 昨年（2008年）5月に祖父順次，11月に祖母好子が他界した．異例ではあるが，本章を亡き祖父母に捧げることを申し添えることをお許し願いたい．

1) 伊藤［1977；1978］を参照．
2) スラッファ自身も，有名な1925-26年の先駆的・開拓者的論文を通じて，マーシャル部分均衡理論（競争的価値論）と収益（費用）法則との論理的不整合性を内在的に鋭く指摘し，それらの詳細な検討を踏まえ，費用不変のテーゼを掲げる古典派の「リカードウの復位」を理論的に志向する立場を表明していた（スラッファ［1925-1926］）．
3) Mongiovi［2002］を参照．
4) Atley and McFarlane［2001］，p. 68を参照．
5) Dobb［1950］，p. 133；訳，p. 126を参照．
6) Pollitt［1990］を参照．
7) Meek［1967］を参照．

8) Sraffa [1960], p. 93；訳, p. 154を参照.
9) Rowthorn [1974] を参照.
10) Sraffa [1960], Ch. III を参照.
11) むろん「極大利潤率」とは，国民所得全体が利潤に分配されるときの利潤率のことであり，「標準体系」——分配関係の変化が相対価格に及ぼす影響を排除し得る尺度を理論的に構想すべく，総生産手段と生産物の双方が自己同一的な使用価値からなる標準合成商品（標準商品）を生産する割合で編成された産業の組み合わせ——における，「総生産手段に対する純生産物の比率（標準比率）」に等しい．ここで用いられている w は，「標準純生産物（標準国民所得）における賃金部分の割合」を指している．
12) Dobb [1973], p. 114；訳, p. 137を参照.
13) 塩沢 [1976] を参照.
14) これまで未公開であった膨大な分量の Sraffa Papers（トリニティ・カレッジの Wren Library に保管）が1994年12月以降利用可能となったことは，現在，スラッファ研究の活性化の重大な契機を担っており，今後の成果が期待されるところである．
15) Mongiovi [2002], p. 236を参照.
16) ケインズ理論をめぐるドッブの見解は，1950年の「完全雇用と資本主義」（Dobb [1955] 所収）を参照．ケインズ理論は，階級的社会構造を等閑視し，資本主義経済の金融流通面という表層的現象に比重をおく分析装置・政策論にすぎないというドッブによる批判的評価は，彼の近代経済学批判と実質的に同根である．それはまた，ドッブ以外のマルクス理論家である P. スウィージーや R. ミークのケインズ理論批判とも合致していた．
17) 塚本 [2007] を参照.
18) Hodgson [1991] を参照.

参考文献

Atley, T and McFarlane, B. [2001], "Maurice Dobb, Historical Materialism, and Economic Thought", in Medema, S. G. and Samuels, W. J. eds., *Historians of Economics and Economic Thought: The Construction of Disciplinary Memory*, Routledge.

Bergson, A. [1948], "Socialist Economics", in Ellis, H. S. ed., *A Survey of Contemporary Economics*, Blakiston.

Dobb, M. [1950；1937], *Political Economy and Capitalism: Some Essays in Economic Tradition*, Routledge & Kegan Paul Ltd., 5th Impression（岡稔訳 [1952]，『政治経済学と資本主義』岩波書店）.

Dobb, M. [1955], *On Economic Theory and Socialism: Collected Papers*, Routledge &

Kegan Paul（都留重人他訳［1958-1959］,『経済理論と社会主義』(I)(II), 岩波書店).
Dobb, M. [1961], "An Epoch-Making Book", *Labour Monthly*, Vol. XLIII, October, pp. 487-491.
Dobb, M. [1973], *Theories of Value and Distribution since Adam Smith: Ideology and Economic Theory*, Cambridge University Press（岸本重陳訳［1976］,『価値と分配の理論』新評論).
Groenewegen, P. D. [1974], "Book Review: *Theories of Value and Distribution since Adam Smith: Ideology and Economic Theory* by Maurice Dobb", *Economic Journal*, Vol. 84, No. 333, pp. 192-193.
Hodgson, G. [1991], *After Marx and Sraffa-Essays in Political Economy*, Macmillan.
Meek, R. [1967], "Mr. Sraffa's Rehabilitation of Classical Economics", in Meek, R. [1967], *Economics and Ideology and Other Essays*, Chapman and Hall.
Mongiovi, G. [2002], "Classics and Moderns: Sraffa's Legacy in Economics", *Metroeconomica*, 53-3, pp. 223-241.
Pollitt, B. H. [1990], "Clearing the Path for *Production of Commodities by Means of Commodities*: Notes on the Collaboration of Maurice Dobb in Piero Sraffa's Edition of *The Works and Correspondence of David Ricardo*", in Bharadwaj, K. and Schefold, B. eds., *Essays on Piero Sraffa: Critical Perspectives on the Revival of Classical Theory*, Unwin Hyman.
Ricardo, D. [1951], *The Works and Correspondence of David Ricardo*, ed. by Sraffa, P. with the Collaboration of Dobb, M., Vol. 1, *On the Principles of Political Economy and Taxation*, Cambridge University Press.
Robinson, J. [1962], *Economic Philosophy*, C. A. Watts & Co.
Rowthorn, B. [1974], "Neo-Classicism, Neo-Ricardianism and Marxism", *New Left Review*, No. 86, July-August, pp. 63-77.
Sen, A. [1978], "On the Labour Theory of Values: Some Methodological Issues", *Cambridge Journal of Economics*, 2-2, pp. 175-190.
Sraffa, P. [1960], *Production of Commodities by Means of Commodities: Prelude to a Critique of Economic Theory*, Cambridge University Press（菱山泉・山下博訳［1962］,『商品による商品の生産』有斐閣).
伊藤誠［1977］,『資本論研究の世界』新評論.
伊藤誠［1978］,「モーリス・ドッブを偲ぶ」『リカーディアーナ』10, pp. 7-9.
ケインズ, J. M. [1959],『人物評伝』(熊谷尚夫・大野忠男訳, 岩波現代叢書).
塩沢由典［1976］,「ピエロ・スラッファ——ひと, 分配, 認識」『経済セミナー』No. 263, 12月, pp. 63-73.

スラッファ[1925-1926],『経済学における古典と近代——新古典学派の検討と独占理論の展開』(菱山泉・田口芳弘訳[1956], 有斐閣)(1925年と1926年の論文を収録).

塚本恭章[2007],「社会主義の合理的存立可能論——ランゲとドッブ」(平井俊顕編『市場社会とは何か——ヴィジョンとデザイン』SUP上智大学出版所収).

都留重人[1964],『近代経済学の群像』現代教養文庫.

菱山泉[1979],『リカード』日本経済新聞社.

菱山泉[1993],『スラッファ経済学の現代的評価』京都大学学術出版会.

第12章　ロビンズ・サークル──自由主義陣営からの反撃

木村　雄一

1．はじめに──「ロビンズ・サークル」とは何か？

　世界史としての1930年代は，1929年10月のニューヨークのウォール街にある証券取引所の株価大暴落を始まりとする世界大恐慌によって，金本位制からの離脱，緊縮財政や保護関税の導入，計画経済やナチスの出現など，政治的・経済的に劇的な事件に満ちた時代を指す．経済学の歴史としての1930年代も，現代経済学の土台となる新しい考え，多様な理論や分析が誕生するなど，今日の経済学を考える上で逸することのできない時代である．ケンブリッジでは，ケインズの『貨幣論』(Keynes [1930]) の出版を契機にA. ロビンソン，J. ロビンソン，R. カーン，P. スラッファ，J. E. ミードらによって「ケンブリッジ・サーカス」が形成されたが，それとほぼ同じ時期にLondon School of Economics and Political Science（以下，LSEと略記）で「ロビンズ・サークル」が誕生した．「ロビンズ・サークル」は，L. ロビンズとF. A. ハイエクを中心として，N. カルドア，J. ヒックス，A. P. ラーナー，G. L. S シャックル，A. プラント，U. ウェッブ，R. H. コース，R. G. D. アレン，R. セイヤーズ，P. ローゼンシュタイン-ロダン（所属はユニヴァーシティー・カレッジ・オブ・ロンドン）らによって形成された集団である．LSEは，フェビアン協会のウェッブ夫妻やバーナード・ショウらの創設者の顔ぶれによってフェビアン社会主義の影響が強いように見られがちだが，ロビンズが「知識のある人がみれば，専門上の信念と政治的関係においてどれくらい幅広く採用されているかがすぐに分かるはずである」(Robbins [1971], p.

131）と述べたように，政治的立場がどうであるにせよ，創立当初から自由な研究と知識の前進のみに捧げられた独立機関であった．1930年代のイギリス経済学界に20世紀を代表する経済学者達がこれほど多く集っていたことは，経済学の歴史上きわめて興味深い事実である．

　ロビンズは1929年にLSEの教授に30歳という若さで就任すると，LSEの経済学部門のあいだの交流を図るために，自分の部屋を提供して，毎週1度ティー・タイムに各部門のスタッフが集まって会合を開いた．また毎週ロビンズの司会のもとでお互いに関心のある主題について研究者同士が議論しあうゼミナールもはじめた．いったん会がはじまると上下関係はなく，真理を探究する熱心な集団であった．

> ハイエクの『資本の純粋理論』の各章，ヒックスとアレンの「価値論の再考」，プラントの「特許の経済学」，ラーナーの「国際貿易における要素価格」，カルドアの「経済均衡における概念の類別的試論」，ヴィクター・エーデルバークの「リカードの利潤の理論」は，わたし達の議論で発表された題材の実例である．それは胸が躍るほど刺激的であった．経済学が相対的な停滞を経たのち，再び前進を開始し，それにわたし達が活発に加わっているという感覚を抱いていた（Robbins [1971], pp. 131-132）．

　LSEは，ホワイトホール，シティー，大英博物館から等距離に位置した都市型大学であり，ロンドンという土地柄と鉄道終着駅からの便宜が良いために，ウィーンからハーバラーとマッハルプ，ローマからブレスチアーニ・チューローニ，スカンジナビアからリンダールとオリーン，アメリカからフリッシュ，マーゲット，ナイト，ヴァイナーなど著名な経済学者達がLSEを訪問した（Robbins [1971], p. 132）．このように国際都市ロンドンに位置したLSEで形成された「ロビンズ・サークル」は世界の経済学を受け入れる環境にあった．これは見方を変えるならば，ロビンズがマーシャルの支配するイギリス経済学界に大陸経済学の新風を吹き込むことを意図した「やや意識的に先鋭な論法」（早坂 [1989], p. 234）であった．

先行研究（Wiseman [1985], Howson and Winch [1977], Winch [1969], Marcuzzo [2005], 杉本 [1981], Buchanan [1988]）によれば，「ロビンズ・サークル」は以下の4点から説明される．第1に「ロビンズ・サークル」は，ロビンズの優れた指導力のもとで，オーストリア学派やローザンヌ学派などの大陸経済学の積極的な導入に努め，LSEを国際色豊かな大陸経済学の牙城としたこと——ロビンズの弟子であるワイスマンはそれを「知的独立の伝統とその素晴らしいものの探究」と表現している（Wiseman [1985]）．第2に「島国根性」と揶揄されるケンブリッジ学派への対抗意識があったこと，第3に経済理論と経済政策において「LSE対ケンブリッジ」であったこと（Howson and Winch [1977], Winch [1969], Marcuzzo [2005]），第4に「ロンドン学派」や「イギリスにおけるローザンヌ学派化されたウィーン学派」と呼ばれ，「ロビンズ・サークル」を「学派」として位置づけることができること（杉本 [1981], Buchanan [1988]），である．しかしそれらはいずれも，「ロビンズ・サークル」の経済理論の中身や特徴および経済政策が具体的にどのようなことを意味していたのかについて詳細に検討したものでも，「ロビンズ・サークル」に射程を当てて研究したものでもない[1]．それゆえ「ロビンズ・サークル」の経済理論と経済政策を明確に捉えてLSEとケンブリッジの知的風潮と比較考察することは，当時のイギリスの市場社会論を深める重要な手続きである．

　したがって本章は，特にロビンズの視点を通じて，1930年代初頭のLSEにおける「ロビンズ・サークル」がどのようなものであったのかについて，以下の観点から明らかにすることを目的とする．第1に「ロビンズ・サークル」の経済理論の概要と性質——ここでは説明の便宜上ミクロ経済学とマクロ経済学に分ける，第2に「ロビンズ・サークル」の，主としてロビンズの経済政策，第3に理論と政策の一貫性，である．最後に結論を述べて「ロビンズ・サークル」とケンブリッジの関係について言及する．

2. 経済理論——ミクロとマクロ

2.1 ミクロ経済学

ロビンズは1932年に『経済学の本質と意義』(以下『本質と意義』と略記)を公刊して次のように経済学[2]を定義した.

> 経済学は,諸目的と代替的用途をもつ希少な諸手段とのあいだの関係としての人間行動を研究する科学である (Robbins [1935], p. 16;訳, p. 25).

この定義は,価値判断の伴う分配論を経済学の外に置いて希少な資源の効率的配分に限定する経済学の定義として,戦後アメリカの新古典派経済学を中心に支持された.それはロビンズが「わたしの定義文はオーストリア学派とフィリップ・ウィックスティードの説明から自然と導かれたのである」(Robbins [1971], p. 146) と回想したように,オーストリア学派やローザンヌ学派などの大陸経済学をまとめたものである[3].当時のイギリス経済学がマーシャル経済学やケインズ経済学などケンブリッジ学派の影響が大きかったことを考えれば,ロビンズの経済学はイギリスでは「新しい」経済学であった[4].例えば「ロビンズ・サークル」で検討されて『エコノミカ』に掲載されたヒックスとアレンの共同論文「価値論の再考」(Hicks and Allen [1934]) は,貨幣の限界効用一定と仮定せずに序数的選好が与えられることで消費者の需要曲線が描けることを示しているが,それは,ロビンズの定義における選好を表現している.ロビンズによれば,新しい経済学は次のように表される.

> メンガーおよび初期オーストリア学派の単純な欲望体系から,ウィックスティードおよびシェンフェルトのいっそう洗練された相対的価値判断の尺度,パレートおよびヒックスとアレン両氏の無差別体系に至るまで,種々さまざまの正確さで表現することができる (Robbins [1935], p. 75;訳, p. 115).

ロビンズは経済学の定義を提示した後,「われわれは均衡理論・比較静学の理論および動学的変化の理論をもつのである」(Robbins [1935], p. 68 ; 訳, p. 104) と述べ, 静学均衡ばかりでなく市場の動態性や企業家の役割について次のように言及した.

> 将来のための計画を立てるにあたってわれわれは, 確実なことのあいだの選択ではなく, むしろある範囲にわたる推測された確率のあいだの選択をしなければならない. この範囲自体の性質が変化するかもしれないということ, したがって, たんに推測された確率自体のあいだの不確実さについての相対的価値判断が生じなければならないばかりでなく, 同様に比較される, 不確実さの種種の範囲についての相対的価値判断も生じなければならない, ということは明らかなことである (Robbins [1935], pp. 77-78 ; 訳, pp. 118-119).

> 企業家の価格の期待は, 市場に関する知識に左右され, 技術的情報に基づく費用の期待は, 生産のさまざまな要素のための価格の知識と関連する (Robbins [1934], p. 152).

LSE でロビンズの講義を受けたコースによれば, ロビンズやハイエクがナイトの経済組織に対する見方を正しく理解していたのか疑問であるとしながらも, ロビンズはナイトの『危険・利潤及び不確実性』(Knight [1921])の議論に強く影響を受け, リスクと不確実性の区別や第 2 部の完全競争の議論に関心があった[5]. それゆえ, ロビンズは経済理論において静学と動学を明確に区別して, 静態ばかりでなく動態的な市場の研究を行っていた[6].

このようなロビンズの経済学体系を「ロビンズ・サークル」に参加していた多くの若手研究者達が共有していた. ローゼンシュタイン・ロダンは,「経済理論における時間の役割」(Rosenstein-Rodan [1934])を発表して, ロビンズの『本質と意義』の議論に言及しつつ, 変化する時間における調整速度の問題を検

討した.カルドアの「均衡の類別的試論」(Kaldor [1934a]) は,静学と動学を区別して「くもの巣理論」の収束と発散を証明しながら,経済運行が変化する時間における均衡と不均衡を述べた.彼は「企業の均衡」,「ロビンソン夫人の不完全競争」,「市場の不完全性と過剰能力」(Kaldor [1934b；1934c；1935]) など企業に関する一連の論文を執筆して,自由な競争市場のもとで市場均衡がどのように達成されるのかについて研究を進めていた[7].ヒックスの『価値と資本』(Hicks [1946 [1939]]) は,彼が「本書の基礎をなす諸観念は,1930-5 年のあいだにロンドン・スクール・オブ・エコノミクスにおいて考え付かれた」と述べたように,静学均衡ばかりでなく「週」,「第 1 月曜日」など時間の概念を経済理論に導入して,一般均衡理論の動学化を試みた著作である.ラーナーは「独占の概念と独占力の測定」(Lerner [1934]) において「パレート最適」を柱とした「一般均衡理論」を幾何学的に展開したり,ロンドン大学の Ph. D. 論文である『統制の経済学』(Lerner [1944]) において時間と生産について検討したりしている.

このように「ロビンズ・サークル」は,静学・動学の時間の概念を導入して,自由競争のもと希少な資源配分がどのように達成されるのかという点を検討しており,現代経済学でいう価格理論や企業理論の原型を形成した[8].

2.2 マクロ経済学

LSE でマクロ経済学の核となる考え方はハイエクの『価格と生産』(Hayek [1935 (1932)]) である.ハイエクは,1931 年 2 月に LSE とケンブリッジで連続講義を行い,1931 年秋に LSE のトゥック記念講座の教授となる.ハイエクの一連の講義は,ケンブリッジではまったく受け入れられなかったにもかかわらず,LSE では「講義は難解であると同時に刺激的であり,学識と分析的発明を兼ね備えているという印象を与え」(Robbins [1971], p. 127) て,ロビンズがヒックスにハイエクの考え方の数理化を促すほど好評であったという.なぜなら第 1 に長らく忘れられていた古典派貨幣理論の一側面を明るみに出したからであり,第 2 に消費と投資への支出の配分割合における変化が生産と相対価格に及ぼす影響を示すと主張する資本主義経済の基本構造モデルを発展させたからである

(Robbins [1971], p. 127).

　ハーバラーによれば「貨幣的過剰投資説」(Haberler [1937])と呼ばれる『価格と生産』の景気変動論は以下のとおりである．

　資源が完全に雇用され，価格が伸縮的であると仮定する．もし信用拡大が生じ，貨幣利子率が自然利子率よりも引き下げられるなら，「自発的貯蓄」よりも多くの投資基金が供給され，「強制貯蓄」が生じて生産期間を長期化させる「資本主義的な生産方法」が採用される．迂回的な生産方法が採用されても，人々の時間選好は変化しないので，消費は減少しないばかりでなく，生産財部門で生じた所得の増加が消費財への支出へ向かうことで，利用可能な消費財が徐々に少なくなる．ここで生産期間の短い過程への切り替えが必要になる．信用が停止して生産期間の長い過程が維持できなくなれば，資本設備が破壊され恐慌が生じる．したがって貨幣は生産構造を攪乱させるから，貨幣を中立に保つ必要性が生じるので，金融当局は貸付利子率と自然利子率をつねに一致させることが必要である．しかし金融当局によって，貸付利子率と自然利子率を人為的に一致させることは不可能である．なぜなら，自然利子率の水準の発見は現実的に困難であったり，銀行の貨幣供給量の変化が不可避であったり，流通貨幣の必要量が絶え間なく変化していたりするからである．それゆえ，恐慌に対して信用を人為的刺激剤として利用することは，生産構造が需要に適応する過程を遅らせるばかりでなく，投資家の誤った投資を招くことで生産構造の適応を阻害する．

　ロビンズは，こうしたハイエクの理論を現実の政策に活かそうと『大不況』(Robbins [1934])を公刊した．ロビンズは，ハイエクと同じように，オーストリア学派の資本理論の特徴である低次財から高次財へつながる生産構造を，所得財部門と資本財部門の2つにわけ，迂回生産によって捉えて，中央銀行の公定歩合操作を伴う信用拡大が貨幣供給の拡大と収縮をもたらすことで，生産構造の迂回度に影響を及ぼすとした．

　　いったん費用が増大しはじめると，企業は事態が悪化しないように信用の増加時において資金提供の継続的融資の増大を要求する．しかしそのこと自体は，われわれは戦後の大きなインフレーションにおいて実感してきたように，

ついにはパニックを生む.遅かれ早かれ,投資における初期の過ちが発見される.そしてその時,流動性に反逆するラッシュがはじまる.株式取引は崩壊する.新規発行が停止する.資本財を生産する産業の生産は落ち込む.そしてブームはついに終わる(Robbins [1934], pp. 41-42).

　ロビンズは,クラッシュを避けるために中央銀行は貨幣利子率と自然利子率が一致するように貨幣の供給量を制御する必要があるが,それは貨幣的側面ばかりでなく実物的側面からも影響を受けるために,国家による管理通貨政策では対処できないから,中央銀行の政策は国際金本位制に依拠した「ゲームのルール」に従うことが望ましい,と述べた[9].

　このようなロビンズとハイエクのマクロ理論のもと,カルドアはハイエクの『貨幣理論と景気循環』(Hayek [1933])の翻訳を行ったり,ヒックスが「景気循環」(Hicks [1933])を公刊したり,ラーナーが「資本・投資・時間」に関する論文(Lerner [1931-32 [1983]])を発表したりと,「ロビンズ・サークル」で貨幣的過剰投資説やオーストリア的資本理論の研究がなされた[10].

3.政策勧告——レッセ-フェール

　世界的不況のなかでイギリスは保護主義か自由主義かで議論が分かれていたが,保護貿易陣営に対抗するために,LSE学長であるベヴァリッジを編者として,ロビンズ,ヒックス,プラントなどのLSEグループが執筆した『関税』(Beveridge [1931])という論文集が公刊された.さらに1932年にロビンズはLSEの同僚プラント,グレゴリ,ハイエクらとともに連名書簡を『タイムズ』紙に提示して,ケインズやピグーらの保護主義に反対する主張を展開した.カルドアも「オーストリアの経済状況」(Kaldor [1932])を執筆して自由貿易を擁護する論を立てていた.それゆえ,こうした状況をみるかぎり,「ロビンズ・サークル」に属するLSEの多くの経済学者達は多少の意見の相違があるとはいえ自由主義政策を標榜していた[11].こうしたLSEの自由主義政策を先導していたのがロビンズにほかならないので,以下では彼の政策体系について整理する.

ロビンズとケインズの対立は，ロビンズが1930年7月24日に経済諮問会議の委員に任命されたときにはじまる．ラムゼー・マクドナルド首相は，当時の世界経済の不況の原因を調査してそれに対処する政策を提言するために，ケインズに経済諮問会議の議長になってくれるように依頼した．メンバーは，ヒューバート・ヘンダーソン，ピグー，スタンプ，ロビンズであり，若いロビンズにとってケインズによる会議への招待は喜ばしいことであった．しかし報告書が起草される段階で，ケインズはロビンズが同意できない2点——第1に政府は赤字財政の状況であっても国内産業の活性化の為に公共投資政策を行うこと，第2に外国収支を改善するために保護貿易を推進すること——について強く同意するように求めたために，ロビンズとケインズはその委員会で激しく対立して最終的には両者は決裂した．

　ロビンズの具体的な政策やロビンズとケインズの対立については Howson and Winch [1977]，Winch [1969] に詳しいが，ロビンズの政策的な主張点をまとめれば，以下のとおりである．

(1) 「同盟と独占への反対」：カルテル価格は，カルテルが関税や国家の補助に依存しなくても，不当に硬直的である．さらに自然独占に依存しない産業独占は常に競争に明確に反した商標や特許システムの保護の副産物である．政府の補助によってカルテルや制限主義は拡大する[12]．

(2) 「対外融資の制限への反対」：いかなる外国投資にもさまざまな関税をかけることは国際金融市場としてのロンドンの威信を傷つける[13]．

(3) 「公共政策への反対」：市場の硬直性，産業構造の不安定性に関する最悪な事態を生み出しているのは，政府の政策である[14]．

(4) 「賃金補助金への反対」：労働力は流動的であるから賃金への補助金政策は，賃金の硬直性を促進し最適な賃金へと落ち着かない．さらに赤字財政下である．賃金の硬直性の原因には失業保険の乱用が指摘されるので，労働組合の解体を要求する必要はないにしても，賃金カットは是とするべきである[15]．

(5) 「関税への反対」：19世紀以降築きあげてきた金本位制に依拠した国際自由貿易メカニズムを放棄する保護関税政策は，失業者を救済し国内産業の活性

化をもたらすどころか，事態をさらに悪化させる[16]．
(6) 「物価統制とリフレ政策への反対」：デフレが生じているなかで，ケインズは金本位制放棄と中央銀行による物価統制を主張し，『エコノミスト』誌はリフレ政策を提唱しているが，デフレは回復の必要条件である[17]．

これらの主張から明らかなように，ロビンズの経済政策は，国家統制や保護主義に反対する，アダム・スミスに連なるイギリス古典派経済学以来の伝統的な金本位制と自由貿易に依拠する政策である．ロビンズは「良い統治，最小限の統治（govern well, govern little）」という「レッセ-フェール哲学」（Robbins [1934], p. 191）の称賛を以下のように述べる．

「よい統治，最小限の統治」という格言は，政府が絶対的な最小限にまで切りつめられる必要悪であるという意味ではなく，政府が手に余るような仕事をやろうとするとき，政府は当然余計なことをすべきではないという意味で解釈されるべきである（Robbins [1934], p. 193）．

このようにロビンズは，保護関税による自由貿易政策の破棄は，自国のためにせよ一時的な手段であるにせよ，世界的な経済関係を悪化させるものとして，断固として自由貿易の論陣を張ったのである．

4．理論と政策の一貫性——経済学の「中立性」

ロビンズは前節のようにLSE教授着任以降から数多くの自由主義的な政策提言を行っていたが，それにもかかわらず『本質と意義』において「経済学は，究極的な価値判断の妥当性について意見を述べることはできないのである」（Robbins [1935], p. 147；訳, p. 221）と述べた．すなわち，「である」を含む存在命題と「べきである」を含む当為命題はまったく異なった平面にあり，経済学は中立的でなければならないと論じた．しかし現実の政策提言を数多く提案していたロビンズが「経済学の中立性」を述べたことをどのように解釈すべきだろ

うか.

　これは1937年に公刊されるロビンズの『経済計画と国際秩序』(Robbins [1937])において「政治経済学」の概念が提示されて解決している.

> 政治経済学は分析的経済学の技術的装置に依存している．しかしこの装置を応用して，諸目的実現のための諸案を吟味することに使う．こうした形成は経済学の外側にある．政治経済学は政治的実践の可能性に訴えかけることも——もしその訴えが適切なようであれば——躊躇しない（Robbins [1937], pp. vi-viii）.

　この区別によれば，「経済学」に政治学や倫理学などの価値判断が含まれるのが「政治経済学」である．しかし1937年時点以前でも，ロビンズは経済学と政治経済学に相当する別領域の存在（応用経済学）を暗に区別していた．『本質と意義』第2版（1935年）において，ロビンズは次のように述べた.

> 経済学者が種々の価値判断を仮設として仮定し，次にこれらの価値判断が有効であるという仮定に基づいて，行動のための個々の申し出に対していかなる判断がくださるべきか，をたずねてはならないというのではない．それどころか，後にみるように，経済学の効用は，まさに種々さまざまの究極的な価値判断がいかなる意義をもっているか，またそれに矛盾がないか否か，ということについてそれが投ずるところの光に存するのである．「応用経済学」は「もしあなたがこのことをしたいと思うならば，あなたはあのことをせねばならぬ」・「もししかじかのことが究極的な善であると考えらるべきだとすれば，このことは明らかにそれと矛盾する」という形式の諸命題からなっている．ここでわたくしが強調した区別の意味するところは，存在するものないし存在するかもしれぬものの価値に関する仮定の妥当性は，たんなる存在に関する仮定の妥当性のように科学的に検証しうる問題ではない，ということにつきるのである．(Robbins [1935], p. 149；訳 pp. 225)

こうした経済学と政治経済学の区別は，1932年の『本質と意義』初版で示されたロビンズによるピグーの『厚生経済学』批判である「効用の個人間比較」の科学的不可能性の問題を追えば理解しやすい．ロビンズによれば，ピグーの「限界効用逓減の法則」は「イギリス経済学と功利主義とが歴史的に連合した結果の偶然の沈殿物」（Robbins［1935］，p. 141；訳，p. 212）であると捉え，それが「分配に影響するあらゆる形式の政治的社会的活動の基準を与えるものである」（Robbins［1935］，p. 136；訳，p. 205）．ロビンズは次のように述べる．

> 「限界効用逓減の法則」は，人が何かを多くもてばもつほど，その付加価値をますます小さく評価するということを意味する．それゆえ，人はヨリ多くの実質所得をもてばもつほど，所得の付加単位をますます小さく評価するといわれる．それゆえ，富んだ人の所得の限界効用は貧しい人の所得の限界効用よりも小さい．したがって，もし移転がなされるならば，そしてこれらの移転が生産にたいした影響を与えないならば，総効用は増大するであろう．それゆえ，そのような移転は「経済学的に正当化」される．証明終わり（Robbins［1935］，p. 137；訳，p. 206）．

ロビンズは，「限界効用逓減の法則」は，「経済財の根本概念からまったく出てこない」，「正しいにせよ誤っているにせよ，観察あるいは内省によってけっして証明することができないような仮定をする」，また「異なった個々人の経験を科学的に比較できるか否かという形而上学的大問題を，証明なしに暗に仮定して論じている」とし，「限界効用逓減の法則」を「まったく非論理的であるような領域へ拡張した」（Robbins［1935］，p. 137；訳，pp. 206-207）とピグー流の厚生経済学を批判する．

このようにロビンズは，功利主義的想定に基礎をおく総効用すなわち社会的効用は科学的に測定が困難で，限界効用逓減の法則が政治的実践の基礎を与えるという従来の主張は形而上学的問題であるという点から，科学としての経済学の領域では効用の個人間比較は不可能であると主張した．すなわち，ロビンズは伝統的なイギリス経済学から価値判断の問題を区別することを示して，経済学の中立

性を述べたのである.

　しかしながらロビンズが主張した経済学は必ずしも中立的であったわけではない. それは,『本質と意義』の第 6 章の最後の文章をみるならば明らかである.

> 経済学は, その存在のためにではなくても少なくともその意義のために, まさに究極的な価値判断——合理的なこと, および, 知識をもって選択できることが望ましいという断言——に依存する. もし非合理的なことが, もし時々刻々の, 外界の刺激と調整されていない衝動, という盲目的な力に身をゆだねることが, 他のすべての善にまして選好されるべき善であるならば, 経済学の存在理由がなくなるということは真実である. そしてこの究極的な否認, すなわち, 意識的となってきた選択の悲劇的な必然性からのこの逃亡, を支持しようとする人々が現れてきたことは, 血にまみれて同胞相争い, 当然知的指導者であるべき人々によってほとんど信じられないほどに裏切られた, われわれの時代の悲劇である. すべてのこのような人々に対してはいかなる議論もあり得ない. 理性に対する反逆は, 本質的には生それ自身に対する反逆である. しかしながら, いっそう積極的な価値を依然として肯定する人々に対しては, 他のいかなるものにもまして, 社会的配置における合理性の象徴であり護衛であるところのこの知識の分野は, 来るべき憂慮される時代において, それが表しているものに対するこの脅威がまさに存在するという理由によって, 特殊のそして増大した意義をもたなければならないのである (Robbins [1935], pp. 157-158 ; 訳, pp. 237-238).

　上記のロビンズの文章によれば, 選択の必然性のうえに立って合理性を究極の価値判断として肯定している. それゆえ彼の経済学を「没価値的」あるいは「価値中立的」と語義どおりに取るべきではない. むしろその文章では個人の自由な選択を前提とした合理的選択が擁護されており——すなわちロビンズの経済学の定義や経済理論——, 社会主義や国家主義, 計画政府といったイデオロギーによって左右されないことが前提とされている. これは, 先ほど述べた「効用の個人間比較」を前提に厚生分配を行うピグーの『厚生経済学』に対する批判につなが

るばかりではなく，政府によるあらゆる計画的な経済政策の有効性を排除する．

したがってロビンズが「経済学の中立性」を主張しつつも，計画経済に対して個人の自由な選択を擁護するという彼の意図が隠されており，「レッセ-フェール哲学」に依拠したロビンズの経済理論と経済政策は首尾一貫性している．こうした議論をロビンズの『大不況』の政策観に照らせば，さらにその輪郭は明確になる．

> 世界中において今日の各国は，歴史上にない規模で貿易や事業を制限し，資本主義の土台を削り取ることに従事してきた．そのような政策は，社会主義者達に限られるものではない．実際のところ世界の多くの場所における社会主義政党の政治力は，衰えているといってもよいだろう．しかし，彼らの対抗勢力，独裁者，反動主義者達は，同じ考えで鼓舞される．ナチスとファシストの勝利が資本主義の破壊を進める諸力の打破であると想定するのは，完全に間違っている．彼らは経済的自由主義に同じような狂信的な恨みを抱き，計画社会に同じような望みをもっている．その違いは権力的なものである（Robbins ［1934］，p. 197）．

このようにみれば，ロビンズは価値自由な経済学，経済学の中立性を提示していることが自由主義経済の標榜を，さらにいえばナチスをはじめとして社会主義や国家主義，計画経済などの思想への抵抗を示唆している[18]．一見すると価値判断を排除した中立的で科学的な「ロビンズ・サークル」の経済学は，個人の究極の価値判断を擁護するための経済学，言い換えるならば「レッセ-フェール哲学」に依拠した経済学であった．

したがって「ロビンズ・サークル」の経済理論と経済政策は首尾一貫していた．ケインズはロビンズのことを『一般理論』の脚注で「一貫した思考体系を維持し続け，実際的提言を行うさいにも，それが自己の理論と同一の体系に属しているのはほとんどロビンズ教授ただ1人であって，この点はロビンズ教授の特徴をなしている」（Keynes ［1973/1936］，p. 20；訳，p. 31）と触れた．ケインズの主張が，理論と政策が一致しないピグーに対する批判であったにせよ，ロビンズに対

する皮肉であったにせよ，ロビンズの理論と政策は論理一貫性を保持した体系であった[19]．

5. むすび——若干のケンブリッジとの関係も含めて

　要約しよう．「ロビンズ・サークル」は，ロビンズとハイエクを中心に若い研究者達が世界各地からLSEに集まり，ケンブリッジとの知的交流を深めつつ，イギリス経済学ばかりでなく，オーストリア学派やローザンヌ学派などの大陸経済学の研究に真摯に取り組んだ集団であった．それは，マーシャル経済学への対抗やケンブリッジ学派への挑戦であった．大陸経済学はこれまでのイギリスでは学ぶことのできない新鮮な経済学であり，LSEが国際色豊かなロンドンに立地され，開かれた学校である．それゆえ，彼らはLSEや「ロビンズ・サークル」という「知的独立の伝統」と，大陸の新しい経済学という「素晴らしいもの」を探究した．「ロンドン学派」や「イギリスにおけるローザンヌ学派化されたウィーン学派」の呼称は，「ロビンズ経済学」と呼ぶほどの堅固な学派と言えないかもしれないが，「大陸経済学」の核で括るならば，「ロビンズ・サークル」は，純粋理論の探究を通じた自由な研究集団であった．他方，ロビンズの主張した経済学は中立性を主張しつつも，個人の選択の自由としての究極な価値判断を擁護した「レッセ-フェール哲学」に依拠していた．したがって「ロビンズ・サークル」はメンバーのあいだで意見を異にしたり，ラーナーのように市場社会主義に共鳴する学者もいたりしたが，彼らは多かれ少なかれ政策的・理論的に自由主義的な集団であった．

　最後にこれまでの議論で特徴づけた「ロビンズ・サークル」とケンブリッジ学派との関係について触れておこう．「ロビンズ・サークル」は1930年代後半にグループとしての影響力を失っていく．これは，LSEとケンブリッジの若手研究者達との知的交流，ケインズ経済学やケインズ革命の影響，LSEのケンブリッジへの疎開，ロビンズの戦時内閣官房経済部の参加などが諸原因である．

　ジョーン・ロビンソンは，『レビュー・オブ・エコノミック・スタディーズ』誌（RES）がLSEとケンブリッジの若手大学院生とのあいだの「討論のための

開かれた場として創設された事情」であると言及したように，彼らは徐々に「研究仲間」として密接な関係をもつようになっていくからである．

> アバ・ラーナー（当時 LSE の大学院生であった）に率いられた代表団がケンブリッジにやってきて，双方の若い世代が一緒に集まり，彼らのあいだで討論を行うことを提案した．…アバはケンブリッジで一学期を過ごす目的でやってきた．彼はつね日頃からグループの理論的指導者であり，そして，自分が答えることのできないような議論に遭遇して苦しんだことをきわめて率直に認めた．彼は，精神的な苦悶のうちに一学期を過ごしたあと，貯蓄が必然的に投資に等しいことを確認し，しばらくのあいだケインズの唯一の熱狂的な支持者になった（Robinson, J. [1978], p. xv).

こうして「LSE 対ケンブリッジ」の対立構図は，LSE とケンブリッジにおける若手経済学者達は討論を通じて徐々に研究仲間へ変化していく．さらに LSE とケンブリッジのあいだに月に1度の編集記事のため友好的な会合「ロンドン・アンド・ケンブリッジ・エコノミック・サービス」（London and Cambridge Economic Service）が存在したことが，「結局，われわれは真の友情と親密な共同作業へと深めていった」（Robbins [1971], pp. 134-135).

ラーナーは，ジョーン・ロビンソンとの交流で，ハイエクの『価格と生産』で示される貯蓄から投資への因果関係が，不確実性下において生じないことに気づき，投資から貯蓄への因果関係を考えていく[20]．カルドアは，ハイエクの『貨幣理論と景気循環』の翻訳を進める段階でハイエク理論の欠陥に気づき，貯蓄と投資に関する事前・事後分析（ex ante and ex post analysis）（ミュルダールの『貨幣的均衡』）からケインズ経済学に傾倒していく．

カルドアはジョーン・ロビンソン宛ての手紙で「畏敬するのは，ケンブリッジの経済学がわれわれを超えていることである」（Thirlwall [1987], p. 61）と述べた．貯蓄と投資の問題や『価格と生産』の理論上の欠陥，不確実性，現実と理論の緊張関係，すべてにおいてケンブリッジの経済学は優れていることにカルドアは気づくのである．ヒックスは1937年に IS-LM 分析を発表し，ラーナーは

『一般理論』を幾何学的に論じ、カルドアも利子率や流動性選好についての論文を発表した。しかしながらヒックスのIS-LM分析は一般均衡理論上の解釈であり、ヒックスが大陸経済学の影響から脱するのは晩年のことである[21]。ラーナーも『統制の経済学』においてケインズ経済学の影響を受けているが、その著はLSEで検討した一般均衡理論の研究が大部分を占めていることからも明らかなように、ケインジアンとしての真の貢献は『雇用の経済学』(Lerner [1951])を待たねばならない。カルドアも1955年のケンブリッジの「秘密ゼミナール」で——1966年にカルドアはケンブリッジ大学の教授となる——「分配の代替的諸理論」の着想を得て、ようやくロビンズの経済学から脱することができた[22]。

このように、LSEとケンブリッジは地理的に近くて知的協働や交流は盛んであったが、学問の溝は極めて大きかった。しかしながらこうした溝が深かったからこそ、すなわちLSEに「リベラルな政治的原理の土台」(Hicks [1984] p.284)と寛容の精神があったからこそ、カルドア、ヒックス、ラーナー、コースなどの多くの経済学の巨人達が誕生したのである。

戦後、LSEは世界的な経済機関としてその名をはせるが、世界的水準にLSEを引き上げたのはこうしたロビンズの活躍や「ロビンズ・サークル」の存在が大きい。現代経済学の潮流に即して考えれば、「ロビンズ・サークル」で検討された社会哲学は自由な競争市場を標榜する現代の新古典派経済学に近似的なものを感じるが、他方でそこに属した大部分の経済学者達が市場均衡・自由競争メカニズムに批判的になっていくことは興味深い。1930年代の公共投資政策を強く批判したロビンズでさえ、戦後はケインズの影響を受けて政府の役割をある程度重んじるようになる[23]。彼らが、光明と果実を求めるケンブリッジの経済学や、「ケインズ革命」と接する中で、現実問題を説明することのできない理論研究から距離を置いたことは自然なことであるかもしれない。しかし、効率的な資源配分と「レッセ-フェール」が結びついた「ロビンズ・サークル」がLSEに登場したことは、自由な経済社会が自壊しつつある1930年代において自由社会を守るという意味で、「ロビンズ・サークル」の意義あるケンブリッジ学派への挑戦であったといえよう。

注

*) 本研究は科学研究費補助金「両大戦間期の LSE における経済学の生成と発展」(19730151) の成果の一つである．

1) ロビンズ，ハイエク，ヒックス，カルドアなど個別経済学者に焦点を当てた研究は汗牛充棟であるが，1930年代の LSE や「ロビンズ・サークル」に焦点を絞った研究はほとんどない．
2) ロビンズは Economics を Economic Science と記しているので，「経済学」よりは「経済科学」と訳すほうが正確かもしれないが，本章では「経済学」と統一して訳出する．
3) ネオ・オーストリアンのカーズナーによれば，ロビンズはメンガーの経済学を完全に理解していない（Kirzner [1973]）．確かにロビンズの経済学の定義は形式主義でメンガーの経済学の本質を理解していないが，両者に多くの共通点がある以上，カーズナーのように両者の差異を強調することはあまり賢明ではない．
4) ロビンズは，この希少性定義は「大多数の現代経済学者の共通財産である諸命題」(Robbins [1935], p. xv；訳, p. xxiii) の代表的な考え方をまとめたにすぎない，と『本質と意義』の序文で述べた．
5) Coase [1988], p. 20を参照．
6) 1935-1936年におけるロビンズのシラバス「経済分析の一般原理」(General Principles of Economic Analysis によれば，A. 導入（経済現象の性質，経済財と類別，経済分析の論理的性質），B. 静学（1. 変化と交換の理論，2. 生産と分配の理論），C. 比較静学（需要の変化とそれによる生産と要素価格への影響，要素供給の変化：需要の弾力性と技術的限界代替率の概念，蓄積と反蓄積），D. 動学（予見される変化と予見されない変化，危険と不確実性の理論，利潤，短期と長期，準地代，貨幣と利子，産業変動）の4項目から構成されていた（LSE [1935-36]）．
7) カルドアの回想によれば，「『市場の不完全性と過剰能力』の研究目的は，もし不変費用の法則が微少のものから無制限に大きなものまですべての産出に適用されるならば，いかなる産業や経済部門への『自由でスムーズな参入』の意味における自由競争が，均衡理論によって仮定される『完全競争』状態を導くのみであることを示すことであった」(Kaldor [1986], pp. 18-19)．
8) ロビンズはマーシャルの部分均衡分析に批判的であったが，「労働経済学」に関する領域でマーシャル経済学を用いた論文を2本発表している（Robbins [1929; 1930a]）．
9) Robbins [1934], p. 22を参照．
10) 今日のほとんどの教科書で，貨幣的過剰投資説やオーストリア的資本理論の研究

11) ラーナーは例外の1人である．なぜなら，ラーナーは自由放任主義と対峙する「統制の経済学」を論じたからである．『統制の経済学』の翻訳者の桜井［1961］によれば，ラーナーは「その［統制の経済学の］根本的な基礎を個人の政治的，経済的自由におき，経済的自由主義（Economic Liberalism）の世界観の基礎のうえに立ち，しかも彼の主張する統制経済の直面すべき根本問題を雇用，独占および所得の分配の3問題として，その理論を展開している．…ラーナーは民主主義の拡大によって，自由放任とは異なる経済的自由主義の確立を目指して，民衆の利益ないしは厚生を重要視する純粋な集産主義と純粋な資本主義を想定して，そこにおける経済法則を導き出し，それを経済組織の原則として適用することによって理想的な統制経済をつくり上げようとする」（桜井［1961］pp. 14-16．［ ］は引用者による）．
12) Robbins［1934］，p. 189を参照．
13) Robbins［1930b］，p. 228を参照．
14) Robbins［1934］，p. 189を参照．
15) Robbins［1934］，pp. 82-84を参照．
16) Robbins［1931；1934］を参照．
17) Robbins［1931；1934］を参照．
18) 例えば，ロビンズは『大不況』における「計画社会の中心的諸問題」（Robbins［1934］，pp. 148-155）において，ミーゼスやハイエクとともに社会主義経済計算論争に参加した．ロビンズはミーゼスの議論に言及しつつ，数学的・競争的解決を理論の中心にすえる市場社会主義を批判した（Lavoie［1985］，Ch. 6）．
19) ロビンズは『一経済学者の自伝』のなかで，『大不況』には理論的な欠陥があるので忘れてほしいと述懐している（Robbins［1971］，pp. 150-155）．ただし「財政的リフレーションに関してケインズに反対したことを後悔しているのと同じくらい，通商の統制に関してケインズに反対したことに満足している」（Robbins［1971］，p. 156）と回想したように，ロビンズは生涯を通じて自由貿易を支持した．
20) Lerner［1938］を参照．
21) ヒックスは1935年にピグーの招きによってLSEを離れ，ケンブリッジのゴンヴィル・アンド・キーズ・カレッジにフェローとして移り，アーシュラと結婚するが，兵庫県立大学のヒックス文庫にヒックス夫妻の往復書簡が残されている．Marcuzzo, M. C. et al.［2005］はそれらをまとめたものだが，ヒックス夫妻を通じて当時のLSEとケンブリッジの知的状況を知る貴重な資料である．
22) Kaldor［1955-56］を参照．
23) ロビンズは，「戦時経済部」で働いたのちLSEに戻り，ウィリアム・ボーモル，アラン・ピーコック，ウィリアム・フィリップスらとともに経済学の研究に従事する

(Robbins [1971], p. 218). この集団を「第2次ロビンズ・サークル」,「第2次ロビンズ体制」と呼ぶことができる. 戦後のロビンズは, イギリスの古典派経済学の研究を深めたり, 公共性を重視したり, 文化的な事柄に関心をもったりした. ロビンズは, 政治学や歴史学など経済学以外の学問領域にも耳を傾けることを主張した.「わたしは次のようなことを提案したい. もしそれを政治学と歴史学の適当なコースとお互いに並んで進められるとすれば, その主題を教える人達にとって, われわれの教育は, もっと実りをもたらすであろう. 政治学というのは, それが政治経済学に関してはほんの付随的に生ずるにすぎない哲学的・法治的諸問題を体系的に取り扱うからであり, 歴史学は, 将来を予言することが出来るような法則をもたらしてはくれないものの, われわれの関心を現在にのみ限定するならば伝達し損なうような, 行為のさまざまな可能性についてのセンスを実際に与えてくれるからである. わたしは, そのような奨励がわが国でももっとあるといいと思う. 現在わが国では, 片目しか見えないモンスター達を生み出すような, 第1段階における過度の専門化があまりにも流行している. しかしその経済理論において考えられる一般原理は, わたしにとって異論はないように思われる」(Robbins [1981], p. 427).

参考文献

Beveridge, W. [1931], *Tariffs : The Case Examined*, Longmans.

Buchanan, J. M. [1969], *Cost and Choice: An Inquiry in Economic Theory*, Markham Pub. Co.(山田太門訳[1988],『選択のコスト』春秋社).

Caldwell, B. J. [1982], *Beyond the Positivism: Economic Methodology in the Twentieth Century*, Routledge(堀田一義・渡辺直樹訳[1989],『実証主義を越えて――20世紀経済科学方法論』中央経済社).

Coase, R. H. [1982], "Economics at LSE in the 1930s: A Personal View", *Atlantic Economic Journal*, 10, pp. 31-34.

Coats, A. W. [1982], "The Distinctive LSE Ethos in the Inter-War Years", *Atlantic Economic Journal*, 10, pp. 18-30.

Dahrendorf, R [1995], *LSE: A History of the London School of Economics and Political Science 1895-1995*, Oxford University Press.

Haberler, G. [1937], *Prosperity and Depression: A Theoretical Analysis of Cyclical Movements*, League of Nations(松本達治・加藤寛孝・山本英太郎・笹原昭五訳[1966-1967],『景気変動論(上)(下)』東洋経済新報社).

Hamouda, O. F. [1993], *John R. Hicks: The Eonomist's Economist*, Blackwell.

Hayek, F. A. [[1931] 1935], *Prices and Production*, London: Routledge(谷口洋志他訳[1989],『価格と生産』ハイエク全集, 1, 春秋社).

Hayek, F. A. [1933], *Monetary Theory and the Trade Cycle*, Jonathan Cape (trans. by Kaldor, N. and Croom, H. M.) (古賀勝次郎他『貨幣理論と景気循環』ハイエク全集，1，春秋社).

Hayek, F. A. [1994], *Hayek on Hayek: An Autobiographical Dialogue*, ed. by Kresge, S. and Wenar, L., The Batley Institute (嶋津格訳 [2000]，『ハイエク，ハイエクを語る』名古屋大学出版会).

Hicks, J. R. and Allen, R. G. D. [1934], "A Reconsideration of the Theory of Value. Part I; Part II", *Economica*, N. S. 1, No. 1, pp. 52-76; No. 2, pp. 196-219.

Hicks, J. [1932], *The Theory of Wages*, Macmillan.

Hicks, J. [1933], "Gleichgewicht und Konjunktur", *Zeitschrift für Nationalökonomie*, June, pp. 441-445.

Hicks, J. [1939], "The Foundations of Welfare Economics" in Hicks [1984].

Hicks, J. [[1939/1946], *Value and Capital: An Inquiry into Some Fundamental Principles of Economic Theory*, Oxford University Press (安井琢磨・熊谷尚夫訳 [1995]，『価値と資本——経済理論の若干の基本原理に関する研究』岩波文庫).

Hicks, J. [1979], "The Formation of an Economist", in Hicks [1984].

Hicks, J. [1982], "Introductory: LSE and the Robbins Circle", in Hicks, J., *Money, Interest and Wages. Collected Essays on Economic Theory*, Vol. II, Basil Blackwell.

Hicks, J. [1979], "The Formulation of an Economist", in Hicks [1984].

Hicks, J. [1984], *The Economics of John Hicks*, selected and with an Introduction by Helm, D., Basil Blackwell.

Howson, S and Winch, D. [1977], *The Economic Advisory Council 1930-1939*, Cambridge University Press.

Kaldor, N. [1932], "The Economic Situation of Austria", *Harvard Business Review*, 11, pp. 23-34.

Kaldor, N. [1934a], "A Classificatory Note on the Determinateness of Static Equilibrium", in Kaldor [1960].

Kaldor, N. [1934b], "The Equilibrium of the Firm", in Kaldor [1960].

Kaldor, N. [1934c], "Mrs. Robinson's Economics of Imperfection Competition", in Kaldor [1960].

Kaldor, N. [1935], "Market Imperfection and Excess Capacity", in Kaldor [1960].

Kaldor, N. [1939], "Welfare Propositions in Economics and Interpersonal Comparison of Utility", in Kaldor [1960].

Kaldor, N. [1955-1956], "Alternative Theories of Distribution", in Kaldor [1960].

Kaldor, N. [1960], *Essays on Value and Distribution*, Duckworth.

Kaldor, N. [1986], "Recollections of an Ecnomist", in Kaldor [1989].

Kaldor, N. [1989], *Further Essays on Economic Policy and Theory*, Duckworth.

Keynes, J. M. [1930], *A Treatise on Money*, Macmillan（小泉明・長澤惟恭訳 [1979],『貨幣論Ⅰ』; 長澤惟恭訳 [1980]『貨幣論Ⅱ』東洋経済新報社）.

Keynes, J. M. [1936], *The General Theory of Employment, Interest and Money*, Macmillan（間宮陽介訳 [2008],『雇用・利子および貨幣の一般理論』岩波文庫）.

Kirzner, I. M. [1973], *Competition and Entrepreneurship*, University of Chicago Press（田島義博監訳 [1985],『競争と企業家精神——ベンチャーの経済理論』千倉書房）.

Lavoie, D. [1985], *Rivalry and Central Planning*, Cambridge University Press.

Lerner, A. [1931-2], "Paleo-Austrian Capital Theory", in Lerner [1983].

Lerner, A. [1934], "The Concept of Monopoly and the Measurement of Monopoly Power", in Lerner [1953].

Lerner, A. [1938], "Alternative Formulations of the Theory of Interest", in Lerner [1983].

Lerner, A. [1944], *The Economics of Control, Principles of Welfare Economics*, Macmillan（桜井一郎訳 [1961]『統制の経済学——厚生経済学原理』文雅堂銀行研究社）.

Lerner, A. [1951], *Economics of Employment*, McGraw-Hill Book Co.（高川清明訳 [1965]『雇用の経済学』文雅堂銀行研究社）.

Lerner, A. [1983], *Selected Economic Writings of Abba P. Lerner*, ed. by Collander, D. C., New York University Press.

LSE [1935-36], *Year Book 1935-36*, British Library of Political and Economic Science, LSE.

Marcuzzo, M. C. et al. eds. [2005], *The Letters between John Hicks and Ursula Webb September-December, 1935*, Working Paper, No. 207, University of Hyogo.

O'Brien, D. P. [1988], *Lionel Robbins*, Macmillan.

O'Brien, D. P. [1994], "Lionel Robbins and the Austrian Connection", in O'Brien, D. P., *Methodology, Money and the Firm*, Edward Elgar.

Robbins, L. C. [1929], "The Economic Effects of Variations of Hours of Labour", in Robbins [1997].

Robbins, L. C. [1930a], "On the Elasticity of Demand for Income in Terms of Effort", in Robbins [1997].

Robbins, L. C. [1930b], "Report by Professor Robbins", in Howson and Winch [1977].

Robbins, L. C. [1931], "Economic Notes on Some Argument for Protection", in Robbins [1997].

Robbins, L. C. [1934], *The Great Depression*, Macmillan.

Robbins, L. C. [1935/1932], *An Essay on the Nature and Significance of Economic Science*, 2nd ed., Macmillan（中山伊知郎監修, 辻六兵衛訳［1957］,『経済学の本質と意義』東洋経済新報社）.

Robbins, L. C. [1937], *Economic Planning and International Order*, Macmillan.

Robbins, L. C. [1938], "Interpersonal Comparison of Utility: A Comment", in Robbins [1997].

Robbins, L. C. [1952], *The Theory of Economic Policy in English Classical Political Economy*, Macmillan（市川泰治郎訳［1964］,『古典派経済学の経済政策理論』東洋経済新報社）.

Robbins, L. C. [1971], *Autobiography of an Economist*, Macmillan（田中秀夫監訳［近刊］『一経済学者の自伝』ミネルヴァ書房）.

Robbins, L. C. [1981], "Economics and Political Economy", in Robbins [1997].

Robbins, L. C. (ed. by Howson, S.) [1997], *Economic Science and Political Economy: Selected Articles*, New York University Press.

Robinson, J. [1971], *Economic Heresies : Some Old-fashioned Questions in Economic Theory*, Macmillan（宇沢弘文訳［1973］,『異端の経済学』日本経済新聞社）.

Robinson, J. [1978], *Contributions to Modern Economics*, Blackwell.

Rosenstein-Rodan, P. N. [1934], "The Rôle of Time in Economic Theory", *Economica*, N. S. 1, pp. 177-197.

Targetti, F. [1992], *Nicholas Kaldor: The Economics and Politics of Capitalism as a Dynamic System*, Clarendon Press.

Thirlwall, A. P. [1987], *Nicholas Kaldor*, Wheatsheaf Books.

Vaughn, K. I. [1994], *Austrian Economics in America*, Cambridge University Press（渡辺茂・中島正人訳［2000］,『オーストリア経済学——アメリカにおけるその発展』学文社）.

Winch, D. [1969], *Economics and Policy*, Hodder and Stoughton.

Wiseman, J. [1985], "Lionel Robbins, the Austrian School and the LSE Tradition", *Research in the History of Economic Thought and Methodology*, 3, pp. 147-159.

木村雄一［2004a］,「ライオネル・ロビンズと効用の個人間比較」『経済論叢』（京都大学）第173巻第2号, pp. 50-72.

木村雄一［2004b］,「初期カルドアと企業の均衡」『経済論叢』（京都大学）第173巻第5・6号, pp. 68-88.

木村雄一［2006］,「初期カルドアとハイエク資本理論」『経済学史研究』第48巻第1号, pp. 93-109.

桜井一郎［1961］,「訳者まえがき」(『統制の経済学——厚生経済学原理』所収，文雅堂銀行研究社).
杉本栄一［1981］,『近代経済学の解明』岩波文庫.
根井雅弘［1989］,『現代イギリス経済学の群像——正統から異端へ』岩波書店.
根井雅弘［1991］,『「ケインズ革命」の群像——現代経済学の課題』中公新書.
早坂忠［1989］,「1930年代と経済学」(早坂忠編『経済学史——経済学の生誕から現代まで』ミネルヴァ書房，所収).

第13章　制度派とケンブリッジの経済学者
——2つの「学派」を結ぶもの

佐 藤　方 宣

1. はじめに——2つの「学派」をめぐる困難

　本章では，ケンブリッジの経済学者達（マーシャル，ピグー，ケインズ）とアメリカ制度派の経済学者との関係をめぐる近年の議論を展望する．一般に無関係ないし相反する立場とされがちな両グループだが，近年そのあいだを結ぶいくつかの線を描き出そうとする試みが登場している．そうした諸作業の意義を，彼らの市場社会観が位置づけられることになる20世紀初頭の自由とコントロールをめぐる論議の文脈のなかで確認すること，これが本章のひとまずの目的となる[1]．

　さて双方のグループを「学派」という観点からみたとき，そこには共通のある困難が指摘できる．それはともに始祖とされる人物（マーシャルとヴェブレン）の大きな影響力が指摘されながらも，そのグループ固有の共通要素を一言では表しにくいということである．もちろんケンブリッジのグループであれば部分均衡分析や自由市場の重視が，制度派のグループならば経済活動の制度的要因の重視があげられるかもしれない．しかし仔細にみればみるほど両グループともに個々の経済学者の個性は強く，「学派」としての単一の共通点をあげるのは難しい．マーシャルとピグーとケインズの共通点をあげることはそれなりに可能かもしれないが，それが他の大多数の経済学者を十分排除し得る指標たり得るかとなるといささか心許ない．また制度派の代表者である（とされる）ヴェブレン，ミッチェル，コモンズの共通点をあげることももちろん可能ではあろうが，それぞれの異質性に目がいくほうがむしろ自然であり，新古典派に批判的であるといったこ

れまた曖昧な共通点を指摘し得るにとどまることになる．

おそらくそれぞれのグループが有するまとまりは「家族的類似性」とでも考えたほうがよいのだろう．これは哲学者ウィトゲンシュタインが『哲学探究』で「ゲーム」と呼ばれるものの共通性について語るときに用いた言葉である．つまり家族のメンバー同士が「それぞれ別のかたちで」似ているように，共通項となる単一の特性の共有ではなくそれぞれのメンバー同士がそれぞれ異なるかたちで類似性や共通性をもつことでグループとしてのまとまりが構成されていることこそが，この2つのグループをつくり上げているものではないだろうか[2]．

もしそうであるならば，両グループ双方の特徴を同定したうえでそれを比較するという手法はあまり適切でないことになる．そこで本章ではグループ総体同士の比較検討ではなく，制度派とケンブリッジ・グループそれぞれの主要人物のあいだの個別の関係や共通性を指摘する近年の作業をみることを通じて，両グループに見いだしうる問題関心の共有に注目することにしたい．先回りしていえば，それは20世紀初頭に大西洋をはさんで展開された「自由とコントロール」をめぐる論議という大きな文脈への注意をうながす作業となるだろう．

2. 「新古典派 vs. 制度派」を超えて

2.1 アンチ新古典派としての制度派？

本書を手に取られた方の多くは，おそらくケンブリッジの経済学者達に主たる関心と知識のある方々だろう．そこでまず制度派とケンブリッジの経済学者達との関係について考える前段階として，制度派と新古典派の関係をめぐる問題について一般的な確認をしておきたい．というのは，この点に関しては一般的な従来の描像と専門研究者の現在の共通了解とに大きな懸隔があるからである．

制度派と新古典派とでは概して対立する側面が強調されるのが一般的である．曰く，新古典派が演繹理論の意義を重視するのに対し，制度派は演繹的方法に否定的で実証的な経済学を志向した．新古典派が自由市場志向なのに対し，制度派はさまざまな「計画化」を提唱した．新古典派が凝集力を持った経済学の主流派

であり続けたのに対し，制度派は一貫して傍流であった…，云々．

こうした制度派観からは，当然ながら新古典派のケンブリッジの人々との結びつきは見出しがたいことになる．ヴェブレンの新古典派批判の矛先がマーシャルに向けられた（とされる）こと，運動としての制度派の出発点となったウォルター・ハミルトンらの方法論上の批判が新古典派の演繹的理論に向けられていたことなどを考え合わせれば，両者は基本的に相容れないグループということになるだろう．

しかし近年，少なくともアメリカにおける新古典派と制度派との布置関係については再検討が進みつつある．本章の問題関心を明確にするために，この近年の制度派像の「転回」についてやや詳しくみてみたい．

2.2 近年の制度派像の転換

近年，英語圏ではアメリカ経済思想研究への本格的な取り組みがはじまっている．象徴的な出来事としては，1996年の北米経済学史学会（History of Economics Society）で初めてアメリカ経済学史研究に関するラウンド・テーブルが開催され，「アメリカの」経済学を論じる意義についての議論がなされるに至ったことがあげられる[3]．

とりわけ20世紀初頭のアメリカ経済思想を再検討しようとする作業は近年活況を呈している．南北戦争以降のアメリカ社会科学の趨勢を歴史主義から科学主義への移行として捉え，制度派の興隆をその転換期に位置づけたロス（Ross [1991]），ラトゥール流の構成主義的手法に基づき大戦間期アメリカにおける経済学の状況を制度派と新古典派のネットワーク間の闘争プロセスとして描写したヨーナイ（Yonay [1997]），フーヴァー，ルーズヴェルト両政権の経済思想への制度派の関与を積極的に論じたバーバー（Barber [1994；1996]），そして大戦間期の制度派の実像について丁寧な論述を重ねているラザフォード（Rutherford [1997；1999；2000a；2000b；2003；2004a；2004b；2006；2007]），さらに大戦間期の状況を単一の方法論が支配しない多元的状況と捉え，第二次大戦後の新古典派の制度化へと転じるプロセスを多様な観点から論じたモルガンとラザフォードによる編著（Morgan and Rutherford eds. [1998]）などがあげられる．こうし

た一連の動向をエメットは「近年の修正派の挑戦」(Barber et al. [2000], p. 153) と評した.

こうした「修正派」の第1の貢献は，制度派の歴史的実像の再認識にある．制度派を自認するグループの登場は第一次大戦以降のことだが，その成果の公表は通常メジャー・ジャーナルで行なわれ，彼らは主要大学で地位を得ただけでなくアメリカ経済学会の会長職をしばしば務めてもいる[4]．またタグウェルらはルーズヴェルトの「ブレイン・トラスト」として政権中枢に深く関与し，農業調整法や全国産業復興法の制定といった経済改革を推進している．大戦間期の制度派はけっしてマイナーな存在ではなく，またたんに反主流派としてのみ一括し得るものでもなかったのである．

「修正派」の第2の貢献は，アメリカの主流派ないし新古典派の実像の再検討である．19世紀後半から第一次大戦に至る時期の主流派経済学グループとしては，ハドレー，タウシッグ，J. B. クラーク，フェッター，ダヴェンポート，セリグマンなどがいるが，その多くは大戦間期に至ってもナイト，フィッシャー，ヴァイナー，ヤングといった人々とともに活動した．彼らは制度派の過激な批判に対し演繹的理論と市場経済を擁護する立場をとったものの，既存の静態的理論の優位性について必ずしも満足していたわけではない．ダヴェンポートはオーストリアンとヴェブレンの影響を組み合わせようとしたし，ヤングは学生に対し制度派流のリアリズムを説いている．さらにフィッシャーは経済改革の実践に関してコモンズと協力するといったこともあった (Morgan and Rutherford eds. [1998], pp. 1-26).

こうして「修正派」の諸成果は，制度派のプレゼンスの大きさを指摘しただけでなく新古典派として一括されてきたアメリカの経済学者達の多様性にも目を向けさせることで，従来の歴史的描像を逆転させたのである．

2.3 ニュー・リベラリズムとしての制度派

こうした「修正派の挑戦」は現在も進行中である．なかでも本章の問題関心から注目すべきは，制度派の「コントロールの経済思想」としての側面を強調し，「ニュー・リベラリズム」(New Liberalism) に与するものとして捉えようとす

る動向である.特にファーナーはアメリカにおける「ニュー・リベラリズム」の動向への関心から制度派の経済学者達に関心を向けている[5].

 ファーナーの主たる問題意識は,1880年代から1940年代にかけてのアメリカにおける自由主義の意味内容の変化を経済思想的側面を重視して検討することである.その関心は(彼女の用いる表現ではないが)「リベラル」としての制度経済学者達に向けられており,彼女は制度主義者の「Aチーム」として,H. C. アダムス,コモンズ,J. M. クラークをあげている(Furner [2005], p. 25).彼らに見出せるリベラルな政府介入主義こそが,この時期のアメリカのニュー・リベラリズムを体現するものだというのである.

 日本のヴェブレン研究の第1人者である高哲男も,制度派の「プラグマティズムの経済学」としての側面を強調する文脈で同趣旨の見解を示している.

> …さらにヨーロッパにまで視野を広げると,アメリカにおける新学派・制度学派の台頭と,ドイツ社会政策学会やフェビアン社会主義などの興隆は,まさに同時代の出来事であり,相互に影響しあったほど深い関連性をもっていることが分かってくる.…イーリーの弟子コモンズになると,コモンズを高く評価していたJ. M. ケインズが『自由主義の終焉』で提起した「新自由主義」の経済政策思想は,じつは制度学派の政策思想とほとんど同一であった,という事実がみえてくる(高[2004], pp. 6-7).

 確かに戦間期の制度派は「経済活動のコントロール」にさまざまなかたちで言及している(Rutherford [2000], p. 301).彼らは市場や企業を一掃することを望んでいたわけではなく,市場のもつ弱点はさまざまな形態の政府介入の必要性を要請すると考えた.そして市場における「ゲームの規則」を変更する法律制定,公益事業体やトラストの規制,公共サーヴィスの供給,経済的安定のための何らかの形態の包括的な計画化などを論じていたのである(Rutherford [2000], pp. 301-302)[6].

 制度派がコントロールや計画化の問題へ関心を向けた一般的背景としては,独占や労使対立の激化という自由競争がもたらした経験,そして第一次世界大戦中

に120名もの経済学者をワシントンに送り込みながら,それほど効果ある管理・コントロールが実行できなかったことへの反省など,19世紀末から第一次大戦に至るアメリカ経済社会と経済学者達の経験があげられる[7]. 特にアメリカで他国に先駆け進んだ巨大法人企業の形成に伴う独占・寡占化や労働組合の組織化という経済社会の変化と,それに伴う自由な私益追求と公益実現との乖離という問題が論議の対象となった. そうしたなか,経済活動を社会的・公共的観点からコントロールしようという主張が大きなものとなっていったのである.

このように制度派を19世紀的な市場社会の変容への対応(=ニュー・リベラリズムの動向)の1つとして捉え返すならば,ケンブリッジの経済学者達との関係もまた違った見方ができるのではないか. 実際,次節以降にみていく近年の研究が示すのは,経済学方法論上の対立や相違を超えて,双方のグループが20世紀初頭の市場社会の変容に伴う問題への対処という同じ課題に取り組んでいたことを再認識させるものである. この点こそ,ケンブリッジの経済学者達の社会哲学を検討しようとするとき制度派をも共通の視野に収めるべき最大の理由である.

以上の確認をふまえ,以下の節では改めてマーシャル,ピグー,ケインズを軸に制度派との関係をめぐる近年の研究を具体的にみていくこととしたい.

3. マーシャル,ピグーと制度派を結ぶもの

3.1 マーシャルと制度派をめぐって

ヴェブレンとマーシャルは,一般に対立する立場にあるとされる. 例えばガンリー (Ganley [1998]) は,ヴェブレンとマーシャルをそれぞれ19世紀から20世紀にかけての時期の新古典派と制度派の代表として取り上げ,両者の貧困観・慈善観を対照的なものとして論じている. ガンリーはそれぞれの経済理論上のアプローチの違いがその貧困観の相違をももたらしているとするのである.

しかしヴェブレン自身のマーシャル評価はそれほど単純なものではない. ヴェブレンは進化論的経済学を提唱するなかで,均衡概念を基礎とする新古典派が静態的なものにとどまることを批判しているが,じつはマーシャルが『経済学原

理』で動態の問題を扱おうとしていることは認めている．そのうえでその道具立てが静態的なものであると指摘するのである[8]．

またヴェブレン以降の制度派のグループとの関係についても，ことはそれほど簡単ではない．例えばシュムペーターによる興味深い指摘がある．彼はアメリカの制度派がマーシャル（の経済学）を批判したことに関して，過度に単純化されたマーシャル経済学の流布のせいで制度派はマーシャルが自分達のプログラムを実現するための指針を示していることを見逃してしまったのだと指摘している[9]．

このシュムペーターの指摘を重視し，マーシャルに見出し得る制度派と親和的な要素を積極的にひろいあげようと試みているのが Jensen［1990］である．ジャンセンはマーシャルにおける制度派的な要素として次の4点をあげている．それは，(1)人間本性についての概念，(2)社会的価値についての言説，(3)技術に関する社会的制度についての見解，(4)政策的勧告である[10]．

それぞれの点についてジャンセンが指摘するのは次のとおりである．(1)マーシャルも制度派（ジャンセンが直接あげるのはクレランス・エイヤーズ）も人間の生物学的特性は社会経済的な環境を通じて変化・進化し得ることを認めている．(2)マーシャルの根底にある功利主義は制度派にとって忌むべきものだが，価値判断が探求の基礎を強化するものであるとする点で両者は意見を同じくしている．(3)マーシャルは制度を習慣と結びつけ，個人の行動を抑圧するものと考えていた点や所有と経営の分離の進行を見通していたことなどでヴェブレンやジョン・ケネス・ガルブレイスに近い．(4)マーシャルの「社会主義者」としての自認に基づく人的資本への投資の強調はヴェブレンやエイヤーズに近い．

そしてジャンセンは，こうしたマーシャルの制度派的な可能性を秘めた基礎を制度派の人々が十分に汲み取れなかったがゆえに，直接的な影響が生じ得なかったのだと結論づけている[11]．

3.2 ピグーと J. M. クラーク

シュムペーターやジャンセンが指摘するのは，あくまでマーシャルと制度派の思想内容の親和性の指摘に留まるものである．では当事者に自覚的な影響や継承関係はまったくなかったのだろうか．

この点について興味深い指摘を行っているのがスタビルである．彼はピグーの厚生経済学の試みが J. M. クラークに影響を与えた点を強調することで，マーシャルの経済学がピグーを介して（いわば間接的なかたちで）制度派へ影響を与えたのだという主張を展開している[12]．

一般に制度派といえばヴェブレン，ミッチェル，コモンズが反射的に列挙されるわけだが，じつは実際の運動としての制度派の動向を考えるうえでクラークは最も重要な位置を占める人物である[13]．『間接費用の経済学の研究』（Clark [1923]）と『ビジネスの社会的コントロール』（Clark [1926]）という 2 つの代表作は，「制度主義的研究の範型として1920年代末に至るまでの時期に最も引用された」成果の 1 つだったとされている[14]．スタビルが注目するのは，このクラークに与えたピグーの影響である[15]．

クラークは，ドーフマンへの1956年 5 月12日の書簡のなかで，「社会的生産性」対「私的獲得」との関連でピグーの『富と厚生』とホブソンの『労働と富』が「厚生経済学」を有名なものにしたと書いている[16]．もちろんピグーの厚生経済学は限界効用理論に依拠して国民分配分の最大化と所得の平等化による全体厚生の改善を指摘するものであり，いわゆる制度経済学的なものではない．しかしクラークは厚生経済学の展開のなかで厚生の「個人間比較」が捨てられたことに遺憾の意を示しており[17]，この点ではピグーの立場に与することになる．

スタビルによれば，クラークによるピグーへの高い評価はさらに確固としたものである（以下，Stabile [1995] より）．ピグーは所得分配の変化や仕事の条件の改善による労働力の質の改善から厚生の向上が得られると論じ，国民分配分と労働についての研究に力を注いだが，スタビルはピグーが労働と厚生の問題を結びつけたことがクラークにおける社会的間接費用としての労働者という概念の発展の刺激となったという点に焦点を当てている． 2 人は1920年代には特に労働問題について多く論じていた．1920年代とは労働者にとってのセイフティ・ネットのない最後の時期であり，その欠如は 2 人にとって大きな問題であった．ピグーはマーシャルの『経済学原理』から，労働者の高賃金が世代を超えた生産性の向上をもたらすという見解を引きついだ．『厚生経済学』では「外部性」，「限界社会生産物」といった概念を用いて，個人的利益と社会的利益の相克を示した．ク

ラークは同様の問題意識に立ちつつも,『間接費用の経済学の研究』から『ビジネスの社会的コントロール』に至るまで,「社会的費用」の概念を広く適用しようと試みた.ピグーとクラークが検討したのは,コスト・カットが生産力の向上につながるか否かにある.ではピグーとスタビルの相違点は何か.スタビルはピグーが労働の配分を静態的な観点から行っている点,そしてそれをクラークが改善している点にそれを求めている[18].

4. ケインズと制度派を結ぶもの

4.1 ケインズとアメリカ

「ケインズとアメリカ」をめぐる問題は,『一般理論』のアメリカへの導入をめぐるエピソードのみが突出して有名であり,近年ようやく立ち入った検討が進められている.従来は,ケインズ主義の到来が制度派を衰退させた,ケインズ経済学は若い世代に熱狂的に受け入れられた,といった通説が流布されてきた.この通説を批判したのが,レイドラー(Laidler [1999])等である.そして近年ではラザフォードらが,アメリカ制度派の人々のケインズ経済学に対する反応を通覧している[19].

しかしながらアメリカの制度派のグループとケインズとの関係,とりわけその社会哲学的側面については,いまだ十分に目を向けられているとはいいがたい.すでにみたように,戦間期の制度派の運動が「制度の経済学」であると同時に「コントロールの経済学」を志向したものであったことを想起すれば,同時期のケインズとの関係や主張の異同はもっと留目されてしかるべきだろう.それはケインズ,ひいては戦間期のケンブリッジの経済学者達の市場社会理解や「自由主義」理解の同時代的な意義を十全に理解するうえでも必要な作業となるはずである.

ここで十全な検討をすることはかなわないが,ケインズと同時代の制度派の論者達とのあいだには,相互に関心を払いあっていたことを示すいくつかのエピソードがある.そして幸い,コモンズやタグウェルとケインズをめぐっては先駆的

な検討も存在する．そのいくつかを確認しておこう．

4.2 タグウェルとケインズ──自由放任の終焉と計画経済

　ルーズヴェルト政権の中枢に参加し，制度派のなかでも最も初期ニューディールにコミットしていたタグウェルとケインズとの関係は興味深いものである[20]．タグウェルは1926年に発表されたケインズの「自由放任の終焉」を高く評価し，同年に次のような文章を発表している．

> 自由放任主義の終焉についてメイナード・ケインズ氏が非常に魅惑的に述べられたことに支持を表明させていただきたい．…新しい秩序の形成に関して，ケインズ氏と，実験的な態度を貫こうとするアメリカの若手経済学者達の考え方は一致している．彼らは教条的な原理からだけではなく，好ましい結果を求める立場から賢明なる規制に信をおくのである．…受けつがれた教義を信じることからではなく，客観的な事実が示すままのわれわれの実在から出発すること，注意深くまた執拗にテストを繰り返しながら実験を進めていくことは，最も優れたアメリカの流儀である．ケインズ氏がわれわれの書いたものを読んでおられるならば，このことはすでにご承知であろう．しかしわたしのほうからすれば，実験的な経済学者がイギリスにいることを知ったのは喜ばしい．これはこれまで非常にまれなことだったからである（Tugwell [1926], p 222）．

　すでにタグウェルは1924年に出版された制度派のマニフェストともいえる論集『経済学の趨勢』の編者として，多くの若手経済学者達の論考をまとめていた．彼はアメリカで興隆しつつあった伝統的経済学への批判運動としての制度派と同様に，ケインズの立場も，19世紀的な自由主義の終焉を基礎に新たな経済理論の必要性を説くものとして時宜を得たものと考えたのであろう．
　しかしこのようにケインズを評したタグウェルだが，望ましい社会のヴィジョン，とりわけ経済の計画化をめぐる論点については，意見を異にしていたようである．それは次のようなソ連評価をめぐっての見解の相違に見出すことができる．

ケインズはソ連を訪問し1925年に見聞記を発表するが，タグウェルもアメリカの労働組合代表によるソ連邦視察に同行し「ロシアの産業における実験的統制」[1928年] を発表した．そのなかでタグウェルはソ連の経済計画の試みを高く評価し，ケインズが共産主義を宗教だと喝破したことをふまえ，「もしケインズが指摘したように共産主義が宗教だとするならば，資本主義は呪物（a fetish）である」(Tugwell [1928], p. 164) としている．制度派のなかでもとりわけ計画経済志向の強いタグウェルからすると，ケインズのソ連への厳しい評価は首肯しがたいものだったのであろう．

タグウェルのケインズへの否定的な言及としては，1957年の『民主的なルーズヴェルト』で，ニューディールの赤字財政転換へのケインズの影響力を非常に小さいものと評している点もあげられる[21]．その他ケインズのルーズヴェルト宛公開書簡（1933年12月30日，1934年6月10日，1938年2月1日）への言及など，タグウェルとケインズをめぐる論点は多数ある（西川 [1999], pp. 206-210）．いずれのエピソードも，少なくともタグウェルの側がケインズと自らとを19世紀型自由主義批判の大きな文脈のなかで同じ態度をとるものとして捉えていたこと，そのうえで新たな自由とコントロールの構想について態度を異にしていたことをうかがわせるものとなっている．

4.3 コモンズとケインズ——経済発展段階をめぐって

ケインズとコモンズについては，多くの論者がその共通点を指摘するところである．双方の行為哲学を検討した先駆的なチェイス（Chase [1991]），両者を自由放任への批判者として取り上げ，その共通点を，産業構造の進化と不確実性の登場，貨幣と将来，制度と国家の経済的役割の新たな見方，そして制度経済学の理論と方法論という観点から検討しているアトキンソン=オルソン Jr.（Atkinson and Olson Jr. [1998]），さらに双方の貨幣論について検討しているティモワニュ（Tymoigne [2003]）などがあげられる[22]．

こうした思想上の類似性とは別に直接的な影響関係に関しては，ケインズ自身によるコモンズの時代・歴史認識の援用がよく知られている．これはケインズ自身による制度派的な歴史観の披瀝と考えると非常に興味深いものだろう（平井

[2003], pp. 176-179; [2007], pp. 107-110).

　ケインズがコモンズに言及したのは「わたしは自由党員か」においてである．ここでコモンズから引用するかたちで「欠乏の時代」，「豊富の時代」，「安定の時代」という時代区分を用いた．それぞれ，15-16世紀の個人の自由が最小で政府規制が最大の「欠乏の時代」，19世紀にかけての個人の自由が最大で政府規制が最小の「豊富の時代」，そして集団的行動によって個人の自由が抑制される「安定の時代」である．ところがこの参照元であるコモンズの文章がいったいどこなのかはまったく明らかでなく，英語圏の文献でも明快な回答を示したものはない．

　この点については，管見のかぎり高哲男による検討作業が現時点では最も綿密なものとなっている．「J. R. コモンズにおける法と制度の経済学」（高 [2004]，第4章）の脚注21で，高はコモンズが1925年の11月に執筆した論文（Commons [1925]）をあげ，ケインズが「わたしは自由党員か」を執筆した同年8月の時点で，そのもとになる草稿に目をとおしていた可能性を示唆している（同年6月末には同内容の文章がウィスコンシン州法曹協会の会報に「報告」として掲載されている）．

　ケインズ自らの資本主義発展段階論を提示しようとするものとしてクロッティ（Crotty [1990]）などがあるが，こうしたケインズ自身の制度論的見解の基礎を解明するうえでも，コモンズとの関係はさらに検討されて然るべきことになるだろう．

5．むすび

　20世紀初頭のアメリカの経済思想を考えるときに制度派と新古典派を過度に対立的に捉えるのはあまり適切なものではない．それは制度派の実像を誤解させるものであると同時に，当時の主流派ないし新古典派とされる経済学者達の実像をも捉え損なわせるものである．

　同様のことは，制度派とケンブリッジの経済学者とを考えるときにもいえるのかもしれない．経済学方法論上は立場を異にするとされる制度派とケンブリッジの経済学者達だが，その社会哲学的側面に注意を転じれば，意外なほど多様な結

びつきを指摘できるからである．本章でみてきた，マーシャルの制度派的要素，ピグーとクラークらの「厚生経済学」における労働や外部性への留目，ケインズとタグウェルらの「計画化」への関心，そしてケインズとコモンズらの制度派的歴史観など，さまざまな論点に即して見出せるのは，むしろ見解の相違をはらみながらの「同時代性」である．本書の第1部と第2部の各章の叙述を考え合わせれば，双方のグループが取り組んでいたのは，19世紀的な市場社会の変容を前にした自由とコントロールの再調整という共通の課題だったといえるのではないか．

今後さらにふみ込んで問われるべきは各論者が展開した経済活動のコントロールをめぐる多様な言説の基礎にあるヴィジョンの詳細であり，それが同時代の思想的配置においてもつ「位置価」である．この作業はたんなる「経済学説史」における学派比較を超えて，「自由とコントロール」をめぐる思想史的資産の再点検という現代的意義を有するものになるだろう．

注

1) 本書全体の基本方針は（おそらく），ケンブリッジの経済学者達が取り組んでいた問題の大きな意味での共通性を視野に入れながら，個別の差異に焦点を当てることだろう．それに対しこの章では，当時のイギリスとアメリカの経済学者達の個別の差異に注意を払いつつも，彼らが取り組んでいた問題の大きな意味での共通面に注意を向けることを試みたい．

2) 2006年12月12日に一橋大学で開催されたあるセミナーの場で，イタリアの経済学史家マルクーゾが，ケンブリッジ学派の「共通性」に関して同様の趣旨の発言をしたことがあったはずである．ただしそのさい「家族的類似性」（family resemblance）という言葉やウィトゲンシュタインへの言及はなかったように記憶している．なおこのときの配布ペーパーは改訂を経て Marcuzzo et al. [2008] として刊行されている．

3) この成果が Morgan and Rutherford eds. [1998] である．なおこのラウンドテーブルの意義も含めアメリカ経済学史研究の歴史については田中 [2008] に詳しい．

4) 1917年にコモンズ，1924年にミッチェル，1935年に J. M. クラークが会長職についている．また1925年にヴェブレンを会長におす運動があったが，本人の希望もあり実現しなかったのはよく知られるエピソードである．ナイトら一般に新古典派に属するとされる多くの人々がこのとき賛同者として署名している．

5) Furner [2001 ; 2005] を参照．

6) なお制度派にとって「コントロール」や「計画化」という言葉がもっていた意味については，佐藤［2006］も参照のこと．
7) 高［2004］，pp. 155-156を参照．
8) Veblen［1900］，p. 175を参照．
9) Schumpeter［1941］，p. 238を参照．
10) Jensen［1990］，pp. 405-411を参照．
11) Jensen［1990］，pp. 411-412を参照．
12) Stabile［1993；1995；1996］を参照．
13) クラークは戦間期の制度派のなかで最もバランスのとれた人物として知られ，自由放任もソ連型計画経済も排したうえで「社会自由主義的な計画化」を構想していた．クラークに関しては，「乗数原理」の先駆者とのハンセンの評価（(Clark［1917］；Hansen［1941］），「ケインズ主義」の理解をめぐってのケインズ自身との書簡のやりとり，クラーク自身によるケインズ評価（Clark［1948］, pp. 91-110）など，ケインズとの関係の検討も非常に興味深いところだが，検討は別の機会に譲りたい．
14) Rutherford［2000a］，p. 295を参照．
15) クラークと対照的に，一般に新古典派として知られるナイトはピグーに対し一貫して批判的な態度をとっていた．『厚生経済学』第1版への有名な批判（Knight［1923］），第2版への書評（Knight［1926］），『社会主義対資本主義』の書評（Knight［1938］）などにそれをみることができる．
16) Dorfman［1959］，p. 440を参照．
17) Clark［1957］，p. 59を参照．
18) Stabile［1995］，p. 1140を参照．
19) Rutherford and DesRoches［2008］を参照．
20) タグウェルとケインズの関係については西川［1999］がきわめて網羅的であり重要である．以下の論述も西川の論考に大いに負っている．
21) Tugwell［1957］を参照．
22) また本章の問題関心からすると，コモンズをベヴァリッジとともにニュー・リベラリズムの文脈で考えようとする Robertson［1988］も重要となるかもしれない．

参考文献

Atkinson, G. and Olson Jr. T.［1998］, "Commons and Keynes: Assault on Laissez-Faire", *Journal of Economic Issues*, 32-4, pp. 1019-1030.

Barber, W. J.［1994］, *From New Era to New Deal: Herbert Hoover, the Economists, and American Economic Policy, 1921-1933*, Cambridge University Press.

Barber, W. J.［1996］, *Designs within Disorder: Franklin D. Roosevelt, the Economists, and the Shaping of American Economic Policy, 1933-1945*, Cambridge University Press.

Barber, W. J., Emmett, R. B., Mirowski, P. and Rutherford, M. [2000], "Yonay's Revisiting American Economics in the Interwar Years", *Research in the History of Economic Thought and Methodology*, Vol. 18, pp. 149-168.

Brazelton, W. R. [1993], "Alvin Harvey Hansen: A Note on His Analysis of Keynes, Hayek, and Commons", *Journal of Economic Issues*, 27-3, pp. 940-948.

Chase, J. D. [1991], "John R. Commons and John Maynard Keynes: Two Philosophies of Action", *Journal of Economic Issues*, 25-2, pp. 441-448.

Clark, J. M. [1917], "Business Acceleration and the Law of Demand: A Technical Factor in Economic Cycles", *Journal of Political Economy*, Vol. 25, pp. 217-235.

Clark, J. M. [1948], *Alternative to Serfdom: Five Lectures Delivered on the William W. Cook Foundation at the University of Michigan, March 1947*, Blackwell.

Clark, J. M. [1957], *Economic Institutions and Human Welfare*, A. A. Knopf.

Commons, J. R. [1925], "Marx To-day", *Atlantic Monthly*, November, pp. 682-693.

Crotty, J. R. [1990], "Keynes on the Stage of Development of the Capitalist Economy: The Institutional Foundation of Keynes's Methodology", *Journal of Economic Issues*, 24-3, pp. 761-780.

Dimand, R. W. [2002], "John Maurice Clark's Contribution to the Genesis of the Multiplier Analysis: A Response to Luca Fiorito", *History of Economic Ideas*, 10-1, pp. 85-91.

Dorfman, J. [1959], *The Economic Mind in American Civilization*, Vol. 5, A. M. Kelley.

Fiorito, L. [2001], "John Maurice Clark's Contribution to the Genesis of the Multiplier Analysis: A Note with Some Related Unpublished Correspondence", *History of Economic Ideas*, 9-2, pp. 7-37.

Ganley W. T. [1998], "Poverty and Charity: Early Analytical Conflicts between Institutional Economics and Neoclassicism", *Journal of Economic Issues*, 32-2, pp. 433-440.

Hamilton, W. H. [1919], "The Institutional Approach to Economic Theory", *American Economic Review*, 9-1, Supplement, pp. 309-318.

Hansen, A. [1941], *Fiscal Policy and Business Cycle*, Norton（都留重人訳 [1950],『財政政策と景気循環』日本評論社）.

Jensen, H. E. [1990], "Are There Institutional Signposts in the Economics of Alfred Marshall?", *Journal of Economic Issues*, 24-2, pp. 404-411.

Furner, M. O. [2001], "Policy Knowledge: New Liberalism", in Smelser, N. J. ed., *International Encyclopedia of the Social and Behavioral Sciences*, Elsevier Science, pp. 11591-11599.

Furner, M. O. [2005], "Structure and Virtue in the United States Political Economy", *Journal of the History of Economic Thought*, 27-1, pp. 13-39.

Keynes, J. M. [1925], "A Short View of Russia", *Nation and Athenaeum*, October, 10, 17, and 25.

Knight, F. H. [1923], "Fallacies in the Interpretation of Social Cost", *Quarterly Journal of Economics*, Vol. 38, pp. 582-606.

Knight, F. H. [1926], "Economics at Its Best", American *Economic Review*, 16-1, pp. 51-58.

Knight, F. H. [1938], "Two Economists on Socialism", *Journal of Political Economy*, 1-2, pp. 241-250.

Laidler, D. [1999], *Fabricating the Keynesian Revolution: Studies of the Inter-war Literature on Money, the Cycle, and Unemployment*, Cambridge University Press.

Marcuzzo, M. C., Naldi, N., Rosselli, A. and Sanfilippo, E. [2008], "Cambridge as a Place in Economics", *History of Political Economy*, 40-4, pp. 569-593.

Morgan, M. S. and Rutherford, M. [1998], *From Inter War Pluralism to Postwar Neoclassicism*, Annual Supplement to Volume 30, *History of Political Economy*, Duke University Press.

Ross, D. [1991], *The Origins of American Social Science*, Cambridge University Press.

Robertson, D. B. [1988], "Policy Entrepreneurs and Policy Divergence: John R. Commons and William Beveridge", *Social Service Review*, 62-3, pp. 504-531.

Rutherford, M. [1997], "American Institutionalism and the History of Economics", *Journal of the History of Economic Thought*, 19, pp. 178-195.

Rutherford, M. [1999], "Institutionalism as 'Scientific' Economics", in Backhouse, R. and Creedy, J. eds., *From Classical Economics to the Theory of the Firm: Essays in Honour of D. P. O'Brien*, Edward Elgar.

Rutherford, M. [2000a], "Institutionalism between the Wars", *Journal of Economic Issues*, 24, pp. 291-303.

Rutherford, M. [2000b], "Understanding Institutional Economics: 1918-1929", *Journal of the History of Economic Thought*, 22-3, pp. 277-308.

Rutherford, M. [2003], "On the Economic Frontier: Walton Hamilton, Institutional Economics, and Education", *History of Political Economy*, 35-4, pp. 611-653.

Rutherford, M. [2004a], "Institutional Economics: The Term and Its Meanings", *Research in the History of Economic Thought and Methodology*, 22-A, pp. 179-184.

Rutherford, M. [2004b], "Institutional Economics at Columbia University", History *of Political Economy*, 36-1, pp. 31-78.

Rutherford, M. [2006], "Wisconsin Institutionalism: John R. Commons and His Students", *Labor History*, 47-2, pp. 161-188.

Rutherford, M. [2007], "American Institutionalism and Its British Connections", *European Journal of the History of Economic Thought*, 14-2, pp. 291-323.

Rutherford, M. and DesRoches, C. T. [2008], "The Institutionalist Reaction to Keynesian Economics", *Journal of the History of Economic Thought*, 30, pp. 29-48,

Schumpeter, J. A. [1941], "Alfred Marshall's *Principles*: A Semi-Centennial Appraisal", *American Economic Review*, 31-2, pp. 236-248.

Stabile, D. R. [1996], "Pigou, Clark and Modern Economics: The Quality of the Workforce", *Cambridge Journal of Economics*, 20-3, pp. 277-288.

Stabile, D. R. [1995], "Pigou's Influence on Clark: Work and Welfare", *Journal of Economic Issues*, 29-4, pp. 1133-1146.

Stabile, D. R. [1996], *Work and Welfare: The Social Costs of Labor in the History of Economic Thought*, Greenwood Press.

Tugwell, R. G. [1926], *The End of Laissez-Faire*, New Republic, Oct. 13, p. 222.

Tugwell, R. G. [1928], "Experimental Control in Russian Industry", *Political Science Quarterly*, 43-2, pp. 161-187.

Tugwell, R. G. [1957], *The Democratic Roosevelt: A Biography of Franklin D. Roosevelt*, Doubleday& Company.

Tymoigne, E. [2003], "Keynes and Commons on Money", *Journal of Economic Issues*, 37-3, pp. 527-545.

Veblen T. [1900], "The Preconceptions of Economic Science III", *Quarterly Journal of Economics*, 13, pp. 240-269.

Yonay, Y. P. [1998], *The Struggle over the Soul of Economics: Institutionalist and Neoclassical Economists in America between the Wars*, Princeton University Press

佐藤方宣 [2006]，「戦間期アメリカの『計画化』：J. M. クラークを中心に」（小峯敦編『福祉国家の経済思想——自由と統制の統合』ナカニシヤ出版，所収）．

高哲男 [2004]，『現代アメリカ経済思想の起源——プラグマティズムと制度経済学』名古屋大学出版会.

田中敏弘 [2008]，『経済学史研究と私』関西学院大学出版会．

西川純子 [1999]，「タグウェルとニューディール」（田中敏弘編『アメリカ人の経済思想』日本経済評論社，所収）．

平井俊顕 [2003]，『ケインズの理論——複合的視座からの研究』東京大学出版会．

平井俊顕 [2007]，『ケインズとケンブリッジ的世界——市場社会観と経済学』ミネルヴァ書房．

終章 ケンブリッジの市場社会論──展望的描写[*]

平井 俊顕

1. はじめに

　本書は，19世紀後半から20世紀前半にかけてケンブリッジを舞台に活躍した経済学者を取り上げ，彼らが，自ら生を営んできた市場社会をどのように評価していたのか，そしてそれをどのように改革すべき（あるいは維持すべき）と考えていたのかを論じた諸章で構成されている．

　これらを受けて本書の最終章である本章では，次の課題に取り組むことにする．「ケンブリッジの市場社会論（社会哲学）とは一体何なのか．中核になる考えはどのようなものなのか．そしてそれにはどの程度の統一性があるのか（ないのか）」を総合的な視点から示すこと，がそれである．

　本章は次のように進められる．第2節および第3節では，本書が対象にする時期のケンブリッジを，それぞれ「マーシャルの時代」（1880年代-第一次大戦前），「ケインズの時代」（戦間期）に分け，市場社会論と経済理論がどのような内容のものであったのかを論じる．第4節では，「ケンブリッジの市場社会論」を論じるうえで，上記（第2節，第3節）の方法では捉えきれない，それでいて欠かすことのできない論点を扱うことにする．

2. マーシャルの時代

　マーシャルの時代にあっては，イギリスは依然として「パックス・ブリタニ

カ」の中枢に位置する「覇権国」であった．金本位制と自由貿易体制の中枢国，金融の中心としてのロンドン，最大の植民地をもつ大英帝国，という構図は維持されていた．この時期，イギリスは戦争等により打撃をこうむるということは，まったくなかった（唯一，大きなものといってもボーア戦争程度である）．人々は，債券の値上がりや海外投資によって多額の収益を享受することのできた時代であった．

とはいえ，この時代になると「パックス・ブリタニカ」の行く末に陰りがみられるような状況が生じてきていた．ドイツ，アメリカの経済発展に，イギリスは焦りと苛立ちを感じていたのである．とりわけ問題となったのは，イギリス経済の相対的停滞であり，その原因としての経済主体（とくに企業家）の姿勢における立ち遅れであった．この時期，もう1つ大きな問題となったのが貧富の格差であり，貧困問題の解消（社会福祉政策）に社会の大きな関心が寄せられた．それは底辺層にひしめく労働者階級の生活改善という問題であった．

2.1 経済学

1870-1880年代におけるイギリスの経済学の状況については，「混乱とヘゲモニー争いの時代」とでも呼ぶのが適切であろう．この事態は，主としてリカードウ＝ミル学派の崩壊，ならびにそれに代る有力な経済学パラダイムの不在に起因するものであった．

1880年代に突入したとき，その後の経済学の展開に深い影響を与えることになる2つの出来事がケンブリッジで生じた．1つは，1884年，ケンブリッジ大学政治経済学部の教授にマーシャルが選出されたことである．就任講義「経済学の現状」で，マーシャルは，哲学的・歴史的アプローチとは識別される「科学的」経済学を構築すること，そしてそれを社会の直面する実際の経済問題に適用すること，の重要性を強調した．

もう1つは，同じくマーシャルによってはじめられたケンブリッジ大学での経済学教育の改革運動である．マーシャルは，「経済学トライポス」の設立を提案し，その実現に奔走した．この設立により「哲学の支配および歴史の影響から経済学を自由」にし，有能な学生を「科学的な」経済学の研究に引きつけることが

可能になる，との信念に基づいてである．この目的を実現するため，彼は2人の大物——カニンガムとシジウィック——と激しく争うことになった．経済史を重視するカニンガムは経済学トライポスの設置に反対する運動を展開した．ケンブリッジ大学の道徳哲学の教授であり「モラル・サイエンス・トライポス」の任に当っていたシジウィックも，哲学・倫理学と経済学の分離に反対する意思表示を行った．こうした反対をはねのけてマーシャルは戦いに勝利を収め，1903年，経済学トライポスの設置に成功したのである．

この時期の経済学の主流派であるが，それはマーシャルに代表されるケンブリッジの新古典派である．マーシャルの経済学体系は，本質的には3つの独立した理論で構成されている．(i)市場での交換理論，(ii)貨幣数量説の現金残高アプローチ，および(iii)景気循環理論がそれである．なかでも重要なのは(i)であり，『経済学原理』(Marshall［1920］．初版は1890年)で展開されている．それは，市場における交換現象を貨幣の限界効用ならびに貨幣の一般的購買力を一定とし，また分析の対象を1財に限定することにより，通時的問題に威力を発揮する「正常需給の安定均衡の理論」をその中心的命題としたものである[1]．これは静学的な価格分析であり，古典派の生産費説と限界効用理論に基づく主観価値説を，整合性のある1つの理論で説明しようとしたものである．需給均衡理論は，分配理論にあってもその中心命題として使用されており，その意味で，第5編と第6編を『経済学原理』の中心的箇所とみる立場に立つかぎり[2]，マーシャルが成し遂げたことは静学的な価格理論の提示であり，その中心は市場での交換取引の理論的解明ということになるであろう．

だが，マーシャルの経済学をこの枠内に収めることは，不可能である．彼は経済社会の成長という問題に並々ならぬ関心を抱き続けたからである．分業を通じて，人間の知識，そして産業組織が成長を遂げていくことを，だれよりも深く分析したのはほかならぬマーシャルであり[3]，当時驚異的な経済発展を遂げつつあったドイツやアメリカについて，その原因をつぶさに調べたのも，『産業と商業』(Marshall［1919］)の著者マーシャルである．彼は，国の理想のなかでも重要な位置を占めるものとして，「産業的指導権」をあげる．それは国民の生活を，諸個人の生活の集合体以上のものと認める理念であり，健全な国民のプライドと密

接に関係している．マーシャルの関心事は次の点にあった——イギリスの産業的優位は何に依存しているのか，そしてそれは再び拡大できるのか[4]．

こうして，マーシャルには，古典派と新古典派の価値論を整合的な理論で説明するといった理論的探究が認められる一方で，現実の経済社会にあって知識，組織，人的資本の成長を通じ経済が成長を遂げていく現象に深い関心を抱くという側面が認められるのである．

ここでマーシャルとさまざまなかたちで緊張関係をもつことになったケンブリッジの経済学者を一瞥しておこう．まず第1にシジウィックである．既述のように経済学トライポスの設置をめぐり，マーシャルと激しく対立したが，その根底には倫理学・経済学・政治学を体系的に捉えようとするシジウィックと，経済学の倫理学からの独立を目指すマーシャルという対立構造が存在した[5]（ここで，シジウィックの経済学を古典派の枠内に収めきることはできないという点を指摘しておきたい）．第2にカニンガムである．彼は歴史学派的なスタンスをとっており，経済学トライポスに反対するのみならず，保護主義を唱える点でも，マーシャルと対峙した．第3にフォクスウェルである．彼は長年マーシャルの近傍にいたものの，思想的，経済学的には対立関係にあった[6]．第4に（オックスフォード・マンの）エッジワースである．（上記3者に比べると差異は小さいが）経済学における数学的扱いをめぐって，マーシャルと意見を異にするところがあった．

つまり，マーシャル経済学がイギリスの新しい正統派経済学として圧倒的な影響力を振るったとはいえ，周辺の比較的年齢の近い経済学者——上記でいえばエッジワースをのぞく——とは，思想的，経済理論的，そして人間的にも，ぎくしゃくした関係にあったのである．

2.2 市場社会論

この時期の主要な市場社会論は，ニュー・リベラリズム（ホブソン），社会帝国主義（J．チェムバレン），自由貿易帝国主義（アスキス），フェビアン主義（ウェッブ夫妻，ショー）などによって代表される．これらは帝国主義にたいするス

タンスを異にするため，一括して呼ぶには難がある．だが，いずれも国家が社会の貧困問題に積極的に関与する必要性（社会改革）を唱道する点で，そしてレッセ-フェール思想に批判的であるという点で，共通している．そこで便宜上，これを「コレクティヴィズム」（集産主義）と総称することにしよう[7]．

これにたいし，マーシャルがとったスタンスは，本質的に自由主義的である．マーシャルが当時のイギリスが抱えていた産業問題，社会問題に深い関心を寄せていたことは周知の事実であるが，その解決策はいずれも自由主義的なものに落ち着いてしまっている．

貿易問題をみよう．チェムバレンやアシュリーは産業の空洞化とランティエ化を危惧し，その原因を自由貿易ならびに経済主体の対応の遅れに求め，保護貿易を唱道した（カニンガムやフォクスウェルも然りである）．これにたいし，マーシャルもイギリスの産業上の指導権の危機には敏感であったが，この点でのマーシャルの立論はおよそ明瞭とはいえない．彼は自由貿易を是認しており，その主たる理由として，方策を何もとらないということのもつ利点，ならびにアメリカ，ドイツの進んだ企業からの競争にさらされることの利点をあげるばかりである．

教育問題をみよう．アシュレイの経営者教育の実践は，この点で正しい路線をとるものであったが，その成果は散々なものであった．これにたいし，マーシャルは「経済学トライポス」の創設に成功するも，それはイギリス産業の指導権がさらされている危機を解消するという点からはむしろ逆効果のものであった．

労働問題をみよう．マーシャルが，労働者階級の抱える貧困問題に心を痛めていたことは，よく知られている．しかし，教育サービスの公的機関による提供により労働者階級の教育レベルを向上させるという提案以上のものではなかった．彼は，労働者階級の将来的改善について，企業者が「経済騎士道」に到達することに多大の期待をかけており，労働組合や国家の関与には消極的・否定的であった．

マーシャルは経済理論家としてイギリスの経済学界を，文字通りその支配下に治めることに成功した．だが，その社会哲学の基調は経済的自由主義であり，時代的趨勢からみると守旧的であった．

3. ケインズの時代

　ケインズの時代は，第一次大戦で崩壊してしまった「パックス・ブリタニカ」を回復させようとする努力が続けられるも結局は失敗し，かといって新しい世界体制は生み出されないまま世界は紛糾を続け，混乱と分裂の進むなかで第二次大戦に突き進んでいく，という時代であった．この時代は前半（1920-1936年）と後半（1937-1945年）に分けることができるであろう．

　前半は，「パックス・ブリタニカ」への復帰が，大多数の人々によってまだ当然視されていた時期である．この時期，世界経済における最大の関心事といえば賠償・戦債問題，それに国際金融問題であった．またイギリスをはじめ，ヨーロッパでは失業・不況が深刻な問題になっていた．1920年代は経済の成長を語るような時代環境ではなく，いかにすれば経済を完全雇用の状態で安定させることができるのか，ということに関心が注がれる時代であった．

　既述の最大の問題（賠償案，戦債処理問題，それに国際通貨システム）は適切な解決策を見出すことができず，いたずらに紛糾が繰り返されることになった．これらはさまざまの金融危機を引き起こす原因となり，ヨーロッパ経済の混乱は加速度化していくことになる．そして1931年には（再建）金本位制は瓦解するとともに，世界はファッシズムという新たな火種を抱えることになり，第二次大戦に至る道が敷設されていくことになった．

　後半は，前半とはかなり状況が異なっている．この時期，イギリスは不況からの脱出に成功した．それはアメリカからの革新的技術の導入や企業の合理化が格段に進められるかたちで達成された．むしろ，この頃以降は，完全雇用下でのインフレ発生の可能性にいかに対処すべきかという点が問題となった．イギリス以外では，ドイツ，イタリア，日本という軍国主義的色彩を強めた経済，それにソ連という社会主義経済が，計画経済を推し進め，経済的発展を達成していった．

　これと対照的であったのはアメリカである．アメリカは1920年代の繁栄から一転，1929年の大恐慌勃発以降，ルーズヴェルト大統領の「ニューディール政策」にもかかわらず経済的回復には成功できないでいた．こうしたなか，世界は多極

化，分裂に向かって歩を進め，いわゆる「ブロック経済化」が進行した．もはや「パックス・ブリタニカ」の回復は，「夢のまた夢」となってしまったのである．

3.1 経済理論

この時期，ケンブリッジで展開された経済理論をみていくことにしよう．

まずピグーである．彼の主著は『厚生経済学』（Pigou [1920]）であるが，これは本質的にマクロ経済学である．そこで問題にされたのは，さまざまな要因（政策もあれば，知識の不完全性，公衆の特性等もある）が，国民所得（国民分配分）の将来の増減にどのような影響を及ぼすかであり，いかにすれば国民所得の増大が可能なのか（すなわち経済的厚生を増大できるのか）であった．有名な，累進課税の推奨や，社会的限界費用と私的限界費用の乖離をめぐる議論もこの問題設定に関連している．

ピグーは『産業変動』（Pigou [1927]）で景気変動論を展開している．そこでは産業の変動は失業の変動，そして失業の変動は雇用量の変動として捉えられている．雇用量は労働の供給関数と需要関数の交点で決定される．ピグーはこの基本命題から議論を出発させ，産業変動の近因は労働の需要関数にあり，さらにそれは「産業支出」から得られる利潤に関しての企業家の予想の変化に依存する，と結論づける．こうしてピグーにあっては，企業家の予想の変化が景気変動の最も重要な要因として抽出されてくることになる．

以上のほか，ピグーには，『一般理論』で受けた自らの理論にたいする批判を後年受容しつつ，ピグー効果に象徴されるような古典派のマクロ理論の構築への貢献が認められる[8]．

ロバートソンの場合，ピグーの基数的効用理論，ならびにマーシャルの価値論・貨幣数量説を陽表的に継承している点でマーシャル=ピグーに忠実である．だが，彼の独創性は『銀行政策と価格水準』（Robertson [1926]）で展開された景気変動論にあり，それはその特性上，マーシャル的というよりはヴィクセル的である．ロバートソンの理論は『産業変動の研究』（Robertson [1915]）の「非貨幣的議論」に貯蓄・信用創造・資本成長の関係をめぐる議論を織り込んだものである．

「銀行政策と価格水準」という題名は，銀行組織による貨幣創造政策は，生産物のうち生産拡張のために必要な分を企業家が購入することを可能にさせ，その結果生産物の価格水準を上昇させるという主題を集約的に表現したものである．その基本的な考えは，銀行組織による不足資金の供与により，企業は生産の増大に必要な（実物）流動資本の購入が可能となり，したがって次期にはその増大により生産の増大を実現できるというものである．このとき貨幣量は増大するため消費財価格は上昇する．

ケインズの場合[9]，『貨幣論』（Keynes [1930]）や『一般理論』（Keynes [1936]）において，明示的に反マーシャル的な側面が強調されている．とりわけ，それは『一般理論』において顕著であり，ピグーやロバートソンをして，マーシャルを不当に扱っていると感じさせたほどである（確かに，貨幣理論の扱いや，『一般理論』での短期的な分析手法において，マーシャルの影響は明瞭に認められる）．

ケインズ自身の理論的営みからいえば，『貨幣論』は『貨幣改革論』（Keynes [1923]）の世界からの訣別であった．そしてこの転換の大きな契機はロバートソンとの議論によってもたらされた．『貨幣論』の理論構造の顕著な特徴は，「ヴィクセル的系譜の理論」と「ケインズ固有の理論」の双方が併存しているという点にある．ケインズが自らの立場をヴィクセルの系譜におく最大の根拠は，バンク・レートを貯蓄・投資との関係で捉える発想にある．『貨幣論』ではこの発想は，バンク・レート政策により貯蓄と投資の変動を通じて経済の安定（物価と産出量の安定）が達成されるメカニズムとして用いられている．

他方，「ケインズ固有の理論」は，（メカニズム1）[「任意の期」における消費財の価格水準の決定]と（メカニズム2）[「任意の期」における投資財の価格水準の決定]の「TM供給関数」[両部門の実現利潤に刺激されて，企業は来期の生産を拡張（縮小）するように行動するという関数関係]を通じた動学過程として定式化することができる．

『一般理論』では，新古典派体系に対する批判は（『貨幣論』とは異なり）明示化されたうえで，新しい貨幣的経済理論の構築が目指されている．より重要なことは『一般理論』において初めて雇用量決定の具体的理論が提示されたという点である．「ケインズ革命」は，財市場の分析に独自性がみられ，それに『貨幣論』

以来の貨幣市場の分析が調整されることにより，両市場の相互関係で雇用量が決定される（しかもそれは不完全雇用均衡に陥りやすい）ことを提示した貨幣的経済理論の誕生として捉えることができる．

　最後にホートリーに向かおう．彼にあっては，その貨幣的景気変動論が有名である．だが，彼は独立独歩の理論家であり，マーシャルの影響は認められない．ホートリーの『好況と不況』（Hawtrey [1913]）では，銀行の行動が決定的に重視されている．銀行は現金保有との適正感で信用貨幣量の調節をはかろうとする．両者の関係が不適正であると考えた場合には，銀行は信用貨幣量を減増させようとして利子率を上下させるが，この行動が景気変動を引き起こす，とホートリーは考える．景気変動の根本的な原因は，現金の変動が信用貨幣の変動にかなりのタイム・ラグを伴って生じるという点にある．このため銀行のとる行動が，景気の変動を防止するのではなく景気の変動を引き起こすとされるのである．

　彼らの独自的業績は，おしなべてマクロ経済学の領域にあることが判明するであろう．それは，マーシャルの科学的研究計画（MSRP）にあって，遂行しきれなかった分野である．この領域にあって，彼らは，たがいに影響と対立をみせながら，それゆえに刺激を受けながら自らの立論を構築していったのである．

　マーシャルの最大の業績たる価値論について，上記4名が目立った動きをみせることはなかった．それはむしろスラッファ（Sraffa [1926]）によるマーシャル批判から発生したのである．スラッファは費用逓減と完全競争のジレンマを問題とし，ついには費用一定の状況を主張することで需給均衡理論そのものを否定し，スラッファ的に古典派に回帰していくことになったのであるが，彼の問題提起は，J. ロビンソンに代表される「不完全競争理論」を生み出す契機になった．

　戦間期を「ケインズの時代」と名づけたが，これには若干の補足説明が必要である．前半は，正確にいえば，4名によるライバル的状況というべきであろう．経済学に限定すれば，ケインズの理論は，ピグーの厚生経済学，ロバートソンやホートリーの景気変動論と比べ，頭抜けた存在とまではいえないからである．ケインズの理論が同世代を圧倒するようになるのは，後半に「ケインズ革命」が生じてからのことである．

3.2 市場社会論[10]

戦間期ケンブリッジの指導的な経済学者が市場社会をどのようにみていたのかを，まずまとめて記そう．彼らは，多かれ少なかれ，「ニュー・リベラリズム」的思想のもち主であり，経済の安定，失業対策，所得の不平等などの問題にたいし，政府の積極的な関与，弱者救済の必要性を唱道するスタンスに立っている[11]．彼らはこうした市場社会論に依拠して自らの経済学を構築していった．したがって，彼らにあって政策指向的スタンス（福祉国家的思想）は明瞭である．

彼らに共通するのは，資本主義社会システムのもつ悪弊——金儲け動機，所得分配の不平等，繰り返される失業等々——に注目し，いかにしてそれを除くことができるのかに力点がおかれているという点である．いずれも自由放任主義（レッセ-フェール）は市場社会の状況改善に役立つものではないとの認識を有し，そこにおいて政府が果たすべき役割を強調している（さらに個人の不完全性を意識している点でも共通している）．このことは彼らが生活し，探究を続けた資本主義経済の状況と無縁ではない．既述のように，戦間期後半の世界経済はきわめて混乱した状況下にあり，資本主義システムは自信喪失に陥る一方で，ナチズム，ファッシズム，それにソヴィエトが活気を帯びていたのである．

とはいえ，以上にみられる共有認識が展開される論法，ならびにコレクティヴィズムへの移行をめぐるスタンスは四者四様といえる．

ピグー（Pigou [1937]）[12]はシュムペーターの二元論的発想，ワルラスの一般均衡理論的な思考法，そしてランゲ的な発想を用いて，資本主義と社会主義を比較・論評している点が興味深い．彼の基本的なスタンスは，資本主義の現在の機構を当分のあいだ受け入れるが，それは漸進的に——相続税・所得税の累進化による財産・機会の不平等の是正，重要産業の国有化，国家による投資計画の推進などを通じて——変更されるべき，というものである．そしてピグーは，資本主義と社会主義を比較・評価したうえで，総合的にみて社会主義に優位性がある，と結論づけている．

これにたいし，ロバートソン（Robertson [1926]）[13]は，資本主義システムを「産業のコントロール」，すなわち，資本主義経済における最も重要な単位組織で

ある企業が産業——ここでは資本主義経済とほぼ同義——内においてどれほどのコントロール力をもてるのか，そしてそのコントロールはリスクといかなる関連を有するのか，という視点から捉えている．「非-調整」のシステムである市場社会という大海にあって，企業規模が巨大化し，さらにはカルテル，トラスト，企業合同といった手法により，「バター・ミルク桶のなかで凝固しているバターの塊」のように大きくなってきてはいるが，それは依然として小さな存在である．ロバートソンの基本的なスタンスは，市場システムを維持しつつも，民間企業の是正のみならず，さまざまなかたちでのコレクティヴィズムや協同組合等の充実を通じ，「差別の先鋭化」，ならびに「リスクとコントロールの現状」の是正に価値をおくものである．自らのスタンスを「自由主義的干渉主義」と呼ぶ所以である．

　ホートリー（Hawtrey［1926；1944］）[14]は，ホートリー的意味における倫理的価値（＝厚生）を根底基準におき，その見地から，個人主義システム（資本主義システム）にたいして批判的なスタンスをとっている．彼は，人間のもつ鑑識力の弱さにより，財市場で決定される市場価値は倫理的価値との乖離を引き起こしているという認識のもと，そして労働市場は「故障」しているという認識のもと，個人主義システムのもつ根本的欠陥を指摘する．これが個人主義システムの，いわば「静態」的側面の欠陥とすれば，次に「動態」的側面の欠陥が問題とされる．個人主義システムは，利潤獲得を動機として企業活動が行われ，それにより資本の蓄積，そして所得分配の過度の不平等を招来しているという指摘である．それらの根本は，結局のところ利潤にあり，利潤の廃絶が厚生の達成という「真の目的」にとり必須となってくる．こうして利潤に基礎をおかない，したがって「偽りの目的」である金儲けを廃絶し，真の目的である厚生の達成を，国家を中心にしたシステムによって目指すコレクティヴィズムへの道が志向される．

　ケインズ（Keynes［1926a］）[15]は市場社会を，似而非道徳律と経済的効率性のジレンマに陥っている社会とみていた．そしてそのなかに中間組織の増大してくる状況を歓迎するとともに，政策により市場社会のもつ悪弊を除去することの重要性を強調した．ケインズは自らの社会哲学を「ニュー・リベラリズム」と表現している．それは，自由主義と社会主義のあいだに位置する中道を目指そうとするものであった[16]．

4. いくつかの論点

本節では，ケンブリッジの社会哲学の特性を広い視点から理解するうえで，上記の枠組みでは語ることの難しい，だが欠かすことのできないいくつかの論点を取り上げて検討していくことにする．「功利主義と効用理論」，「哲学的土壌」，「ソサエティとブルームズベリー・グループ」，「異質な要素」，「外部世界」，「方法論的論点」がそれらである．

4.1 功利主義と効用理論

功利主義哲学[17]が効用理論というかたちで経済学と結合することになったのは，ジェヴォンズの『経済学の理論』においてである．功利主義思想の中核を占める「快苦原理」が，経済主体の行動を説明する原理として経済学の中核に導入されることになったのである．この導入があった後，功利主義と効用理論の関係が深く追究されたかというと，じつはそうではなかった．この点に関し，ケインズの「エッジワース論」(Keynes [1926b]) に，次のような興味深い問題指摘がみられる．

> ミル，ジェヴォンズ，1870年代のマーシャル，70年代終わり，および80年代初めのエッジワースは，功利主義的心理学を信じており，この信念のもとにその主題の［限界的］基礎を築いた．後年のマーシャルおよび後年のエッジワース，そして多くの若い世代は，十分には［功利主義的心理学を］信じてはいない．しかし，われわれはいまだに，もとの基礎の健全性を徹底的に探究することなく，その上部構造を信じている (JMK. 10, p. 260).

「もとの基礎」とは功利主義的倫理学であり，その健全性について，ある時期以降，だれもが懐疑的になった，とケインズは述べている．功利主義との関係がさだかでないにもかかわらず，「もとの基礎の健全性を徹底的に探究することなく」経済学者が効用理論を信じている事態に，ケインズは重大な問題提起をして

4.2 哲学的土壌[19]

 ケンブリッジの経済学を語るうえで，無視することのできない潮流，それはケンブリッジでの哲学的展開である．これは本書が対象とするのと同じ時期のケンブリッジで生じており，ムーア[20]，ラッセル，ホワイトヘッド，ウィトゲンシュタイン，ラムゼイ，スラッファといった錚々たる学者によって，収斂と対立を繰り返しながら展開されたもので，20世紀における最も重要な哲学運動の1つである．

 そしてこの期間中，ケインズが深く関与していることは，強調されてもよい（ホートリーもその可能性はある）．こうした哲学的環境下にあって，シジウィックの功利主義は忘却される運命にあったように思われる．

 20代のケインズが知的情熱を傾けたのは確率論の研究であった（刊行はずっと後の1921年である（Keynes [1921]））[21]．1904年1月に「ソサエティ」で発表された論文にまでさかのぼるこの研究は，ムーアの直感主義とラッセル=ホワイトヘッドの分析哲学から影響を受けつつ，絶対にありえない事象と確実に生じる事象のあいだにおける命題間の論理的関係——そこでは確率は「命題間の合理的信条の度合い」と定義されている——を対象とするものである．ケインズは確率を「客観的」なものとして認識しており，これが彼の基本的スタンスである．確率のもつ主観性を否定するわけではないが，それでもそれは基本的には客観的なものであるという点が強調されている（ケインズのいう「確率」概念は非常に幅が広く，測定の不可能なものや測定の比較不可能なもの，さらに「重み」（weight）といったものも考慮されていて，かなり複雑である）．

 『確率論』のもう1つの大きな目的は「帰納法」の正当化である．「帰納法」は人間の認識の進展に多大なる貢献を果たしてきたにもかかわらず，論理学者はその正当化に成功していない．ケインズはこの難問に挑んでいる．分析哲学的手法に基づく演繹的・公理的分析と，「帰納法」の正当化というパラドキシカルな課題の追究である．

 ケインズの確率論が，明確に数理統計学的な確率論にたいするアンチ・テーゼ

を目指すものであったことは，ここで強調しておく必要がある．

1920年代の後半，ケインズは，ラムゼイ（Ramsey [1926]）からの批判を受け，その哲学的立場は変容していった．同時期，ウィトゲンシュタインは同じくラムゼイからの批判を受け，前期から後期へと変貌を遂げることになった．これらの過程で，ケインズとウィトゲンシュタインは哲学的に近づき，それゆえ論理的原子論に立つラッセルとの懸隔はきわめて大きなものになっていったのである．さらに皮肉なことであるが，ラムゼイ（Ramsey [1926]）は主観確率論（「合理的意思決定理論」）の先駆者として今日高く評価されている．

こうしたケンブリッジにおける哲学的進展は，マーシャルが経済学を哲学から分離させることに努力したにもかかわらず，生じている．1980年代以降，ケインズの『一般理論』を確率論の視点から捉えなおす試みはさかんに行われてきたが，より一般的にいえば，ケンブリッジの知的状況を理解するには，上記の哲学的奔流を避けてはルビコン川は渡れないのである．

4.3　ソサエティとブルームズベリー・グループ

ケンブリッジの社会哲学を考察するさいに，経済学界ではほとんど語られることのない，それでいて欠かすことのできない重要なグループが存在する．「ソサエティ」と「ブルームズベリー・グループ」[22]がそれである．

「ソサエティ」はムーアの影響下にあり，なかでも1903年に出版された『倫理学原理』（Moore [1903]）は神への信仰問題で揺れ，それを拒否した世代を代表するシジウィックの苦闘を克服した新しい道徳哲学の書として，ケインズ達に広く受け入れられていった．彼らは，いずれも「反功利主義」者である点でも共通した価値観を有している．このことは，ケンブリッジの経済学の哲学的基盤を考えるうえでも重要である．

ケインズの世代における「ソサエティ」は，その後，リットン・ストレイチー，レナード・ウルフ，ソービー・スティーブン，クライブ・ベル，E. M. フォースター，ケインズ達に（さらに世代は上であるが，ロジャー・フライを加えて）[23]，ヴァネッサ＝ヴァージニア姉妹（父はケンブリッジ出身の思想家レズリー・スティーブン．ソービーは彼女達の兄）達を加え，ロンドンに居を移し，交錯する私

生活を伴いつつ，華やかな文化活動を展開していくことになる．これが有名な「ブルームズベリー・グループ」であり，戦間期に文学，絵画，評論，経済学等の幅広い分野で，非常に大きな影響を及ぼすことになった．「ブルームズベリー・グループ」は「ソサエティ」の合理的・哲学的気風と，後期印象派の芸術家達の直覚的・自由奔放な気風とが，複雑な人間関係を通じ融合することで，知的・文化的価値観を共有している．

4.4 異質な要素[24]

ケインズは，終生，マルクス主義，マルクス経済学にたいし，否定的な姿勢をとり続けた．ケンブリッジの主要な経済学者で，マルクスの影響を受けた者は（後年のJ. ロビンソンをのぞけば）いないといってよい．

そうした環境下での唯一の例外といえるのがドッブである．彼は労働価値説の立場に立つとともに，資本主義経済は資本家階級による労働者階級の搾取による資本蓄積の過程であり，利潤率は長期的に低落していくと考えている．そして資本主義社会は生産力と生産諸関係の矛盾によって崩壊するとみている．「経済理論」，「社会理論」のいずれにあっても，どこまでも2つの階級のあいだの関係が本質的な問題として設定されている．

この時期，ケンブリッジの若い世代のあいだでマルクス主義の影響がかなり強くなってきていたというのは事実である[25]．またイギリスの当時の知識階層内部でのソ連礼賛はかなりのものであった[26]．

スラッファのケンブリッジにおける位置はきわめて異端的である．既述のようにスラッファはマーシャルの価値論のもつ問題に大きな一石を投じた．そして彼は，限界分析に基づく新古典派理論を否定し，古典派への回帰を目指すことになった．その成果が『商品による商品の生産』(Sraffa [1960]) である．また「スラッファ・ペーパーズ」(トリニティ・カレッジ図書館所蔵) のなかにはケインズの『一般理論』に付したメモが存在する．それから，スラッファが『一般理論』を徹底的に批判していることが判明する[27]．

4.5 外部世界

　本書では，ケンブリッジの外部からの声として，2つのグループ（もしくは学派）を選んでいる．LSEの「ロビンズ・サークル」[28]ならびにアメリカの制度派[29]である．前者については，その代表者ロビンズについて，後者についてはより広い視野から，述べることにする．

　ロビンズ——ロビンズはLSEの指導的経済学者である．ロビンズ（Robbins [1932]）は制約条件下の最適問題として経済学を定義したことで，フリードマン（Friedman [1953]）とともに新古典派の代表的な方法論を提示した経済学者としてあまねく知られている．またロビンズは戦間期も末になるまでは「自由主義的な経済学・思想」を標榜し，ケインズと貿易問題や不況問題で激しい論争を展開していることでも知られる．

　しかし，ロビンズをこの時期だけでみると，誤解に陥る危険性が高い．例えば，彼は1940年代に「経済部」の部長として，雇用政策の策定や福祉国家システムの構築において，ケインズ，ベヴァリッジをサポートする立場に立っている．それは，1930年代の経済分析（それはハイエク理論に依拠していた）の誤りにたいする贖罪という面もあった（このことはロビンズ自らが『一経済学者の自伝』（Robbins [1971]）で述べている）．

　さらに，ロビンズは「コレクティヴィズム」に反対し，「法の前での平等」を強調する自由主義者であるが，「レッセ・フェール」を唱える単純な自由論者ではない．ロビンズ（Robbins [1963]）は，スミス以来の完全雇用的な理論システムにたいし，それは総需要の維持という問題に無頓着なものであると評している．貨幣・信用が含まれる経済システムにあってはとりわけそうであり，そこでは何らかの意識的な工夫が必要となってくる，とロビンズは考えている．実際，ロビンズはケインズ的な思想にたいして肯定的な評価を与えており，国家の介入の余地はかなり存在する，と考えている．自由主義者の欠点は，「規則」を重視するあまり「裁量」を排除できると考えてしまう点である，と述べているほどである．

ロビンズの自由主義はハイエクのそれとは，性質を異にするものである点もここで強調しておきたい．ロビンズは，「自生的秩序論」の重要性を認めつつも，諸制度が公共的効用の見地から真摯な精査を絶えず受けるべきものと解されないのであれば，自生的秩序論は「真の自由主義」よりもむしろ「非自由主義の神秘主義」の温床になってしまう，と警告している．

アメリカの社会哲学——社会哲学にあっては，アメリカでは2つのグループが識別される．制度派と「ニューディーラー」が1つであり，新古典派がもう1つである．

制度派の代表的論客コモンズは現代を「安定化の時代」と捉える．そこでは個人的自由は，部分的には政府の制裁により，しかし主としては，協同組合，製造業者，労働者，農民および銀行家等の集団的な行動により，以前の時代よりも減少する，とされる．コモンズは，この傾向を歓迎するとともに，「T. ルーズヴェルトの「スクウェア・ディール」，ウィルソンの「ニュー・フリーダム」およびF. ルーズヴェルトの「ニューディール」にわたる期間の，アメリカにおける経済改革の主要な設計者」(田中 [1993], p. 58) として活動を続けた．制度派のもう1人の論客 J. M. クラークにあっても，現代は「経済活動の社会的コントロール」が進行する時代であり，そしてそのことを歓迎するスタンス（「社会自由主義的な計画化」）が唱道されている．

「ニューディーラー」の場合，制度派から影響を受けた者と，それとは異なる知的バックグラウンドの者がいるが，彼らはF. ルーズヴェルト大統領のもとでの政策決定に重要な役割を果たした．後者に属する代表格にカリーとホワイトがいる．公共投資や財政赤字による経済の復興を大胆に主張する彼らの考えは，近年，「ハーヴァード・トラディション」と呼ばれている[30]．より重要なことは，こうした政策方針は，当時のアメリカの主要な経済学者を包摂するものであったという点である．

新古典派の流れに目を向けよう．とはいえ彼らの社会哲学を一義的に規定するのは難しい．当時の新古典派の代表として，人はフィッシャーやナイトをあげるであろう．確かにフィッシャーは，理論家としては今日イメージする新古典派に

最も近い経済学者であるが，彼の社会哲学的，政策的スタンスが自由放任主義であったというわけではない．むしろ彼は社会改革に熱心であったことで知られる．「…［彼は］強制的健康保険や労働者補償法には賛成したし，…鉄道料金の激烈な競争に批判を加えた．さらに貨幣政策においては自由放任に強く反対し，「安定ドル」や「補整ドル」政策を熱心に提唱した…彼は自らを自由放任にたいする熱心な批判者であるとさえ考えていた」（田中［1993］, pp. 39-40）のである．

さらに，人は自由主義者として知られるナイトを自由放任の陣営に入れようとするかもしれない．だが，次の一文に明らかなように，これは誤解である．

> わたしはただ，求められている知的行動は，個人的であると同時に集産的であること，そしてレッセ-フェール原理は，不可能なレベルでの個人的インテリジェンスを想定し，もし厳密にとれば，社会的行動を自由の監視に限定するようなものであること，に注意を喚起したい（Knight［1967］, p. 439）．

4.6　方法論的論点

ケンブリッジの経済学者は，現出する経済的・社会的問題がまずあり，それをいかに理解し，いかに解決すべきかに優先順位をおいていた．したがって仮定のもつ現実性は彼らにとって重要であり，そのことを犠牲にした厳密性は「似而非」である，と彼らは考えたのである．

これは，現在マクロ経済学にたいする方法論的視座からの警鐘にもなる．今日，主流派の経済学は，厳密な数学化をミクロ的基礎から行うといいながら，そのじつ，（例えば）「代表的家計」に期待効用の最大化を措定することで導出された景気変動モデルで，それが達成できていると考えている．そしてこうして得られたモデルにカリブレーションの手法を用いることで，現実の経済とのマッチングの程度を測るという方法論をよしとしている．この「歪んだ論理実証主義」は本当に価値のある知的営みなのであろうか．ケンブリッジの経済学者が大事にした現実感覚は，じつは現在においても，いや現在の状況が上記のようであるがゆえに，一層重要なのである．

5. むすび[31]

　この20年間，世界経済は激動の渦中にもまれてきた．なかでも社会主義体制の崩壊，旧社会主義社会での市場社会化の進展，米英経済の復興と繁栄が人々の話題をさらってきた．そしてこのことは，「純粋な」資本主義システムを実現させるべく，あらゆる政府の干渉を排除し，個人の自由な経済的・政治的活動を極限まで推し進めることが人間社会の発展にとって肝要である，とする市場原理主義（ネオ・リベラリズム）を後押しするとともに，翻って市場原理主義が上記の現象・運動を促進させる大きな原動力になってきた．この現象・運動は，社会主義的思考に対する批判・攻撃はもちろんのこと，戦後の資本主義システムを支えてきた「ケインズ＝ベヴァリッジ的」社会哲学への執拗な攻撃を伴うものであった．

　経済学の分野にあって，この現象・運動を後押してきたのが，「均衡ビジネス・サイクル理論」や「リアル・ビジネス・サイクル理論」に代表される「新しい古典派」である[32]．彼らは，経済主体の合理性――実態は「超」合理性である――を当然とみなすとともに，市場における均衡メカニズムに全幅的な信頼を寄せており，そのことで厳密な理論モデルの構築が可能となり，そしてそれに基づいて現実の経済を科学的に説明することが可能となる，と主張してきた（「経済政策の無効性命題」もこのコンテキストのなかから生まれてきた）．本書との関係でとりわけ重要なのは，それが彼らの社会哲学の表明であるという点を確認することである．経済主体の合理性の当然視，市場における均衡メカニズムへの全幅的信頼，「経済政策の無効性命題」等々というのは，理論仮設であると同時に明確なイデオロギーでもあるからである．

　だが，現在，「純粋な資本主義」を求めて邁進してきた上記の現象・運動自体，危機的状況下におかれている．そしてそれは市場原理主義の破綻をも意味している．以前から，科学的・客観的特性をもつ技術として高い評価を受けてきた金融デリヴァティブの手法を武器にヘッジ・ファンド――これらはグローバリゼーションの申し子であり鬼子である――は，グローバル・ベースで短期的投機行動を展開することで，しばしば世界経済を混乱に陥れてきた．1997年のマクロ・ファ

ンドにより引き起こされたアジア金融危機，そしてそれに連鎖して生じた翌年のロシア金融危機は有名である．そしてそのつど，アメリカ政府は緊急の金融支援を行うことでこの窮地をしのいできた．2001年のエンロン事件も，デリヴァティブに絡んだ粉飾決算などで企業倫理を問われる重大なできごとであった．

　そしていま，深刻な経済問題として現出しているのがサブプライム・ローン危機である．2005年以降，高金利のサブプライム住宅ローンが信用力の低い低所得者層を対象に貸し付けられるようになり，主要銀行はこの住宅ローンを買い上げ，これを担保に「パッケージ」として無数の「証券化商品」（債務の証券化）を階層的につくりあげた．それらは最高の権威を有する格付け会社（ムーディーズ・インベスター・サービス，スタンダード・アンド・プアーズ，フィッチ・レイティングズ等々）により，きわめて安全な証券との認定を受け（サブプライム住宅ローンがらみの証券化商品の80％にトリプルAの格付けがなされた），世界中に販売された．銀行はほとんど審査らしい審査なしにサブプライム住宅ローンを貸し出し，それをもとに証券化商品——サブプライム住宅ローンに通貨などを組み込んだ「エクィティ・パッケージ」を含む——を作り出す[33]．それに格付け会社が最高の格付けを保証する．その結果として証券化商品は高利回りの商品として人気を呼ぶ．この負の連鎖が続いたのである．

　こうした巨大な経済的詐欺ともいえる行動に，アメリカの巨大銀行・証券会社が深く加担し，ついには自らがどれだけの価値のものを売買しているのかまったく判断できない状況に陥ってしまい，あげくのはては周知の金融破綻の連鎖である．

　このことが人々の目のまえに確然と現出したのが2008年3月の大手投資銀行ベア・スターンズの破綻である．連邦準備制度理事会（FRB）はこれにたいし290億ドルの緊急特別融資枠を用意し，それをもとにJ.P.モルガン・チェースがベア・スターンズ株を1株10ドルで買収した（その直前，同社の株価は57ドルであり，2007年には171ドルを付けていた）．

　だが，これは金融破綻の序幕にすぎなかった．9月になるとリーマン・ブラザーズが倒産し，続いてアメリカの巨大銀行・証券会社が次々に危機的状況に陥った．FRBは，モルガン・スタンレーとゴールドマン・サックスの銀行持ち株会

社への移行計画を速やかに承認した．また，FRBは，バンク・オブ・アメリカによるメリルリンチの買収を薦めた．金融市場の混乱を防ぐための緊急救済的合弁であり，買収価格は500億ドルとされる．

2008年10月，アメリカ政府は「金融安定化法案」を成立させた．最大約7000億ドルの公的資金を投入して，金融機関の不良資産を買い取ることを定めたものである．12月現在，未曾有の金融危機はアメリカの実体経済を直撃し，自動車業界のビッグ・スリーが危機的状況に追い込まれており，アメリカ政府はその救済を進めていることが大きな話題を集めている．

金融工学による科学的投資戦略を誇った巨大金融資本が，ついには自己の経営活動の実態を把握できなくなって破綻の憂き目に会い，その尻拭いを政府に求める，という事態がわれわれの眼前で演じられている．「自己責任によるシステム」としての「資本主義」は，その先頭に立ってきた巨大金融資本が「自己責任」をとらずに，政府に救済支援を求めている．これが一種の喜劇・悲劇[34]といわずに何といえようか．

こうした事態が生じた一端，それも小さくない一端は，「純粋な資本主義」を極端なまでに唱道したことに負っている．後先を忘れた自由化は，極端な短期的・投機的行動を野放図にさせ，その先頭に巨大資本が，そして大衆もそうした行為――一攫千金を求め，資本主義の倫理を忘れ去った行為――を追うという風潮を生み出すことになった．その結果が，ぶざまな，そして「自己責任」を放棄した「国家救済」に哀願する事態なのである．

現在の世界の状況を客観的に評価しようとするさい，政治家の掛け声やネオ・リベラルの社会哲学とは裏腹に，本来目指すべきは，「中道」のポジションをどのあたりに定め直すべきかという問題である．そしてこのことはプラグマティックに決めていくほか，方法のない問題である．資本主義の適正な運営のあり方は，きわめて重要な課題として，現在のわれわれに要請されているのであって，「純粋な資本主義」を求めてのネオ・リベラリズムはいまここに破綻を迎えている．

いまや，ある意味で，戦間期の混乱した世界経済と似た状況が現出している．本書で探究した，ケンブリッジで展開されたさまざまの社会哲学は，現在のこうした事態を社会哲学的側面から考究すえるうえで，重要な洞察・示唆を提供して

いる.

注

*) 本章は筆者個人の見解であって, 他の執筆者との調整をはかったものではない. そのことを断ったうえで, 本書の各章を適宜位置づけてみた. それらは脚注に記されている.

1) この評価は, Keynes [1925], O'Brien [1990], Stigler [1990], 根岸 [2005] と軌を一にする. 社会科学 [1926] も然りで, 中心は『経済学原理』の第5編におかれている.
2) わが国へのマーシャル経済学の導入に大きく貢献した福田 [1922] は, 第1編を高く評価するも, 第5編, 第6編についてはきわめて低く評価している (p. 182). これは彼のいう「価格の経済学」と「厚生の経済学」の識別 (p. 169) に由来する. なお,『経済学原理』の翻訳状況をめぐっては西沢 [2007], p. 532を参照. 社会科学 [1926], pp. 222-242に1922年当時のマーシャル夫妻に接した思い出が掲載されていて興味深い. そこには第5編が邦訳されていないことを気にするマーシャルの様子──「どうして最も大切な章が訳されていないのだろう」(p. 229)──が描かれている.
3) 本書第2章の西岡論文はこの視点に立っている. Loasby [1999], Raffaelli [2003], Beccatini [2004] も然りである.
4) マーシャルが資本主義経済における企業家の役割を重視したことはよく知られている. 本書第9章の小峯論文は, この企業者について, ケンブリッジ内でのラヴィントンの見解を位置づけている.
5) 本書第1章の中井論文は体系的思想家としてのシジウィックを中心テーマとしている.
6) 本書第3章の門脇論文では,「歴史主義」的視点からマーシャルに抗う者としてのカニンガム, フォクスウェルが検討されている.
7) 19世紀の前半・中葉を古典的自由主義の時代, 後半以降をコレクティヴィズムの時代とする認識は, その傾向を是とする (ケインズ, コモンズ) か, 非とする (ハイエク) かを問わず, 多くの人々が共有するものである.
8) Pigou [1950] を参照.
9) 以下, ケインズについては平井 [2005], 第6章, 第7章, 第15章を参照.
10) 本節の詳細については平井 [2004；2007, 第Ⅱ部] を参照.
11) これはケンブリッジにかぎられた現象ではない. オックスフォードはグリーンや

終章　ケンブリッジの市場社会論　331

トインビーに代表されるように，このスタンスを強くもっていた．また LSE では，「自由主義経済学」陣営（この検討は本書第12章の木村論文によって行われている）の大半は，1940年代になると，ロビンズ，ヒックスを含め，その立場をケインズ寄りに変えている（Hicks [1973] を参照）．なお本書第13章の佐藤論文で検討されているアメリカの思想状況をめぐる「修正派」の見解を参照．

12) 本書第4章の本郷論文では，ピグー（Pigou [1937]）にあっての理論的分析と政策提言との乖離・逡巡が大きく取り上げられている．

13) 本書第7章の下平論文を参照．そこではこれまでほとんど検討されたことのないマグレガーも検討の対象にされている．

14) 本書第5章の平井論文は，これまで検討されたことのないホートリーの未刊の著『正しい政策』を対象にしている．

15) 本書第6章の平井論文では，国際政治・経済の領域から垣間みえるケインズのスタンスが検討されている．ケインズの社会哲学については，平井 [2000]，第8章を参照．

16) レイトンは自由党でのこの運動に積極的な役割を演じたケンブリッジ・マンである．本書第8章の近藤論文では，応用統計家としてのレイトンが検討されている．マーシャルやケインズも絶えず「統計データ」整備の重要性を強調していた．ここでの興味深い論点は，ケインズの目指す「統計」の範囲と方法である．これは『確率論』の著者ケインズと絡むかなり複雑な問題である．平井 [2002] を参照．

17) 本書第1章の中井論文はシジウィックの功利主義に大きな焦点が当てられている．

18) この問題をめぐって，私は日本金融学会（2007年9月，同志社大学）および経済学史学会（2008年5月，愛媛大学）で報告を行っている．

19) 本書第5章第8節と少なからず重なるが，終章からはずさない方が賢明であると判断する．

20) 本書第10章の桑原論文では，ムーアを中心にその影響が論じられている．

21) さしあたり，平井 [2007]，第11章を参照．

22) 平井 [2000]，第6章；[2007]，第Ⅲ部を参照．

23) 本書第10章の桑原論文では，このうちリットン・ストレイチーとクライブ・ベルが取り上げられている．

24) 本書第11章の塚本論文では，ドッブとスラッファが検討の対象とされている．

25) 例えば，Deacon [1985]，Ch. 10を参照．

26) 例えば，吉川 [1989]，p. 328を参照．

27) この問題を検討したのが Kurz [forthcoming] である．

28) 本書第12章の木村論文はこれを主題にしている．

29) 本書第13章の佐藤論文はこれを主題にしている．

30) Laidler and Sandilands [2002] を参照.
31) 本節についての詳細は平井 [2009] を参照.
32) Kydland=Prescott [1982] を参照.
33) この点で問題とされているのが,「イールド・スプレッド・プレミアム」[YSP. レンダー（銀行）がモーゲッジ・ブローカーに支払う報奨金], ならびに「プレ・ペイメント・ペナルティ」[借り手がレンダーに支払う違約金] である.
34) この点で, 渋沢 [1998] の言葉が想起される.「わたしは実業界に身を投ずるに当たって, 論語の教えに従って商工業に従事し,「知行合一主義」を実行する決心であることを断言した」(p. 167).

参考文献

Bateman, B., Hirai, T. and Marcuzzo, M. C. eds. [forthcoming], *The Return to Keynes*, Harvard University Press.

Beccatini, G. [2004], *Industrial Districts*, Edward Elgar.

Friedman, M. [1953], "Methodology of Positive Economics", in *Essays in Positive Economics*, University of Chicago Press.

Hawtrey, R. G. [1913], *Good and Bad Trade*, Constable & Company.

Hawtrey, R. G. [1926], *The Economic Problem*, Longmans, Green and Co.

Hawtrey R. G. [1944], *Economic Destiny*, Longmans, Green and Co.

Hicks, J. [1973], "Recollections and Documents", *Economica*, February.

Keynes, J. M. [1921], *Treatise on Probability,* Macmillan.

Keynes, J. M. [1923], *A Tract on Monetary Reform*（中内恒夫訳 [1978],『貨幣改革論』東洋経済新報社).

Keynes, J. M. [1925], "Alfred Marshall, 1842-1924", in Pigou, A. ed. [1925].

Keynes, J. M. [1926a], *The End of Laissez-Faire,* Hogarth Press.

Keynes, J. M. [1926b], "Francis Ysidro Edgeworth 1845-1926", *Economic Journal*, March (in *JMK*. 10, pp. 251-266).

Keynes, J. M. [1930], *A Treatise on Money*, Vol. 1 and Vol. 2, Macmillan（小泉明・長澤惟恭訳 [1979],『貨幣論 I』；長澤惟恭訳 [1980],『貨幣論 II』東洋経済新報社).

Keynes, J. M. [1933], *Essays in Biography* (*JMK*. 10, Macmillan, 1972. *JMK* は *The Collected Writings of John Maynard Keynes* のこと. その第10巻である）（大野忠男訳 [1980],『人物評伝』東洋経済新報社).

Keynes, J. M. [1936], *The General Theory of Employment, Interest and Money*, Macmillan（塩野谷祐一訳 [1983],『雇用・利子および貨幣の一般理論』東洋経済新報社).

Knight, F. [1967], "Laissez-Faire: Pros and Cons", *Journal of Political Economy*,

December.
Kurz, H. [forthcoming], "Keynes, Sraffa and the Latter's 'Secret Scepticism'", in Bateman, Hirai, and Marcuzzo eds.
Kydland, F. E. and Prescott, C. [1982], "Time to Build and Aggregate Fluctuations", *Econometrica*, No. 6.
Laidler, D. and Sandilands, R. [2002], "An Early Harvard Memorandum on Anti-Depression Politics", *History of Political Economy*, No. 3.
Loasby, B. [1999], *Knowledge, Institutions and Evolution in Economics*, Routledge.
Lucas, R. [1975], "An Equilibrium Model of the Business Cycle", *Journal of Political Economy*, No. 6.
Marshall, A. [1920], *Principles of Economics*, Macmillan, 8th ed.（初版は1890年．永澤越郎訳［1985］,『経済学原理』全4冊，岩波ブックセンター信山社）．
Marshall, A. [1919], *Industry and Trade*, Macmillan（永澤越郎訳［1986］,『産業と商業』全3巻，岩波ブックセンター信山社）．
Moore, G. [1975/1903], *Principia Ethica*, Cambridge University Press（初版は1903年．深谷昭三訳［1973］,『倫理学原理』三和書房）．
Morgan, M. and Rutherford, M. [1998], *From Interwar Pluralism to Postwar Neoclassicism*, Duke University Press.
O'Brien, D. [1990], "Marshall's Work in Relation to Classical Economics", in Whitaker ed.
Pigou, A. C. [1950/1920], *The Economics of Welfare*, Macmillan（1950は第4版）（気賀健三他訳［1965］,『厚生経済学』全4巻，東洋経済新報社）．
Pigou, A. ed. [1925], *Memorials of Alfred Marshall*, Macmillan.
Pigou, A. C. [1927], *Industrial Fluctuations*, Macmillan.
Pigou, A. C. [1950], *Keynes's General Theory*, Macmillan.
Pigou, A. C. [1937], *Socialism versus Capitalism*, Macmillan.
Raffaelli, T. [2003], *Marshall's Evolutionary Economics*, Routledge.
Ramsey, F. [1926], "Truth and Probability", in Ramsey [1990].
Ramsey, F. (ed. by Mellor, D. H.) [1990], *Philosophical Papers*, Cambridge University Press（伊藤邦武・橋本康二訳［1996］,『ラムジー哲学論文集』勁草書房）．
Robbins, L. [1932], *An Essay on the Nature and Significance of Economic Science*, Macmillan（辻六兵衛訳［1957］,『経済学の本質と意義』東洋経済新報社）．
Robbins, L. [1963], *Politics and Economics*, Macmillan.
Robbins, L. [1971], *Autobiography of an Economist*, Macmillan.
Robertson, D. [1915], *A Study of Industrial Fluctuation*, P. S. King & Son.
Robertson, D. [1923], *The Control of Industry*, Harcourt, Brace and Company.

Robertson, D. H. [1926], *Banking Policy and the Price Level*, Staple Press Limited.

Sraffa, P. [1926], "The Laws of Returns under Competitive Conditions", *Economic Journal*, December.

Sraffa, P. [1960], *Production of Commodities by Means of Commodities*, Cambridge University Press(菱山泉・山下博訳 [1978], 『商品による商品の生産』有斐閣).

Stigler, G. [1990], "The Place of Marshall's *Principles* in the Development of Economics", in Whitaker ed.

Whitaker, J. ed. [1990], *Centenary Essays on Alfred Marshall*, Cambridge University Press(橋本昭一他訳 [1997], 『マーシャル経済学の体系』ミネルヴァ書房).

ヘンダーソン, B.・ガイス, G. [2008], 『サブプライム危機はこうしてはじまった』ランダムハウス講談社.

大森郁夫編 [2005], 『経済学の古典的世界 2』日本経済評論社.

社会科学 [1926], 『マーシャル研究』改造社.

渋沢栄一 [1998], 『雨夜譚余聞』小学館.

田中敏弘 [1993], 『アメリカ経済思想史研究』晃洋書房.

西沢保 [2007], 『マーシャルと歴史学派の経済思想』岩波書店.

根岸隆 [2005], 「A. マーシャル」(大森編 [2005] 所収).

平井俊顕 [2000], 『ケインズ・シュムペーター・ハイエク──市場社会像を求めて』ミネルヴァ書房.

平井俊顕 [2002], 「『確率論』と「若き日の信条」『経済学史学会年報』第42号.

平井俊顕 [2004], 「戦間期ケンブリッジの社会哲学──ピグー, ロバートソン, ホートリーを中心として」『上智経済論集』第49巻第1/2号.

平井俊顕 [2007], 『ケインズとケンブリッジ的世界──市場社会観と経済学』ミネルヴァ書房.

平井俊顕 [2009], 「資本主義(市場社会)はいずこへ──転機のマニフェスト」『現代思想』5月.

福田徳三 [1922], 『社会政策と階級闘争』改造社.

吉川宏 [1989], 『1930年代英国の平和論──レナード・ウルフと国際連盟体制』北海道大学図書刊行会.

索　引

事　項

ア行

アート	55, 59
愛国主義	240
愛情	231, 232, 235
アスペクトの理論	116, 122, 129
新しい古典派	5, 327
アポッスル	113
アメリカ	310, 311, 325
アンラ（UNRRA）	138, 149, 150
安楽基準	62, 63
イギリス	309, 312
イギリスにおけるローザンヌ学派化されたウィーン学派	269, 281
意志	235
一次産品（問題）	141, 142, 143, 154
一般均衡理論	250
偽りの目的	114, 118
移動性	56, 57
イノベーション	55, 66
意味を伝える形式	239, 242
ヴィクトリア時代	47, 65
ウィッグ史観	79, 84
ヴェルサイユ講和会議	138, 183
ウッド書簡	146
英米金融協定	141
英米相互援助協定	141, 154
『エコノミスト』	182, 183, 190
エリート主義	239
エリート理論（指導者社会学）	119
LSE (London School of Economics and Political Science)	12, 13, 267-269, 272, 274, 276, 281-284, 324
LSE 対ケンブリッジ	269, 282
演繹的経済学	10, 71, 82
演繹法	184, 185
欧州経済協力機構（OEEC）	151
欧米マルクス学派	247
応用経済学	183, 197
王立労働委員会	185
大蔵省見解	113
オーストリア学派	5, 270, 281
オーストリア的資本理論	274, 285

カ行

ガードラーズ講座	205
階級構造	250
外生的分配論	248
外部性	96, 97, 101, 104, 108, 110
科学主義	22, 42, 132
貸付利子率	273
仮想価格メカニズム	97
家族の類似性	292
価値中立的	279, 280
価値判断	270, 277, 279, 280
貨幣	181, 185-187
貨幣数量説	186
貨幣の過剰投資説	273, 274
貨幣の経済理論	140
カリブレーション	5
カルテル	166, 275
関税改革運動	83, 99
管理通貨（制度）	11, 108, 109
管理通貨制度	11
幾何平均	189
規制緩和	4
貴族制	33, 36-40
帰納的経済学	71

帰納法……………………………………184, 185
義務………………………………………231, 232
客観的価値論…………………………………248
救済問題……………11, 138, 143, 144, 150, 152, 154
共産主義…………………………………………155
教授就任講演……………………………………184
強制貯蓄…………………………………………273
協同組合…………………………53, 57, 58, 167, 235
共同所有………………………………………163, 175
協同体……………………………………………235
共同統治…………………………165, 171, 172, 175, 176
共同の利益………………………………………57
キリスト教社会主義……………………………79
ギルド社会主義…………………………………171
金銀委員会………………………………………186
金銀複本位制……………………………………187
金権主義………………………………………133, 134
近代経済学………………………………………249
近代経済学正統派………………………………247
近代的アプローチ………………………………255
近年の修正派の挑戦……………………………294
金本位制（度）……108, 110, 267, 275, 276, 310, 314
金本位制復帰……………………………………139
金融恐慌…………………………………………75
金融工学…………………………………………7
近隣窮乏化政策…………………………………108
グローバリズム…………………………………262
軍需省……………………………………………183
計画（経済）…………………………92, 94, 96-98
計画化……………………………………………292
景気循環………………………………203, 209, 215
経済学トライポス（卒業試験）……181, 182, 197, 311, 312
経済学の中立性………………………………276, 280
経済活動のコントロール………………………295
経済騎士道……………………63-65, 191, 197, 204, 214, 216
経済諮問会議……………………………………275
経済組織………………………………………53, 57, 64
経済的正義……………………………………124, 125
経済人…………………………………………49, 55
経済部……………………………………………324
芸術……………………………231, 237-239, 241, 242
計表本位制……………………………………187, 189
ケインズ案（中央救済・復興基金）……144, 154
ケインズ革命…………………………………137, 317
ケインズ経済学…………………………………283

ケインズの時代……………………137, 309, 314, 317
ケインズ=ベヴァリッジ体制……………………3
ゲームのルール…………………………………274
限界革命…………………………………………22
限界効用逓減の法則…………………………278, 279
限界主義…………………………………………261
限界生産力説…………………………………192, 250
言語ゲーム論……………………………………129
検証可能性………………………………………128
ケンブリッジ……………………9, 14, 309, 312, 315
ケンブリッジ・サーカス………………………267
ケンブリッジ学派…………9, 12, 47, 64, 181-184, 187, 196, 248, 284
Cambridge University Reporter ……………183
権力…………………………………………118, 119, 134
行為……………………………………………229, 230
公営企業………………………………………165, 167
公企業……………………………………………170
公共財……………………………………………31
公共政策…………………………………………275
厚生……………………………………………133, 134
高賃金……………………………………………193
行動主義………………………………………116, 131
購買力平価説……………………………………187
公平な賃金……………………………………190, 191
効用の個人間比較……………………………278, 279
効用理論…………………………………………320
合理化…………………………………………120, 132
功利主義………………55, 66, 75, 80, 81, 227, 228, 320
合理主義哲学……………………………………120
功利主義の方法…………………………25, 26, 30-32
合理的期待形成…………………………………5
合理的選択………………………………………280
ゴールドスミス=クレス文庫…………………72
国際アナーキー………………………………127, 134
国際安定化基金案（ホワイト案）……………142
国際緩衝在庫案…………………………………142
国際小麦協定……………………………………154
国際混合経済体制……………………………174, 176
国際主義………………………………………11, 154
国際主義者……………………………………11, 137, 151
国際清算同盟案………………………………140, 142
国際政府…………………………………………153
国際連合…………………………………………127
国際連盟…………………………………………183
国民所得（国民分配分）……………60, 62-65, 188-191

索　引　337

穀物比率論 257
国有化 168, 169
国連開発計画（UNDP） 63
心の習慣 54, 56
個人間比較 298
個人主義 23, 33-36, 41, 42, 75
個人主義システム 133
国家 55, 63, 66
古典的アプローチ 255
古典派 312, 315, 317, 323
古典派経済学 63, 64, 72
古典派体系 249
コレクティヴィズム（集産主義） 119, 125, 126, 170, 175, 318, 319
混合経済体制 173, 176

サ行

最低賃金 185
最適資源配分 93, 96-98, 108
再分配（政策） 31, 35
サッチャリズム 4
サブプライム・ローン 7
産業革命 5
産業組織 64, 65
産業組織論 203
産業的指導権 311, 313
産業統治論 11, 163
産業の経済学 181
産業の社会化（公営・公有） 92-96, 110
三権分立 37
算術平均 189
参政権 101, 105
3大階級 250
ジェヴォンズ革命 250
自己責任 7
市場 2, 8
市場化 2, 4-6
市場価格 256
市場原理主義 3, 4, 5, 7
市場社会 2, 3, 6-8, 10, 319
市場社会化現象 8
市場社会主義 262
市場社会論 1, 2, 14, 309
市場の失敗 28
自生的秩序 132
自生的秩序論 5

慈善 31
事前・事後分析 282
自然価格 256
自然主義的誤謬 128, 129, 228
自然淘汰説 132
自然利子率 273
実証主義 22, 42
実践理性の二元性 26, 28, 29, 41
実践倫理学 55
指導（者） 100-103, 105, 107
指導者（支配者） 114, 118, 119, 130, 132
使徒会 22
自発的貯蓄 273
資本主義 2, 5, 10, 13, 77, 125, 126, 318, 319, 329
資本主義経済 247, 323, 330
資本主義生産様式 257
資本主義の黄金律 162, 175
資本論争 259
社会科学 47, 58
社会主義 23, 33-36, 41, 42, 76, 77, 133, 168, 280, 318, 319
社会主義者 239
社会主義経済 314
社会主義社会 251
社会主義体制 327
社会進化論 22
社会帝国主義 312
社会的間接費用 298
社会哲学 241
社会民主主義 168, 176
社会問題 47, 66
社会倫理 52, 53
主意主義 242
自由 117
自由競争 28, 30
自由主義 10, 75, 77, 83, 84, 103, 313, 325
自由主義経済学 331
自由主義者 324, 326
自由主義陣営 13
自由主義的経済学 79, 84, 85
修正資本主義 262
自由党 183, 331
自由党サマー・スクール 106
自由とコントロール 291
自由貿易 274-276, 313
自由貿易体制 310

自由貿易帝国主義	312
自由貿易同盟	138
自由放任経済学	141
自由放任哲学	141
自由放任の終焉	300
主観的価値論	248
主知主義	238
証券の商品化	7
常識	223, 228, 229, 234
情緒主義	128, 134, 242
商人	123
消費者	123, 124
消費者協同組合	96, 169, 175
商務省	183, 193, 205, 217
剰余	250
剰余アプローチ	255
剰余価値	251
剰余価値論	252
植民地総督府の功利主義	23, 27
所得分配	187, 191, 259
自律的人間	50, 52
自立的人間	50, 52, 54
進化論的経済学	296
新古典派	13, 292, 311, 312, 324, 325
人的価値	115
人的資本（人的投資）	51-56, 60-64
真の目的	113
審美的快楽	115
新プラトン主義	241
人民の意志	101, 102
新リカードウ学派	247
ストライキ	193-195
スラッファ革命	254
スラッファ体系	256
生活基準	60-65, 192
制限主義	275
生産アプローチ	255
生産価格	256
生産協同組合	171
生産方法	256
生産方法の切換え	259
政治過程	91, 92, 99-102, 105-108
政治経済学	249, 277
（政治世界の）有効需要	101
正常価値法則	63
正常需給の安定均衡の理論	311
生存賃金説	192
静態	53, 55, 56
制度	52, 53, 55, 57, 62, 63, 65-67
政党	105-108
正統派経済学	75, 76, 82, 84
制度派	12-14, 291
制度派像の転換	293
政府	58, 66, 183, 192, 194, 195
世界大恐慌	267
善	11, 114, 117, 122, 130, 226-228, 230, 231, 237, 241
選挙法改正	23
漸進（主義）	95, 96
センス・データ（感覚与件）	117, 243
宣伝	101
善の定義不可能性	13, 115, 117, 128, 129, 227, 238, 241, 242
ソーシャル・キャピタル	59, 63, 67
ソビエト（ロシア）	93, 94
ソ連	301
存在命題	276

タ行

第一次大戦	183, 193, 296
大英帝国	11, 152
大英帝国共同勘定	151
対外戦争金融	141
大恐慌	314
大衆社会	100-102, 104, 108
大衆扇動と大衆迎合	100, 105, 110
第二次大戦	137
大不況	23
『タイムズ』	183
大陸経済学	281
タウンシップ	53, 57, 58
中央救済・復興基金（CRRF）	144-147, 154
中間的な目的	114, 118, 124, 130
超国家機関	174, 176
調停	195
直覚主義	24, 30
直覚主義的倫理学	132
直観	115, 128, 227, 228, 231
賃金取得者	188
賃金補助金	275
賃金理論	192
帝国主義	153, 155, 312

索　引　339

帝国主義者……………………………11, 137, 151
適者生存説……………………………………132
哲人王…………………………………………106
デフレ…………………………………………276
デフレ政策……………………………………139
デモクラシー（民主主義，民主政治）……52-55, 57
伝記……………………………………236, 237
ドイツ…………………………………310, 311, 314
当為命題………………………………………276
投機……………………………………208, 212
統計学…………………………………………187
統計データ……………………………………192
動態……………………………………………54, 63
道徳科学（モラル・サイエンス）…………48, 59, 67
ドールトン書簡………………………………147
トクヴィルの基準……………………………53-56
独占……………………………………30, 31, 36, 211
独占的市場……………………………………75
富の分配………………………………………189
トライポス……………………………204, 217
トラスト………………………………166, 167
トリニティ・カレッジ………………………182

ナ行

内閣の意志……………………………………102
内在的価値……………………………………232
内在的実在論…………………………………131
内省……………………………………………116
内生的分配論…………………………………260
ナショナリスト………………………11, 137, 151
ナショナリズム……………84, 147, 149, 150, 239
ナチス…………………………………267, 280
日常世界………………………………224, 225
日本……………………………………………314
『ニューズ・クロニカル』……………………183
ニューディール………………………………325
ニューナム・カレッジ………………………21
ニューマーチ記念講義………………………187
ニュー・リベラリズム………142, 294, 312, 319
『人間開発報告』………………………………63, 64
人間と富…………………………………………61, 66
認知（論）的…………………………50, 52-56, 60-63
認知主義………………………………………128
ネオ・リベラリズム………………4, 5, 262, 329

ハ行

ハーヴェイロードの前提……………………92
賠償額…………………………………………138
賠償・戦債問題………………………………314
パックス・ブリタニカ………137, 310, 314, 315
バランス・オブ・パワー……………………126
パワー・ポリティックス………………151, 152
反古典派………………………………………260
美………………………………………231, 232, 237
ピグー税……………………………95, 97, 108, 109
ピューリタン…………………………………53
標準化………………………………………49, 53
標準純生産物…………………………………258
標準商品………………………………………258
貧困の解消…………………………………47, 66
フェビアン協会………………………………267
フェビアン社会主義…………………………267
フェビアン主義………………………………312
不確実性………………………………271, 282, 283
不完全競争理論………………………………317
武器貸与法……………………………………154
複数投票………………………………………251
複本位制………………………………………75
物価指数………………………………187, 189, 193
物価指標………………………………………193
物価スライド制………………………………193
物価データ……………………………………192
物価変動………………………………186-189
物的資本………………………………………52, 55
プラクシオロジー……………………………5
ブルームズベリー・グループ……………15, 233
（分配の）平等………………………………93
文明……………………………………238, 239
ヘーゲル主義…………………………224, 225
ホイットレー委員会…………………………196
法………………………………………101, 103, 104
方法論…………………………………183, 185, 196, 197
方法論的個人主義……………………………262
保護関税………………………………267, 275, 276
保護主義………………………………………312
保護貿易………………………………274-276
保証基金………………………………………139
没価値的………………………………………279
ホワイト案……………………………………142
ポンド残高問題………………………………143

マ行

マーシャルの心理学 …………… 52, 65
マーシャルの精神上の危機 …………… 48
マーシャルの経済学 …………… 311
マーシャルの時代 …………… 309
マーシャル・プラン（欧州復興計画）…… 151, 152, 155
マーシャル理論 …………… 12
マインド …………… 115, 116, 120
マネタリスト …………… 3
マネタリズム …………… 4
マルクス＝レーニン主義 …………… 93
マルクス経済学者 …………… 13
マルクス主義 …………… 323
マルクス・ルネッサンス …………… 247
ミュンヘン協定 …………… 155
民主主義 …………… 10, 91, 92, 99-105, 108
民主主義（民制）…………… 23, 33-40, 36, 42
民主の統治 …………… 12
ムーア（の）倫理学 …………… 127, 129
名目賃金 …………… 192, 193
メゾ …………… 203, 204, 208, 214, 216, 217
モラル・コード（道徳律）…………… 115, 118
モラル・サイエンス（・トライポス）…… 21, 22, 42-44, 311

ヤ行

唯物論 …………… 116, 131, 132
優越性への欲求 …………… 62
有機的成長 …………… 59-61, 63, 65, 189, 190
ユーティリティ生産物 …………… 121, 123, 124
ヨーロッパ連盟 …………… 155

ラ行

リース-ロス案 …………… 145, 148
リカードウ全集 …………… 253
利己主義の方法 …………… 25, 26, 29-32
利子取得者 …………… 188
利潤 …………… 250
利潤分配制度 …………… 163, 175
利子率 …………… 186
リスク …………… 207, 208, 211, 215, 217
理性 …………… 120
理想主義哲学 …………… 232
リフレ政策 …………… 276
倫理学 …………… 59, 226, 227
レーガノミクス …………… 4
歴史主義 …………… 330
歴史的経路依存性 …………… 55
歴史派 …………… 10
歴史派経済学 …………… 71, 72, 75, 84
レッセ-フェール（自由放任）…… 13, 28, 34, 35, 312
レッセ-フェール哲学 …………… 276, 280, 281, 284
連鎖指数 …………… 187
連帯 …………… 164, 165, 175
レンド-リース制度 …………… 146, 147
労働運動 …………… 191
労働価値説（論）…………… 13, 77, 251
労働協定 …………… 194
労働組合 …… 53, 57, 58, 62, 163, 175, 185, 190-197
労働者教育 …………… 195
労働生産性 …………… 192, 193
労働争議 …………… 191-193
労働党 …………… 153
労働力商品 …………… 252
ローザンヌ学派 …………… 270, 281
ロックアウト …………… 193, 195
ロビンズ・サークル …… 13, 267-269, 280-284, 324
ロンドン・アンド・ケンブリッジ・エコノミック・サービス …………… 282
ロンドン学派 …………… 269, 281
ロンドン大学（University College London）…………… 182, 187
論理実証主義 …………… 128

人　名

ア行

アシュリー（Ashley, William）………84, 313
アスキス（Asquith, Herbert）………312
アダムス（Adams, Henry C.）………295
アチソン（Acheson, Dean）………144
アトリー（Attlee, Clement）………152
アリストテレス（Aristotle）………22, 28, 37
アレン（Allen, R. G. D.）………267, 268, 270
イーディ（Eady, Craufurd）………149, 150
石橋湛山………1
ウィトゲンシュタイン（Wittgenstein, Ludwig）
　………129, 131, 292, 321, 322, 331
ウィルソン（Wilson, Thomas）………325
ウェイリー（Waley, David）………147
ウェッブ，U（Webb, Ursula）………267
ウェッブ夫妻（Webb, Sidney and Beatrice）
　………93, 267, 312
ヴェブレン（Veblen, Thorstein）………291, 293, 296, 298
ウッド（Wood, Howard）………146
ウルフ（Woolf, Leonard）………128, 131, 133, 153, 155, 223, 233-235, 242, 322
ウルフ（Woolf, Virginia）………233, 234
エイヤー（Ayer, Alfred）………242
エイヤーズ（Ayres, Clarence E.）………297
エッジワース（Edgeworth, Francis Ysidro）
　………32, 81, 320
オーウェン（Owen, Robert）………75
オグデン（Ogden, Charles）………128

カ行

カーン（Kahn, Richard）………267
カニンガム（Cunningham, William）………9, 10, 71, 72, 78-85, 311-313, 330
カルドア（Kaldor, Nicholas）………267, 274, 283
ガルブレイス（Galbraith, John K.）………297
カント（Kant, Immanuel）………22, 223, 225
キッドランド（Kydland, Finn）………4

キングスレー（Kingsley, Charles）………84
クールノー（Cournot, Antoine Augustin）………52
クラーク（Clark, John M.）………295, 298, 299, 303
グリーン（Green, Thomas Hill）………79
グレネヴェーゲン（Groenewegen, Peter）………191-193, 197
ケインズ，J. M.（Keynes, John Maynard）………1, 3, 11-13, 44, 72, 75, 78, 113, 131, 137, 181-183, 186, 187, 191, 196, 203, 205, 206, 208, 209, 213, 214, 216-218, 223, 230, 240, 241, 248, 274, 275, 281, 291, 295, 296, 299, 301-304, 309, 316, 318, 319-323, 327, 331
ケインズ，J. N.（Keynes, John Neville）………44, 71, 74, 78, 80
ケネー（Quesnay, François）………256
コース（Coase, R. H.）………267, 271
コモンズ（Commons, John R.）………291, 295, 300, 303-305, 325
コラード（Collard, David）………184, 187, 196
コント（Comte, Auguste）………22, 42

サ行

サッチャー（Thatcher, Margaret）………3
サンガー（Sanger, Charles）………182
ジェヴォンズ（Jevons, William Stanley）………43, 52, 73, 74, 78, 82, 84, 188, 189, 254, 259
塩沢由典………261
シジウィック（Sidgwick, Henry）………9, 10, 55, 57-59, 66, 228, 311, 312, 330, 331
シャックル（Shackle, G. L. S.）………267
シュムペーター（Schumpeter, Joseph）………297
ショウ（Shaw, Bernard）………267
ジョウェット（Jowett, Benjamin）………59
ジョージ（George, Henry）………66
ショーブ（Shove, Gerald）………204, 207, 242
スチュアート（Stuart, James）………59
スティーブンソン（Stevenson, Charles）………128
ストレイチー（Strachey, Lytton）………13, 128, 131, 223, 233, 235-237, 322, 331

スペンサー（Spencer, Herbert） ……… 22, 42
スミス（Smith, Adam） ……28, 34, 36, 42, 74, 77, 254
スラッファ（Sraffa, Piero） ……12, 13, 247, 317, 321, 323, 331
セイヤーズ（Sayers, Richard） ……… 267
セン（Sen, Amartya） ……… 253

タ行

タグウェル（Tugwell, Rexford） …… 294, 301–303
チェムバレン（Chamberlain, Joseph） …… 99, 312
都留重人 ……… 263
ディッキンソン（Dickinson, Lowes） ……… 134
トインビー（Toynbee, Arnold） ……… 84
ドールトン（Dalton, Hugh） …… 146, 147, 204, 205
トクヴィル（de Tocqueville, Alexis） …53–59, 67
ドゴール（de Gaulle, Charles） ……… 152
ドッブ（Dobb, Maurice） …… 12, 13, 247, 331

ナ行

ナイト（Knight, Frank） …… 5, 268, 271, 325, 326

ハ行

バーグソン（Bergson, Abram） ……… 252
パーシヴァル（Percival, John） ……… 59
パース（Pierce, Charles） ……… 129
ハースト（Hirst, Francis） ……… 182
ハイエク（von Hayek, Friedrich） ……4, 5, 104, 267, 268, 271–274, 324
ハチソン（Hutchison, Terence） ……… 135
パトナム（Putnam, Hilary） ……… 131
バトラー（Butler, Joseph） ……… 22
馬場啓之助 ……… 187
ハバック（Hubback, David） ……… 182
バベッジ（Babbage, Charles） ……… 49
ハミルトン（Hamilton, Walton） ……… 293
バローネ（Barone, Enrico） ……… 250
ピグー（Pigou, Arthur Cecil） …… 10, 13, 43, 65, 66, 71, 85, 91–112, 133, 153, 182–184, 186, 191, 207, 278, 291, 296, 298, 299, 303, 315, 317, 318, 331
菱山泉 ……… 258, 260
ヒックス（Hicks, John） …… 267, 268, 270, 272, 283
フィッシャー（Fisher, Irving） ……… 325
フォーセット（Fawcett, Henry） ……… 74, 79
フォクスウェル（Foxwell, Herbert Somerton）
……9, 10, 71–75, 77–79, 83–85, 182, 312, 313, 330
フライ（Fry, Roger） ……… 134, 234, 242
プライス（Price, Langford Lovell） …… 187, 188, 190
ブラッドレー（Bradley, Francis） …… 223–225
プラトン（Plato） ……… 106, 131
プラント（Plant, Arnold） …… 267, 268, 274
フリードマン（Friedman, Milton） ……… 3
プレスコット（Prescott, Edward） ……… 4
ベヴァリッジ（Beveridge, William） ……3, 110, 205, 217, 274, 327
ベヴィン（Bevin, Earnest） ……… 152
ヘーゲル（Hegel, Georg） ……… 79
ベーム＝バヴェルク（Böhm-Bawerk） …250, 252
ベル（Bell, Clive） …… 13, 233, 234, 237–239, 322, 331
ベンサム（Bentham, Jeremy） …… 24, 28, 29, 82, 212
ヘンダーソン（Henderson, Hubert） ……… 146, 204, 207
ホートリー（Hawtrey, Ralph） …… 11, 113, 153, 155, 206, 317, 319, 321, 331
ホプキンス（Hopkins, Richard） ……… 146
ホブソン（Hobson, John） …… 135, 155, 312
ホワイト（White, Harry） …… 149, 325

マ行

マーシャル（Marshall, Alfred） …… 9, 10, 12, 13, 21, 42–44, 71–74, 78–85, 159, 176, 181–197, 203, 207, 209, 212, 213, 216–218, 248, 291, 293, 296–298, 303, 309–313, 316, 320, 322, 323, 330
マーシャル（Marshall, Mary） ……… 72
マクドナルド（MacDonald, Ramsay） …194, 195
マクミラン（Macmillan, Harold） ……… 154
マグレガー（MacGregor, David Hutchinson）
……11, 159, 160, 163, 175, 191
マルクス（Marx, Karl） …… 13, 93, 248, 322
マルサス（Malthus, Robert） …… 77, 192, 248
ミーゼス（von Mises, Ludwig） ……… 4, 5
ミード（Meade, James） ……… 267
ミッチェル（Mitchell, Wesley） …… 291, 298
ミル（Mill, John Stuart） …… 10, 22–26, 28, 29, 37, 40–43, 55, 57, 58, 65, 102, 184, 227, 228
ムーア（Moore, George） …… 11–13, 113, 117, 125–127, 223–243, 321, 322, 331

メイン（Maine, Henry） ……………84
メンガー（Menger, Anton） ……………75, 76
モリス（Maurice, Frederick Denison） …… 79, 84
モンテスキュー（de Montesquieu, Charles-Louis） ……………………37

ラ行

ラーナー（Lerner, Abba） ……………267, 268, 274, 282, 283, 285
ラヴィントン（Lavington, Frederick） …… 11, 12, 196, 203, 218, 330
ラッセル（Russell, Bertrand） ……131, 132, 321, 322
ラムゼイ（Ramsey, Frank） ……129, 131, 243, 321, 322
ランゲ（Lange, Oskar） ……………262
リース-ロス（Leith-Ross, Frederick） ……143-145, 148, 154
リカードウ（Ricardo, David） ………76, 77, 81, 184, 192, 248
リチャーズ（Richards, Ivor） ……………128
ル・ボン（Le Bon, Gustave） ……………100
ルーカス（Lucas, Robert） ……………4
ルーズヴェルト（Roosevelt, Franklin） ……293, 294, 301, 314, 325
レイトン（Layton, Walter） ……………11, 12, 181-197, 331
レーガン（Reagan, Ronald） ……………3
レズリー（Leslie, Cliffe） ……………84
ローゼンシュタイン-ロダン，P（Rosenstein-Rodan, Paul） ……………267
ロールズ（Rawls, John） ……………21
ロジャーズ（Rogers, Thorold） ……………84
ロバートソン（Robertson, Dennis） …… 11, 153, 159, 161, 169, 175, 204, 206, 315, 317-319, 331
ロビンズ（Robbins, Lionel） ………5, 12, 13, 129, 134, 267-281, 283, 324
ロビンソン（Robinson, Austin） ……………267
ロビンソン（Robinson, Joan） ……252, 267, 272, 282, 283, 323

ワ行

ワルラス（Walras, Léon） ……………52, 260, 318

【執筆者紹介】（執筆順）

中井大介（なかい・だいすけ）
　1979年生まれ　近畿大学経済学部講師
　主要業績：「シジウィック『経済学原理』におけるサイエンスとアート——利己主義と功利主義の関係から」（『経済学史研究』第48巻第1号，2006年），『功利主義と経済学——シジウィックの実践哲学の射程』（晃洋書房，2009年）

西岡幹雄（にしおか・みきお）
　1956年生まれ　同志社大学経済学部教授
　主要業績：『マーシャル研究』（晃洋書房，1997年），『ヴィクトリア時代の経済像——企業家・労働・人間開発そして大学・教育拡充』（共著，萌書房，2002年），『シリーズ経済思想　非西欧圏の経済学』（共著，日本経済評論社，2007年）

門脇　覚（かどわき・さとる）
　1974年生まれ　中野スクールオブビジネス
　主要業績：「初期マーシャルの認識論と思想形成」（音無通宏編『功利主義と社会改革の諸思想』中央大学出版部，2007年所収），「マーシャルとカニンガムの方法論争」（『大学院研究年報』（中央大学）第34号，2005年），「マーシャル経済学における功利主義的伝統とその修正」（『大学院研究年報』（中央大学）第32号，2003年）

本郷　亮（ほんごう・りょう）
　1972年生まれ　弘前学院大学社会福祉学部講師
　主要業績：『ピグーの思想と経済学——ケンブリッジの知的展開のなかで』名古屋大学出版会，2007年（第5回経済学史学会研究奨励賞（2008年度）受賞），田中敏弘・本郷亮訳『クラーク　富の分配』（日本経済評論社，2007年）

下平裕之（しもだいら・ひろゆき）
　1966年生まれ　山形大学人文学部准教授
　主要業績：「20世紀初頭におけるケンブリッジ学派の消費者協同組合論」（『山形大学人文学部研究年報』第5巻，2008年），『福祉の経済思想家たち』（共著，ナカニシヤ出版，2007年），"Dennis Robertson on Industrialized Society: *The Control of Industry* Reexamined"（『経済学史研究』第47巻第2号，2005年）

近藤真司（こんどう・まさし）
　1960年生まれ　大阪府立大学経済学部准教授
　主要業績："Quasi-rent and Composite Quasi-rent" in Raffaelli, T. et al. eds., *The Elgar Companion to Alfred Marshall*, Edward Elgar, 2006,「ケンブリッジ学派におけるウォルター・レイトン——『物価研究入門』（初版）を中心として」（『経済社会学会年報』第30号，2008年）

小峯　敦（こみね・あつし）
　1965年生まれ　龍谷大学経済学部教授
　主要業績：『ベヴァリッジの経済思想——ケインズたちとの交流』（昭和堂，2007年），『福祉国家の経済思想——自由と統制の総合』（編著，ナカニシヤ出版，2006年），"The Making of Beveridge's Unemployment (1909): Three Concepts Blended", *European Journal of the History of Economic Thought*, 11-2, 2004

桑原光一郎（くわはら・こういちろう）
　1977年生まれ　上智大学大学院哲学研究科博士後期課程在籍中
　主要業績：「職分・正義・共通善——トマス・アクィナス」（平井俊顕編『市場社会とは何か』SUP 上智大学出版，2007年），「トマス・アクィナスにおける高利禁止論——中世経済社会における規範性の問題として」『経済社会学会年報』第29号，2007年，「トマス・アクィナスの金銭使用論」（『中世思想研究』第50号，2008年）

塚本恭章（つかもと・やすあき）
　1974年生まれ　日本学術振興会（前特別研究員 PD）
　主要業績：「市場社会主義の現代的モデルの理念と方法——機会の平等主義・誘因両立性・革新的競争」（『季刊経済理論』第42巻第2号，2005年），「社会主義計算論争の起源と拡充——ピアソンからミーゼスへ」（小幡道昭他編『マルクス理論研究』御茶の水書房，2007年），「社会主義の合理的存立可能論——ランゲとドップ」（平井俊顕編『市場社会とは何か』SUP 上智大学出版，2007年）

木村雄一（きむら・ゆういち）
　1974年生まれ　埼玉大学教育学部准教授
　主要業績：「ライオネル・ロビンズと効用の個人間比較」（『経済論叢』（京都大学）第173巻第2号，2004年），「初期カルドアと企業の均衡」（『経済論叢』京都大学，第174巻第5・6号，2004年），「初期カルドアとハイエク資本理論」（『経済学史研究』第48巻第1号，2006年）

佐藤方宣（さとう・まさのぶ）
　1969年生まれ　大東文化大学経済学部特任講師
　主要業績：『ビジネス倫理の論じ方』（編著，ナカニシヤ出版，2009年），「『自由主義』の変容——クラークとナイト」（平井俊顕編『市場社会とは何か』SUP 上智大学出版，2007年），「戦間期アメリカの『計画化』—— J. M. クラークを中心に」（小峯敦編『福祉国家の経済思想』ナカニシヤ出版，2006年）

【編著者略歴】

平井俊顕（ひらい・としあき）
　1947年生まれ　上智大学経済学部教授
　主要業績
　・『ケインズの理論——複合的視座からの研究』東京大学出版会，2003年．
　・『ケインズとケンブリッジ的世界——市場社会論と経済学』ミルネヴァ書房，2007年
　・*Keynes's Theoretical Development: From the Tract to the General Theory,* Routledge, 2008.
　・*The Return to Keynes,* edited by Bateman, B., Hirai, T. and Marcuzzo, M. C., Harvard University Press (forthcoming).

　HP：http://www2u.biglobe.ne.jp/~olympa/sophia/hiraihp
　「市場社会をめぐる研究会」(SMK) および International Keynes Conference (IKC) の開催に携わり，「飛翔せる鷲」をモットーとする．

市場社会論のケンブリッジ的展開——共有性と多様性

2009年7月15日	第1刷発行	定価（本体4500円＋税）

編著者　　平　井　俊　顕
発行者　　栗　原　哲　也
発行所　　株式会社　日本経済評論社
〒101-0051　東京都千代田区神田神保町3-2
電話 03-3230-1661　FAX 03-3265-2993
info@nikkeihyo.co.jp
URL：http://www.nikkeihyo.co.jp/
印刷＊藤原印刷・製本＊高地製本所

装幀＊奥定泰之

乱丁落丁本はお取替えいたします。　　　　Printed in Japan
ⓒ Hirai Toshiaki et. al. 2009　　　ISBN978-4-8188-2046-3

・本書の複製権・翻訳権・上映権・譲渡権・公衆送信権（送信可能化権を含む）は，㈳日本経済評論社が保有します．
・JCOPY 〈㈳出版者著作権管理機構　委託出版物〉
本書の無断複写は著作権法上での例外を除き禁じられています．複写される場合は，そのつど事前に，㈳出版者著作権管理機構（電話 03-3513-6969，FAX 03-3513-6979，e-mail: info@jcopy.or.jp）の許諾を得てください．

経済思想　全11巻

◎編集委員
鈴木信雄（千葉経済大学）　塩沢由典（大阪市立大学）　八木紀一郎（京都大学）
大田一廣（阪南大学）　　　大森郁夫（早稲田大学）　　坂本達哉（慶應義塾大学）
吉田雅明（専修大学）　　　橋本　努（北海道大学）

【第Ⅰ部】

第1巻「経済学の現在　1」
編集責任＊塩沢由典

- 環境経済学の現在
- 複雑系経済学の現在
- 社会経済学の現在
- レギュラシオンの経済学
- マルチエージェントベースの経済学
- 実験経済学の現在

第2巻「経済学の現在　2」
編集責任＊吉田雅明

- 進化経済学の現在
- 経済学から歴史学中心の社会科学へ
- 社会経済史の現在
- 市民社会論の現在
- 厚生経済学の系譜

【第Ⅱ部】

第3巻「黎明期の経済学」
編集責任＊坂本達哉

- ペティ
- ロック
- マンデヴィル
- カンティロン
- ヒューム
- ケネー
- ベッカリーア

第4巻「経済学の古典的世界　1」
編集責任＊鈴木信雄

- ステュアート
- スミス
- ベンサム
- リカードウ
- マルサス
- セー
- ミル（J. S.）

第5巻「経済学の古典的世界　2」
編集責任＊大森郁夫

- ジェヴォンズ
- ワルラス
- マーシャル
- シュンペーター
- ケインズ
- ヒックス
- スラッファ

第6巻「社会主義と経済学」
編集責任＊大田一廣

- サン-シモン
- シスモンディ
- マルクス（1）
- マルクス（2）
- ヒルファデング
- レーニン
- ルクセンブルク

第7巻「経済思想のドイツ的伝統」
編集責任＊八木紀一郎

- リスト
- シュモラー
- メンガー
- ベーム-バヴェルク
- ヴェーバー
- ジンメル

第8巻「20世紀の経済学の諸潮流」
編集責任＊橋本　努

- ヴェブレン
- カレツキ
- サミュエルソン
- ガルブレイス
- フリードマン
- ハイエク
- ポランニー

【第Ⅲ部】

第9巻「日本の経済思想　1」
編集責任＊大森郁夫

- 福沢諭吉
- 田口卯吉
- 福田徳三
- 柳田国男
- 河上　肇
- 高田保馬
- 石橋湛山
- 小泉信三

第10巻「日本の経済思想　2」
編集責任＊鈴木信雄

- 山田盛太郎
- 宇野弘蔵
- 東畑精一
- 柴田　敬
- 大塚久雄
- 内田義彦
- 森島通夫
- 宇沢弘文
- 廣松　渉
- 左右田喜一郎

第11巻「非西欧圏の経済学
　　　　―土着・伝統的経済思想とその変容」
編集責任＊八木紀一郎

- 土着・伝統的思想と経済学
- 西欧経済思想導入以前の日本経済思想（1）
- 西欧経済思想導入以前の日本経済思想（2）
- 中国の伝統的経済思想
- 中国の近代化と経済思想
- イスラムの経済思想
- 南アジアの経済思想と経済学

A5判　上製カバー
平均300頁
各巻　2800円～3200円（本体）